DAS VERBRECHEN UND DIE GESELLSCHAFT

FRITZ BAUER

DAS VERBRECHEN UND DIE GESELLSCHAFT

ERNST REINHARDT VERLAG MÜNCHEN/BASEL

1957 by Ernst Reinhardt Verlag in München
Druck von Buchdruckerei Universal, München 5, Rumfordstraße 29-31
Printed in Germany

INHALT

URSACHEN DES VERBRECHENS

DIE VERTEIDIGUNG DER GESELLSCHAFT

EINLEITUNG

Trüge diese Arbeit einen Titel mit wissenschaftlichem Klang, so müßte er Kriminologie lauten. Kriminologie ist die Wissenschaft vom Verbrechen und seiner Bekämpfung.

Die Kriminologie hat Anlaß, an das Wort des Sokrates „Ich weiß, daß ich nichts weiß“ und die Verszeile aus dem „Faust“ zu erinnern: „Was man nicht weiß, das eben brauchte man“. Denn sie ist eine der jüngsten Wissenschaften und kann noch nicht durch einen Schatz allseits gesicherter Resultate bestechen. Was sie zur Wissenschaft macht, ist ihr Streben nach Wissen und ihr Kampf gegen das Unwissen. Das mag als eine banale Selbstverständlichkeit erscheinen, in Wahrheit ist aber diese ihre Zielsetzung Anstoß und Herausforderung.

Es ist nicht Wissen, sondern Kurpfuscherei, wenn allseits Ferndiagnosen über die Behandlung von Verbrechen und Verbrechern gestellt werden. Kranke werden zum Arzt geschickt, und man erwartet, daß er ihn untersucht. Bei Verbrechen scheint aber in aller Regel dem Gevatter Schneider und Handschuhmacher etwas Druckerschwärze zu genügen, um zu entscheiden, ob ein Verbrecher drei oder fünf Jahre Gefängnis verdient.

Es ist nicht Wissen, sondern Gefühlswallung, wenn nach oft gräßlichen Verbrechen Erregung und Abscheu um sich greift, der brave Bürger aufgescheucht wird und nach Strick und Henkerbeil ruft. Affekte schließen besonnenes Denken und Handeln aus. Die meisten reagieren jedoch gegenüber Verbrechen und Verbrechern nur affektgeladen und neurotisch. Sie urteilen hart, aber der Hunger der gleichen Menschen nach kriminellen Scheußlichkeiten ist oft unersättlich. Polizeiberichte und Gerichtsreportagen werden, wie viele Meinungsforschungen ergeben haben, von Mann und Frau, alt und jung leidenschaftlich gelesen, und was die Presse nicht bietet, liefert einer süchtigen Phantasie der Kriminalroman und der Kriminalfilm. Vielleicht rümpft mancher snobistisch die Nase über die Massenprodukte eines zivilisatorischen Fließbandes. Aber auch die große Weltliteratur hat nie den Umgang mit Blutschande, Mord und Totschlag und allen Grenzfällen des Lebens gemieden. Goethes „Heidenröslein“ behandelt beispielsweise einen Notzuchtsakt. Der künstlerische Mensch weiß von Formerlebnissen in der Kunst zu erzählen, und der in der Tretmühle des Alltags stehende Bürger spricht von seinem Bedürfnis nach Spannung und Entspannung durch Kriminalfilm und Detektivgeschichte. Das aber kann nur ein bescheidener Teil der Wahrheit sein. Warum ausgerechnet und fast immer Mord und Totschlag? Man mag es drehen und wenden wie man will, es bleibt ein spielerischer Umgang mit Menschenleben, der zutiefst frivol, abstoßend und ohne jede Scheu ist. Die Psychoanalyse[1] hat längst erkannt, wieviel unbewußte Verwandtschaft den Leser und Zuschauer mit dem Verbrecher verbindet und wieviel an Wunscherfüllung, symbolischer Befriedigung und Sublimierung eigener Kriminalität sich hinter der Beschäftigung mit den Verbrechen des Alltags und dazu der Traumwelt von Film und Literatur verbirgt. Die Zwiespältigkeit menschlicher Haltung zu Verbrechen und Verbrecher, die eigenartige Haßliebe ist ungesund; sie erklärt einen Teil der Affektgeladenheit, der unkontrollierten und unreflektierten Gefühle, die die öffentliche Diskussion und Behandlung der Kriminalität beherrschen. Die Kriminologie wünscht Nüchternheit statt Rausch, Sachlichkeit statt Gereiztheit.

Es ist auch nicht Wissen, sondern philosophische Spekulation und Rechtsmathematik, wenn die geltende Rechtslehre und Rechtspraxis weitgehend auf empirische Forschung verzichtet und das Hauptgewicht auf Begriffe und Begriffsspaltung legt, scharfsinnig zwischen Täterschaft und Teilnahme, Ideal- und Realkonkurrenz und tausend anderen, in aller Regel praktisch ziemlich gleichgültigen Dingen unterscheidet, während sie die den Täter und die Gesellschaft vorzugsweise interessierende Frage, was denn nun eigentlich geschehen solle, mit ein paar nichtssagenden Worten abtut.

Das heutige Strafrecht ist ein Kind antiker Wahrheitssuche. Auch die Antike strebte nach Wissen, aber sie begnügte sich nicht mit dem Menschenmöglichen, das immer nur relativ ist, sondern stieß auf der Suche nach absoluten Gewißheiten in eine Welt vor, die nicht mehr wahrnehmbar und daher auch nicht mehr nachprüfbar war. Was Platon und seine Nachfolger für absolutes Wissen hielten, war in Wirklichkeit lediglich Glaube ohne zwingende Verbindlichkeit, private Philosophie und Mystizismus. In der durch ihre Vernunft konstruierten und damit auch vernünftigen Welt gab es keine Erdenreste, zu tragen peinlich; die Rechenstücke gingen auf. Die transzendente Welt war logisch wie die Geometrie und Arithmetik jener Zeit. Wenn die Tatsachen mit der Philosophie nicht zu vereinbaren

[1] Vgl. *Alexander - Staub*, Der Verbrecher und sein Richter, Wien 1929, S. 115 ff.

waren, dann war es „um so schlimmer für die Tatsachen“ *(Uexküll)*. Die Logisierung und Mathematisierung der Naturwissenschaften wurde auf Moral und Recht übertragen. More geometrico – nach Art der Geometrie war Spinozas Ethik, aber auch die Kants und Hegels geschrieben. Sie war – im Gegensatz zu der angelsächsischen Art des Denkens – nicht real, nämlich physisch, psychisch und sozial, sondern bewußt metaphysisch fundiert. Das kontinentaleuropäische Strafrecht ist Kant und Hegel gefolgt. Hegel hat das Verbrechen eine „Negation des Rechts“ und die Strafe eine „Negation der Negation“ genannt. Die Definition zeigt die Mathematisierung der strafrechtlichen Begriffswelt, das Vorherrschen der Logik auf Kosten der Psychologie und Soziologie. Bacon hat die Konstruktion vernünftiger Welten mit der Tätigkeit der Spinnen verglichen, die aus ihrer eigenen Substanz Spinnweben fabrizieren; er hat die Bienen vorgezogen, die Blütenhonig sammeln und verdauen.

Das Strafrecht ist eine Begriffswelt geworden, in der leicht beieinander die Gedanken wohnen. Die Kriminologie ist dagegen eine realistische Wissenschaft, sie kommt von der Statistik und lebt von den modernen Natur- und Sozialwissenschaften. Sie flüchtet nicht vom diesseitigen Raum, in dem sich hart die Sachen stoßen, in ein Jenseits scholastischer Begriffe und Ideen, sie lehnt Wunschdenken, Lebenslügen und künstliche Stützen liebgewordener Auffassungen ab.

Kriminologie ist aber nicht nur ein Materialhaufen, eine Zusammenstellung statistischer Jahrbücher oder ein Raritätenkabinett aus der Geschichte und Gegenwart der Kriminalität. Kriminologie und Kriminalpolitik sind untrennbar verbunden. Das Verbrechen und die gesellschaftliche Reaktion hierauf sind ein einheitliches Sozialgeschehen. Wissen ist Macht; durch Wissen lernen wir die Dinge und Menschen zu beherrschen. Wahr ist, was sich bewährt. Richard Wagner (er war nicht der einzige) hat dieses „Nützlichkeitswesen“ als undeutsch (er hätte auch ungriechisch sagen können) bezeichnet, weil „deutsch sein heiße, eine Sache um ihrer selbst willen tun“. Die Kriminologie ist in diesem Sinne „undeutsch“, sie ist in romanischen Ländern konzipiert worden und heute vorzugsweise eine angloamerikanische Wissenschaft, womit aber nicht gesagt sein soll, daß es nicht auch besonders wertvolle Beiträge aus deutscher Feder gegeben hätte. Ziel der Kriminologie ist die Bekämpfung des Verbrechens durch Erforschung seiner Wurzeln und – im Rahmen des Menschenmöglichen – durch ihre Beseitigung. Auch das klingt trivial, aber diese Aufgabe unterscheidet sich wesentlich von der hegelianischen

Sinngebung, die in der strafenden Funktion des Staates eine Negation der Negation des Rechtes sieht.

Die Kriminologie beschäftigt sich mit dem Verbrechen. Verbrechen ist nach einer zutreffenden soziologischen Definition[2] ein Verhalten, das von einer Gruppe, welche die erforderliche Macht besitzt, ihre Anschauungen durchzusetzen, für besonders sozialschädlich gehalten wird. In dieser Begriffsbestimmung kommt deutlich zum Ausdruck, daß das Verbrechen ein relativer Begriff ist; es variiert mit Zeit und Ort. Vieles ist im Lauf der Jahrtausende für kriminell gehalten worden, was heute nicht mehr als kriminell gilt, z. B. Zauberei und Ketzerei. Umgekehrt ist manches heute kriminell, was früher nicht bestraft wurde; beispielsweise wurde Mord und Totschlag in Dänemark noch bis in die Reformationszeit hinein nicht kriminell geahndet, sondern durch private Bußzahlung erledigt. Auch heute bestehen große Unterschiede zwischen den verschiedenen Ländern. Dies gilt besonders auch für Sittlichkeitsdelikte. Z. B. ist Blutschande in einer Reihe europäischer Länder nicht strafbar. Die Strafbarkeit der Homosexualität unter Erwachsenen ist in der Mehrzahl der Staaten beseitigt worden. Einzelne Staaten der USA besitzen dagegen noch heute einen so umfassenden Katalog sog. „widernatürlicher Unzuchtshandlungen", daß über so gut wie allen Verheirateten und Nichtverheirateten beiderlei Geschlechts das Damoklesschwert des Gefängnisses schwebt. Nur das angelsächsische Strafprozeßrecht hindert, daß Millionen vor Gericht gestellt werden. Die Kriminalität der Abtreibung ist in vielen Ländern umstritten. Sie ist vielfach eingeschränkt worden. Dagegen ist z. B. der Selbstmordversuch im Gegensatz zu fast allen anderen Staaten noch heute in England strafbar.

Manche der geltenden Strafbestimmungen haben eine jahrtausendalte Geschichte. „Gesetz und Rechte schleppen von Geschlecht sich zum Geschlechte."

Hinter dem Verbot sog. „widernatürlicher Verhalten" steht vor allem die bevölkerungspolitische Devise des israelitischen Volks: „Seid fruchtbar und mehret euch, füllet die Erde und macht sie euch untertan!"

Das Inzestverbot ist wahrscheinlich die älteste Strafbestimmung der Menschheit; hieraus erklärt sich die – irgendeiner Strafbestimmung nicht mehr bedürfende – Inzestscheu der allermeisten Menschen gegenüber den nächsten Verwandten. Das Inzestverbot hat

[2] Vgl. *Gillin*, Criminology and Penology, London 1927, S. 13.

aber überhaupt keine biologischen, insbesondere sexuellen Wurzeln[3]. Es war die Kehrseite des obligatorischen Heiratstausches der Mädchen zwischen mehreren Clans, der in allen primitiven Gesellschaften erforderlich wurde, wenn über die eigene Familieneinheit hinaus Bindungen zu anderen Familieneinheiten geschaffen und gesichert werden sollten. Es ist kein Wunder, daß die Gesellschaften, die durch die Jahrhunderte hindurch den Beischlaf (die bloße Vornahme unzüchtiger Handlungen wird von dem Inzestverbot nicht getroffen) zwischen einem bald weit-, bald engbegrenzten Kreis von Verwandten und Verschwägerten unter Strafe gestellt haben und es teilweise heute noch tun, mit erheblichen Schwierigkeiten zu kämpfen hatten, wenn es galt, die Strafbestimmung rational zu begründen. Die verschiedensten Lebensbereiche mußten herhalten, bald sprach man von dem Schutz kirchlicher Eheverbote, bald verwies man auf angebliche erbbiologische Forschungsresultate.

Es ist auch keineswegs ausgemacht, warum die Abtreibung bestraft werden soll. Weltanschaulich wird auf der einen Seite mit guten Gründen betont, daß die Unantastbarkeit des Lebens aller Mitmenschen schon im Mutterleib – sozusagen symbolisch – gesichert werden müsse, wie auch die Abschaffung der Todesstrafe ein sinnfälliges Bekenntnis zum Leben sein sollte. Andere bejahen demgegenüber das Recht am eigenen Körper und das menschlich und sozial vordringliche Bedürfnis, die Privatsphäre eines jeden weitestgehend zu schützen. Der entscheidende Grund für die Kriminalisierung der Abtreibung ist jedoch wiederum in einer auf quantitative Vermehrung der Bevölkerung gerichteten Staatspolitik zu erblicken. Manchmal werden auch Gefahren für die Gesundheit der Mutter ins Feld geführt, die aber durch Zulassung ärztlicher Eingriffe ausgeräumt würden. Die Kriminologie kann ein spezielles Argument gegen eine Regelung des Problems anführen, wie wir sie u. a. noch in Deutschland antreffen. Nach einer vielfach vertretenen Auffassung ist das unerwünschte Kind in besonderem Maße zur Kriminalität disponiert. Es wird häufig als ein Klotz am Bein der Eltern oder der Mutter empfunden. Auch wenn Abneigung und Widerwillen gegen das Kind gar nicht nach außen in Erscheinung treten, registriert das Kind den unbewußten und verdrängten Haß und reagiert auf ihn in seinem Verhalten gegen Familie und Gemeinschaft. Verhinderung einer Ab-

[3] *Gehlen*, Die Sozialstrukturen primitiver Gesellschaften, in *Gehlen-Schelsky*, Soziologie, 1955, S. 16; *Schelsky*, Soziologie der Sexualität, Hamburg 1955, S. 88 ff.

treibung durch Strafparagraphen kann daher nach dieser kriminologischen Auffassung zur Kriminalität der Nachkommenschaft führen. Dieser kriminologischen Argumentation entsprechen gesetzgeberische Lösungen und Vorschläge nach Art der skandinavischen. Sachverständige Gremien und Organisationen, an die sich die werdenden Mütter vertrauensvoll wenden können, nehmen sich ihrer medizinischen, sozialen und eugenischen Sorgen, auch menschlicher Notlagen z. B. bei einer Schwängerung durch Notzucht an. Bald werden ärztliche Eingriffe gestattet, bald werden soziale Schwierigkeiten beseitigt. Durch rechtzeitige Vermittlung einer Adoption wird dem Heranwachsen des Kindes in einer lieblosen und damit verbrechenfördernden Atmosphäre vorgebeugt. Sicher ist, daß Paragraphen eines Strafgesetzbuchs allein die vielseitige Problematik nicht zu lösen imstande sind.

Die Abhängigkeit der Kriminologie von den stark variierenden Strafgesetzbüchern aller Zeiten und Länder ist oft als unbefriedigend empfunden worden. Man hat daher versucht, „das Verbrechen an sich“ zu definieren und ein Verhalten zu umreißen, das immer und überall kriminell ist. Die uralten Bemühungen der Menschheit, zwischen dem historischen Recht und einem Naturrecht zu unterscheiden, haben damit auf den Bereich des Kriminalrechts übergegriffen.

Dieses „natürliche“ Verbrechen der Kriminologie würde auf der einen Seite manche Verhaltensweise unbeachtet lassen, die nach dem geltenden Recht für kriminell gilt, deren krimineller Gehalt aber umstritten ist. Auf der anderen Seite würden aber auch Handlungen und Unterlassungen einbezogen, welche die geltenden Strafgesetzbücher nicht kriminalisiert haben.

Es geschehen unzweifelhaft mancherlei Dinge auf Erden, die von den Strafgesetzbüchern und Strafverfolgungsbehörden nicht erfaßt werden, aber an Schändlichkeit und Verabscheuungswürdigkeit vieles weit übertreffen, was üblicherweise vor den Strafrichter kommt. Hinter vielen Zivilprozessen verbergen sich Lug und Trug, Drohung und Brutalität, Niedertracht und rohe Gesinnung, schamloser Eigennutz und Machtmißbrauch. Man braucht nur an Scheidungs- und Vormundschaftsakten oder Erbauseinandersetzungen zu denken. Die nüchternen Prozesse großer und größter Firmen können ein sonst ungewohntes Raubrittertum erkennen lassen. Vieles steht zwischen den Zeilen der Akten, vieles bleibt unbekannt. Die amtlichen Untersuchungen amerikanischer Ausschüsse haben Geschäftsmaximen und Geschäftspraktiken von Weltfirmen enthüllt, die ihren Managers, mögen sie auch nie „bestraft“ werden, jede Berechtigung zu einer pharisäischen Haltung gegenüber den Räubern, Betrügern und Dieben des Alltags nehmen.

Zu den „natürlichen“ Verbrechen gehören u. a. auch die Konzeptionen der Kriegsverbrechen, der Verbrechen gegen den Frieden und gegen die Menschlichkeit, die nach dem Ausmaß ihrer Folgen die schändlichsten Taten der historischen „Massenmörder“ weit in den Schatten stellen. Die alliierte Gesetzgebung nach dem deutschen Zusammenbruch beruhte auf der kriminologischen Vorstellung von „natürlichen“, von der positiven Gesetzgebung der Staaten unabhängigen Verbrechen.

Die angelsächsische Kriminologie[4] hat besonderes Gewicht auf die sog. „white collar“-Kriminalität gelegt. Es werden darunter „Verbrechen“ verstanden, „die von Personen mit Ansehen und hohem sozialen Status im Rahmen ihres Berufs begangen werden“. In Deutschland und anderswo genügt ein Hinweis auf die Steuerhinterziehungen, die Milliardenbeträge ausmachen und gegenüber denen alle Raubüberfälle, Diebstähle und Betrügereien, die sozusagen das zwangsläufige Arbeitsfeld des kleinen Mannes sind, zu einem unscheinbaren Nichts zusammenschrumpfen. *Sutherland* hat daher mit Zustimmung der angelsächsischen Kriminologie die „white collar“-Verbrecher im Hinblick auf die wirtschaftlichen Folgen ihrer Taten, den schlechten Einfluß dieses Täterkreises und ihres Verhaltens auf den allgemeinen Respekt vor den öffentlichen Institutionen und die Gesetzestreue „die gemeingefährlichsten Täter aller kriminellen Typen“ genannt. Der Umfang der „white collar“-Kriminalität bleibt weitgehend im Dunkeln, obwohl besonders in USA versucht wurde, Urteile und andere Entscheidungen zu sammeln. Die Aufklärung eines üblichen Diebstahls oder Sittlichkeitsdelikts ist zudem einfach; die in Millionen gehenden Transaktionen der Großen bleiben aber oft schwer durchschaubar, und der zur Verfügung stehende Staatsapparat ist ihnen nicht gewachsen. Die Großen verkörpern weiter einen Machtfaktor von Rang, sie werden auch von ihresgleichen gedeckt. Die Untersuchungen über die „white collar“-Kriminalität haben das populäre Klischee von dem typischen Verbrecher, der am unteren Rande der Gesellschaft angesiedelt wird, zerstört. Sie haben vor allem die Problematik eines zeitgemäßen Kriminalrechts aufgezeigt.

[4] *Sutherland,* White Collar Crime, New York 1949; *Sutherland-Cressey,* Principles of Criminology, Chicago - Philadelphia - New York 1955, S. 40 ff, 191 ff, 593 f; *Mannheim,* Criminal Justice and Social Reconstruction, London 1946, S. 119 ff.

Das geltende Recht ist noch von der Sozialwirtschaft des beginnenden 19. Jahrhunderts bestimmt. Die privaten Vermögen und Einkünfte sind mittlerweile vom Eigentum und den Einkünften der öffentlichen Hand überflügelt worden. Die Gemeinschaftsaufgaben sind ständig gewachsen; die Steuern dienen nicht nur Schule und Verkehr, sondern der Einkommens- und Vermögensregelung, dem Lastenausgleich, der Sozialpolitik und der Konjunkturstabilisierung. Wenn Milliarden an Steuern hinterzogen werden, berührt dies Millionen von Menschen mehr und nachhaltiger, als wenn der eine oder andere von ihnen durch Diebstahl oder Betrug um einige hundert Mark erleichtert wird. Das geltende Recht operiert Hühneraugen, während die Krebskrankheiten vielfach unbeachtet bleiben. Die Wirtschaft wird weiter in entscheidenden Teilen von Aktiengesellschaften, nicht mehr wie früher von natürlichen Personen betrieben. Damit wird das Vorgehen gegen kriminelle juristische Personen aktuell. Der Hinweis, daß dies zu einer Haftung unschuldiger Aktionäre führen könne, die wirtschaftlich für die Sünden ihrer Managers leiden müßten, versagt sicher nach geltendem Recht, in dem auch jede andere Strafe, besonders jede Freiheitsstrafe mit einer Sippenhaft der ganzen Familie verbunden ist. Letzlich muß ein Hinweis auf die moderne Verkaufstechnik, z. B. auf die weitgehende Ablösung persönlicher Beziehungen zwischen Verkäufer und Käufer, den Detailabsatz der Waren in praktisch anonymen Großbetrieben und die sich an Millionen von Menschen wendende Reklamewerbung genügen, die Betrug nicht ausschließen, auf die aber ein antiquiertes Recht nicht eingestellt ist.

Obwohl die Konzeption eines „natürlichen" Verbrechens sehr beachtliche Anregungen zu geben imstande war und ist, scheitert sie daran, daß subjektive, sicher auch sozialkritische Wertungen nicht ausgeschlossen werden können. Die Kriminologie muß sich daher an das positive Recht trotz seiner Relativität anschließen. Sie würde sonst die eine Relativität durch eine andere ersetzen.

Auch wenn nur das positive Recht, die sog. „klassische" Kriminalität einer Kriminologie zugrunde gelegt wird, wissen wir über ihr wirkliches Ausmaß herzlich wenig. Die sog. „Dunkelziffer", die Zahl der nicht zur Anzeige gebrachten oder nicht zur Verurteilung führenden Taten, ist die crux aller kriminologischen Forschung. Für Deutschland hat *Meyer*[5] das Verhältnis der verurteilten zu den begangenen

---

[5] „Die unbestraften Verbrechen", Kriminalistische Abhandlungen, Bd. 47, Leipzig 1941.

Taten u. a. wie folgt angegeben: vorsätzliche Tötung 1:3, Abtreibung 1:100, Taschendiebstahl 1:50, Warenhausdiebstahl 1:30, schwerer Diebstahl 1:8, Betrug 1:20, Brandstiftung 1:8 und Raub und Erpressung 1:4. Die Zahlen sind zwangsläufig hypothetisch, aber sie entsprechen den Feststellungen und Mutmaßungen im Ausland. In USA wurden durch Fragebogen 1700 Personen aller, insbesondere aber auch der oberen Stände aufgefordert, anzukreuzen, welche von bestimmt angegebenen 49 Verbrechen und Vergehen sie ungestraft begangen hätten. 91% hatten eine oder mehrere solcher Taten begangen, darunter Einbruchsdiebstähle, Raub u. dgl.[6]. Nach *Wood-Waite*[7] wurden von angezeigten Autodiebstählen 2,7% verurteilt, von einfachen Diebstählen 11,5%, schweren Diebstählen 13,3%, von Raub 15,2%, Notzucht 16,4% und Mord und Totschlag 74,3%. In Schweden[8] wurden im Jahre 1940 8 Personen wegen Verbreitung von Geschlechtskrankheiten verurteilt, aber 12 000 neue Fälle medizinisch gemeldet. Nach den Feststellungen einer amtlichen Kommission werden in Dänemark jährlich durchschnittlich 100—110 Personen wegen Selbst- oder Fremdabtreibung oder einer Beihilfe hierzu verurteilt. Obwohl die dänische Gesetzgebung ärztliche Eingriffe in weitem Maße zuläßt, werden die illegalen Abtreibungen jährlich auf mindestens 12—13 000 geschätzt[9]. Es ist daher oft gesagt worden, daß die Kriminellen, mit denen sich die Kriminologie in ihren Einzel- und Gruppenuntersuchungen und in ihren Schlußfolgerungen beschäftigt und mangels eines vollständigen Materials auch beschäftigen muß, eine recht einseitige, negative und unglückliche Auswahl aus dem Kreis aller wirklichen Verbrecher darstellen.

---

[6] *Wallerstein - Wyle*, Our Law-Abiding Law-Breakers, in "Probation" 1947, S. 107 ff.

[7] Crime and Its Treatment, New York 1941, S. 212.

[8] *Kleen*, Fängen, människan, straffet, Stockholm 1944, S. 80.

[9] Betänkning ang. Ändring af Svangerskabslovgivningen, Kopenhagen 1954.

URSACHEN DES VERBRECHENS

„Die Leichenöffnung des Lasters unterrichtet vielleicht die Menschheit, und – es ist möglich, auch die Gerechtigkeit."
Schiller

1. Kausalität oder freier Wille

Seit Jahrhunderten fragen die Menschen, woher das Böse in der Welt kommt. Theologen und Philosophen haben sich bemüht, die Vorstellung von einem guten und lieben Gott mit dem Bösen zu vereinen, das auf Erden herrscht. Die Menschen haben böse Götter und Geister ersonnen, um eine Antwort auf ihre bange Frage zu finden. Im Christentum spielt der Teufel oder Satan die Rolle der Dämonen, die Verbrecher waren „vom Satan besessen", sie hatten „den Teufel im Leibe" oder waren „des Teufels". Sie und die bösen Geister, die in ihnen wohnten, mußten vertrieben oder mit Feuer und Schwert ausgerottet werden. Dies sind mit die Wurzeln der Verbannung und Todesstrafe. Der Dämonenglaube blühte in den primitiven und mittelalterlichen Gesellschaften. Noch im 19. Jahrhundert lautete in England die Anklage gegen einen Verbrecher, er habe nicht nur das Gesetz verletzt, sondern sei auch „prompted and instigated by the devil" (vom Teufel verführt und angestiftet), und ein Urteil des Obersten Gerichtes des Staates Nord-Carolina stellte 1862 fest: „Zu wissen, was gut ist, und doch das Unrechte zu tun, kommt von den Einflüsterungen des Bösen, der den Willen pervertiert."

Die verbrecherische Tat war das Werk eines bösen Gottes. Sie war nach dem unerforschlichen Walten der guten und bösen Geister dem Täter zugefallen und geschickt, sie war Zufall und sein Schicksal, so wie Krankheit und Tod, Erntesegen und Mißwachs unberechenbar kommen und gehen.

Menschliches Denken und Wünschen hat versucht, die Umklammerung des Menschen durch böse Geister zu durchbrechen, den Menschen auf eigene Füße zu stellen und seine Selbstverantwortlichkeit zu begründen.

Der alte tiefverwurzelte Dämonenglaube verschwand jedoch nicht von einem Tag zum andern. Er verschmolz zunächst mit der stolzen Konzeption von der Selbstverantwortlichkeit des Menschen. Nach mittelalterlicher Anschauung ließ sich der Verbrecher aus freien

Stücken mit dem Teufel ein. Die entsetzlichen Hexenjagden und Ketzerverfolgungen beruhten auf der Vorstellung, daß Frauen und Männer sich freiwillig zur Teufelsbuhlschaft entschlossen. Der letzte Hexenprozeß hat auf deutschem Boden im Jahre 1775 stattgefunden. Anna Maria Schwägelin wurde durch das Schwert hingerichtet, weil sie gestanden hatte, sich dem Teufel verschrieben und jede Nacht mit ihm Unzucht getrieben zu haben. Der Teufelsglaube war hienach tot. Das nordische Phantom war – mit Goethe – nun nicht mehr zu schauen. Das Böse blieb.

Der Mensch ist gut, sagen die Anhänger der Willensfreiheit. Er vermag, wenn er nur will, immer das Gute zu tun. Jeder steht – wie seinerzeit Herkules – am Scheideweg. Eine Straße führt zum Guten, eine andere zum Bösen. Sein Entschluß beruht immer auf freier Wahl. Während der eine sich zum Guten bekennt, „will" der andere wie Richard der Dritte ein für alle Mal ein Bösewicht werden oder wählt von Fall zu Fall den Weg des Lasters. Der Mensch ist zwar immer im Widerstreit der Gefühle, wird von Vorstellungen bewegt, die zur bösen Tat drängen, und anderen, die von ihr abhalten, aber er ist imstande, in ursachloser Selbstbestimmung seine Entscheidung zu treffen. Er kann in freier Willkür dem Reiz nachgeben oder sich ihm versagen.

Zum Beweise beruft man sich gerne auf das Freiheitsgefühl und Freiheitsbewußtsein des Menschen. *Lichtenberg* meinte etwa: „Wir wissen mit mehr Deutlichkeit, daß unser Wille frei sei, als daß alles, was geschieht, eine Ursache haben müsse." Das Freiheitsgefühl kann aber eine optische Täuschung sein. Innere und äußere Wahrnehmungen sind nicht untrüglich. Bekanntermaßen dreht sich – aller Wahrnehmung zum Trotz – die Sonne nicht um die Erde. Ein Freiheitsbewußtsein findet sich nicht selten auch bei Jugendlichen und Geisteskranken. Sie wissen, was gut und böse ist, und tun es nicht. Auch sie meinen, anders handeln zu können. Wir haben aber gelernt, daß ihre Willensschwäche durch Unreife oder eine seelische Störung bestimmt ist. In Wahrheit können wir nur sagen, daß der Mensch in aller Regel im Augenblicke seines Entschlusses oder bei späteren Überlegungen weiß, daß es in jeder Situation – von dem körperlichen Zwang durch einen Dritten abgesehen – die theoretische Möglichkeit alternativer Entscheidungen gibt. Wieviele solcher Alternativen der Einzelne sieht, bestimmt sich nach dem Grade seiner Intelligenz und der Stärke seiner Phantasie. Intelligenz und Phantasie haben nichts mit dem Willen zu tun. Sicher weiß der Einzelne im allgemeinen, was er will. Er weiß aber nur bruchstückhaft, warum er es will. Unser Wollen ist auch von verborgenen und uns unbewußten Trieben und Motiven gesteuert. Sie melden sich im Traum, auch in Tagträumen, vielleicht als „Gefühl" oder „Drang", und unsere Vernunft mag logische Gründe dazu liefern. Der eine liebt Beethoven, der andere Strauß; der eine wünscht Postbote zu werden, der andere Maler; der Hans liebt die Grete, die Grete den Heinz. Wissen sie trotz allen Rationalisierens wirklich warum? Ihre Wahl bleibt ihnen selber zutiefst ein ewiges Geheimnis. Im Grunde sind alle Menschen nur „vermindert zurechnungsfähig", da das bewußte Ich keine Herrschaft über die seelischen Kräfte hat, die unter der Schwelle der wahren Persönlichkeit lauern[1].

Neuerdings hat man versucht, die These, der Wille sei frei, mit Erkenntnissen der Biologie oder Atomphysik zu stützen. Die moderne Biologie ist im Bereich der Mutationen auf Vorgänge gestoßen, deren Ursachen oder Änderungsbedingungen unergründet sind. Die Atomphysiker meinen, daß die Bewegungen des individuellen Atoms keinen kausalen Gesetzen folgen. Sie können zwar statistisch voraussagen, wie sich große Körper, die eine große Zahl von Atomsystemen umfassen, verhalten; sie haben aber keine Untersuchungsmethode, die Auskunft geben könnte, was das einzelne Atom tatsächlich tun wird. „Wir sehen im innersten Herzen der physikalischen Welt das Ende der uneingeschränkten Kausalität."[2] Der Schluß vom grundlosen Verhalten eines Atoms auf die Willensfreiheit des Menschen, der nicht ein Atom, sondern ein Atomsystem ist, kann nicht überzeugen. Die Analogie von Mensch und Atom müßte zu dem paradoxen Ergebnis führen, jedes Atom habe einen „freien Willen". Es gibt aber überhaupt nicht nur die Alternative: Wahlfreiheit oder Notwendigkeit. Es besteht auch die dritte Möglichkeit, das Geschehen sei ganz oder teilweise ein Zufallsprodukt, teils ein gutes, teils ein böses Wunder. „Welt-Rad, das rollende, streift Ziel auf Ziel; Not – nennt's der Grollende, der Narr nennt's Spiel" *(Nietzsche)*. Die Vorstellung von einem Spiel ist für das menschliche Bewußtsein nicht weniger beklemmend als die Erkenntnis von Notwendigkeiten oder Regelverläufen. Die Mehrzahl der Atomphysiker lehnt denn auch entschieden Rückschlüsse aus der Atomphysik auf eine Willensfrei-

---

[1] Zur Frage der Willensfreiheit vgl. *Helmut Groos*, Willensfreiheit oder Schicksal?, München 1942.

[2] *Oppenheimer*, Wissenschaft und allgemeines Denken, Hamburg 1955, S. 48.

heit ab. „Das Mißverstehen hat die Menschen dazu verführt, aus den neuen Entdeckungen, insbesondere aus denen im atomaren Bereich, weitreichende Folgerungen für das alltägliche Geschehen zu ziehen ... Es gab auch Menschen, die glaubten, daß sie im akausalen, nicht ursächlich bestimmten Charakter atomarer Vorgänge die materielle Grundlage für jenes Bewußtsein der Freiheit entdeckt hätten, das den Menschen angesichts einer Entscheidung oder Verantwortung erfüllt."[3]

Die These von der Willensfreiheit wird von zwei Bedürfnissen getragen. Einmal entspricht sie dem Wunschtraum, der Mensch sei gut und das Böse vermeidbar. Der Gedanke widerstrebt dem Menschen, das Böse sei notwendig. Er verletzt den Stolz und das Selbstgefühl des Menschen, der sich einbildet, Krone der Schöpfung und Herr über Raum und Zeit zu sein. Sodann wird Willensfreiheit für erforderlich gehalten, um eine Moral und ein Strafrecht zu begründen. Sie erscheint moral- und kriminalpolitisch geboten. Wissenschaft dient aber der Wahrheit, nicht irgendeinem Wunschdenken oder irgendeiner vorgefaßten politischen Meinung.

Der jahrtausendealte Streit um Willensfreiheit oder Unfreiheit ist durch die Gegensätzlichkeit von Wissenschaft, Wunschdenken und Moral- und Staatspolitik oder – kurz gesagt – die Gegensätzlichkeit von Physik und Metaphysik gekennzeichnet. Weder die Philosophen noch die Religionen haben deswegen eine allgemein anerkannte Lösung gefunden. Die Waage mit den Schalen Für und Wider ist nicht nur im Lauf der Zeiten, sondern oft auch im Leben der einzelnen Denker nie zur Ruhe gekommen. Oft wohnten zwei Seelen in ihrer Brust; die wissenschaftliche Erkenntnis harter Unerbittlichkeit im Dasein rang mit dem Hunger nach menschlicher Freiheit.

Platon und die Stoiker werden meistens als Anhänger einer Willensunfreiheit, Aristoteles als ihr Gegner bezeichnet, doch manche ihrer Äußerungen sind zwiespältig und vielerlei Deutung fähig. Christliche Theologen postulierten menschliche Freiheit, aber die Lehre von der Erbsünde hat das Christentum mitgeprägt. Auch kann die Allwissenheit, die wir Gott zuschreiben, bedeuten, daß der Mensch nur Entschlüsse faßt, die Gott vorausgesehen hat und daher notwendig sind. „Weiß doch der Gärtner, wenn das Bäumchen grünt, daß Blüt' und Frucht die künft'gen Jahre zieren", sagt der

[3] *Oppenheimer*, a. a. O., S. 72, vgl. auch S. 12, 48 f, 51 f, 61, 71; *Taft*, Criminology, New York 1947, S. 293 ff; *Bräunig*, Willensfreiheit und Naturgesetz, München - Basel 1951, S. 23 ff; *Nik. Hartmann*, Zeitschrift für philos. Forschung, 1950, S. 500.

Herr im „Prolog im Himmel"; er kennt den Ausgang der Tragödie Erster und Zweiter Teil. Luther, Zwingli und Calvin haben sich der Lehre des Augustin von der Vorausbestimmung angeschlossen; besonders hat auch *Luther* in seiner Schrift „De servo arbitrio" eine Willensfreiheit entschieden verneint[4]. Kennzeichnend ist vor allem *Kant*. In seiner „Kritik der reinen Vernunft" hat er geschrieben, Verdienst und Schuld blieben uns gänzlich verborgen, niemand könne völlig ergründen, was reiner Wirkung der Freiheit, wieviel der bloßen Natur und den unverschuldeten Fehlern des Temperaments oder dessen glücklicher Beschaffenheit zuzuschreiben sei. *Kant* ist sogar soweit gegangen, zu sagen, sei man mit dem Charakter eines Menschen wirklich vertraut, so könne man seine Handlungen wie eine Sonnenfinsternis voraussagen. Dem alten Kant ist aber ob dieser Gott- und Teufelsähnlichkeit des Menschen bange geworden. Um die Grundlagen seiner Ethik nicht zu gefährden und seine religiöse Moralität zu retten, stürzte er sich mit einem Salto mortale aus der Physik in die Metaphysik, vom Wissen in den Glauben. „Ich mußte das Wissen aufheben, um zum Glauben Platz zu bekommen", hat er selber eingeräumt. *Schiller* hat deswegen ironisch den Kantianern die Worte in den Mund gelegt:

> Auf theoretischem Felde ist nichts mehr weiter zu finden;
> aber der Satz gilt doch: Du kannst, denn du sollst.

Der waghalsige Schluß und Sprung vom Sollen auf das Können entspricht reinem Wunschdenken. *Christian Morgensterns* Palmström hat später auf ähnliche Weise die unangenehmen Realitäten unseres Erdenlebens aus der Welt diskutiert, indem er messerscharf schloß, „daß nicht sein kann, was nicht sein darf".

Die herrschende deutsche Strafrechtswissenschaft und Praxis folgt heute noch Kants Sprung in die Metaphysik. Sie ist stolz auf ihren als „Idealismus" bezeichneten Mangel an Realismus. Sie tut es aber nicht ohne schlechtes Gewissen. Für Theorie und Praxis maßgebliche Strafjuristen wie *Binding* und *Birkmeyer* haben erklärt, die Frage der Willensfreiheit sei durch das Gesetz entschieden worden. Es sei

[4] Vgl. die Luther-Worte: „Die Allwissenheit und Allmacht einmal zugestanden, so folgt daraus naturgemäß und mit unerbittlicher Konsequenz, daß wir nicht durch uns selbst geschaffen sind, noch leben, noch irgend etwas tun, sondern allein durch Seine Allmacht. Es widerstreitet diametral Gottes Allwissenheit und Allmacht mit unserem freien Willen." „Die Gebot lehren, was man tun soll, aber kein Stärk dazu. Darum seien sie nur dazu geordnet, daß der Mensch darinnen sehe sein Unvermögen und lerne an ihm selbst verzweifeln."

durchaus nichts Unerhörtes, daß das Strafgesetz strittige Fragen, die anderen Wissenschaften zugehörten, entschiede, wozu auch der Streit um die Freiheit des Willens gehöre. *Binding* sprach von einer „esoterischen" (nur für Juristen bestimmten) Psychologie und von „offiziellen Rechtswahrheiten", zu denen er die menschliche Fähigkeit der Selbstbestimmung zählte. *Kohlrausch* nannte die Willensfreiheit eine „staatsnotwendige Fiktion"[5]. Sie folgen dabei neukantianischer Denkweise. *Vaihinger* meint beispielsweise in seiner „Philosophie des Als-Ob"[6], daß Freiheit der beobachteten Wirklichkeit, in der alles unabänderlichen Gesetzen folge, widerspreche, sie sei aber die Grundlage des Kriminalrechts. „Das hindert nicht, einzusehen, daß dieses Begriffsgebilde selbst eine logische Monstrosität, daß es ein Widerspruch ist, kurz, daß es nur eine Fiktion, keine Hypothese ist. Jahrhundertelang hat die Freiheit nicht bloß als Hypothese gegolten, sondern sogar als unumstößliches Dogma. Dann sank sie zur bestrittenen Hypothese herab; jetzt wird sie schon häufig als eine unumgängliche Fiktion angesehen. Es hat viel Kampf gekostet, bis man auf den heutigen, freilich noch lange nicht allgemein verbreiteten Standpunkt sich stellte, daß dem Freiheitsbegriff in der Wirklichkeit nichts entspreche, daß es aber eine für die Praxis höchst notwendige Fiktion sei." Selbst der Psychiater *Kurt Schneider*[7] folgt nolens volens der kantianischen Parole des „Du kannst, denn du sollst". Er schreibt: „Man kann von einem Dummen nicht verlangen, daß er gescheiter ist, als er ist – aber von einem Menschen mit gefährlichen Neigungen, daß er sie unterdrückt, daß er ihnen die Handlung versagt. *Kann man das verlangen?* Jedenfalls: *man verlangt das* und *das ist das Fundament des Ganzen.* Wissenschaftlich ist das nicht begründbar, aber die Rechtspflege ist auch keine voraussetzungslose Wissenschaft."

Eine Strafrechtswissenschaft, Strafgesetzgebung, Rechtsprechung und ein Strafvollzug kann auf die Dauer nicht mit der Fiktion einer theoretisch an sich abgelehnten Freiheit der Willensentscheidung

---

[5] Vgl. hierzu *Klee,* Die Zurechnungsfähigkeit als Strafempfänglichkeit, Deutsches Strafrecht 1943, S. 65 ff; *Leferenz* u. *Rauch,* Über die Beurteilung der Zurechnungsfähigkeit, Willsbach - Heidelberg 1947; *Leferenz,* Die rechtsphilosophischen Grundlagen des § 51 StGB, Der Nervenarzt, 1948, S. 364 ff; *Mezger,* Probleme der strafrechtlichen Zurechnungsfähigkeit, München 1949, S. 43.

[6] 9.—10. Aufl., S. 59 f.

[7] „Die Beurteilung der Zurechnungsfähigkeit", Stuttgart 1948, S. 23. Vgl. hierzu *Haddenbrock,* Zur Frage eines theoretischen oder pragmatischen Krankheitsbegriffes bei Beurteilung der Zurechnungsfähigkeit, Monatsschrift für Kriminologie, 1955, S. 183; 1956, S. 188.

arbeiten. *Haddenbrock* nennt die Fiktion eine „im Schafspelz der Wissenschaft betriebene schlechte Metaphysik". Die Fortschritte der Natur- und Sozialwissenschaften, die Landgewinne der modernen Psychologie und Psychiatrie, der Soziologie, Anthropologie, Pädagogik und Statistik fordern Berücksichtigung. Ein Philosoph wie Kant, dessen Zeit kaum über die spekulative Psychologie eines Platon und Aristoteles und ihre theoretische Konstruktion gewisser „Seelenvermögen" hinausgekommen war, könnte sich heute schwerlich dem umfassenderen, wissenschaftlich gesicherten Erfahrungsschatz der Gegenwart entziehen. Der Philosoph der Newtonschen Physik müßte die Relativitätstheorie beachten, der Psychologe, der zwischen einem „oberen" und „unteren" Erkenntnisvermögen unterschied, müßte von der Tatsache eines Ober- und Unterbewußtseins Kenntnis nehmen.

Die Entwicklung des Strafrechts läßt sich nicht aufhalten. Sie geht ihren eindeutigen Gang. „Es ist eine Frage, ob wir nicht, wenn wir einen Mörder rädern, in den Fehler des Kindes verfallen, das den Stuhl schlägt, an dem es sich stößt" *(Lichtenberg)*.

Die Sumerer und Babylonier meinten, es gäbe keine leblosen Dinge; was wir belebt und unbelebt nennen, hatte nach ihrer Vorstellung in gleicher Weise eine Seele. Ausdruck dieses lebendigen Geistes war die Bewegung. Ein Stein, der sich vom Abhang löste, tat es, weil er Leben besaß. Xerxes ließ – wie uns Herodot berichtet – den Hellespont peitschen, weil er so böse war, Wellen zu schlagen. Pausanias berichtet von einem Gesetz in Athen, nach dem Dinge verbannt werden sollten, die einen Menschen töteten. Nach Pausanias, Demosthenes und Aristoteles wurden todbringende Gegenstände vor ein Gericht in Athen gebracht. Bei Platon klingt diese Vorstellung an. Auch nach früherer deutscher Auffassung konnten leblose Sachen, z. B. ein herabfallendes Schwert, ein stürzender Baum oder Balken, Unrecht begehen. „Leblose Dinge können Gutes wie Böses tun."[8] Noch heute schlagen Menschen mit der Faust an den Schrank oder beschimpfen ihn, wenn sie sich an ihm stoßen. Andere werfen ein Buch, das ihnen mißfällt, heftig auf den Tisch.

Tierprozesse[9] gab es bis in das 18. Jahrhundert; auch hier mischte sich Dämonenglaube mit der Vorstellung, daß Tiere gleich den Menschen einen Geist hätten. „Wenn ein Ochse einen Menschen stößt, daß er stirbt", heißt es in der Bibel, „so soll der Ochse gesteinigt werden, und sein Fleisch darf nicht gegessen werden." Wieder berichtet Hero-

---

[8] Vgl. *v. Hentig*, Die Strafe, I, S. 70 ff.
[9] Vgl. *v. Hentig*, Die Strafe, I, S. 58 ff.

dot von Xerxes, daß er sein scheuendes Leibroß „zum Tatort" bringen und ihm zur Strafe die Beine abhauen ließ. Aus dem Mittelalter sind Henkersrechnungen vorhanden, die die korrekte Prozedur der Hinrichtung von Tieren beleuchten. Da sind die Kosten der Untersuchungshaft, des Scharfrichters, des Wagens, der das Tier zum Galgen brachte, der Stricke und der Handschuhe für den Henker. Nach einer erhaltenen Quittung, die ein Notar von Pont de l'Arche dem Schließer der Stadt am 16. Oktober 1408 ausstellte, waren die Ernährungskosten eines angeklagten Schweines die gleichen wie die eines menschlichen Gefangenen. Gleiche Vorstellungen finden sich auch noch im 20. Jahrhundert. *Karl Raddatz*[10] berichtet von dem Leiter eines Konzentrationslagers, der von seinem Pferd abgeworfen wurde. „Dann rief er mit tiefer richterlicher Stimme dem Pferd zu: ‚Ich verurteile dich zu 25 Stockschlägen über den Rücken und das Gesäß und 8 Tagen Haferentzug. Pferdepfleger, führen Sie das Pferd ab!'"

Die Bestrafung lebloser Sachen und von Tieren, die nach unserer Auffassung nicht wissen und wollen, was sie tun, sind Beispiele eines primitiven und archaischen, aber bis heute oft weiterlebenden Weltbildes. Ursache und Schuld werden gleichgestellt; wo Ursache ist, wird Schuld gesehen. Beispielsweise fragen wir heute noch gern, wer oder was (!) an etwas schuld sei, wenn lediglich die Frage am Platze wäre, wer oder was ein Geschehnis verursacht habe. „Der von den hellenischen Philosophen endgültig erarbeitete Begriff der Ursache muß erst langsam den Sinn von Schuld abstreifen, damit ihn die Wissenschaft für ihre Zwecke und in ihrem Geiste gebrauchen kann."[11] Bevor der menschliche Geist kausal zu denken bereit und imstande war, war seine Deutung des natürlichen Geschehens religiös-moralisierend; auf die gute Tat folgte der Lohn, auf die böse die Strafe. Wer Glück und Erfolg hatte, war gut; wen ein Mißgeschick traf, war böse; er mußte etwas verbrochen haben. An ihren Früchten sollt ihr sie erkennen. Untat und Verbrechen waren wie Krankheit und früher Tod, Frühgeburt und Fehlgeburt, Mißernte und Armut, Niederlage in der Schlacht oder Unglück in der Liebe eine Folge sündhaften Verhaltens. Der Dämonenglaube rechnete die Geschehnisse übermenschlichen guten oder bösen Geistern zu; präkausal ist es auch, sie ausnahmslos einer guten oder bösen Gesinnung zuzuordnen. Die Genesis führt die Mühsal des Lebens, die Schmerzen des Ge-

---

[10] „KZ Sachsenhausen", Berlin 1948, S. 27, zitiert bei *v. Hentig*, Die Strafe, I, S. 63.

[11] *Leopold Ziegler*, Überlieferung, Leipzig 1926, S. 212.

bärens und den Tod auf den Sündenfall zurück. Auch das Buch Hiob spiegelt dieses Weltbild wider: menschliche Unvollkommenheit führt zu Armut und Krankheit, Vollkommenheit aber zu Gesundheit und materiellem Reichtum. Dem Gerechten gibt's der Herr im Schlaf. Auch viele Kranke suchen heute noch die Ursachen in ihrer eigenen Vergangenheit, „sie klagen sich selbst früher begangener Fehltritte an, diese sollen nach ihrer Meinung die Ursache der jetzt heraufziehenden Krankheit sein. In ihrer krankhaft gesenkten Vitalität erscheinen ihnen kleine Verfehlungen ihres Vorlebens groß. Es ist vielmehr so, daß die beginnende Krankheit jede Verfehlung als Scheinmotiv aus der Vergangenheit hervorholt."[12] Christus zerriß das Band von Unglück und Schuld. „Und Jesus ging vorüber und sah einen, der blind geboren war, und seine Jünger fragten ihn und sprachen: ‚Meister, wer hat gesündigt, dieser oder seine Eltern, daß er ist blind geboren?' Jesus antwortete: ‚Es hat weder dieser gesündigt noch seine Eltern'" (Joh. IX, 1–3).

Geistige Krankheiten und Störungen wurden lange als Manifestation übernatürlicher guter oder böser Kräfte angesehen. Die Menschen wurden verehrt oder verdammt, ganz nach der Art der dämonischen Besessenheit, die man ihnen zuschrieb. Später – bis zum Abschluß des 18. Jahrhunderts – wurden sie mit Argwohn betrachtet und Verbrechern gleich behandelt. Die Unglücklichen wurden in Kerkern verwahrt, gefesselt, geprügelt, ausgehungert und sogar getötet. Verbrecher und Geisteskranke fanden sich in den gleichen Zuchthäusern. „Gebunden wie ein Toller, gesperrt in einen Kerker, ausgehungert, gegeißelt und geplagt", sagt Shakespeares Romeo. Noch Kant glaubte an die „Macht des Gemüts, durch den bloßen Vorsatz seiner krankhaften Gefühle Meister zu sein". „Die inneren Vorgänge eines Menschen beurteilt man unter dem Gesichtspunkt der Verantwortlichkeit des Menschen, der Schuld. Bis in den Ausgang des 19. Jahrhunderts galt der Verfall in paralytische Geistesschwäche noch als Ergebnis einer Schuld, als Folge ausschweifenden Lebenswandels. Als man die luische causa des Leidens nachwies, gab man nur ungern den moralischen Standpunkt zu Gunsten der naturwissenschaftlichen Einstellung auf. Heinroth hatte noch 1821 gelehrt: Alle psychisch unfreien Zustände entstehen aus der Sünde."[13]

[12] *Ewald*, Neurologie und Psychiatrie, München - Berlin 1954, S. 421.

[13] *Gruhle*, Motiv und Ursache in der Kriminologie, Monatsschrift für Kriminalpsychologie und Strafrechtsreform 1936, S. 164; *Ewald*, Neurologie und Psychiatrie, München - Berlin 1954, S. 393.

Die Entwicklung ist noch nicht abgeschlossen. Bei den sogenannten „echten“ Geisteskrankheiten (Psychosen), etwa der Zyklothymie (dem manisch-depressiven Irresein) und der Schizophrenie („dementia praecox“) wird der vom Willen des Einzelnen unabhängige Kausalverlauf allgemein bejaht. Ein Krankheitsprozeß ist hier bisweilen nachweisbar. In der Mehrzahl der Fälle wird er postuliert, weil die seelische Störung häufig erblich ist, oft in biologisch kritischen Zeiten, z. B. Pubertät, Alter, Schwangerschaft und dergl. ausgelöst wird und psychologisch und soziologisch unmotiviert auftritt. Dagegen werden funktionelle Seelenstörungen, vor allem Psychopathien und Neurosen, noch gern mit einer „Schuld“ verknüpft. Jedoch ist die Behauptung, daß zwischen Psychosen einerseits und Psychopathien und Neurosen andererseits eine Grenze der Willensfreiheit und -unfreiheit verlaufe, empirisch und philosophisch unhaltbar.

Arbeitslosigkeit und erst recht damit zusammenhängende Tatbestände wie der Bezug öffentlicher Unterstützung infolge „Müßiggangs“ oder Bettel wurden lange – vielfach bis zur Weltwirtschaftskrise der dreißiger Jahre – auf Arbeitsscheu und Liederlichkeit zurückgeführt. Zu Beginn der neueren Zeit, als gewaltige Massen von gesunden und starken „Bettlern“ und müßigen „Landstreichern“, „diese unerschöpfliche Pflanzschule von Verbrechern“ *(Suarez)*, die europäischen Länder erschreckten, steigerten sich die angedrohten Strafen bis zum Auspeitschen, ja lebenslänglichem Gefängnis und zur Todesstrafe. Die barbarischen Strafen waren ohne jedes Ergebnis, weil die Arbeitslosigkeit in Krieg und „Bauernlegen“ und in den Produktionsbedingungen der Wirtschaft wurzelte. Heute wissen wir um die strukturellen und konjunkturellen Ursachen jeder Massenarbeitslosigkeit.

Auch der junge Mensch wurde im Laufe der Geschichte mehr und mehr einer moralisierenden Wertung entzogen; die mangelnde körperliche und seelische Reife wurde als Ursache seines Verhaltens anerkannt. Im angelsächsischen Common Law[14] waren Kinder nur bis zum 7. Lebensjahr von einem Schuldvorwurf ausgenommen. In England wurde erst 1933 die Unterstufe auf 8 Jahre erhöht (Children and Young Persons Act). Von diesem Alter ab galt die Maxime „malitia supplet aetatem“ (Bosheit ergänzt das Alter). Noch 1833 wurde in London ein Neunjähriger verurteilt, „so lange aufgehängt zu werden, bis der Tod eintritt“, weil er einen Knüppel durch ein

[14] *Tappan*, Juvenile Delinquency, New York - London 1949, S. 177.

Ladenfenster gesteckt hatte. 1834 wurden zwei Buben im Alter von 11 und 12 Jahren zu siebenjähriger Verbannung nach Australien verurteilt. In Deutschland[15] wurden nach dem Passauer Recht des Mittelalters Kindern, die ihre Eltern verleumdeten, mit einem eisernen Haken die Zungen aufgeschlitzt. In Hamburg wurde 1581 ein Elfjähriger erhängt, weil er einem Ratsherrn die Fensterscheibe einwarf. In Nürnberg wurden 1648 einem jugendlichen Dieb die Ohren abgeschnitten; als ihn ein Bauer erneut beim Stehlen erwischte, wurde er „aus Gnaden" enthauptet. Ein Recht der gleichen Stadt bestimmte, daß Kinder in einen Sack zu stoßen und zu ertränken seien, sofern sie dem Rat der Stadt „ob ihrer Ungeratenheit besser tot als lebendig dünkten". Das Deutsche Strafgesetzbuch von 1871 setzte die Strafmündigkeitsgrenze auf 12 Jahre fest. Im Jahre 1913 befanden sich noch 13 000 Zwölf- bis Dreizehnjährige in deutschen Gefängnissen. Das moderne Jugendrecht, die Jugendgerichtsbewegung, die von den Vereinigten Staaten ihren Ausgang nahm (Massachusetts 1869), setzte sich um die Jahrhundertwende durch. Die ersten deutschen Jugendgerichte wurden 1908 in Köln und Frankfurt geschaffen. Ihre Aufgabe war weniger, sich mit den Schwierigkeiten zu befassen, die die jungen Menschen machten, als die Schwierigkeiten zu sehen und zu behandeln, die sie haben. In Deutschland unterstehen heute junge Menschen bis zum 21. Jahr dem Jugendrichter. Was – von den Ewig-Gestrigen abgesehen – nunmehr der Öffentlichkeit aller Völker als fast selbstverständlich erscheint, wurde erst in unserer Generation geschaffen.

Die Wissenschaft vom Verbrechen und erst recht das Strafrecht in Theorie und Praxis hinkt lahm hinter den großen Dichtungen her. Alle großen Tragödien und Romane wissen um den Einfluß von Alter und Geschlecht, Abstammung und Charakter. Sie schildern die Leidenschaften, die die Menschen erfassen, und die Umwelt, in die sie verstrickt sind. Alles ist notwendiger Stoß und notwendiger Gegenstoß, und tragisch ist gerade die Unerbittlichkeit und Unabwendbarkeit, die Folgerichtigkeit des Schicksals. Es ist nicht wie in der griechischen Tragödie durch göttlichen Ratschluß bestimmt, sondern erwächst aus dem unaufhaltsamen Zusammenprall von Mensch und Welt. Schicksal und Untergang des Helden ist nicht prädestiniert, wohl aber durch körperliche, seelische und soziale Tatsachen determiniert.

---

[15] *Holzschuh*, Erziehung und Strafe im deutschen Jugendstrafrecht, in „Bekämpfung der Jugendkriminalität", Wiesbaden 1955, S. 147.

Goethe, der vom Vater die Statur hatte, des Lebens ernstes Führen, vom Mütterchen die Frohnatur, die Lust zu fabulieren, ließ die Mutter in „Hermann und Dorothea“ sagen:

Denn wir können die Kinder nach unserem Sinne nicht formen,
so wie Gott sie uns gab, so muß man sie haben und lieben.

Der gleiche Gedanke kehrt in den „Orphischen Urworten“ wieder:

Bist alsobald und fort und fort gediehen
nach dem Gesetz, wonach du angetreten;
so mußt du sein, dir kannst du nicht entfliehen,
so sagten schon Sibyllen und Propheten;
und keine Zeit und keine Macht zerstückelt
geprägte Form, die lebend sich entwickelt.

Schiller hat die Erkenntnis von Bedingung und Gesetz unseres Wollens seinem Wallenstein in den Mund gelegt:

Der Menschen Taten und Gedanken, wißt,
sind nicht wie Meeres blind bewegte Wellen.
Die innere Welt, sein Mikrokosmos ist
der tiefe Schacht, aus dem sie ewig quellen.
Sie sind notwendig wie des Baumes Frucht;
sie kann der Zufall gaukelnd nicht verwandeln.
Hab ich des Menschen Kern erst untersucht,
so weiß ich auch sein Wollen und sein Handeln.

Zum Tiefsten gehört *Hölderlins* Gedicht „Der Rhein“, das aus der Zeit seiner beginnenden Umnachtung stammt.

... unverständig ist
das Wünschen vor dem Schicksal.
Ein Rätsel ist Reinentsprungenes. Auch
der Gesang kaum darf es enthüllen. Denn
wie du anfingst, wirst du bleiben,
so viel auch wirket die Not
und die Zucht, das meiste nämlich
vermag die Geburt
und der Lichtstrahl, der
dem Neugeborenen begegnet.
Wo aber ist einer,
um frei zu bleiben
sein Leben lang und des Herzens Wunsch
allein zu erfüllen?

Strafrecht ohne Wissen um das Wesen des Tragischen ist weder Leben noch Literatur, es ist leeres Papier.

Jeder Mensch erlebt seine große oder kleine Tragödie. Niemand kommt als unbeschriebenes Blatt in eine unbeschriebene Welt. Es ist sein Schicksal, als Mann oder Frau, als Kind reicher oder armer Eltern geboren zu sein, Anlage zu Gesundheit oder Krankheit zu haben, Krieg oder Frieden zu erleben. Eine Metaphysik kann dem Menschen Trost spenden, sie kann aber die Ungleichheiten und unverdienten Ungerechtigkeiten dieser Welt nicht wegdiskutieren.

Niemand wählt seinen Charakter auf Erden frei. Jeder Entscheidung des Menschen ist vorgelagert, was ihm gute oder böse Feen in die Wiege gelegt haben, Klugheit oder Dummheit, Sanftmut oder Jähzorn, Willensstärke oder Schwäche, Phlegma oder Reizempfänglichkeit. Man hat von einer „Lebensführungsschuld" oder „Lebensentscheidungsschuld" gesprochen[16]. Der Gedanke geht auf Aristoteles und seine Nikomachische Ethik zurück. Aristoteles meinte, daß, wenn einmal ein Mensch sich dem Bösen ergeben habe und das Böse über ihn Herr geworden sei, er nicht mehr imstande sei, frei zu handeln. Die Einzeltat möge daher durch die vorgängige Lebensführung bestimmt und unfrei sein, nicht aber die Primärentscheidung. Das erinnert an *Goethe*s Wort, wer den ersten Knopf verfehle, komme mit dem Zuknöpfen nicht zu Rande, oder an *Franz Kafka*s Überzeugung: „Einmal dem Fehlläuten der Nachtglocke gefolgt – es ist niemals gutzumachen." Aber auch die erste Entscheidung ist charakter- und situationsbedingt und daher unfrei. Man darf bei dem Versuch, menschliches Handeln zu verstehen, nicht vorzeitig haltmachen. Wer schlechte Gesellschaft sucht, wer die Stadt mit ihren größeren Gefahren dem flachen Lande vorzieht, oder wer die Gelegenheit, die Diebe machen soll, nicht meidet, mag aus einer vorgegebenen Veranlagung heraus oder in einer Zwangssituation handeln. Für ein Fehlläuten der Nachtglocke sind wir nicht verantwortlich.

Kein Mensch steht im luftleeren Raum. Jede Tat erfordert eine bestimmte Szenerie mit bestimmten auf- und abtretenden Personen. Die Seeräuberei hat aufgehört, weil die Szene gewechselt hat und das Dampfschiff und die moderne Technik die Meere beherrschen. Entscheidend ist immer Zeit und Ort des Auftretens unseres Helden, das Stichwort, das ihm gegeben wird. Es mag eine Beleidigung sein, die Kündigung seines Arbeitsverhältnisses oder der Abschiedsgruß eines

[16] *Bockelmann*, Studien zum Täterstrafrecht, II, S. 145 ff; vgl. auch Materialien zur Strafrechtsreform (Bonn 1954) I, 30.

geliebten Menschen. Wichtiger aber als die Stunde und die Situation der Tat ist die Formung des Täters durch Raum und Zeit seit dem Tag der Geburt. Der menschliche Raum, den Familie und Heim darstellen, Liebe oder Haß, die ihm begegnen, die sozialen oder wirtschaftlichen Verhältnisse, die politische Ordnung und die kulturelle Atmosphäre prägen innerhalb des durch die Charakteranlage gesetzten Spielraums den Menschen. Sie hat *Lacassagne* mit dem Worte gemeint: „Jede Gesellschaft hat nur die Verbrecher, die sie verdient."

Das Leben ist ein wirres Konglomerat individueller und sozialer Bedingungen. Unruhe, Geltungsdrang, Rücksichtslosigkeit, Gefühlskälte und Phantasie schaffen eine Disposition zum Hochstapler. Wer Glück hat, mag es zum Geschäftsmann bringen, der erfolgreich, aber straflos über Leichen schreitet. Den Menschen der Jahrhundertwende war es vergönnt, fortschrittsgläubig und mit integrer Moral ihr Leben zu beschließen. Der deutschen Generation der Gegenwart war beschieden, in historisch beispiellose Kollektiv- und Massenverbrechen, in staatlich angeordnete und vollzogene Scheußlichkeiten von einem noch nie dagewesenen Umfang hineingerissen zu werden. Massenmord, Massenfreiheitsberaubungen, Raub und Diebstahl wurden mitangesehen, sie wurden von einer Regierung und einem System verübt, das jahrelang umjubelt wurde.

Die Geschichte psychischer Infektionen und psychopathischen Massengeschehens legt Beispiel ab von der Macht äußerer Umstände und der Schwäche aller menschlichen Charaktere. „Plötzlich", berichtet z. B. *Richard Wagner* in seinen Lebenserinnerungen, „verbreitete sich der Ruf nach einer berüchtigten Gasse, in welcher gegen eine verhaßte Magistratsperson, welche dort der Volksmeinung nach ein übel berufenes Etablissement in willkürlichen Schutz genommen hatte, populäre Justiz geübt werden sollte. Als ich im Gefolge des Schwarms an jenem Ort anlangte, fand ich ein erbrochenes Haus, in welchem allerhand Gewalttaten verübt wurden. Ich entsinne mich mit Grauen der berauschenden Einwirkung eines solchen unbegreiflichen wütenden Vorgangs, und kann nicht leugnen, daß ich ohne die mindeste persönliche Veranlassung hierzu an der Wut der jungen Leute, die wie wahnsinnig Möbel und Geräte zerschlugen, ganz wie ein Besessener teilnahm . . . Kaum erscholl der Ruf nach einem anderen derartigen Orte, als ich auch schon in der Strömung mich befand, welche nach einem entgegengesetzten Ende der Stadt sich bewegte. Dort wurden die gleichen Heldentaten verübt und die lächerlichsten Verwüstungen angerichtet . . . Ich erwachte des anderen

Morgens wie aus einem wüsten Traum. . ." Das Massendelikt enthüllt den Mechanismus allen verbrecherischen Geschehens. Beim Einzeltäter oder Gruppentäter wirkt Anlage und Umwelt in ähnlicher Weise.

Manche haben versucht, alle Verbrecher auf einen einheitlichen, sei es biologischen, psychologischen oder soziologischen Nenner zu bringen. Die Formel, daß das Verbrechen ein Produkt von Anlage und Umwelt sei, schließt eine solche Auffassung aus. Sie wird auch heute überall vertreten. Die verbrecherische Tat, mag es sich um einen grauenvollen Mord oder einen kleinen Diebstahl handeln, ist wie ein großer Strom aus vielen Flüssen und Bächen gespeist. Alle Generalisierungen werden an der Tatsache zuschanden, daß jeder Mensch und jede seiner Taten etwas Einmaliges ist. Wenn schon die Fingerspitzen der Hand eines jeden einmalig sind, wieviel mehr gilt dies für den biologischen, psychologischen und sozialen Habitus eines Menschen und die tausendfältigen Lebenssituationen, in die er gestellt ist. Alles fließt, niemand kann in den gleichen Strom steigen. Deswegen ist auch niemand zum Verbrecher geboren. Alles ist von Zeit und Raum abhängig. Millionen sind arm und arbeitslos; nur wenige von ihnen stehlen; zur Armut muß noch vieles hinzutreten. Hunderttausende lesen comic strips und sehen Wild-West-Filme, nur ein paar junge Menschen begehen Raubüberfälle; Lektüre und Film allein schaffen es nicht. Zehntausende sind affektgeladen und jähzornig, sie begehen deswegen noch keinen Totschlag; bestimmte Situationen, vielleicht ein Ehebruch, müssen sich einfinden.

Die kriminologische Ursachenforschung kann sich dem Einzelfall widmen. Nur die Einzeluntersuchung kann ein erschöpfendes Ergebnis zeigen, weil das Individuum unvergleichlich ist. Die Wissenschaft strebt aber nach dem „Typischen" und „Allgemeingültigen". Sie ist deswegen auf die Reihen- und Massenuntersuchung hingewiesen. Sie versucht, die relative Häufigkeit der als verbrechensfördernd (kriminogen) vermuteten Anlage- und Umweltfaktoren in der Welt der Verbrecher im Vergleich mit der Welt der Nichtverbrecher zu bestimmen.

Sie kann – wie jede andere Erfahrungswissenschaft – nur statistische Regeln aufstellen, von denen es Ausnahmen geben mag. Erfahrung kann nur zur Erkenntnis von Wahrscheinlichkeiten, nie zu einer absoluten Gewißheit führen. Streng gültige Gesetze sind empirisch nicht nachweisbar. Wenn wir ein Kartenspiel gründlich mischen, spricht die Erfahrung dafür, daß wir mit einer an Sicherheit grenzenden Wahrscheinlichkeit ein ungeordnetes Spiel bekommen. Es ist aber auch möglich, daß ausnahmsweise einmal auch alle Karten sinnvoll geordnet sind. Die Physiker erzählen uns, sie könnten nicht ausschließen, daß sich einmal alle Luftmoleküle in unserem Zimmer so ordneten, daß die Stickstoffmoleküle sich auf der einen und die Sauerstoffmoleküle auf der anderen Seite sammelten, was für die Leute auf der Stickstoffseite recht unerfreuliche Folgen haben würde. Sie halten es auch nicht für schlechthin unmöglich, daß ein Stück Eis in einem Glas Wasser das Wasser zum Kochen bringt, während es selber immer kälter wird. Was man früher als ein strenges Naturgesetz angesehen hat, ist heute als ein lediglich statistisches Gesetz erkannt worden. Die Gewißheit des Naturgesetzes – das „wenn, dann immer" – ist durch eine hohe Wahrscheinlichkeit – das „wenn, dann immer in einem bestimmten Prozentsatz" – ersetzt worden.[17] Was hiernach für die Naturwissenschaften gilt, kennzeichnet in noch weit höherem Maße die Wissenschaft vom menschlichen Verhalten. Die hohen, an Sicherheit grenzenden Wahrscheinlichkeiten der Naturwissenschaften schrumpfen hier zu bescheidenen Wahrscheinlichkeiten oder bloßen Möglichkeiten, zu Risiken oder Chancen.

Eine etwaige Feststellung, daß 80% jugendlicher „Gang"-Mitglieder in USA kriminell geworden sind, meint, daß aus der in der Vergangenheit beobachteten Häufigkeit der Schluß auf eine entsprechende Häufigkeit in der Zukunft gezogen werden kann. Von 1000 zukünftigen Jugendlichen, die sich einem „Gang" anschließen, werden nach dem „statistischen Gesetz" voraussichtlich 800 zu Verbrechern. Über das einzelne „Gang"-Mitglied ist hiermit nichts gesagt, es kann zu dem einen Fünftel der Nichtkriminellen gehören. Das Risiko, Verbrecher zu werden, ist allerdings für alle bedeutend.

Das „statistische Gesetz" nimmt nicht für sich in Anspruch, Gewißheit zu bringen. Auch wenn die Anlage- und Umweltfaktoren im wesentlichen gleich blieben, wären im Reich der Erfahrung wie beim Mischen eines Kartenspiels Überraschungen nicht ausgeschlossen. Das „statistische Gesetz" enthält auch keine Aussage über irgendwelche Kausalitäten; es enthält lediglich eine Zahlenrelation zwischen der Mitgliedschaft in einem „Gang" und dem kriminellen Verhalten der Teilnehmer. Es bleibt z. B. offen, ob der soziale Organismus eines „Gang" die Kriminalität schafft (soziologische, sozialpsychologische Erklärung), oder ob der Anschluß an einen „Gang" einen seelischen Habitus voraussetzt und enthüllt, der seinerseits die Wurzel der Kriminalität ist (individualpsychologische Erklärung).

---

[17] Vgl. *Hans Reichenberg*, Der Aufstieg der wissenschaftlichen Philosophie, Berlin, S. 185 ff.

Die Ablösung der „Kausalgesetze" durch „statistische Gesetze" in der Physik, der Stellar-Astronomie, der Vererbungslehre, in der Geschichte, beim Roulettespiel usw., also jedenfalls immer dann, wenn es sich um große Zahlen handelt, enthebt theoretisch die Kriminologie einer Stellungnahme zur Frage, ob verbrecherisches Verhalten durch den freien Entschluß des Täters oder seine Anlage und Umgebung hervorgerufen wird. In der Praxis aber, wo die Entscheidung darum geht, das Verbrechen einzudämmen und zu wissen, wo und wie, haben die Kriminologen fast ausnahmslos einen deterministischen Standpunkt bezogen. Die Ergebnisse der Gruppenuntersuchungen sind für sie nicht nur nackte Zahlenrelationen, sondern ergründbare Sinnzusammenhänge.

Zur Beleuchtung dieses kriminologischen Standpunktes seien zwei repräsentative Stimmen wiedergegeben. *Exner*[18] schreibt: „Die Kriminologie interessiert nicht, was sein könnte, sondern was ist, es kommt ihr nicht auf den Glauben an, daß die Menschen jederzeit auch anders handeln könnten, als Anlage und Schicksal sie weisen, vielmehr ist hier allein entscheidend die Tatsache, daß sie es regelmäßig nicht tun. Diese kaum umstrittene Tatsache wird durch die tägliche Erfahrung über das Verhalten der uns wohlbekannten Personen bestätigt und ist überall durch die sogenannte Moralstatistik erwiesen, durch die eigentümlich konstant bleibende Zahl der alljährlich wiederkehrenden Verbrechen, Ehescheidungen, Selbstmorde usw. Diese Konstanz, die immer neues Staunen erregt hat, ist doch gar nicht anders erklärbar als durch die Überlegung: Im großen Durchschnitt bleiben die Anlagen der Menschen und ihre Lebensverhältnisse von einem Jahr auf das andere dieselben, daher kommt es immer wieder zu einer ungefähr gleichen Zahl jener Taten, weil eben die Menschen handeln, wie Anlage und Schicksal sie lenken."

Die Stellungnahme von *Barnes - Teeters*[19] wird in einer großen Zahl kriminologischer Werke der USA und Europas wiedergegeben: „Wir verstehen nicht, wie ein Mensch sich verhält, solange wir ihn nicht in allen seinen Teilen untersucht haben. Psychologie, Biologie, Soziologie und ihre verbündeten Wissenschaften, Sozialpsychologie und Psychiatrie, auch die Medizin mit der Endokrinologie dienen alle einer solchen komplexen Untersuchung. Die bestmögliche Antwort auf die Frage nach der Ursache menschlichen Verhaltens ist, daß das Individuum ein Produkt seines Erbes und seiner Umgebung ist, daß es

---

[18] Kriminologie, Berlin - Göttingen - Heidelberg 1949, S. 30 ff.
[19] New Horizons in Criminology, New York, 2. Aufl. 1952, S. 152.

durch zahlose Faktoren motiviert, daß jeder Gedanke und jede Tat durch Bedingungen gesetzt ist, und daß es deshalb sich nicht frei oder willkürlich verhält. Die Tatsachen zeigen, daß die Rolle, die das Individuum im Leben spielt, durch seine Struktur, seine Erziehung und die sozialen Bedingungen determiniert ist; sie machen mit dem alten Popanz vom freien oder bösen Willen Schluß. Die Ärzte machen ihre Patienten auch nicht moralisch dafür verantwortlich, daß sie sich eine Erkältung ‚holen' oder eine Nierenentzündung zuziehen."

Am großartigsten hat dies alles schon *Schiller* in seinem „Verbrecher aus verlorener Ehre" erkannt: „Der Held muß kalt werden wie der Leser, oder, was hier ebensoviel sagt, wir müssen mit ihm bekannt werden, eh' er handelt; wir müssen ihn seine Handlung nicht bloß vollbringen, sondern auch wollen sehen. An seinen Gedanken liegt uns unendlich mehr als an seinen Taten, und noch weit mehr an den Quellen dieser Gedanken als an den Folgen jener Taten. Man hat das Erdreich des Vesuvs untersucht, sich die Entstehung seines Brandes zu erklären; warum schenkt man einer moralischen Erscheinung weniger Aufmerksamkeit als einer physischen? Warum achtet man nicht in eben dem Grade auf die Beschaffenheit und Stellung der Dinge, welche einen solchen Menschen umgeben, bis der gesammelte Zunder in seinem Inwendigen Feuer fing? Der Freund der Wahrheit sucht sie in der unveränderlichen Struktur der menschlichen Seele und in den veränderlichen Bedingungen, welche sie von außen bestimmten, und in diesen beiden findet er sie gewiß. Wenn ich auch keinen der Vorteile hier in Anschlag bringe, welche die Seelenkunde aus einer solchen Behandlungsart zieht, so behält sie schon allein darum den Vorzug, weil sie den grausamen Hohn und die stolze Sicherheit ausrottet, womit gemeiniglich die ungeprüft aufrechtstehende Tugend auf die gefallene herunterblickt, weil sie den sanften Geist der Duldung verbreitet, ohne welchen kein Flüchtling zurückkehrt, keine Aussöhnung des Gesetzes mit seinem Beleidiger stattfindet, kein angestecktes Glied der Gesellschaft von dem gänzlichen Brande gerettet wird.[20]

[20] Die Objektivität gebietet, auch einen namhaften Vertreter der gegenteiligen Auffassung zu zitieren. Bei *Sauer,* Kriminologie, Berlin 1950, S. 458, 527 ff lesen wir: „Der freie Wille ist die wichtigste Triebkraft auch in der Gesamtkriminalität ... Den unzweideutigsten Ausdruck findet der persönliche Wille in der Offenbarung der Persönlichkeit selbst, also in Aufrichtigkeit, Offenheit und Wahrhaftigkeit ... Kriminell tiefer steht der Süden, zum großen Teil auch die Mitte als der Norden; der Osten steht aber nicht in gleichem Maße tiefer als der Westen. Am günstigsten steht im Ganzen der Nordwesten, weil hier die verschiedensten günstigsten Bedingungen zusammentreffen; günstig wirkt besonders die starke Tendenz

2. Zur Vererblichkeit krimineller Neigungen

Da der Verbrechensbegriff von Zeit und Raum abhängig ist, manches heute in Deutschland strafbar ist, was etwa in den romanischen und skandinavischen Ländern nicht bestraft wird, z. B. homosexuelles Verhalten Erwachsener, kann überhaupt nur von der Vererblichkeit gewisser asozialer und antisozialer Dispositionen gesprochen werden. Obwohl die Notwendigkeit einer mehrdimensionalen Erklärung jeden Verbrechens heute so gut wie unstrittig ist, hat es nicht an – zumal deutschen – Bemühungen gefehlt, das Übergewicht erblicher Belastung und damit des Anlagefaktors zu beweisen.

Als erstes Beispiel dieser Bemühungen diene die Zwillingsforschung.[1] Es gibt eineiige und zweieiige Zwillinge. Eineiige Zwillinge entstammen *einem* Ei und sind von *einer* Samenzelle befruchtet. Die zweieiigen entstammen zwei befruchteten Eiern. Eineiige Zwillinge haben die gleichen Erbanlagen, während die Zweieiigen keine größere Gleichheit aufweisen als Geschwister sonst. Die eineiigen Zwillinge, die etwa ein Viertel aller Zwillinge ausmachen, sind in

---

zur Wahrhaftigkeit und Zuverlässigkeit." Im einzelnen verweist *Sauer* auf die räumliche Verteilung der Kriminalität in Deutschland. Er kommentiert sie wie folgt: „Daß das Widerstandsdelikt in Preußen, Sachsen und Württemberg etwas häufiger ist, läßt in den Nordgruppen auf größere Selbständigkeit der Willensbildung und Energie der Durchsetzung schließen, ... auf mangelnde autoritäre Einstellung und von hier aus auf persönliche Selbständigkeit... In Preußen und in Sachsen, auch in Mecklenburg, Thüringen, Hessen und Baden ist der soziale Sinn stärker ausgebildet als in Bayern und Württemberg, auch in Oldenburg und Braunschweig, wenn dieser Schluß aus den Graden der Häufigkeit des Hausfriedensbruchs erlaubt ist." Das Resumé dieser Verteidigung einer Willensfreiheit liegt in dem Satze: „Alle diese Tatsachen gestatten bis zu einem gewissen Wahrscheinlichkeitsgrade die Feststellung, daß *der Norden indeterministischer, der Süden deterministischer eingestellt* ist, daß hier die Umwelt- und eventuelle Anlage-Einflüsse einen höheren Grad erreichen können als dort." Weh dem, der — wie der Verfasser dieser Arbeit — im kriminell tiefer stehenden und zu einem Determinismus verdammten Süden geboren ist. Er wird klugerweise den freien Willensentschluß fassen, im nächsten Leben im günstigsten Nordwesten auf die Welt zu kommen.

[1] *Francis Galton,* The History of Twins as a Criterion of the Relative Powers of Nature and Nurture, 1896; *H. W. Siemens,* Zwillingspathologie, 1924; *Joh. Lange,* Verbrechen als Schicksal, Leipzig 1929; *A. M. Legras,* Psyche und Kriminalität bei Zwillingen, Z. ges. Neur. und Psych., Bd. 144, 1933; *A. J. Rosanoff,* Criminality and Delinquency in Twins, Journ. of Crim. Law and Criminology, XXIV, 1934, S 23 ff; *Heinrich Kranz,* Lebensschicksale krimineller Zwillinge, Berlin 1936; *Friedr. Stumpfl,* Die Ursprünge des Verbrechens, dargestellt am Lebenslauf von Zwillingen, Leipzig 1936; *Horatio H. Newman, Frank N. Freeman, Karl J. Holzinger,* Twins. A Study of Heredity and Environment, Chicago 1937; *Emil Östlyngen,* Psykologisk tvillingforskning, Oslo 1946.

aller Regel einander sehr ähnlich; sie werden häufig miteinander verwechselt. Sie haben die gleiche Blutgruppe, auch stimmen vor allem Farbe, Form und Grenzen der Kopf- und Körperbehaarung, die Farbe der Iris, der Augenbrauen und der Haut überein. Dagegen sind die Fingerabdrücke nicht identisch; dies ist auch bei der rechten und linken Hand des Menschen nicht der Fall.

Biologische und psychiatrische Untersuchungen haben einwandfrei ergeben, daß eineiige Zwillinge dieselben körperlichen und geistigen Erkrankungen aufweisen, zweieiige Zwillinge aber nicht. Psychologische Untersuchungen, die namentlich von amerikanischer Seite vorgenommen wurden, haben dagegen auch bei eineiigen Zwillingen erhebliche Persönlichkeits- und Temperamentsunterschiede erkennen lassen. Untersuchungen des kriminellen Verhaltens eineiiger und zweieiiger Zwillinge haben zu folgenden Ergebnissen[2] geführt:

	Eineiige		*Zweieiige*	
	Über einstimmung	Nichtüber-einstimmung	Über-einstimmung	Nichtüber-einstimmung
Lange (1929)	10	3	2	15
Legras (1933)	4	0	0	5
Rosanoff (1934)	25	12	5	23
Kranz (1936)	20	11	23	20
Stumpfl (1936)	13	5	7	22
Summe	72	31	37	75
in Prozenten	69,9%	30,1%	33%	67%

Von den Untersuchungen *Rosanoffs* interessieren noch die besonderen Ergebnisse bei jugendlichen Delinquenten und Problemkindern.

	Eineiige		*Zweieiige*	
	Über-einstimmung	Nichtüber-einstimmung	Über-einstimmung	Nichtüber-einstimmung
„Jugendliche Delinquenten“[3]	39	3	20	5
„Problemkinder“	41	6	26	34

[2] *Lenz - Verschuer - Weiz,* Erbpathologie, 5. Aufl., München - Berlin 1942, S. 452; *M. F. Ashley - Montagu,* The Biologist Looks at Crime, The Annals, 1941, S. 55.

[3] Der Begriff der „jugendlichen Delinquenz“ ist in USA nicht mit dem der Kriminalität identisch; er ist wesentlich weiter; er umfaßt u. a. auch Schulschwänzen.

Die Zusammenstellung der Forschungen *Langes, Legras', Rosanoffs, Kranz'* und *Stumpfls* umfaßt 215 Zwillingspaare. Etwa die Hälfte ist eineiig. 70% dieser eineiigen Paare stimmen, was ihr Verhältnis zur Kriminalität angeht, überein; nur in 30% der Fälle weichen die Geschwister voneinander ab. Dagegen sind die Resultate bei den zweieiigen Zwillingspaaren gerade umgekehrt. Nur 33% der Paare weisen ein übereinstimmendes Verhalten auf.

Gegen die Untersuchungen kann eingewendet werden, daß das Zahlenmaterial verhältnismäßig bescheiden und der Begriff „kriminelles Verhalten" unklar ist, weil er die verschiedenartigsten Straftatbestände, schwere und leichte Taten umfaßt.

Die deutschen Forscher *Lange, Kranz* und *Stumpfl* haben geschlossen, daß das in krimineller Hinsicht übereinstimmende Verhalten der eineiigen Zwillinge auf die Erbgleichheit zurückgeführt werden müsse und damit die Anlage der Menschen als entscheidende Verbrechensursache bewiesen sei. Sie glaubten, den Umweltfaktor ausscheiden zu können, weil die Umwelt sowohl der Eineiigen als der Zweieiigen im großen und ganzen dieselbe sei. „Verbrechen als Schicksal", ererbt und im wesentlichen unabänderlich, das ist der Titel der Studien *Langes.* Die amerikanische Kriminologie[4] hat diesen Schluß nicht gezogen; sie neigt vorzugsweise einer soziologischen Erklärung des unbestreitbar erstaunlichen Faktums eines übereinstimmenden Verhaltens eineiiger Zwillinge zu. Sie verweist auf das „Identifikationserlebnis" eineiiger Zwillinge. Sie werden, weil sie sich sehr ähnlich sind und oft verwechselt werden, von Eltern, Geschwistern und Mitmenschen gleich behandelt; sie fühlen, handeln und reagieren deshalb auch gleich. Andere, z. B. *Taft,* glauben die Möglichkeit nicht ausschalten zu können, daß der eigenartige Vorgang der Zellteilung für dies übereinstimmende Verhalten ursächlich sei; dann wäre dieser Prozeß, aber nicht eine Erbgleichheit entscheidend. Der grundsätzliche Widerwille des Amerikaners gegen jede Vererbungstheorie kommt in den Worten des Biologen *Montagu* (a.a.O.) zum Ausdruck: „Es gibt nicht den mindesten Beweis für die Annahme, jemand könne eine Neigung, strafbare Handlungen zu begehen, vererben. Das Verbrechen ist sozial, nicht biologisch bedingt." Entsprechend hat auch der Oberste Gerichtshof der USA am 1. 6. 1942

---

[4] *Sutherland - Cressey,* Principles of Criminology, 1955, S. 101 f; *Barnes - Teeters,* New Horizons in Criminology, 1952, S. 150 ff; *Taft,* Criminology, 1947, S. 64 ff; *Mowrer,* Some Factors in the Affectional Adjustment of Twins, American Sociological Review, 1954, S. 478.

ein Gesetz über Sterilisierung mit der Begründung für nichtig erklärt: „Wir haben nicht die geringste Unterlage für die Annahme, kriminelle Züge seien vererblich."

Richtig ist, daß die deutsche Forschung zunächst den sozialen Faktor ungebührlich vernachlässigt hat. Ebenso wichtig wie die übereinstimmenden Fälle sind die nichtübereinstimmenden. Sie ergeben mit Sicherheit, daß auch Umweltfaktoren eine beachtliche Rolle spielen. Anders wären die Fälle mangelnder Übereinstimmung kaum zu erklären. Es ist auch ohne jeden Bruch möglich, die Erbtheorie der deutschen Forschung mit der Milieutheorie zu vereinen. Auch die nichtübereinstimmenden eineiigen Zwillingspaare können eine gemeinschaftliche Erbanlage besitzen. Sie kann z. B. in der gleichen Umweltempfänglichkeit, Verführbarkeit und Beeinflußbarkeit durch äußere Umstände bestehen, so daß alles davon abhängt, unter welchen sozialen Bedingungen die Geschwister zu leben Gelegenheit haben[5].

Das Untersuchungsmaterial gibt auch interessante Belege für das Zusammenspiel von Anlage und Umwelt.

Kranz berichtet von zwei Brüdern. Der eine der beiden Zwillinge ist ein von Jugend an schwer bestrafter Gewaltverbrecher, der andere hatte das Glück, seine gewalttätigen Neigungen als Kellner in einem Bordell im Hinauswerfen betrunkener Gäste legal ausleben zu können. Er referiert weiter[6] über das Schicksal eineiiger Zwillinge, die die gleichen Krankheiten, dieselben Begabungen, sportlichen und philosophischen Neigungen besaßen und beide denselben Bankberuf wählten. Während der eine eine Stelle im Ausland fand, erlebte der andere die deutsche Inflation und beging Betrügereien. Ein weiteres Beispiel stammt von *Stumpfl.* Zwei Zwillingsschwestern neigten zur Gewerbsunzucht. Die eine erkrankt an Schwerhörigkeit und findet Aufenthalt bei einer verheirateten, ehrbaren Schwester. Sie hält sich hiernach straffrei, während die andere ihren unsittlichen und auch kriminellen Lebenswandel fortsetzt.

Der Zwillingsforschung war mit gleicher Zielsetzung und ähnlichem Resultat die Untersuchung bestimmter „Verbrecherfamilien" vorausgegangen[7]. Von ungefähr 1200 Abkömmlingen der Juke-

---

[5] Vgl. *Exner,* Kriminologie, 1949, S. 128, 131; *Hurwitz,* Kriminologi, Kopenhagen 1948, S. 114.

[6] Monatsschrift für Kriminalpsychologie, 1935, S. 312.

[7] *R. L. Dugdall,* The Jukes. A Study on Crime, Pauperism, Disease and Heredity, New York 1877; *A. H. Estabrook,* The Jukes in 1915, Washing-

Familie wurden nach den mehr oder minder zuverlässigen Feststellungen *Dugdales* und *Estabrooks* 140 kriminell; 7 begingen Mord oder Totschlag, 60 Diebstähle und 50 lebten der Prostitution. Die Kriminalitätshäufigkeit fiel jedoch im Lauf der Generationen von 11% auf 6%. Der Stammvater der sogenannten Familie Kallikak (griechisch: „Gutschlecht") hatte außerehelichen Verkehr mit einem schwachsinnigen Barmädchen und heiratete später eine gesunde Frau aus guter Familie. Der Ehe entstammten brauchbare Bürger, während aus dem unehelichen Verhältnis Asoziale hervorgingen. Unter 480 Nachkommen zählte man 3 Verbrecher, 24 Alkoholiker und 33 Prostituierte. Die eigentliche Kriminalität dieser Nachkommenschaft ist, was die amerikanischen Untersuchungen angeht, keineswegs besonders auffällig. Die Zahlen für asoziales Verhalten im weiteren Sinn sind jedoch beachtlich, zumal ein etwaiger Einfluß des Stammvaters oder der Stammutter von Geschlecht zu Geschlecht wegen der Verbindungen mit anderen Familien zurückging.

Die deutschen Untersuchungen haben in der Geschichte der „Verbrecherfamilien" einen überzeugenden Beweis dafür gesehen, daß die verbrecherische Betätigung der Kinder und Enkel durch ihre erbliche Belastung verursacht wurde. Die angelsächsische Literatur hat nicht nur den wissenschaftlichen Wert der Untersuchungen bestritten, sie hat vor allem auch die soziologischen und psychologischen Faktoren hervorgekehrt. Die Kinder dieser Familien hatten schlechte Vorbilder und ihre sozialen und wirtschaftlichen Lebensverhältnisse waren ungewöhnlich schlecht. Die Wahrheit dürfte in der Mitte liegen; Erbe und Umgebung haben zu der Häufung des asozialen Verhaltens beigetragen.

Andere Untersuchungen gehen nicht von einem kriminellen Stammvater oder einer kriminellen Stammutter, sondern der Gegenwart aus. Man vergleicht die Familien von Kriminellen mit Nichtkriminellen oder von Leicht- mit Schwerkriminellen. Von Interesse ist hier-

---

ton 1916; *H. H. Goddard,* The Kallikak Family, New York 1912, *Danielson - Davenport,* The Hill-Folk, New York 1912; *Estabrook - Davenport,* The Nam Family, New York 1912; *Crime Commission of New York,* Problem Boys and their Brothers, 1929; *Clifford R. Shaw,* Brothers in Crime, Chicago 1938; *Jörger,* Die Familie Zero, Archiv für Rassen- und Gesellschaftsbiologie, 1905, S. 494; Die Familie Marcus, Zeitschrift f. d. ges. Neurologie und Psychiatrie 1918; *Mönkemöller,* Eine Vagabundenfamilie, Monatsschrift für Kriminalpsychologie, 1907/08, S. 529; *Riedel,* Die Verbrecherfamilie Kilohm, Archiv für Kriminologie, 1933, S. 14; *Knorr,* Vergleichende erbbiologische Untersuchungen an drei Großfamilien, Berlin 1939.

bei die Kriminalität der Großeltern, Eltern, Kinder und Stiefkinder[8]. *Stumpfl, Schnell* und *Schmid* weisen folgende Kriminalitätsziffern nach:

		Vater bestraft	*Mutter bestraft*
Stumpfl	166 einmalige Täter	4 %	0,6%
	195 rückfällige Täter	28,4%	14,3%
Schmid	502 einmalige Täter	8,2%	1,6%
Schnell	502 rückfällige Täter	29,4%	9,8%

Die Zahlen lassen deutlich erkennen, daß Rückfallverbrecher von kriminell belasteten Eltern stammen. *Stumpfl* hat auch die Verhältnisse der Brüder und Vettern untersucht. Hiernach waren die Brüder der Rückfallsverbrecher in 37% der Fälle, die Brüder der einmaligen Täter nur in 10,8% der Fälle bestraft. Die für die Vettern ermittelten Zahlen sind 17,5% und 5,1%.

Die Untersuchung *Kuttners*[9] erstreckte sich auf die Kinder und Stiefkinder von 208 Sicherungsverwahrten. Die wichtigsten Ergebnisse sind:

	einmal bestraft	rückfällig	5 und mehrfach rückfällig
eigene Kinder unter 18 Jahren	47,2%	27,8%	19,4%
Stiefkinder unter 18 Jahren	20,2%	4 %	4 %

Obwohl die menschlichen Umweltsverhältnisse der Stiefkinder häufig bedauernswerter als die eigener Kinder sind, ergibt das – allerdings recht beschränkte – Zahlenmaterial *Kuttners*, daß die eigenen Kinder von Sicherungsverwahrten in weit höherem Maße kriminell werden als ihre Stiefkinder. Dies macht ihre erbliche Belastung außerordentlich wahrscheinlich.

Die letzten, besonders gründlichen amerikanischen Untersuchungen *Gluecks* bestätigen die deutschen Forschungsergebnisse. Sie erstreckten sich auf etwa 500 jugendliche Delinquenten und eine

[8] Vgl. *Exner*, Kriminologie, 1949, S. 115 ff; *Hurwitz*, Kriminologi, Kopenhagen 1948, S. 18 ff; von Einzeluntersuchungen seien genannt: *Stumpfl*, Erbanlage und Verbrechen, Berlin 1935, S. 4, 284; *Schnell*, Anlage und Umwelt bei 500 Rückfallsverbrechern, Kriminalistische Abhandlungen XXII, Leipzig 1935; *Schmid*, Anlage und Umwelt bei 500 Erstverbrechern, Kriminalistische Abhandlungen XXIV, Leipzig 1936, *Lund*, Über die Ursachen der Jugendasozialität, Uppsala 1918; *Goring*, The English Convict, London 1919, S. 256; *Glueck*, Unraveling Juvenile Delinquency, Cambridge 1951, S. 93; *Frey*, Der frühkriminelle Rückfallverbrecher, Basel 1951, S. 156.

[9] *Kuttner*, Die Kinder der Sicherungsverwahrten, Kriminalist. Abhandlungen, XXXI, Leipzig.

Kontrollgruppe von Nichtdelinquenten, die sozial den Delinquenten soweit als nur irgend möglich entsprachen, insbesondere den gleichen Slum-Quartieren entstammten. Untersucht wurde die Kriminalität der väterlichen und mütterlichen Familie, des Vaters, der Mutter und der Geschwister.

Aus den Resultaten ergibt sich, daß die jugendlichen Delinquenten in weit höherem Maße kriminelle Voreltern, Eltern und Geschwister besaßen als ihre nichtdelinquenten Kameraden. Beispielsweise haben die jugendlichen Delinquenten in 2/3 aller Fälle einen kriminellen Vater, während die Väter der Nichtdelinquenten nur in einem Drittel der Fälle kriminell geworden waren. Die Zahl der kriminellen Mütter betrug bei den Delinquenten das Dreifache, und die delinquenten Jungen hatten das Zwei- bis Dreifache an kriminellen Geschwistern. Die genauen Zahlen ergeben sich aus folgender Aufstellung:

	Kriminalität				
	väterl. Familie	mütterl. Familie	Vater	Mutter	Geschwister
Delinquenten	40 %	54,8%	66,2%	44,8%	65,2%
Nichtdelinquenten	32,2%	36,2%	32 %	15 %	25,8%

Die amerikanische Kriminologie läßt die Frage offen, wieweit hier erbliche Belastung oder Umweltfaktoren, z. B. die geringen erzieherischen Fähigkeiten der Eltern und Großeltern oder soziale und wirtschaftliche Lebensbedingungen eine Rolle spielen. Dies entspricht dem pädagogischen Optimismus der Amerikaner; sie ziehen als Arbeitshypothese eine soziologische Interpretation des Zahlenmaterials vor, weil die Gesellschaft gegen Anlagemängel weitgehend machtlos ist. Richtig ist, daß auch die deutschen Erfahrungen mit der Fürsorgeerziehung von Kindern vorbestrafter Eltern[10] günstig sind, was dafür spricht, daß auch Erziehungsschäden, nicht lediglich eine erbliche Belastung vorliegt.

Das Zahlenmaterial bestätigt, daß Verbrechen ursächlich bestimmt sind, sei es durch Anlage oder Umwelt. Es macht für die sogenannte „Schuldfrage“ keinen Unterschied, ob man – vor allem mit der deutschen Kriminologie – den Anlagefaktor oder – vor allem mit der Kriminologie der USA – die Einflüsse des Milieus hervorhebt. Die Kontroverse wird erst im Bereich der Therapeutik bedeutungsvoll.

[10] *Kohnle,* Die Kriminalität entlassener Fürsorgezöglinge Kriminalistische Abhandlungen XXXIII, Leipzig 1939, S. 46, 70.

3. *Anthropologische Untersuchungen, Körperbau und Charakter*

Die erste anthropologische Arbeitshypothese und die ersten Untersuchungen auf diesem Gebiet verdanken wir *Cesare Lombroso*[1] (1836 bis 1909), der bahnbrechend den Anstoß zu einer empirischen Erforschung des Verbrechens gegeben hat. Es hat seiner Genialität keinen Abbruch getan, daß einige seiner Resultate sich als unhaltbar erwiesen. Dieses Schicksal teilt er mit fast allen Pionieren der Wissenschaft. Er wurde angefeindet und für tot erklärt; seine Gedanken erlebten aber eine Renaissance. Er war „ein Kolumbus, der in Indien zu sein glaubte und in Wirklichkeit Amerika entdeckt hatte“[2].

Die Vorstellung, daß der Verbrecher „gezeichnet“ sei, ist alt. Sie steht möglicherweise mit dem „Kains-Zeichen“ der Bibel in Verbindung. Besucher von Strafanstalten erwarten, wie die Erfahrung immer wieder lehrt, in aller Regel Menschen vorzufinden, die „wie Verbrecher“ aussehen. Man spricht von einer „Verbrecherphysiognomie“.

Die Auffassung, daß Charaktereigenschaften sich im Gesicht, „dem edelsten Teil des menschlichen Körpers“, widerspiegeln müßten, fand sich bei *Lavater, Gall, Spurzheim,* auch bei dem Soziologen *Auguste Comte* und dem Psychologen *William James. Lombroso,* der Militärarzt war, fielen die „Kainszeichen“ in Form unzüchtiger Tätowierungen bei kriminellen Soldaten auf; er erwartete, auf experimentellem Wege physische und psychische Merkmale zu finden, die für sie charakteristisch waren. Teilweise hat er hier der Psychoanalyse vorgegriffen.

Am bekanntesten ist *Lombrosos* Lehre vom „geborenen Verbrecher“ (das Wort selbst stammt von Ferri). Ein Drittel aller Verbrecher, worunter *Lombroso* aber nur die Schwerverbrecher verstand, ein sehr bescheidener Teil aller Täter also, ist nach ihm mit – mindestens fünf bis sechs – anatomischen und physiologischen Anomalien geboren; sie sind nach einer seiner Hypothesen ein Rückfall in ein früheres Entwicklungsstadium des Menschengeschlechts (Atavismus). Die von *Lombroso* festgestellten Degenerationszeichen sind u. a. geringe Körperbehaarung, geringe Schädelkapazität, fliehende Stirn, ein

---

[1] *Cesare Lombroso,* Der Verbrecher, Berlin; Der politische Verbrecher und die Revolutionen, Berlin; Der geniale Mensch, Berlin; Kerker-Palimpseste, Berlin; Das Weib als Verbrecherin und Prostituierte, Berlin; Die Anarchisten. Eine kriminalpsychologische und soziologische Studie, Berlin; Die Ursachen und Bekämpfung des Verbrechens, Berlin 1902.

[2] *Simson,* Fünf Kämpfer für Gerechtigkeit, München 1951, S. 117.

Vorspringen der Schläfenbogenlinie, Einfachheit der Nähte, die größere Dicke der Schädelknochen, die gewaltige Entwicklung der Kiefer- und Jochbögen, Prognathie, starke Pigmentation der Haut, dichtes krauses Haar, große Ohren, ein „Lemurenfortsatz" des Unterkiefers, Anomalien des Ohres, Hermaphroditismus, Frühzeitigkeit der sexuellen Regungen, aber auch Gleichgültigkeit gegen körperliche Verletzungen und Epilepsie. Er fand auch Analogien in der Bandenorganisation, der Gewohnheit der Tätowierung, in den oft grausamen Spielen, der Personifikation unbelebter Dinge und der Heroisierung von Verbrechen.

Die von *Lombroso* festgestellten Degenerationsmerkmale, die sogenannten Stigmata, wurden mittels genauer anthropologischer Messungen an 3000 englischen Zuchthäuslern und einer Kontrollgruppe, die aus Studenten, Soldaten und Minenarbeitern bestand, von *Goring*[3] nachgeprüft. Auf Grund seiner Schädelmessungen meinte er spottend, es sei vielleicht möglich zu entscheiden, ob ein Student auf einer englischen oder schottischen Universität studiere, nicht aber, ob er das Zeug zu einem Universitätsprofessor oder Schwerverbrecher habe. Lombrosos Theorie von den Degenerationszeichen ist aber keineswegs einhellig aufgegeben worden. Sie wird z. B. in Belgien[4] und in USA von dem Anthropologen *Earnest A. Hooton*[5] vertreten.

Hooton untersuchte 13 873 männliche Gefangene in zehn Staaten der USA und eine Kontrollgruppe von 3203 Personen. Sie bestand aus Besuchern eines Strandbads in Massachusetts, Feuerwehrleuten und Angehörigen einer Bürgermiliz. Der repräsentative Charakter dieser Kontollgruppe wurde mit Recht in Zweifel gezogen. Deswegen sind die von *Hooton* festgestellten Gewichts- und Größenunterschiede, abweichende Schulterbreite und abweichender Brustumfang ohne Überzeugungskraft. Größere Beachtung verdienen seine morphologischen Beobachtungen. Er hat beispielsweise Lombrosos Behauptung bestätigt, daß Kriminelle häufig eine niedere und zurückfliehende Stirn haben; er hat auch auf Muttermale, Tätowierungen, bestimmte Haar- und Hautfärbungen verwiesen. *Hooton* hält eine „physische Inferiorität" der von ihm untersuchten Gefangenen für erwiesen und neigt der „Hypothese" zu, sie sei vererbt. Die Untersuchungen *Hootons* werden in USA wie alle Vererbungstheorien mit großer

---

[3] *Ch. Goring*, The English Convict, London 1913.

[4] *Léon Rabinowicz*, La lutte moderne contre le crime, Brüssel 1930; *Etienne de Greef*, Introduction à la criminologie, Löwen 1946.

[5] Crime and the Man, Cambridge 1939.

Skepsis beurteilt[6], z. B. auch weil der Begriff einer körperlichen Inferiorität ein objektiv nicht beweisbares Werturteil sei.

Die letzten amerikanischen Untersuchungen, die an 500 delinquenten und 500 nichtdelinquenten Jugendlichen von *Sheldon* und *Eleanor Glueck*[7] vorgenommen wurden, haben weder das Vorhandensein entscheidender „Stigmata" noch Unterschiede im gesundheitlichen Zustande der Jugendlichen ergeben. Im Gegenteil zeigte sich Prognathie und die Fähigkeit, mit beiden Händen gleich geschickt zu verfahren, in höherem Maße bei den Nichtdelinquenten. Nur Nagelbeißen, vielleicht ein Atavismus, war für die Gruppe der Delinquenten bezeichnend.

Das Gedankengut Lombrosos wurde vor allem durch die moderne Konstitutionsforschung neu belebt. Ihr Vertreter in Deutschland ist *Kretschmer*[8] und in USA *W. H. Sheldon*[9].

Kretschmer unterscheidet vier Formen des Körperbaus, den pyknischen Typ (rundlich), den leptosomen (mager), den athletischen (muskulös) und den dysplastischen (disproportioniert, mitunter mit Entartungserscheinungen).

Sheldon arbeitet mit dem endomorphen Typ, der dem pyknischen Typ Kretschmers in etwa entspricht, dem ectomorphen (etwa der leptosomen Konstitution entsprechend) und dem mesomorphischen Typ (etwa dem athletischen Typ Kretschmers vergleichbar). Der Pykniker ist jovial, freundlich und gemütlich. Er ist keine komplizierte Natur und besitzt Anpassungsfähigkeit. Der Leptosome ist ungesellschaftlich, lebt zurückgezogen, er ist ein stilles Wasser, das tief gründet. Der Athletiker ist schwerfällig-phlegmatisch oder explosiv-aggressiv. Die drei Grundkonstitutionen mit ihren zugehörigen Temperamenten sind Idealtypen. In der Wirklichkeit treffen wir Legierungen und Überkreuzungen.

Die Beziehungen zwischen Konstitutionstypen und kriminellem Verhalten haben schnell das Interesse der Kriminologen geweckt.

Die umfassende Untersuchung der Eheleute *Glueck*, die neueste auf kriminologischem Gebiet, ist hierbei zu folgendem Ergebnis gelangt:

---

[6] *Sutherland*, Journal of Criminal Law and Criminology, 1939, S. 911.
[7] Unraveling Juvenile Delinquency, Cambridge 1950, S. 169 ff.
[8] Körperbau und Charakter, 17./18. Aufl., Berlin 1944.
[9] The Varieties of Human Physique, New York 1940; *W. H. Sheldon - S. S. Stevens*, The Varieties of Temperament, New York 1942; *Sheldon - Hartl - Mc Dermott*, The Varieties of Delinquent Youth, New York 1949.

	Delinquenten	Nichtdelinquenten
Vorherrschen einer endomorphischen („pyknischen") Komponente	11,8%	15 %
Vorherrschen einer mesomorphischen („athletischen") Komponente	60,1%	30,7%
Vorherrschen einer ectomorphischen („leptosomen") Komponente	14,4%	39,6%
Kein Vorherrschen einer bestimmten Komponente	13,5%	14,7%

Das Bild wird durch das Übergewicht des „athletischen" Typs bei den Delinquenten gekennzeichnet. „Athletische" Typen finden sich doppelt so häufig bei den Delinquenten. „Pykniker" und „Leptosome" sind unter den Delinquenten weniger vertreten als unter den Nicht-Delinquenten. Pykniker spielen die geringste kriminelle Rolle.

Die *Glueck*sche Untersuchung hat frühere deutsche Untersuchungen in wesentlichen Richtungen bestätigt. *von Rohden*[10] hat eigene[11] und fremde[12] Resultate zusammengestellt. Er geht verallgemeinernd davon aus, daß das Verhältnis von Leptosomen, Athletikern und Pyknikern 50 : 30 : 20 sei. Die untersuchten Kriminellen bestanden aber aus 40% Leptosomen, 50% Athletikern und 10% Pyknikern. Auch hiernach bestritten die „Athletiker" den verhältnismäßig größten Teil der Kriminalität. *Kretschmer* selbst[13] nimmt an, daß die europäische Bevölkerung sich durchschnittlich aus 20% Pyknikern und 40—50% Leptosomen und Athletikern zusammensetzt, wozu Dysplastiker und Mischformen hinzutreten. Unter Berücksichtigung von Untersuchungen namentlich von *Schwab* und *Riedl*[14] kommt er zu dem Schluß, daß Pykniker verhältnismäßig weniger an der Kriminalität beteiligt sind als die übrigen Konstitutionstypen. Ihre Kriminalität beginnt später, sie werden in geringerem Maße rückfällig, und die soziale Prognose ist daher in ihrem Fall günstig. Shakespeares Cäsar-Wort „Laßt wohlbeleibte Männer um mich sein" hat sich also

[10] Kriminologische Untersuchungen an gesunden und geisteskranken Verbrechern, Dt. Zeitschrift f. d. gerichtliche Medizin, Bd. 10.

[11] Körperbauuntersuchungen an geisteskranken und gesunden Verbrechern, Archiv für Psychiatrie und Nervenkrankheiten, Bd. 77, S. 77.

[12] *Böhmer,* Untersuchungen über den Körperbau der Verbrecher, Monatsschrift für Kriminalpsychologie, Bd. 19, S. 193; *Michel,* Körperbau, Charakter und Verbrechen, Wiener Medizinische Wochenschrift, 1925, S. 1.

[13] a. a. O., S. 251.

[14] *Schwab,* Über die Beziehungen der körperlichen Konstitution zum Verbrechertyp, Monatsschrift für Kriminalbiologie 1941, S. 213; *Riedl,* Über Beziehungen von geistig-körperlicher Konstitution zur Kriminalität, Monatsschrift für Kriminalpsychologie 1932, S. 473.

gerade auf kriminologischem Gebiet bestätigt. Pykniker erscheinen vor allem als Betrüger, fallen aber als Diebe und bei Rohheitsdelikten weitgehend aus. Als Gewaltverbrecher, insbesondere auch als Diebe, Räuber und Körperverletzer treten vor allem die „Athletiker" in Erscheinung. „Der Athletiker ist der Gewaltverbrecher katexochen" *(Kretschmer).* Sie finden sich auch unter den gewalttätigen Sittlichkeitsverbrechern. Ein ganz unverhältnismäßig hohes Kontingent der Sittlichkeitsverbrecher stellen auch die Dysplastiker, die in der Gesamtbevölkerung sonst fast völlig verschwinden. Einzeluntersuchungen[15] scheinen weiter zu ergeben, daß die Konstitution des Täters sich auch in der Art und Weise spiegelt, wie die Tat begangen wird. Der Leptosome arbeitet vorsichtig und kalt-berechnend; er neigt nicht zum Geständnis. Der Pykniker queruliert, ist cholerisch und wird das Opfer äußerer Umstände, deren er nicht Herr wird. Er handelt, auch wenn er tötet, weniger roh. Der Athletiker handelt aggressiv; sein Temperament wirft alle seine Berechnungen über den Haufen. Er begeht Widerstand, gibt aber das Spiel auf, wenn es verloren ist. Er ist dann geständnisbereit. Die verschiedenen Verhaltensweisen werden von den Konstitutionsforschern nicht auf die physische Stärke des Täters, die seine Tat erleichtert, oder seine Körperschwäche, die sie erschwert, sondern auf sein Temperament zurückgeführt. Konstitutionstypen, die möglicherweise auf Erbanlagen oder endokrine Vorgänge zurückgehen, sind Temperamentstypen.

4. Drüsenstörungen

Der Einfluß der ins Blut abströmenden Drüsensekrete, der sogenannten Hormone, namentlich auch auf das Gefühls- und Triebleben und damit die Kriminalität des Menschen wird seit längerem erforscht[1]. Wird etwa die Hypophyse, die Hirnanhangsdrüse, die ungefähr ein halbes Gramm wiegt, bei einem jungen Menschen entfernt, so hört das Wachstum auf; der junge Mensch bleibt geistig und gefühls-

---

[15] Vgl. *Blinkow,* Zur Frage nach dem Körperbau des Verbrechers, Monatsschrift für Kriminalpsychologie 1929, S. 212; *W. A. Willemse,* Constitutional Types in Delinquency, London 1932.

[1] Die bedeutsamsten Arbeiten sind: *Bleuler,* Endokrinologische Psychiatrie, Stuttgart 1954; *Berman,* The Glands Regulating Personality, New York 1921; *Schlapp - Smith,* The New Criminology. A Consideration of the Causation of Abnormal Behavior, New York 1928; *Pende,* Constitutional Inadequacy, Philadelphia 1928; *Ruiz - Funes,* Endocrinologia y Criminalidad, Madrid 1929.

mäßig stehen; die primären und sekundären Geschlechtsmerkmale entwickeln sich unzulänglich. Schilddrüsenstörungen verursachen Geistesschwäche und Idiotie. Bereits eine bescheidene Herabsetzung des von der Schilddrüse produzierten Hormons führt zu Niedergeschlagenheit und Abgestumpftheit. Die männlichen und weiblichen Keimdrüsen, womit die Drüsen und ihre Hormone nicht erschöpfend aufgezählt sind, sind für Inhalt und Stärke des Sexualtriebs mitbestimmend. Weder der medizinischen noch der kriminologischen Forschung, die in ihrem Kielwasser segelt, ist es bisher gelungen, die rätselhaften Vorgänge der inneren Sekretion befriedigend aufzuklären.

Kriminologisch finden wir ziemlich polare Auffassungen. Die Norweger *Mjön - Brantenberg*[2] meinen z. B., daß die Hormonforschung zur Erklärung jeder Kriminalität beitrage und die groteske Situation geschaffen habe, daß wahrscheinlich jetzt die Drüsen durch die Strafgesetzbücher „abgeschreckt" und veranlaßt werden sollen, normal zu funktionieren. Dagegen meint *Hoskins*[3]: „Bevor die Psychologie, Soziologie und Kriminologie überzeugend neu als bloße Spezialaspekte der Endokrinologie konzipiert werden können, müssen noch weit mehr Fakten gesammelt werden." Eine Mittelmeinung ist doch vorherrschend. *Henck*[4] schreibt: „Wir wissen, daß schwere endokrine Erkrankungen das Hirn diffus und dauerhaft schädigen". Hierbei „kann es zu Veränderungen einzelner Triebe wie der gesamten Antriebs- und Stimmungslage kommen. Insbesondere lassen sich charakteristische Störungen von Einzeltrieben nachweisen."

Es wird zwischen zwei Möglichkeiten der Einwirkung hormonaler Vorgänge auf den Menschen zu unterscheiden sein. Einmal wirken sie unmittelbar über die Hirndurchblutung oder den Stoffwechsel. Dies mag für die möglichen Varianten der Sexualkonstitution und die Reifungsvorgänge in Form von Maskulinismus, Feminismus, Infantilismus, Akzelerationen, Retardierungen, Entwicklungsdisharmonien usw. gelten. Wahrscheinlich ist auch die durch Schilddrüsenhormone veranlaßte, häufig zu strafbaren Handlungen führende Ruhelosigkeit, Gefühlsspannung und Impulsivität eine unmittelbare inner-

---

[2] Hormone, Oslo 1939.

[3] Endocrinology, New York 1941, S. 348; vgl. *Barnes - Teeters*, New Horizons in Criminology, New York 1952, S. 149; *Taft*, Criminology, New York 1947, S. 75; *Cavan*, Criminology, New York 1948, S. 333 u. a.

[4] Die kriminogene Bedeutung cerebraler und hormonaler Störungen, in „Bekämpfung der Jugendkriminalität", Wiesbaden 1955, S. 25; vgl. auch *Exner*, Kriminologie, Berlin - Göttingen - Heidelberg 1949, S. 194.

sekretorische Vergiftungserscheinung. Der zweite Weg ist mittelbar. Der Mensch mit mangelndem hormonalem Gleichgewicht erlebt seelisch seine Gestörtheit und reagiert abnorm. Wuchsstörungen, Kretinismus, Menstruationsstörungen, infantile Genitalien und dergl. geben den Anstoß zu Minderwertigkeitsgefühlen, Kastrationskomplexen, zu sozialer Isolierung, die ihrerseits Verbrechen fördern[5].

Von empirischen Untersuchungen seien folgende genannt: *Vidoni*[6] fand bei 116 jugendlichen Delinquenten 56 Fälle krankhafter Veränderungen der Schilddrüse, *Brandino* bei 605 Gefangenen 99 Fälle endokriner Störungen, *Pende* bei Mördern Schädigungen der Hirnanhangsdrüse und Keimdrüse. Nach der neuesten, von *Henck* vorgenommenen Untersuchung von Strafgefangenen in der Strafanstalt Ziegenhain fanden sich unter 50 Verurteilten 13 Fälle hormonaler Störungen in Form von Entwicklungsbeschleunigungen oder -hemmungen, Entwicklungsdisharmonien, Fettsucht, Hochwuchs und Intersexualität. Sie hatten vorwiegend Mord, Totschlag, Notzucht, Blutschande und Unzucht begangen, während bei 33 Fällen hirnorganischer Schädigung, die *Henck* festgestellt hat, Eigentums- und Vermögensdelikte überwogen. *Henck* ist sich darüber im klaren, daß eine wesentlich umfassendere Untersuchung vorgenommen werden muß, um zu eindeutig beweisenden prozentualen Ergebnissen zu gelangen.

5. Lebensalter

„Kaum hast du die Fehler der Jugend begangen, so mußt du die Fehler des Alters begehen“, sagte Goethe. Die Kriminalität der Menschen ist deutlich durch das biologische Faktum ihres Lebensalters, besonders einprägsam in ihrer Jugend und in ihrem Alter, bestimmt. Auskunft gibt die Kriminalstatistik. Es muß jedoch beachtet werden, daß sie gerade im Hinblick auf Jugendliche, die in jedem Land einem sehr individualisierenden, zudem mit den Jugendgesetzgebungen anderer Länder schwer vergleichbaren Verfahren unterliegen, nur mit

---

[5] *Tappan*, Juvenile Delinquency, New York-London 1949, S. 125; *Kretschmer*, Konstitutionelle Entwicklungsphysiologie in ihrer ärztlichen und sozialen Auswirkung, in „Bekämpfung der Jugendkriminalität“, Wiesbaden 1915, S. 19.

[6] *Kinberg*, Basic Problems of Criminology, Copenhagen 1935, S. 316. Vgl. auch *Rowe*, A Possible Endocrine Factor in the Behavior Problems of the Young, American Journal of Orthopsychiatry, 1931, S. 451; *Neumeyer*, Juvenile Delinquency in Modern Society, New York-London 1950, S. 68.

Vorbehalt verwertet werden kann[1]. Die Statistiken, soweit solche überhaupt vorliegen, machen in aller Regel nur sehr grobe Einschnitte. Die Kriminalstatistik der Bundesrepublik unterscheidet seit 1954 Kinder (bis 14 Jahre), Jugendliche (bis 18 Jahre), Heranwachsende (bis 21 Jahre) und Erwachsene[2]. Immerhin geben die vorliegenden Zahlen aus vielen Ländern ein ausreichendes Bild.

Deutschland 1928—1934[3]

per 100 000 gleichen Alters und Geschlechts

	männlich	*weiblich*
14—16 Jahre	567	96
16—18 „	1244	186
18—21 „	2781	348
21—25 „	3429	396
25—30 „	3040	363
30—40 „	2423	341
40—50 „	1736	291
50—60 „	1081	200
60—70 „	521	94
über 70 „	151	27

USA 1941—1945[4]

Lebensalter der Gefängnisinsassen in Hundertsätzen

	1941	*1942*	*1943*	*1944*	*1945*
15—19 Jahre	14,4	15,3	18,2	18,0	17,7
20—24 „	23,9	24,1	24,4	25,2	25,7
25—29 „	18,3	17,3	16,7	16,8	17,3
30—34 „	13,9	13,3	12,8	13,2	12,5
35—39 „	10,5	10,5	10,0	10,0	9,4
40—44 „	7,4	7,4	7,2	6,7	6,9
45—49 „	4,9	4,8	4,5	4,3	4,5
50—54 „	3,0	3,1	2,6	2,7	2,9
55—59 „	1,7	2,0	1,7	1,5	1,5
60—64 „	1,0	1,0	0,9	0,9	0,8
65—69 „	0,6	0,5	0,5	0,4	0,4
70 und mehr	0,3	0,3	0,3	0,3	0,3

[1] Vgl. *Frey*, Der frühkriminelle Rückfallverbrecher, Basel 1951, S. 14.

[2] Polizeiliche Kriminalstatistik, Bundesrepublik Deutschland 1954, Wiesbaden 1955, S. 20 ff.

[3] *Exner*, Kriminologie, 1949, S. 149; *Sauer*, Kriminologie, 1950, S. 92 ff.

[4] *Bureau of the Census, U. S. Department of Commerce*, Prisoners in State and Federal Prisons and Reformatories, 1945, S. 17.

Das Ausmaß der Kriminalität in der Altersstufe von 18—21 Jahren ergibt sich auch deutlich aus der polizeilichen Kriminalstatistik des Bundeskriminalamts für das Jahr 1955. Hiernach betrug der Anteil der Heranwachsenden an der Gesamtbevölkerung 4,9%, dagegen an der Gesamttäterzahl 8,8%.

Die Kriminalität der jungen Menschen bis zum 25. Lebensjahr ist ein vielschichtiges Problem; es wird mit dem vereinfachenden Wort der Pubertätskrise umrissen. Eine der entscheidenden Ursachen ist das biologische Phänomen der wachsenden körperlichen Kräfte. Das biologische Wachstum ist etwa seit der 2. Hälfte des vorigen Jahrhunderts erheblichen Wandlungen unterworfen. Die als Akzeleration bezeichnete und in allen zivilisierten Ländern beobachtete Reifungsbeschleunigung der jungen Generation ist noch immer nicht zum Abschluß gekommen. Ein Mißverhältnis zwischen seelisch-geistiger Reife und körperlicher, auch sexueller Frühreife führt zu Spannungen, die noch nicht verarbeitet werden können. Die ohnehin für den jungen Menschen im Entwicklungsalter schwierige Aufgabe, sein Triebleben dem Kommando der Vernunft und der Gesittung zu unterstellen, wird zusätzlich erschwert, wenn Vernunft und Moralität noch kindlichen Charakter haben, aber ein entwickeltes körperliches Triebleben steuern sollen. Gleichzeitig begegnen wir mitunter einer Verlangsamung des Reifeprozesses. Sie führt gerade auch im Hinblick auf die Frühreife von Kameraden zu seelischen Spannungen, insbesondere Minderwertigkeitskomplexen, die sich in wirklicher oder gespielter Großmannssucht Luft machen. Sexuelle Insuffizienz wird gegenüber Kameraden und Freundinnen mit „halbstarkem" Auftreten getarnt.[5] Die durchschnittliche Beendigung des biologisch-psychologischen Wachstumsvorgangs ist aus der Kriminalstatistik deutlich abzulesen. Die grundsätzliche Gleichstellung der Gruppe der Heranwachsenden (18- bis 21jährigen) mit den Jugendlichen (14- bis 18jährigen) in der deutschen Strafgesetzgebung der Nachkriegszeit bedeutete eine Annäherung an die biologisch-psychologischen Fakten. Doch wird die Grenze mindestens zwischen dem 24. und 25. Lebensjahr zu ziehen sein.[6]

Die bis zum 25. Lebensjahr steigende, dann fallende Kriminalität

---

[5] Vgl. *Hunger*, Das Sexualwissen der Jugend, München-Basel, 1954, S. 114.

[6] *Bader*, Soziologie der deutschen Nachkriegskriminalität, Tübingen 1949, S. 150 schlägt eine Grenzziehung zwischen dem 25. und 30. Lebensjahr vor.

spiegelt in höherem Maße die Vitalität der Menschen als ihre „Moral“ oder „Unmoral“ wider. Ein Überschuß an Körperkräften drängt beim jungen Menschen nach äußerer Betätigung und Erprobung. Gesundheit und physische Stärke fundieren sein Ich-Gefühl und Geltungsbedürfnis; er stößt sich an den Normen, die die Eltern und Älteren – nach *Bertrand Russell* ursprünglich aus Angst vor der körperlich überlegenen Jugend – geschaffen haben. Der „Vater-Protest“, der Widerstand gegen Zwang und moralische Autorität, ist Ausdruck des ewigen Generationsgegensatzes. Der Drang nach Selbsterhaltung, Selbstentfaltung und Selbstverwirklichung motiviert bewußt oder unbewußt die Diebstähle, die das häufigste Delikt junger Menschen sind. Fremdes Eigentum wird als Hindernis auf dem Weg zur Durchsetzung der eigenen Person, als Beeinträchtigung des eigenen Lebensrechts, des „Rechts“ des Stärkeren empfunden. Dem Kraftgefühl und rauflustigen Spieltrieb entspringen die Körperverletzungen und Sachbeschädigungen, der Bisexualität der Jugend die verhältnismäßig häufigen Fälle widernatürlicher Unzucht.

Die Kriminalität der Erwachsenen und des Alters ist wegen der Abnahme und des Verfalls der körperlichen Kräfte nicht nur bescheidener als die der Jugend; sie verlagert sich auch. An die Stelle der Diebstähle treten Betrug, Urkundenfälschung, Unterschlagung und Hehlerei, die bei jungen Menschen sehr selten sind. Beleidigungen, die keine physischen Kräfte erfordern, ersetzen die Körperverletzungen.

Einige Zahlen der polizeilichen Kriminalstatistik der Bundesrepublik für 1955[7] mögen dies illustrieren.

Anteil an der Gesamtbevölkerung

14–18 Jahre (Jugendliche)	7,2%
18–21 Jahre (Heranwachsende)	4,9%
über 21 Jahre (Erwachsene)	68,3%

Anteil an der Gesamttäterzahl

	Jugendliche	Heranwachsende	Erwachsene
schwerer Diebstahl	20,0%	16,6%	53,7%
Kraftfahrzeug-Diebstahl	20,1%	27,8%	51,4%
Raub	10,8%	20,2%	66,7%
Notzucht	10,0%	14,3%	75,4%
Unzucht zwisch. Männern	15,7%	19,2%	70,2%

[7] Bundeskriminalamt, Polizeiliche Kriminalstatistik 1955, Wiesbaden 1956.

	Jugendliche	Heranwachsende	Erwachsene
Betrug	1,7%	4,8%	93,4%
Urkundenfälschung	3,8%	6,4%	89,5%
Unterschlagung	3,1%	6,4%	89,8%
Rauschgiftmißbrauch	0,4%	1,0%	98,6%

Die Kriminalität des hohen Alters ist biologisch durch Rückbildung und Verfall gekennzeichnet, die vorwiegend durch Anlagefaktoren bestimmt sind. Sie sind nicht an bestimmte Altersgrenzen gebunden. Die Abnutzungsschäden des menschlichen Organismus, insbesondere die Degenerationsvorgänge des Kreislaufsystems und arteriosklerotische Schädigungen, entwickeln sich allmählich und individuell. Es gibt auch hier wie in der Jugend Akzelerationen und Retardierungen, die ihrerseits zu einer seelischen Problematik Anlaß geben können. Psychologisch und vielleicht auch kriminologisch von Bedeutung ist, daß die alten Menschen in Erinnerungen leben; sie vergessen die Gegenwart, während der alte Gedächtnisschatz verhältnismäßig gut erhalten bleiben kann. Beachtlich ist, daß die Psychiater von manchen verheirateten Frauen zu berichten wissen, die ihren durch Heirat angenommenen Namen, nicht aber ihren Mädchennamen vergessen. Dies unterstreicht die populäre Vorstellung, daß die greisen Menschen „kindisch" werden.

Spezifische Greisendelikte sind die Beleidigung und die Sittlichkeitsdelikte. Die sexuellen Handlungen haben von jeher die besondere Aufmerksamkeit der Psychiater gefunden, weil sie im Widerspruch zu dem altersbedingten Ausfall an Spannkraft und häufig auch zu dem bisherigen Persönlichkeitsbilde der Täter stehen. Von 68 in den Jahren 1949–1953 untersuchten Männern über 60 Jahren begingen nach *Rommeney*[8] 59 Unzuchtshandlungen mit Kindern, 6 exhibitionistische Handlungen, 2 Unzucht mit Männern und einer von ihnen Nötigung zur Unzucht. Dabei handelte es sich vorwiegend um „sexuelle Aufklärung" mit Demonstrationen unzüchtiger Bilder und der Geschlechtsteile, obszöne Reden, körperliche Berührungen und Ersatzformen des Geschlechtsverkehrs. 39 waren verheiratet. Einschlägig vorbestraft waren nur 11, davon 6 erst nach dem 50. Lebensjahr. Bei der Hälfte fanden sich psychische, vorzugsweise durch Rückbildungserscheinungen bedingte Krankheitszustände, während die übrigen nur das eine oder andere körperliche Symptom beginnen-

[8] Zur Sexualkriminalität der männlichen Rückbildungsjahre, Kriminalbiologische Gegenwartsfragen, Stuttgart 1953, S. 57 ff.

der Vergreisung zeigten, aber nicht als krank bezeichnet werden konnten.

Die Ursachen der Sexualkriminalität des Alters sind umstritten. *Rommeney* erklärt sie mit latenten, bei gründlicher Persönlichkeitserforschung bis in die Jugendzeit verfolgbaren sexuellen Neigungen, die wegen der altersbedingten sozialen Kontaktstörungen (Auflösung der Familien, Mangel an Geselligkeit, Arbeitslosigkeit) nunmehr manifest werden. Die Mehrzahl[9] spricht von einem „Johannistrieb", dem Wiederaufflackern der erloschenen Libido. Zu denken ist aber auch an eine Regression in das Kindesalter.

6. *Die Geschlechter*

Die Kriminalität der Frauen liegt ganz erheblich unter der der Männer. Dies gilt für alle Länder der Welt, die über Kriminalstatistiken verfügen. Vergleicht man den Anteil der Frauen an der Gesamtkriminalität in den einzelnen Ländern, so scheinen erhebliche Unterschiede vorzuliegen. Beispielsweise wurde für Belgien 1923–1927 ein Hundertsatz von 25,5 und für Holland 1926–1929 ein solcher von 10,5 angegeben, während die weibliche Kriminalität in Finnland 1925–1929 überhaupt nur 4,6% ausgemacht haben soll.[1] Internationale statistische Vergleiche sind jedoch immer recht problematisch.

Die Kriminalität der Frau in Deutschland betrug:

1882–83: 20%	1892–93: 18,4%	1902–03: 16,3%
1912–13: 16%	1922–23: 17,2%	1932–33: 11,6%

Die Entwicklung in den letzten Jahren ergibt sich aus folgender Aufstellung:[2]

Täter	1952	1953	1954	1955
Erwachsene und Heranwachsende				
männlich	75,6%	76,9%	78,7%	78,7%
weiblich	14,4%	14,3%	14,2%	13,6%
Jugendliche				
männlich	8,6%	7,6%	6,1%	6,8%
weiblich	1,4%	1,2%	1,0%	0,9%

[9] *Ewald*, Neurologie und Psychiatrie, 1954, S. 526; *Langelüddecke*, Gerichtliche Psychiatrie, 1950, S. 270.

[1] Vgl. *Exner*, Kriminologie, 1949, S. 139.

[2] Bundeskriminalamt, Polizeiliche Kriminalstatistik 1955, Wiesbaden 1956, S. 18.

Die Kriminalität der Frau weist hiernach für die Jahre 1882–1933 und neuerdings wieder eine deutlich fallende Tendenz auf.

In USA betrug im Jahre 1945 der Anteil der weiblichen Erwachsenenkriminalität 15,5%[3], im Jahre 1943 der der weiblichen „Jugenddelinquenz" 19,9%[4]. Chicago gab für 1929–1935 den Anteil der „Delinquenz" junger Mädchen mit 20,1% an[5]. Es muß hierbei beachtet werden, daß „Delinquenz" nicht mit Kriminalität identisch ist.

Eine besondere Beachtung verdient jedoch die Beteiligung der Frauen an den verschiedenen Delikten des Strafgesetzes. Die Zahlen für 1955 sind zugrundegelegt; sie geben Hundertsätze wieder.

	männlich	weiblich
Abtreibung	28,7	71,3
Kuppelei und Zuhälterei	50,4	49,6
Taschendiebstahl	57,7	37,0
Begünstigung, Hehlerei	72,6	25,9
Mord, Totschlag	72,9	26,5
Rauschgiftdelikte	72,7	27,3
Urkundenfälschung	79,5	20,2
einfacher Diebstahl	71,6	18,6
Unterschlagung	79,1	20,2
Betrug	83,8	16,1
Körperverletzung	87,7	11,2
schwerer Diebstahl	85,0	5,3

Betrachtet man die weibliche Kriminalität ohne Rücksicht auf die Zahl der männlichen Täter, so steht, wobei wiederum die Zahlen von 1955 berücksichtigt sind, bei erwachsenen Frauen der Betrug mit 17,89% an der Spitze, es folgt der einfache Diebstahl mit 17,54%, Unterschlagung mit 7,12% und Kuppelei mit 2,96%. Heranwachsende Mädchen begehen vor allem einfachen Diebstahl (34,97%); ihm folgt Betrug (11,52%) und Unterschlagung (6,10%). Für jugendliche Mädchen gilt die gleiche Reihenfolge (46,71%, 6,68%, 3,56%). In USA wurden 1950 76 583 Frauen in Untersuchungshaft genommen. Auf Trunkenheit entfielen 20,9%, auf Diebstahl 10%, Landstreicherei 9,1%, Vergehen gegen die öffentliche Ordnung („disorderly conduct") 8,3%, Drohung („assault") 8,3% und Prostitution 6,8%[6].

[3] Uniform Crime Reports, XVI, Nr. 2.

[4] Juvenile Court Statistics, 1943, S. 12.

[5] *Mowrer*, Disorganization, Personal and Social, 1943, S. 581; *Cavan*, Criminology, 1948, S. 46.

[6] *Barnes - Teeters*, New Horizons in Criminology, 1952, S. 590. Die Zahlen stammen vom Federal Bureau of Investigation.

Es herrscht Einigkeit darüber, daß die verhältnismäßig geringe Kriminalität der Frauen teilweise ihre Erklärung darin findet, daß sie im Gegensatz zu Männern die Möglichkeit besitzen, Bereicherungs- und Eigentumsdelikte wie Betrug und Diebstahl durch die verschiedensten Formen der Prostitution, zumal sporadische und gesellschaftlich getarnte Verbindungen zu umgehen. Das soziale Milieu seit Jahrtausenden kommt hier den Frauen entgegen. Hierauf hat schon Lombroso aufmerksam gemacht. In aller Regel sind nur besonders auffällige Erscheinungsformen der öffentlichen Prostitution strafbar; auch sie werden nur in sehr begrenztem Umfang verfolgt.

Damit ist jedoch der geringe Umfang der weiblichen Kriminalität nicht erschöpfend geklärt. Er wird bald mehr auf die biologisch-psychologische Anlage der Frau, bald mehr auf ihre Umweltbedingungen zurückgeführt.

Biologisch ist die Frau keineswegs von vornherein „das schwache Geschlecht". Bei den primitiven Völkern trägt sie in aller Regel die Last des Ackerbaues. Frauen haben sich der Jagd und der Kriegsführung gewidmet. Bei einzelnen Südseestämmen betreiben sie die Güterherstellung und den Handel und ergreifen auch im Bereich des Erotischen die Initiative. Es hat ein Mutterrecht gegeben. Es muß angenommen werden, daß durch Zuchtwahl der bei uns heute noch vorherrschende Frauentypus geschaffen wurde, dem körperliche Schwäche zu eigen ist und der, wenn man grob generalisieren will, mehr Interesse an häuslichen Angelegenheiten und an ästhetischen Gegenständen und Betätigungen zeigt und Arbeit im Hause, auch Hilfeleistungen gegenüber Jungen, Armen und Hilflosen bevorzugt. „Die Männer sind mittelbar oder unmittelbar von größerem Selbstdurchsetzungswillen und größerer Aktivität, sie zeigen mehr Kühnheit und Furchtlosigkeit und größere Rauheit in ihren Manieren, ihrer Sprache und ihren Gefühlen; die Frauen zeigen sich mitleidiger und mitfühlender, furchtsamer und ästhetisch sensitiver, im allgemeinen gefühlsbetonter, moralischer."[7] Dies alles findet sich schon im „Lied von der Glocke": „Der Mann muß hinaus ins feindliche Leben, muß wirken und streben und pflanzen und schaffen, erlisten, erraffen, muß retten und wagen, das Glück zu erjagen. Und drinnen waltet die züchtige Hausfrau, die Mutter der Kinder, und herrschet weise im

---

[7] *Schelsky*, Soziologie der Sexualität, 1955, S. 21 unter Hinweis auf *Klineberg*, Social Psychology, 1940, und Terman - Miles, Sex and Personality, 1936.

häuslichen Kreise und füget zum Guten den Glanz und den Schimmer und ruhet nimmer." Die idealtypisierenden Charakterbilder, deren Verwurzelung in Wunschträumen mitunter naheliegt, mögen richtig oder falsch sein; die im allgemeinen geringere körperliche Stärke der Frau steht fest. Hiezu kommt die – schwer erklärbare und auch nicht geklärte – Tatsache, daß Frauen auch in Konfliktsituationen im allgemeinen kaum alkoholische Neigungen haben, während Männer durch Trunksucht oder doch durch Alkoholmißbrauch im Einzelfall in weitem Umfang zu strafbaren Handlungen veranlaßt werden.

Die soziologische Theorie verweist auf den Schutz, den der häusliche Wirkungskreis gewährt. Die Versuchungen sind nicht groß; die Frau hat bisher auch in geringerem Umfang als der Mann die Aufgabe gehabt, für den Unterhalt der Familie in einer auf Wettbewerb angelegten Wirtschaft zu sorgen. Sie verwaltet das Geld; in der Regel muß es der Mann – mit welchen Mitteln auch immer – nach Hause schaffen. Auch Jungen und Mädchen sind seither verschieden erzogen worden. Die Hochschätzung „männlicher" Tugenden, körperlicher Leistungsfähigkeit und soldatischen Eifers, Ruhm und Preis von „Heldentum" und „Abenteuern", die Verachtung „weibischen" Verhaltens hat den jungen Mann nach außen gerichtet und Aggressivität und Kriminalität gefördert. Vor allem aber hat man zum Beweis der Umweltbedingtheit der weiblichen Kriminalität auf das bedeutende Ansteigen weiblicher Straftaten in Kriegszeiten verwiesen, wenn die Frau Heim und Herd mit der Arbeit in Fabriken und Kontoren vertauscht. Man hat geradezu gesagt, daß in einem Land, in dem die Frauen politisch, wirtschaftlich und sozial dominieren, ihre Kriminalität die Zahl strafbarer Handlungen der Männer nicht nur erreichen, sondern übertreffen würde[8]. Es ist zutreffend, daß im Jahre 1917, dem vierten Jahr des ersten Weltkrieges, die weibliche Kriminalität in Deutschland eine Höhe von 37,8% und im Jahre 1942, ebenfalls dem vierten Jahr des zweiten Weltkrieges, eine Höhe von 34% erreichte[9] und sie später noch überschritt. Hierbei sind jedoch die außergewöhnlichen Umstände eines Krieges zu beachten. Einmal vermindert sich wegen der Einberufungen die Zahl der der zivilen Gerichtsbarkeit unterstehenden männlichen Personen, sodann bringt der Krieg eine Sondergesetzgebung mit sich, die mit der wachsenden

---

[8] *Vaerting*, The Dominant Sex, New York 1923; *Sutherland - Cressey*, Principles of Criminology, 1955, S. 112.

[9] Die Entwicklung der Kriminalität im Deutschen Reich von Kriegsbeginn bis Mitte 1943, Berlin 1944, S. 22.

wirtschaftlichen Not und den Versuchen, sich ihr zu entziehen, wächst. Der Mangel an lebenswichtigen Gütern fördert auch die „klassischen" Eigentums- und Bereicherungsdelikte. Die gestiegene Kriminalität der Frauen während der letzten Kriege kann daher nur mit großen Vorbehalten ihrem erhöhten Einsatz im öffentlichen und wirtschaftlichen Leben zugeschrieben werden. Gegen die These, daß vor allem Heim und Herd die Frauen vor strafbaren Handlungen bewahren, spricht entscheidend, daß trotz wachsender Gleichberechtigung der Frauen und ihrer zunehmenden Aktivität im sozialen und wirtschaftlichen Leben, die beide säkulare Erscheinungen sind, eine tendenzielle Abnahme der weiblichen Kriminalität festzustellen ist.

Daß der Umfang der weiblichen Kriminalität vorzugsweise durch die biologische Eigenart der Frauen bestimmt ist, folgt auch aus der Art der von ihnen begangenen Taten. Kuppelei, eine eigenartige Mischung von Bereicherungs- und Sittlichkeitsdelikt, wird vorzugsweise von Frauen verübt. Dies dürfte auch mit der weiblichen Sexualität in Verbindung stehen; im übrigen ist die weibliche Kriminalität durch das Fehlen von Gewalttätigkeiten gekennzeichnet, sie hat viel mit der Alterskriminalität gemeinsam.

Die Verwurzelung der weiblichen Kriminalität in geschlechtlichen Vorgängen, namentlich in Menstruation, Schwangerschaft und Geburtsprozeß, auch in dem Klimakterium der Frauen ist ein weiterer Beweis. Dies gilt nicht nur für die Abtreibungen und die Tötungen von Kindern in oder gleich nach der Geburt, sondern für einen großen Teil ihrer strafbaren Handlungen überhaupt. Es steht fest, daß die Tage vor und nach der Menstruation bei einer sehr großen Zahl von Mädchen und Frauen unter ausgesprochenen Verstimmungszuständen depressiver oder erregter Art verlaufen. In dieser Zeit können Drang- und Triebzustände auftreten, die zu kriminellen Handlungen, Körperverletzungen, Widerstandshandlungen, Brandstiftungen und Diebstählen führen. Hierher gehören manche Laden- und Warenhausdiebstähle („periodische Diebstähle", „Kleptomanie"). Nach *Hoche*[10] hatten von 56 Frauen, die in Paris Warenhausdiebstähle verübten, 63% ihre Periode. Während der Schwangerschaft treten öfters Süchte („Gelüste") nach bestimmten Speisen und glänzenden Gegenständen wie Schmuck auf. Das Klimakterium[11] bedingt Unruhe, gesteigerte

[10] Handbuch der gerichtlichen Psychiatrie, 3. Aufl. 1934, S. 248; *Ewald*, Neurologie und Psychiatrie, 1954, S. 379, 505.

[11] *Dickmeiss*, On Female Criminality during the Climacteric, Festschrift für Helweg, Kopenhagen 1946, S. 217.

Empfindlichkeit, impulsive Handlungen. Wie in den Menstruationsperioden häufen sich hier organisch verursachte Diebstähle.

Hirschmann[12] bestätigt, daß Frauen, die sonst ehrlich sind, während der Zeit der Menstruation und des Klimakteriums stehlen. Er führt die Diebstähle auf eine Störung der vegetativen, endokrinen Stoffwechselfunktionen, der Triebhemmungen und -enthemmungen und der Psychomotorik zurück, die vom Zwischenhirn gesteuert werden. Angelpunkt der Störung sind die biologischen Generationsphasen der Frau – Pubertät, Menstruation, Schwangerschaft, Klimakterium; sie sind allein nicht geeignet, einen unwiderstehlichen Drang zum Stehlen auszulösen, können dies aber tun, wenn weitere körperlich-seelische Schäden hinzutreten. Der Beweis für die Ursächlichkeit der Menstruation wurde durch Kastration erbracht; nach ihrer Durchführung blieben Zwischenhirnstörungen und Kleptomanien aus.

7. Homosexualität

Alle Formen der Homosexualität (die männliche Prostitution Nichthomosexueller ausgenommen) sind, wie auch die Parallelen im Tierreich (Affen, Hunde, Bullen, Hengste, Tauben, Maikäfer usw.) zeigen, Ausdrucksweisen der hohen Variabilität sexuellen Verhaltens. Homosexualität und Heterosexualität sind kein Entweder-Oder. Die Welt läßt sich, um mit dem Kinsey-Report[1] zu sprechen, nicht in schwarze und weiße Schafe aufteilen. Die lebende Welt ist in allen ihren Aspekten ein Kontinuum. *Kinsey* unterscheidet daher zwischen verschiedenen Idealtypen, an dem einen Pol Menschen, die ausschließlich heterosexuell, ohne jede Homosexualität sind, an dem anderen Pol solche, die ausschließlich homosexuell sind. Dazwischen liegen die verschiedenartigsten Formen sog. „Bisexualität", je nachdem, ob die hetero- oder homosexuelle Komponente vereinzelt, stärker oder überwiegend auftritt. Die Unentschiedenheit und Unsicherheit des Sexualverhaltens ist auch für die Kindheit und Pubertät kennzeichnend; sie ergibt sich auch aus der Libido-Konzeption der Tiefenpsychologie.

Nach den grundlegenden Untersuchungen des Kinsey-Reports weisen mindestens 37% der männlichen Bevölkerung der USA irgendwelche homosexuelle „Erlebnisse" zwischen beginnender Pubertät und

---

[12] Periodische Kleptomanie im Rahmen von Zwischenhirnstörungen, Kriminalbiologische Gegenwartsfragen, Stuttgart 1953, S. 28 ff.

[1] *Kinsey - Pomeroy - Martin,* Das sexuelle Verhalten des Mannes, Berlin-Frankfurt 1955, S. 564 ff.

Greisenalter auf. Einige dieser Individuen haben dabei nur ein einziges „Erlebnis" und einige andere wiederum weisen wesentlich mehr, oft sogar lebenslängliche „Erlebnisse" (jeweils bis zum Eintritt des Orgasmus) auf. Es haben sich keine Beweise dafür ergeben, daß die Homosexualität heute mehr (oder weniger) als in den untersuchten älteren Generationen verbreitet ist. Soziologische Untersuchungen der deutschen Bevölkerung, die sich mit dem Kinsey-Report (zehnjährige Untersuchungen von 12 214 Personen durch Wissenschaftler im Wege von Interviews) messen könnten, liegen nicht vor, jedoch bestätigt eine Umfrage des Instituts für Demoskopie 1949/50[2] die Ergebnisse Kinseys. Hiernach bejahten 23% der nach demoskopischen Grundsätzen befragten männlichen Bevölkerung die Frage, ob sie mit homosexuellen Erlebnissen in Berührung gekommen seien. Daß sich ein geringerer Prozentsatz als in USA ergab, folgt aus der Eigenart einer demoskopischen Befragung. Die Höhe der Ja-Sager ist wie in USA erstaunlich.

Kinsey läßt die Frage offen, welche Faktoren, z. B. Schwankungen in den Hormonen und Genen oder andere biologische Erscheinungen, für die Homosexualität verantwortlich sind. Dies entspricht der für die allermeisten amerikanischen Soziologen typischen Zurückhaltung gegenüber allen biologischen Arbeitshypothesen, insbesondere allen Vererbungstheorien, die dort praktisch tabu sind. Die These, daß Homosexualität eine Anlage sei, wurde dagegen vor allem von *Goldschmidt*[3] vertreten. Ihm hat sich heute die herrschende Meinung der Psychiatrie angeschlossen. „Daß es eine anlagemäßig bedingte Homosexualität gibt, wird heute kaum mehr bezweifelt. Es wird sich ohne latente Veranlagung eine dauernde Homosexualität auf erworbenem Wege wohl nicht leicht entwickeln."[4] Diese Auffassungen werden vor

---

[2] *von Friedeburg*, Die Umfrage in der Intimsphäre, Stuttgart 1953, S. 87. Beachtlich ist auch die Beantwortung der Frage: Wie stehen Sie überhaupt zur Homosexualität? Die Antworten lauteten: Krankheit? 39% — Laster? 48% — Angewohnheit? 15% — Natürliche Sache? 4% — Unentschieden? 3%.

[3] Die biologischen Grundlagen der konträren Sexualität und des Hermaphroditismus beim Menschen, Archiv für Rassen- und Gesellschaftsbiologie 1916, S. 1.

[4] *Ewald*, Neurologie und Psychiatrie, 1954, S. 388, 355 (ähnlich schon *Bleuler*, Lehrbuch der Psychiatrie, Berlin 1930); *Lemke*, Über Ursache und strafrechtliche Beurteilung der Homosexualität, Jena 1940; *Habel*, Ein Beitrag zu der Frage der Abhängigkeit sexueller Strebungen von der zerebralen Verfassung und vom Hormonhaushalt, Monatsschrift für Kriminalbiologie, 1941, S. 283 ff; *Le Maire*, Legal Kastration, Kopenhagen 1944, S. 130 f.

allem durch die Untersuchungen von *Lang*[5] und *Jensch*[6] getragen. Auf Grund seiner Untersuchungsergebnisse war *Goldschmidt* zu der Auffassung gekommen, daß der Homosexuelle ein „Umwandlungsmännchen“, also ein verkapptes weibliches Individuum sei. *Lang* folgerte, daß – die Richtigkeit dieser Theorie vorausgesetzt – unter den Geschwistern homosexueller Männer das Geschlechtsverhältnis zugunsten der Männer verschoben sein müsse. Tatsächlich fand er auch anstatt des normalen Geschlechtsverhältnisses von 106 Knaben und 100 Mädchen unter den Geschwistern einer großen, nicht ausgelesenen Homosexuellengruppe ein Verhältnis von 124,5 Knaben zu 100 Mädchen. Dieses Resultat wurde von *Jensch* durch genealogische Untersuchungen von 986 in Schlesien und 1086 in Sachsen erfaßten homosexuellen Männern bestätigt. *Lang* und *Jensch* untersuchten weiter die Zwillingspartner Homosexueller. Dabei erwies sich, daß die Homosexuellen fast ausschließlich Zwillingsbrüder und keine Zwillingsschwestern haben. Diese Forschungsergebnisse lassen sich auch durch die Untersuchungen eineiiger Zwillinge ergänzen. Die Zwillingsforschung hat überwiegend eine Übereinstimmung der abartigen Triebrichtung bei eineiigen Zwillingen ergeben. Bemerkt sei, daß auch die Auffassungen Lombrosos noch heute vertreten werden. *Destunis*[7] nimmt an, daß die Homosexualität eine Art von Regression zur uralten biodynamischen Strukturierung der normalen Sexualität im Tierleben darstellt, während die Tiefenpsychologie von einer Regression zur Kindheit ausgeht.

Schelsky[8] vertritt als Soziologe demgegenüber die Auffassung, Homosexualität sei entscheidend durch soziale Faktoren bestimmt. Er folgt hierbei *Bürger-Prinz*[9], dessen Standpunkt jedoch von der herrschenden Meinung der Psychiater abweicht. Die reine Milieutheorie *Schelskys* wird durch die Erfahrung widerlegt. Das angebliche Ansteigen homosexueller Verhaltensweisen nach dem ersten Weltkrieg infolge einer revolutionären Enthemmung der Gesellschaft ist krimi-

---

[5] *Lang*, Ergebnisse neuer Untersuchungen zum Problem der Homosexualität, Monatsschrift für Kriminalbiologie, 1939, S. 401 ff; 1941, S. 162 ff; Die Homosexualität als genetisches Problem, Monatsschrift für Kriminologie, 1956, S. 167.

[6] *Jensch*, Zur Genealogie der Homosexualität, Archiv für Psychiatrie, 1941, S. 527 ff; Weiterer Beitrag zur Genealogie der Homosexualität, Archiv für Psychiatrie, 1941, S. 679 ff.

[7] Einführung in die medizinische Psychologie, Berlin 1955, S. 174.

[8] Soziologie der Sexualität, 1955, S. 75.

[9] Über das Problem der Homosexualität, Monatsschrift für Kriminalbiologie, 1938, S. 33; 1939, S. 430; 1941, S. 32 u. a.

nalstatistisch nicht nachzuweisen. Als Erklärung einer angeblichen Zunahme böte sich statt des Hinweises auf die Revolution übrigens auch die medizinische Feststellung an, daß in den Jahren 1917–1921 die „epidemische Kopfgrippe", eine Viruserkrankung, grassierte, die das Gefühls- und Triebleben schwer zu stören geeignet ist[10]. In den Jahren nach 1945 ist „eine rapide Abnahme der Verurteilungsziffer" für homosexuelle Handlungen festzustellen[11]. Die Duldung homosexuellen Verhaltens von Frauen in Deutschland, während lesbische Handlungen in Österreich noch immer strafbar sind, hat das äußere Bild des privaten und öffentlichen Lebens der beiden Länder nicht geprägt. Auch die Aufhebung der gegen homosexuelle Handlungen erwachsener Männer gerichteten Strafbestimmungen in fast allen westeuropäischen Ländern hat keinen in die Augen fallenden Einfluß auf die sexuellen Verhaltensweisen gehabt. Dies dürfte beweisen, daß der Anlagefaktor eine entscheidende Rolle spielt und biologische Bedingungen der Ausbreitung der Homosexualität Grenzen setzen.

Dies bedeutet nicht, daß Umweltfaktoren keine Rolle spielten. Wie alle Handlungen sind auch homosexuelle Akte ein Produkt von Anlage und Milieu. Ein homosexueller Lehrer kann sich in einer Mädchenschule nicht päderastisch betätigen. Die sozialen Faktoren sind namentlich im Zusammenspiel mit den verschiedenartigen Varianten bisexueller Veranlagung von Bedeutung.

Hiernach lassen sich ätiologisch folgende Erscheinungsformen homosexueller Betätigung unterscheiden:

1) Das Verhalten ist anlagemäßig bestimmt; dies dürfte für eine große Zahl von Handlungen gelten. Der Trieb ist abartig. Die Triebrichtung mag auch den psychologischen Habitus des Täters formen. Der männliche Homosexuelle mag mehr nach innen gerichtet („introvertiert"), die weibliche Homosexuelle mehr nach außen gerichtet sein, was sich bei beruflichen und außerberuflichen Interessen, in der Einstellung gegenüber Menschen und Dingen u. a. äußert. Im Extrem ist auch der Körper des Mannes feminin, der Frau maskulin. Zwitterbildungen sind möglich. Die Triebrichtung ist vererbt oder durch eine Fehlentwicklung des Drüsensystems, namentlich der Keimdrüsen, veranlaßt.

2) Es liegt eine Erkrankung des Gehirns vor. Zum Beispiel schafft

[10] *Exner*, Kriminologie, 1949, S. 193; *Ewald*, Neurologie und Psychiatrie, 1954, S. 190, 195; *Kretschmer*, Diagnostik des triebhaften Verbrechers, in „Kriminalbiologische Gegenwartsfragen", Stuttgart 1953, S. 7 f.

[11] *Bader*, Soziologie der Nachkriegskriminalität, Tübingen 1949, S. 69.

die bereits erwähnte, als „spanische Grippe“ oder „Kopfgrippe“ bezeichnete Encephalitis epidemica nicht selten homosexuelle Neigungen und ist Ursache zu päderastischen Akten.

3) Der homosexuelle Akt ist Folge einer Neurose, wobei eine anlagemäßige Disposition zu Homosexualität vorausgesetzt werden muß. Psychische Konflikte, besonders in der Kindheit und in der Pubertät, namentlich Störungen der Beziehungen zwischen Vater–Mutter–Kind, Erziehungsfehler, sexuelle Erfahrungen, Minderwertigkeitskomplexe und dgl. führen zu einer bestimmten Fixierung der sexuellen Triebrichtung. *Kinsey* hat freilich die Frage aufgeworfen, ob diese Personen homosexuelle Lebensgeschichten aufweisen, weil sie neurotisch sind, oder ob nicht in Wahrheit ihre neurotischen Störungen das Produkt ihrer homosexuellen Betätigungen und der Reaktion der Gesellschaft auf sie sind. Eine neurotische Homosexualität unterscheidet sich nicht von einer anlagebedingten. Ein seelisch bedingtes Magen- oder Gallenleiden schmerzt nicht weniger als eines, das durch Geschwüre oder Gallensteine verursacht ist.

4) Eine homosexuelle Handlung wird durch Alkohol ausgelöst. Eine homosexuelle Teilkomponente wird frei, wie Rauschzustände auch sonst latente kriminelle Neigungen aktivieren.

5) Die homosexuelle Betätigung ist Ersatzbefriedigung im Kriegsdienst, in Gefängnissen, Internaten, Klöstern und auf Schiffen, wo normaler Geschlechtsverkehr verwehrt ist. Hier treten Umweltfaktoren zu einer vorhandenen – im gewöhnlichen Alltag nicht ansprechbaren – Anlage hinzu. Sie wird erst unter dem Druck einer sozialen Isolierung mehr oder minder dominant, so wie eine Diebstahlsbereitschaft sich im allgemeinen erst in einer Notlage manifestiert.

6) Soweit die männliche Prostitution von Homosexuellen ausgeübt wird, unterscheidet sie sich anlage- und milieumäßig nicht von der weiblichen. In den anderen Fällen handelt es sich um eine Bereicherungskriminalität, die etwa dem Zuhältertum entspricht. Die Täter entstammen in aller Regel der Gruppe der sogenannten „gemütlosen Psychopathen“.

8. Körperliche Erkrankungen

Es wird seit längerem vermutet, daß eine nicht unbeachtliche Zahl von Verkehrsdelikten durch kranke Menschen am Steuer verursacht wird. Untersuchungen von 6000 Unfallbeteiligten durch das Sozialministerium Nordrhein-Westfalens (Professor Gerholdt) ergaben bei 60% eine organische Erkrankung. Es entfielen ca. 40% auf das neurovegetative und endokrine System, 25% auf die Sinnesorgane, 25% auf das Herzkreislaufsystem, 5% auf Lungen und Atmungsorgane und der Rest auf andere Organe und fehlerhafte psychophysische Mechanismen. Das Forschungs- und Beratungsinstitut für Verkehrssicherung in Köln schied von 2500 Untersuchten 35,5% als ungeeignete Fahrer aus. 28% der Ausgeschiedenen hatten medizinische Defekte. Dazu gehören Farbenblindheit, Kreislaufstörungen, Zuckerkrankheit und dergleichen, die in aller Regel dem Betroffenen unbekannt waren. Die Untersuchung von 750 Kraftfahrern und Führerscheinanwärtern durch das Institut für Verkehrspsychologie in Stuttgart ergab, daß 305 nur bedingt geeignet, 183 aber ganz fahruntauglich waren. Der Test von 760 Berufskraftfahrern in Karlsruhe (Institut für Verkehrspsychologie) ergab 222 Nichteignungen, darunter 15 nachweisliche Krankheitsfälle und 76 medizinisch-psychologische Schäden.

Unter dem Namen der sogenannten „Managerkrankheit" und einer „Nervosität" verbergen sich körperlich-geistige Erschöpfungserscheinungen. Die Anstrengungen des Alltags, auch seelische Überbeanspruchungen affektiver Art, welche die Kriege, das Industrie- und Atomzeitalter und die technische Gehetztheit mit sich bringen, schaffen u. a. in Verbindung mit vegetativen Störungen eine Empfindlichkeit, Reizbarkeit und egozentrische Einstellung. Wetterwechsel, Föhnlage und Gewitter beeinträchtigen Befinden und Stimmung. Sie führen zu schneller Ermüdung, mangelnder Konzentration und Geistesabwesenheit. Die Menschen handeln fahrlässig oder neigen zu Kurzschlüssen. Der erschöpfte und nervöse, mit sich selbst beschäftige Fußgänger ist ziemlich ungefährlich, anders der motorisierte Fahrer, ihm fallen Körperverletzungen und Verkehrstote zur Last.

Einzelne körperliche Erkrankungen seien besonders genannt.

Zuckerausscheidung ist verhältnismäßig häufig mit Stimmungsschwankungen verbunden. Apathie, Gleichgültigkeit, Mattheit können Folgen eines chronischen Zuckermangels sein. Insulinbehandlung verringert den Blutzuckergehalt. Die psychophysischen Veränderungen, die durch große Insulingaben künstlich hervorgerufen werden (Insulinschock), treten aber auch bei gesunden Menschen spontan auf („spontane Hypoglykämie"). Dämmerzustände stellen sich ein. Es wird angenommen, daß spontane Hypoglykämie in der Bevölkerung ebenso häufig wie die Zuckerkrankheit vertreten ist. Insulinbehandlung hat strafbare Handlungen der verschiedensten Art, z. B. Totschlag, Sittlichkeitsverbrechen, Eigentumsdelikte, vor allem aber Verkehrsdelikte verursacht, spontane Hypoglykämien können dieselben Wirkungen auslösen[1].

Die progressive Paralyse ist die Folge einer nicht voll ausgeheilten syphilitischen Infektion. Von kriminologischem Interesse sind heute vor allem die Anfangsstadien der geistigen Erkrankung, bei denen eine Störung der Geistestätigkeit zunächst noch nicht festgestellt werden kann oder sich erst in hemmungslosen Ausdrücken, Zoten, Obszönitäten und einer sexuellen Enthemmung, z. B. Exhibitionismus, in Verbindung mit einer Kritiklosigkeit gegenüber dem eigenen Verhalten äußert. Die Krankheit ist klinisch erst seit dem Jahre 1826 erkannt. „Wie viele Kranke mögen vorher verkannt und bei ihrer Neigung zu kriminellen Handlungen dem Strafrichter übergeben worden sein?"[2] Nach „Heilung" der Krankheit (durch Malariabehandlung) können Gehirnschädigungen zurückbleiben.

Die epidemische „Gehirngrippe" (Encephalitis)[3], eine Viruserkrankung, ist 1917–1921, 1924 und 1928 aufgetreten und seither nicht völlig erloschen. Nach *Exner* (1949) wurde die Zahl der chronischen Encephalitiker in Deutschland auf 20 000 geschätzt. Im postencephalitischen Zustand begegnet man verhältnismäßig häufig wesentlichen Veränderungen des Willens- und Gefühlslebens, während die Intelligenz keine Schädigungen davonträgt. Jugendliche landen verkehrterweise in Erziehungsanstalten, Erwachsene neigen zu kriminellen Handlungen, vor allem Perversionen und Diebstählen.

Es ist, heißt es bei *Kretschmer*, „für den Kriminalisten grundlegend wichtig, zu wissen, daß beispielsweise im Zwischenhirn die Stellen nahe benachbart sind, von denen aus sowohl im Tierversuch als auch durch Entzündungsherde und basale Verletzungen beim Menschen Veränderungen in den triebhaften Handlungen wie auch qualitative Abwandlungen der Triebe hervorgerufen werden können".

Kopf- und Gehirnverletzungen[4] sind Folgen zweier Weltkriege,

[1] *Wilder*, Sugar Metabolism in its Relation to Criminology, in *Lindner-Seliger*, Correctional Psychology, New York 1947, S. 98; *Langelüddecke*, Gerichtliche Psychiatrie, Berlin 1950, S. 276.

[2] *Aschaffenburg*, Das Verbrechen und seine Bekämpfung, Heidelberg 1923, S. 219.

[3] *Langelüddecke*, Gerichtliche Psychiatrie, Berlin 1950, S. 259 ff; *Kretschmer*, Diagnostik des triebhaften Verbrechers, in „Kriminalbiologische Gegenwartsfragen", Stuttgart 1953, S. 3 ff.

[4] *von Winterstein*, Hirnverletzte im Strafrecht, Neue Juristische Wochenschrift 1951, S. 781; *Götsch*, Hirnverletzte im Konflikt mit den Gesetzen, Bonner Hefte für Hirnverletztenbetreuung; *Langelüddecke*, Gerichtliche Psychiatrie, Berlin 1950, S. 248 ff; *Hollander*, The Psychology of Misconduct, Vice and Crime, London 1928, S. 202 f.

von Gestapopraktiken, Autounfällen und dgl. Die Wirkungen hängen weitgehend davon ab, welche Gehirnpartien berührt werden. Die Verletzungen münden häufig in Epilepsie. Die psychische Leistungsfähigkeit ist vermindert, und das Persönlichkeitsniveau sinkt. Die Opfer sind abgestumpft; die Willensenergie ist herabgesetzt. Sie vertragen Alkohol schlecht. Eine affektive Reizbarkeit führt leicht zu Tätlichkeiten, Triebenthemmungen und Entartungen, doch können auch alle anderen kriminellen Handlungen, z. B. Diebstähle, in Verbindung mit den seelisch-geistigen Ausfallerscheinungen stehen. Die Erfahrung lehrt immer wieder, daß viele Kopf- und Hirnverletzte sich der seelischen Folgen ihrer Schädigung nicht bewußt sind, was häufig mit der Tatsache zusammenhängt, daß die moralischen Wirkungen erst lange nach der Verletzung auftreten. In der Zwillingsforschung erwies sich, daß Verhaltensdifferenzen eineiiger Zwillinge auf Schädelverletzungen des einen Partners zurückzuführen waren.

9. Seelische Erkrankungen („Psychosen")

Man unterscheidet heute üblicherweise drei Formenkreise, das zirkuläre (manisch-depressive) Irresein, die Schizophrenien und die Epilepsie.

Das zirkuläre Irresein ist eine recht häufige psychische Störung, die auf Veranlagung, wahrscheinlich einer Labilität des Sympathikus und Parasympathikus, beruht. Umwelteinflüsse, auch seelische Konflikte, kommen als auslösender Faktor in Frage. Die Krankheit ist erblich. Bei *einem* kranken Elternteil werden durchschnittlich ein Drittel der Kinder krank. Bei eineiigen Zwillingen stimmen zwei Drittel der Zwillingspaare überein. Der Name der Erkrankung rührt von der Tatsache her, daß in aller Regel sich bei den Kranken manische und depressive Zustände in einem mehr oder minder gleichmäßigen Zyklus ablösen. Die manische Phase läßt übersteigertes Selbstbewußtsein, strotzende und protzende Vitalität und Triebfülle erkennen, in der depressiven zeigen sich Willensschwäche und körperliche und geistige Schlaffheit. Die Kranken werden von Schuldgefühlen überwältigt. Andere Wahnideen fehlen im allgemeinen; auch läßt die Intelligenz keinerlei Defekte erkennen. In den Pausen zwischen den beiden Phasen erscheinen die Kranken völlig normal.

Die Erkrankung wird häufig übersehen, zumal auch die Kranken in ihrer depressiven Periode oft schwere Schuld empfinden und zusammen mit der Familie die depressiven Stimmungen unrichtigerweise auf die begleitenden körperlichen Beschwerden wie Schlafstörungen, Kopfschmerzen, herzneurotische Erscheinungen zurückführen. Kriminologisch ist die depressive Periode durch Neigungen zu – in Deutschland nicht strafbarem – Selbstmord charakterisiert; der Selbstmord oder Selbstmordversuch kann aber zu einem Familienmord ausarten. Der Selbstmörder nimmt die – geliebte – Familie mit in den Tod. Gefährlicher ist die manische Phase. Der Maniker neigt zu Alkoholmißbrauch; viele „Quartalssäufer" und „periodische" Trinker sind in Wahrheit manisch-depressiv oder zyklothym. In der manischen Periode kommt es zu Beleidigungen, exhibitionistischen Akten und Körperverletzungen. Vor allem gehören die vielen Querulanten in diese Kategorie. Jede Staatsanwaltschaft und jedes Gericht kennt die Michael-Kohlhaas-Naturen, die querköpfig zunächst für ihr privates Recht, dann für Gesetz und Recht schlechthin kämpfen, und deren Lebensweg mit Meineidsanzeigen, Anschuldigungen und Beamtenbeleidigungen gepflastert ist.

Schizophrenien („dementia praecox", „Jugendirresein") sind kriminologisch ohne größere Bedeutung, da bei schweren Erkrankungen bald eine stationäre Behandlung erforderlich wird. Die Kranken erleben eine radikale Störung ihrer seelischen Bereiche, leiden an Sinnestäuschungen und Wahnideen, die mit den unlogischen Traumbildern gesunder Menschen vergleichbar sind. Gedächtnis und Intelligenz werden jedoch von der Krankheit nicht berührt. Körperliche Krankheitssymptome sind nicht feststellbar, auch nicht im Gehirn. Die Psychose dürfte auf Veranlagung beruhen und erblich sein: äußere und innere Erlebnisse können zum Ausbruch der latenten Krankheit führen.

Kriminologisch ist das – dem Laien schwer erkenntliche – Anfangsstadium bedeutungsvoll, in dem plötzliche Gewalthandlungen, Morde und Mordversuche möglich sind[1]. In leichteren Fällen, auch Fällen nach Abklingen der akuten Phase, führt die Krankheit die Menschen leicht auf die Landstraße. Unter den Landstreichern findet sich eine große Zahl schizophrener Kranker. Sie begehen bisweilen auch kleinere Diebstähle und Betrügereien.

Bei der Epilepsie, die vererbt wird oder die Folge körperlicher Erkrankungen, namentlich von Gehirnleiden (Verletzungen, darunter

[1] *Karl Willmanns*, Über Morde im Prodromalstadium der Schizophrenie, Zeitschrift f. d. ges. Neurologie und Psychiatrie, 1940, S. 583 ff.

von Zangengeburten, Infektionen, Vergiftungen, Tumoren) ist, können an die Stelle der üblichen Krampfanfälle Verstimmungs- und Dämmerzustände treten. Es ist möglich, daß sie zu Diebstählen, schweren Körperverletzungen, auch Totschlag und Mord, namentlich zu Lustmord, Brandstiftungen führen, die durchaus besonnen, wohlüberlegt und raffiniert erscheinen. „Epileptiker sind in ihrer Erregung immer gemeingefährlich, und man muß mit dem Äußersten rechnen... Diese Zustände sind niemals harmloser Art, denn in der Umdämmerung werden rein triebhaft nicht so selten Verbrechen begangen, für die die Kranken später nicht verantwortlich sind.“[2]

Eine zahlenmäßige Feststellung des Einflusses der Geisteskrankheiten auf die Kriminalität stößt auf Schwierigkeiten, weil Untersuchungen der Täter auf ihren Geisteszustand in der Regel nur vorgenommen werden, wenn die Tat besonders schwer und auch dem Laien auffällig ist, oder der Täter auf eine Gehirnverletzung ausdrücklich verweist. Die durchschnittliche Kriminalität wird hiernach überhaupt nicht erfaßt.

Die Befunde von Untersuchungen über die Zahl der im Strafvollzug befindlichen Geisteskranken fand *Aschaffenburg*[3] „wahrhaft erschreckend“. Unter 200 von ihm untersuchten Sittlichkeitsverbrechern waren nur 99, bei denen er sich für uneingeschränkte oder nur geringfügig beeinträchtigte Zurechnungsfähigkeit ausgesprochen hätte. Zu ähnlichen Resultaten kam *Bonhoeffer*[4]. Er hielt 12% der untersuchten Bettler und Landstreicher für geisteskrank. Diese Zahlen lassen sich doch nicht generalisieren, weil Sittlichkeitsdelikte, Bettel und Landstreicherei gerade in psychiatrischer Hinsicht Besonderheiten aufweisen, worüber sich auch *Aschaffenburg* im klaren ist. *Hurwitz*[5] bringt die Zahlen dänischer Untersuchungen aus der Zeit von 1927 bis 1946. Hiernach litten 1927 1% der untersuchten Gefängnisgefangenen, jedoch 10% der Zuchthausinsassen an Psychosen. Bei Untersuchungen im Jahre 1946 fanden sich 3–4% Geisteskranke unter den Verurteilten. Aus der Justizgeschichte ist auch eine Reihe von Hinrichtungen Geisteskranker bekannt geworden. Z. B. hat man bei dem 1873 in Hamburg hingerichteten Döpke und dem 1897 in Frankreich hingerichteten Lustmörder Vacher erst bei der Sektion an

---

[2] *Ewald*, Neurologie und Psychiatrie, München-Berlin 1954, S. 480.
[3] Das Verbrechen und seine Bekämpfung, Heidelberg 1923, S. 214.
[4] Zur Kenntnis des großstädtischen Bettel- und Vagabundentums, Zeitschrift f. d. ges. Strafrechtswissenschaft, *21*, S. 56.
[5] Kriminologi, Kopenhagen 1948, S. 202.

krankhaften Veränderungen des Gehirns erkannt, daß es sich um Geisteskranke gehandelt hat. Derartige Irrtümer sind auch nach dem heutigen Stand der medizinischen und juristischen Wissenschaft und Praxis nicht ausgeschlossen[6].

Man hat auch die Kriminalität der Insassen von Heil- und Pflegeanstalten untersucht. *Aschaffenburg* fand an drei Stichtagen in der Heidelberger Klinik 37, 57 und 43% männlicher Vorbestrafter. Nach *Kundt* und *Rüdin*[7] waren nur in einer bayerischen Anstalt weniger als 10% Vorbestrafte; bei den meisten Anstalten betrug die Zahl der Vorbestraften zwischen 20 und 30%. Diese Zahl übersteigt weit die Durchschnittsziffern in der Bevölkerung. Dies spricht dafür, daß Geisteskrankheit oder doch die latente (und später aktualisierte) Anlage zu einer Geisteskrankheit Verbrechen fördert.

Das Gewicht der erblichen Belastung mit Geisteskrankheiten kommt – wenn auch nicht sehr in die Augen fallend – darin zum Ausdruck, daß bei Rückfallstätern geisteskranke Elternteile in einer größeren Zahl vertreten sind als bei einmaligen Tätern. Nach *Schnell-Schmid*[8] sind 6,8% Rückfalltäter und nur 1,6% der Ersttäter mit geisteskranken Elternteilen belastet, nach *Stumpfl*[9] sind die Zahlen 5,9% und 3,4%. Bei Sittlichkeitsverbrechern ist eine größere Häufigkeit geisteskranker Eltern festzustellen als bei anderen Tätern[10]. Dies bestätigt den besonderen Zusammenhang zwischen Geisteskrankheit und Sexualität. Etwas Ähnliches gilt für Gewaltverbrecher. *Stumpfl* fand hier eine überdurchschnittlich hohe Zahl epileptischer Eltern. Die Bedeutung der erblichen Epilepsie folgt auch aus einer Untersuchung *Conrads*[11]. Er stellte fest, daß die Söhne eines epileptischen Elternteils in 22% der Fälle kriminell wurden. Insoweit hatte *Lombroso*, der einen engen Zusammenhang von Epilepsie und Kriminalität vermutete, recht.

---

[6] *Thomas Dehler*, Bundesanzeiger Nr. 193 vom 4. 10. 52. Vgl. auch *Wauer*, Schizophrenie und Kriminalistik, Monatsschrift für Kriminologie, 1954, S. 22.

[7] Über die zweckmäßigste Unterbringung der irren Verbrecher, Zeitschrift f. d. ges. Neurologie und Psychiatrie, 2, S. 275.

[8] *Schnell*, Anlage und Umwelt bei 500 Rückfallverbrechern, Kriminal. Abhandlungen 22, Leipzig 1935; *Schmid*, Anlage und Umwelt bei 500 Erstverbrechern, Kriminal. Abhandlungen *24*, Leipzig 1936.

[9] Erbanlage und Verbrechen, Berlin 1935, S. 51 ff.

[10] *W. Norwood East*, The Adolescent Criminal, London 1942, S. 47, 65.

[11] Erbanlage und Epilepsie, Zeitschr. f. d. ges. Neurologie u. Psychiatrie, Bd. 162, S. 505.

10. Psychopathien

Psychopathien[1] sind anlagemäßig bedingte, wahrscheinlich im Erbgang übernommene asoziale oder antisoziale Charaktereigenschaften. „Wir meinen einfach etwas den Erlebnissen Vorgegebenes, etwas, das der Mensch an Eigenschaften mitbekommen hat.“[2] Die Bedeutung sozialer Faktoren darf jedoch nicht vernachlässigt werden. Es ist von Zeit und Ort abhängig, was als sozial, asozial oder antisozial gilt. „Zuletzt erfindet er (der Bildungsphilister) noch für seine Gewöhnungen, Betrachtungsarten, Ablehnungen und Begünstigungen die allgemein wirksame Formel ‚Gesundheit‘ und beseitigt mit der Verdächtigung, krank und überspannt zu sein, jeden unbequemen Störenfried“ (*Nietzsche*). Auf Kreta, wo angeblich alle logen, wäre die pathologische Lüge (pseudologia phantastica) nicht im Widerspruch zu den sozialen Konventionen gestanden. Päderastie war in Athen, wo ihr beispielsweise Platon in seinem „Gastmahl“ ein ewiges Denkmal gesetzt hat, nicht nur geduldet, sondern wurde als ideale Pädagogik gepriesen. Im nazistischen Reich, das „ein schwerer, geltungssüchtiger Psychopath“, „fast dem echten Paranoiker gleich“[3], führte, war Fanatikern Tür und Tor geöffnet. Auch sonst kann ein günstiges Milieu und Klima, z. B. eine kluge Berufswahl, Asozialität und Antisozialität in sozial tolerierte Kanäle lenken. Immerhin setzt auch das eine gewisse Variationsbreite und Plastizität des Charakters voraus; sind sie gering, werden auch Umwelt und Erlebnisse nicht oder nur wenig zu ändern vermögen.

Die Psychopathen sind nicht nur die Sorgenkinder der Psychiater und Juristen, sie sind auch ihre Stiefkinder. Ein Psychopath ist nach *Taft*[4] ein Krimineller, “whom the psychiatrist does not know, what to do with“. In Deutschland spiegelt sich die Verlegenheit vor allem in der besonders von *Schneider* vertretenen Auffassung, Psychopathie sei keine Krankheit im medizinischen Sinn. „Der Krankheitsbegriff ist für uns gerade in der Psychiatrie ein streng medizinischer. Krankheit selbst gibt es nur im Leiblichen, und krankhaft heißen wir seelisch Abnormes dann, wenn es auf krankhafte Organprozesse zurückzuführen ist. Für die Medizin gehört nun zur Krankheit neben den Organveränderungen meist noch das Kriterium des mangelnden

---

[1] *Birnbaum*, Die psychopathischen Verbrecher, Berlin 1914; *Schneider*, Die psychopathischen Persönlichkeiten, 8. Aufl., Wien 1946.
[2] *Schneider*, Klinische Psychopathologie, 3. Aufl., Stuttgart 1950, S. 45.
[3] *Ewald*, Neurologie und Psychiatrie, München - Berlin 1954, S. 368 f.
[4] Criminology, New York 1947, S. 85.

Wohlbefindens, schließlich die Lebensbedrohung. Diese Kriterien sind aber in der Psychiatrie nicht anwendbar; viele Psychotische fühlen sich nicht unwohl, manche sogar besonders wohl, und im Wesen der meisten der den Psychosen zugrunde liegenden Krankheiten liegt grundsätzlich keine Lebensbedrohung. Krankhaft sind für uns die seelischen Störungen, die durch Organprozesse bedingt sind. Wir fundieren also den Krankheitsbegriff in der Psychiatrie ausschließlich auf krankhafte Veränderungen des Leibes. Die Mißbildungen dürfen wir einbeziehen."[5] Groteskerweise sind nun gerade für die wichtigsten Geistes„krankheiten", nämlich Schizophrenie und zirkuläres (manisch-depressives) Irresein bisher keine körperlichen Prozesse festgestellt worden. „Es ist ein peinliches, ja fast beschämendes Geständnis, daß wir bei der Mehrzahl aller Insassen von Irrenanstalten die zugrundeliegenden Krankheiten nicht kennen und sie nur postulieren. Weder kennen wir einen bestimmten Hirnbefund noch sonstwie im Leib ein Leiden; wir kennen auch kein neurologisches Syndrom. Die Annahme, daß Krankheiten zugrunde liegen, ist also ein reines Postulat."[6] Dagegen haben amerikanische Untersuchungen[7], die an 75 männlichen kriminell gewordenen Psychopathen im U. S. Medical Center for Federal Prisoners in Springfield (Missouri) vorgenommen wurden, in 80% der Fälle vom Durchschnitt abweichende („abnormal or borderline") Encephalogramme ergeben. „Aus diesen Daten darf geschlossen werden, daß die Psychopathen ein Gehirn besitzen, das schlecht funktioniert und seit früher Kindheit schlecht funktioniert hat." Die Ergebnisse erinnerten an Untersuchungen von Epileptikern, so daß Psychopathie wie die Epilepsie als ein Symptom verschiedener Arten organischer Gehirnerkrankungen oder angeborener konstitutioneller Abnormität erscheint. Die amerikanischen Untersuchungen sind um so beachtlicher, als die amerikanische Kriminologie sonst aus ihrer tiefen Abneigung gegen alles, was Verbrechen auf unabänderliche Anlagen zurückführt, geneigt ist, den in Europa allgemein und vorbehaltlos anerkannten Begriff einer Psychopathie abzulehnen.

Sehen wir aber von den amerikanischen Untersuchungen ab, die den „Krankheitscharakter" der Psychopathien zu bestätigen scheinen, während er für die „eigentlichen", „wirklichen" und „klassischen"

---

[5] *Schneider*, Klinische Psychopathologie, 1950, S. 12 f.

[6] *Schneider*, Die Beurteilung der Zurechnungsfähigkeit, 1948, S. 7 f.

[7] *Silverman*, Electroencephalography: Use in Penologic Practice, in *Lindner - Seliger*, Correctional Psychology, New York 1947, S. 72 ff mit weiterer Literatur; *Thompson*, The Psychopathic Delinquent and Criminal, Springfield 1953.

Störungen des Seelenlebens wie Schizophrenie und Zyklothymie nur postuliert werden kann! Es bleibt der scholastische Veitstanz der Begriffsbestimmung dessen, was als geistige „Erkrankung“ gelten soll. Wozu dies alles? Die Psychopathen *dürfen* nicht „krank“ sein. Werden sie für krank erklärt, leeren sich die Gefängnisse und füllen sich die Heil- und Pflegeanstalten mit Menschen, „whom the psychiatrist does not know what to do with“. „Der Richter war zunächst geneigt, den kriminellen Psychopathen nicht oder milder zu bestrafen und ihn u. a. in eine Heil- und Pflegeanstalt einzuweisen. Dies hat sehr bald zu einer Reaktion der Psychiater geführt, die feststellen konnten, daß ein immer größer werdender Prozentsatz ihrer Anstaltsinsassen durch die kriminellen Psychopathen gebildet wurde. Die Psychiater wendeten sich infolgedessen bald scharf gegen die Anwendung des § 51 auf die Psychopathen und forderten im Gegenteil ihre strenge Bestrafung zwar nicht im Sinne der juristischen Schuldstrafe, sondern weil sie die straffe und strenge Behandlung in den Strafanstalten im Interesse der Sicherheit und Ordnung und einer wenn auch wenig aussichtsreichen Erziehung für erforderlich hielten. Bei dem autoritären Regime fielen diese Bedenken auf bereitwilligen Boden und eine strenge Bestrafung wurde zur Regel.“[8] Das autoritäre Regime ist dahin, der zweckbestimmte Krankheitsbegriff und die forensische und medizinische Praxis ist geblieben.

Man unterscheidet in Europa – in Anlehnung an *Kurt Schneider* – verschiedene psychopathische Anlagen, die psychologisch einigermaßen zu trennen sind, sich aber in der Wirklichkeit bei dem einzelnen Individuum gehäuft vorfinden können. Die kriminologisch wichtigsten *psychopathischen Typen* sind:

Die *Hyperthymen* haben eine muntere Grundstimmung, sind Sanguiniker, aktiv, übermütig, oberflächlich, optimistisch. Sie sind Spieler, glauben an sich und ihr Glück. Sie sind Lebenskünstler, die von Erlebnis zu Erlebnis taumeln. Planmäßige Verbrechen liegen ihnen fern; sie handeln spontan, situationsbedingt. Sie sind gewohnheitsmäßige Gelegenheitsdelinquenten ohne jede Spezialisierung. Ihr Temperament fördert Beleidigungen und Körperverletzungen. Der Glaube, daß es schon nicht schief gehen werde, disponiert sie zu Fahrlässigkeitsdelikten, aber auch Betrügereien und Bankrott. Strafen werden als Pech empfunden, auf die leichte Schulter genommen und „abgesessen“; sie prallen völlig ab.

[8] *Leferenz,* Die Anwendbarkeit des § 51 StGB auf die kriminellen Psychopathen, Süddeutsche Juristenzeitung, 1949, S. 251 f.

Die *Depressiven* sind ihr Gegenstück. Sie machen sich im allgemeinen nicht strafbar. Eine Ausnahme gilt für die Selbstmörder, die ihre Familie mit in den Tod nehmen. Auch Heimwehdelikte können eine Rolle spielen; manche, zumal jugendliche Brandstiftungen entspringen allein dem Wunsch, auf diese Weise aus einer ungeliebten, fremden Umgebung wieder nach Hause zu kommen.

Die *Explosiblen,* die vorzugsweise männlich sind, brausen beim geringsten Anlaß auf. Aus dem Kreise dieser Choleriker kommen die Affekttäter. Ihre Anlage führt zu Kurzschlußreaktionen, die sie sofort ehrlich bereuen, ohne daß die mindeste Gewähr dafür besteht, daß ihr Temperament nicht bei nächster Gelegenheit wieder mit ihnen durchgeht. In der Strafanstalt ist erneut Gelegenheit zu impulsiven Taten; bei ihnen findet sich die Reaktion des „Zuchthausknalls" in der Form sinnloser Sachbeschädigungen und Widersetzlichkeiten. Sie sind zu allen Taten fähig und kraft Anlage unberechenbar.

Die *Geltungsbedürftigen* wollen mehr scheinen als sein. Sie spielen sich selber und anderen Theater vor, wobei das Spielen der Rolle, nicht etwa der materielle oder sexuelle Gewinn, Befriedigung schafft. Man muß sich mit *Schneider* ihr Verhalten wie das von Kindern denken, die Lehrer oder Soldaten spielen. Diese Kinder gehen völlig in ihrer Rolle auf, obwohl sie, wenn sie Distanz nehmen, wissen, weder Lehrer noch Soldat zu sein. Die anfänglich möglicherweise bewußte Lüge kann sich zur völlig unbewußten und selbst geglaubten „Pseudologia phantastica" entwickeln. Sie bezichtigen andere wegen erfundener sexueller Attentate; durch das Auftreten in der Rolle bedeutender, reicher oder adliger Personen wird die Umwelt hinters Licht geführt. Die einen der pathologischen Lügner wissen nicht mehr, daß sie lügen; die anderen wissen es, können es aber nicht mehr lassen. Betrüger, z. B. Zech- und Hotelbetrüger, gehören in diese Gruppe, vor allem auch Heiratsbetrüger und Hochstapler, denen es vielfach nur darum geht, ihre Überlegenheit und ihren Erfolg im sozialen Leben zu beweisen. Der Mensch lebt vom Applaus. Auch Delikte wie Amtsanmaßung, falsche Anschuldigung oder Irreführung der Rechtspflege können hier einschlagen.

Die häufigsten und gefährlichsten Psychopathen sind einmal die Willensschwachen, dann die Gemütlosen.

Die *Willensschwachen* unterliegen allen äußeren Einflüssen. Sie sind leicht verführbar; es fehlt ihnen an eigenen Antrieben und Zielen. Die meisten rückfälligen Diebe und Betrüger, die Prostituierten gehören in diese Kategorie. Sie handeln nicht planmäßig. Charakteristisch ist die Massenhaftigkeit ihrer Delikte; auch ihr Verhalten nach der Tat kennzeichnet ihren Charakter; die Beute wird schnell und dumm durchgebracht.

Die *Gemütskalten* sind von Natur ohne Mitleid, manch einer auch ohne Gefühl für eigene Gefährdung. Jeder Appell an Gefühlswerte versagt; ihre Bindung an das Elternhaus oder die eigene Familie ist schwach. Sie gehen ohne Skrupel über Leichen; sie sind rücksichtslos, mutig, unerschrocken und furchtlos, kaltblütig und hemmungslos. Der Typus ist seit langem bekannt; seine Eigenart wurde früher als „moral insanity" umschrieben, worunter man rechtliche und moralische Blindheit oder Anästhesie verstand. Auf dem Boden einer solchen unreflektierten Triebhaftigkeit und naturhaften Brutalität erwächst fast zwangsläufig die schwere Kriminalität. Menschen- und Tierquälerei, Raub, Zuhälterei sind ihre Erscheinungsformen; der Gangster ist weltbekannt.

Die psychopathischen Typen sind damit nicht erschöpft, man spricht noch von selbstunsicheren, fanatischen, stimmungslabilen und asthenischen Psychopathen. Die einzelnen Typen sind phänomenologisch nicht scharf abgegrenzt. Bei einer psychiatrisch-psychologischen Diagnostik können im Einzelfall, zumal Legierungen häufig sind, erhebliche Meinungsverschiedenheiten auftreten. Da die Natur keine Sprünge macht, ist es auch von einem Werturteil abhängig, ob die quantitative Abweichung von dem, was man – mehr oder minder subjektiv – als ideale „Soll"-Norm oder als durchschnittliche „Ist"-Norm ansieht, hinreichend ausgeprägt erscheint, um von einer psychopathischen Persönlichkeit zu sprechen. Nicht jeder, der bald himmelhoch jauchzend, bald zu Tode betrübt ist, ist schon ein stimmungslabiler Psychopath. Die Charaktereigenschaft muß das ganze Leben prägen. Deswegen sind Diagnosen in der Jugend in aller Regel verfrüht. Vor allem aber ist wichtig, daß Willensschwäche, Gefühlskälte, Impulsivität, Fanatismus usw. auch neurotische Erscheinungen oder Produkte sozialer Faktoren z. B. der Erziehung sein können. Sie sind nur dann psychopathisch, wenn sie anlagemäßig bedingt sind.

Diese diagnostischen Schwierigkeiten sind wahrscheinlich dafür ursächlich, daß über das Vorkommen von Psychopathien unter Kriminellen mitunter stark variierende Zahlen genannt werden. *Sutherland*[9], der als amerikanischer Soziologe seine Abneigung gegen die

---

[9] Principles of Criminology, 4. Aufl., S. 110.

„ganze Richtung“ nicht verbergen kann und von einer amerikanischen Typeneinteilung, z. B. in Egozentriker, Inadäquate und Vagabunden, in Schizoide, Paranoide, Zyklothymiker, Epileptoide usw. ausgeht, berichtet, daß die Strafanstalten in New York und Massachusetts 10% psychopathische Insassen und in Illinois 75% gezählt haben. Beachtung können daher nur die Untersuchungen verdienen, die nach einheitlichen Gesichtspunkten vorgenommen worden sind. Sie ergeben allerdings das recht eindeutige Bild, daß Rückfallverbrecher im Vergleich mit einmaligen Tätern in ganz ausgeprägtem Maße sich aus dem Kreise der Psychopathen rekrutieren. *Stumpfl*[10] fand unter 166 einmaligen Tätern 14,5% Psychopathen, dagegen unter 195 rückfälligen Tätern 99%. Die meisten waren haltlos, gefühlskalt oder hyperthym. Seine Untersuchungen sind besonders gründlich gewesen; er betont nachdrücklich, daß der Schluß auf Psychopathie nie aus der Tatsache der Rückfälligkeit, sondern immer aus den schweren Charakterabnormitäten gezogen wurde, die er für angeboren ansieht. Ähnliche Resultate ergaben sich in Belgien[11] und Dänemark [12]. *Freys*[13] Untersuchungen galten geradezu dem Nachweis, daß Rückfallskriminalität in Psychopathie verwurzelt ist. Die entscheidende Beweisführung stützt sich auf die Untersuchung von 160 in den Jahren 1936—1949 in Basel verurteilten Jugendlichen. Hiervon waren 57,5% sicher psychopathisch und 25% Grenzfälle. Aus der Gruppe der 160 Jugendlichen konnten die Lebensläufe von 75 Probanden langfristig verfolgt werden. Hierunter waren 27 Rückfallsverbrecher. Keiner von ihnen war normal, 16 waren Psychopathen und 10 psychopathisch und debil. „Es bestehen unzweifelhaft sehr enge Beziehungen zwischen Frühkriminalität, Rückfallskriminalität und Psychopathie. Nach unserer Erfahrung gibt es sozusagen keine Rückfallsverbrecher und insbesondere niemals Gewohnheitsverbrecher, die nicht psychopathisch sind“ (S. 113).

Neben anderen haben sich auch *Stumpfl* und *Frey* der Frage einer psychopathischen Anlage in der Familie des Täters gewidmet.

Die Resultate *Stumpfls* ergeben sich aus folgender Aufstellung:

	Psychopathen
Väter der einmaligen Täter	6,7%
Väter der rückfälligen Täter	31,4%

[10] Erbanlage und Verbrechen, Berlin 1935, S. 143 ff.
[11] *Rabinowicz*, La lutte moderne contre le crime, Brüssel 1939.
[12] *Hurwitz*, Kriminologi, Kopenhagen 1948, S. 208.
[13] Der frühkriminelle Rückfallverbrecher, Basel 1951, S. 101 ff.

	Psychopathen
Geschwister der einmaligen Täter	7 %
Geschwister der rückfälligen Täter	34,5%
Vettern und Basen der einmaligen Täter	4 %
Vettern und Basen der rückfälligen Täter	8,9%

Freys Untersuchungen haben *Stumpfl* im großen und ganzen bestätigt. U. a. ergab sich bei den 27 ausgewählten Rückfallverbrechern, daß nur bei 7,4% eine Psychopathie weder väterlicherseits noch mütterlicherseits nachweisbar war. Bei einer Kontrollgruppe einmaliger Täter war der Prozentsatz 54,5. *Frey* kommt wie auch *Stumpfl* zu dem Schluß, daß sein Zahlenmaterial erweist, „daß die kriminogen bedeutungsvollen Psychopathieformen vererblich sind. Jeder Versuch, die Psychopathien über die Geisteskrankheiten oder als Folge von Gehirntraumata, Keimschäden, endokrinen Störungen usw. oder gar als rein erzogene Bedingtheiten zu erklären, hält näherer Prüfung nicht stand. Unsere eigenen Erfahrungen sprechen dafür, daß insbesondere Milieueinflüsse für die Entstehung der Psychopathien keine oder höchstens eine ganz sekundäre Rolle spielen: Der Wesenskern psychopathischer Persönlichkeiten bleibt praktisch während der ganzen Lebenskurve unvermindert. Er erweist sich auch äußerst umweltstabil und darum auch erzieherisch kaum oder gar nicht beeinflußbar" (S. 151). Dazu wäre jedoch zu sagen, daß die Korrelationen zwischen den Zahlen psychopathischer Familienmitglieder und psychopathischer Täter statistische Gesetzmäßigkeiten, aber keine Kausalzusammenhänge wiedergeben. Erblichkeit der Psychopathien ist wahrscheinlich, aber nicht sicher. *Langelüddecke*[14] bezeichnet beispielsweise Psychopathien als „angeboren", aber nicht als „ererbt", weil er die Möglichkeit nicht ausschließen kann, die abnorme Persönlichkeitsgestaltung sei Folge eines Schadens, der den Organismus vor oder während der Geburt getroffen habe. Für den Kriminologen wichtiger ist die Hypothese, der „psychopathische" Charakter der Kinder sei durch die „psychopathische" Erziehung psychopathischer Eltern, überhaupt durch abnorme Umwelteinflüsse geschaffen[15]. In diesem Falle wäre eine Umerziehung vor allem durch Schaffung fester und dauerhafter Gefühlsbeziehungen zu anderen Menschen möglich.

[14] Gerichtliche Psychiatrie, Berlin 1950, S. 328.

[15] Vgl. *Hallermann*, Psychopathologie der jugendlichen Kriminellen einschließlich der Problematik jugendlicher Gewaltverbrecher, in „Bekämpfung der Jugendkriminalität", Wiesbaden 1955, S. 43 ff.

11. Intelligenzmängel

Man unterscheidet je nach dem Ausmaß des Mangels an Intelligenz Idiotie (ein Intelligenzalter bis zu 6 Jahren), Imbezillität (bis zu etwa 12 Jahren) und Debilität (bis 16 oder 18 Jahren). Die Debilität geht in Dummheit über. Etwa zwei Drittel aller Intelligenzmängel werden als ererbt angesehen; der Rest wird auf Infektionskrankheiten (z. B. Encephalitis und Lues), auf Störungen des Hormonhaushalts, auf traumatische Störungen namentlich durch den Geburtsakt (etwa Zangengeburt) und Fruchtschädigungen (etwa bei Alkoholismus eines Elternteils) zurückgeführt.

Völlig inkonsequenterweise wird grundsätzlich den Intelligenzmängeln ein medizinischer „Krankheits"wert zuerkannt, obwohl sie den Psychopathien durchaus verwandt sind. Dies dürfte eine historische Ursache haben. Ursprünglich verstand man unter Geisteskrankheit und Geistesschwäche ausschließlich die intellektuelle Unfähigkeit, Gut und Böse zu unterscheiden. Mittlerweile haben Psychiatrie und Psychologie, ohne daß die forensische Praxis bisher die vollen Konsequenzen aus dieser Erkenntnis zog, den rationalen Ausfallerscheinungen die viel wichtigeren und mehr einschneidenden Defekte der irrationalen Seelenbereiche, vor allem in der Gefühls-, Trieb- und Willenssphäre gleichgestellt. Auch nach dem Gesetz ist nicht mehr allein entscheidend, ob der Täter imstande ist, das Unerlaubte der Tat einzusehen; es muß seine Fähigkeit hinzutreten, nach dieser Einsicht zu handeln. Die intellektuelle Einsicht ist vielfach vorhanden, wo es an der Willensstärke fehlt, sich einsichtsgemäß zu verhalten. Gemütsstörungen und charakterlichen Fehlstrukturen kommt auch eine wesentlich größere Bedeutung beim Zustandekommen von Verbrechen zu als Schwächen des Verstandes. Dies ist heute kriminologisch allgemein anerkannt.

Vor einer Generation noch wurde auch kriminologisch eine stark abweichende Auffassung vertreten. *Charles Goring*[1] sah in einer defekten Intelligenz die entscheidende Ursache der Kriminalität; er fand unter den Gefangenen 10—20⁰/₀ Intelligenzgeschädigte, während er bei der Durchschnittsbevölkerung von ½⁰/₀ ausging. In USA wurde derselbe Standpunkt von *H. H. Goddard*[2] eingenommen. „Jede Untersuchung der Geistesgaben der Kriminellen und anderer

[1] The English Convict, London 1919, S. 162 ff.

[2] Human Efficiency and Levels of Intelligence, Princeton 1920; Juvenile Delinquency, New York 1921.

antisozialer Gruppen hat einwandfrei erwiesen, daß fast alle diese Personen ein geringes geistiges Niveau haben. Es kann nicht länger in Abrede gestellt werden, daß die bedeutendste Einzelursache der Kriminalität in geringer Intelligenz zu suchen ist; sie bewegt sich vielfach innerhalb des Bereichs der Geistesschwäche." Die Zahl der bei den Untersuchungen festgestellten Intelligenzgeschädigten ist jedoch im Lauf der Zeiten immer mehr zurückgegangen. *Sutherland*[3] stellte auf Grund einer Analyse von 350 Untersuchungen, die insgesamt 175 000 Kriminelle und Delinquenten umfaßt hatten, fest, daß in der Periode 1910–14 mehr als 50% als schwachsinnig diagnostiziert wurden, dagegen in der Periode 1925–28 nur noch 20%. In einer neueren Untersuchung von *Tulchin*[4] wird dann auch geradezu bestritten, daß die Intelligenz einmaliger und rückfälliger Täter unterdurchschnittlich sei. Dies bestätigt auch *Chasell*[5] für den kriminellen Durchschnitt, betont aber, daß die Kriminalität debiler Familien ungewöhnlich groß sei. In Deutschland fand *Stumpfl* („Erbanlage und Verbrechen") unter 160 einmaligen Tätern 8,4% Schwachsinnige, unter 195 Rückfälligen 26,7%. *Frey*[6] fühlt sich trotz des relativ geringen Umfangs seines Baseler Zahlenmaterials „zu einer Revision der vielfach noch herrschenden Auffassung über die kriminogene Bedeutung der Debilität gezwungen. Sie ist viel kleiner, als früher angenommen wurde." Er bestreitet auch, daß Debile in besonderem Maße zum Rückfall neigen. Er führt die früher herrschende Auffassung auf eine ungenaue Abgrenzung zwischen reinen Debilen und debilen Psychopathen zurück.

Hinter diesem Wandel der Zahlen und Auffassungen verbirgt sich zunächst eine Erkenntnis, die in einem von *Jaspers*[7] zitierten witzigen Wort zum Ausdruck kommt: „Normal ist leichter Schwachsinn". *Jaspers* bemerkt hierzu: „Nach einem Normbegriff intellektueller Begabung ist die Mehrzahl der Menschen leicht schwachsinnig. Der Durchschnitt, die Eigenschaft der Mehrzahl der Menschen, ist aber der Maßstab des Gesunden, also ist leichter Schwachsinn das Gesunde. Leichter Schwachsinn ist aber ein Begriff für Krankhaftes. Also ist das Krankhafte normal. Also ist gesund = krank." Tatsächlich haben die vielfachen Untersuchungen der amerikanischen Sol-

[3] Principles of Criminology, 1947, S. 104.
[4] Intelligence and Crime, Chicago 1939.
[5] The Relation between Morality and Intelligence, New York 1935.
[6] Der frühkriminelle Rückfallverbrecher, Basel 1951, S. 111; abweichend jedoch *Näf*, Ursachen der Jugendkriminalität, Basel 1953, S. 68.
[7] Allgemeine Psychopathologie, 1923, S. 7.

daten ergeben, daß 50% ein Intelligenzalter unter 13 Jahren hatten und ungefähr 40% mehr oder minder als geistesschwach klassifiziert werden konnten[8]. *Tulchins* Vergleiche zwischen der Intelligenz der Soldaten von Illinois mit den Geistesgaben der Insassen von Illinois State Penitentiary und Illinois State Reformatory ergaben ebenfalls keine wesentlichen Unterschiede. Für Deutschland dürfte ähnliches feststehen. Nach *Langelüddecke*[9] wußten schon vor 1905 nur etwa 40% der Rekruten eines preußischen Regiments, wer Bismarck war.

Den Intelligenzmessungen lag weiter vielfach und liegt teilweise heute noch die intellektualistische Auffassung der Antike, des Humanismus und der Aufklärung zugrunde, daß „Geist" mit Wissen, etwa gar Schulwissen identisch sei. Intelligenz ist aber gerade bei der Vielschichtigkeit des modernen Lebens eine vielfacettierte Erscheinung; es gibt theoretische und praktische, passive und aktive Intelligenzen, so daß die Intelligenzteste, die auf die verschiedenartigsten Möglichkeiten der privaten und öffentlichen Lebensgestaltung Rücksicht nehmen, oft bei dem einzelnen Individuum Plus- und Minusleistungen in bunter Abwechslung ergeben.

Letztlich darf gerade hier die „Dunkelziffer" nicht übersehen werden. In gewissem Sinne ist es richtig, daß vor Gericht und in den Gefängnissen nur „die Dummen" in Erscheinung treten. Dummheit ist ein Handicap. Die Delikte der Dummen werden in der Regel aufgeklärt, während die intelligenteren Täter imstande sind, die Gefahr einer Entdeckung abzuschätzen und sich durch geeignete Vorkehrungen gegen sie abzuschirmen. „White-collar"-Verbrechen stehen an der Nahtstelle von Recht und Unrecht. Diesen Tätern hilft auch die Intelligenz von Rechtsanwälten, Steuer- und Wirtschaftsberatern, Verbandssyndici und Gesetzeskommentatoren. Da die Zahl der unentdeckten Verbrechen der „Klugen" statistisch nicht feststeht, verbieten sich generelle Aussagen über den Einfluß von Intelligenz und Intelligenzmängeln auf die Kriminalität; es ist durchaus möglich, daß die Intelligenz der entdeckten *und* nichtentdeckten Täter der der durchschnittlichen Bevölkerung entspricht oder sie gar übersteigt.

Idiotie interessiert kriminologisch wenig, da Idioten verwahrt zu

---

[8] *Schjelderup*, Intelligensmåling og strafferetspleje, Nordisk Tidsskrift for Kriminalvidenskab, Kopenhagen 1949, S. 106.

[9] Gerichtliche Psychiatrie, Berlin 1950, S. 246. Vgl. beispielsweise auch *Märten*, Der Großstadtjugendliche und das Problem seiner Straffälligkeit, Berlin 1951, S. 104 ff.

sein pflegen. Bei Imbezillen und Debilen scheidet eine Reihe von Delikten, die ein gewisses Maß von Intelligenz voraussetzen, z. B. Münzfälschungen, bestimmte Betrügereien, Wirtschaftsstraftaten, einfacher und betrügerischer Bankrott, häufig aus. Schwachsinn handicapt auch hier, er schützt vor Sünde. Immerhin treten in allen Gesellschaftsschichten sog. „Salonidioten" *(Hoche)* auf, die mit angelernten Redewendungen, unverstandenen Fachausdrücken und Begriffen über den oft beachtlichen Grad ihres Schwachsinns hinwegtäuschen können und deren Handlungsweise recht raffiniert erscheinen kann. Spezifische Schwachsinnsdelikte treffen wir im Bereich der Asozialität. Imbezille und Debile finden sich vielfach unter den Prostituierten, Bettlern und Landstreichern. *Kemp*[10] fand unter 530 kriminellen Prostituierten Kopenhagens außer 8% Psychotikern und 23% Psychopathen 8% Geistesschwache und 42% geistig Zurückgebliebene (Besucher von Hilfsschulen). Unzucht ist ein Gewerbe, das im Daseinskampf der Wettbewerbswirtschaft keine Kenntnisse verlangt. Ungewöhnlich viele Schwachsinnige finden sich auch nach den Untersuchungen in vielen Ländern unter den Sittlichkeitsverbrechern. Der Grund dürfte in den Schwierigkeiten normaler Partnerwahl liegen, so daß der Sexualtrieb bisweilen eruptiv und undifferenziert zum Ausdruck kommt oder sich mehr harmlos in exhibitionistischer Form manifestiert, wobei die Öffentlichkeit den fehlenden Partner ersetzen muß. Schwachsinnige neigen auch sonst zu Kurzschlußhandlungen, wenn sie sich außerstande fühlen, soziale Probleme zu lösen. Dies gilt für recht viele Kindstötungen und Abtreibungen. Debile zünden auch das Haus ihres Bauern an, wenn sie sich nicht wohlfühlen.

Oft wirkt sich Intelligenzmangel mittelbar auf die Kriminalität aus. Die soziale Benachteiligung, die die Schwachbegabten im Leben erfahren, die geringen Einkünfte, die sie haben, die menschlichen Enttäuschungen, die Hänseleien und die bittere Erkenntnis, immer den schwarzen Peter zu ziehen, erzwingen eine neurotische Fehleinstellung mit gefährlichen Ressentiments.

12. Affekte und Neurosen

Affekte und Neurosen sind Störungen des Gefühlslebens, sie setzen eine Affektfähigkeit voraus, die z. B. bei einer charakterbedingten Abgestumpftheit und Gefühlskälte nicht vorhanden ist. Man kann

[10] Prostitution, Kopenhagen - London 1936.

auch sagen, daß niemand eine Neurose bekommt, der nicht geborener Neurotiker ist. Affekte und Neurosen interessieren hier allein, soweit sie Reaktionen auslösen, ein Zornaffekt beispielsweise eine Neigung zum – mitunter sinnlosen – Zuschlagen, eine Angst einen Drang zum – oft sinnlosen – Fortlaufen, Ungeduld zum – oft sinnlosen – Umherlaufen oder einem Trommeln auf den Tisch usw. Eine Affektreaktion erfolgt kurzfristig, oft in Form eines Kurzschlusses; sie ist auf den auslösenden Umstand zurückführbar. Die neurotische Reaktion ist dagegen einer Zeitbombe vergleichbar, sie hat einen „langen Schluß". Der auslösende Umstand ist in der Regel vergessen, verdrängt und dem Unterbewußtsein verhaftet, wo er sein gefährliches Unwesen treibt. Die Affektreaktion wendet sich im allgemeinen noch gegen den Verursacher, doch keineswegs immer. Man läßt etwa seinen Zorn an Unschuldigen, auch an Gegenständen aus. Die neurotische Reaktion richtet sich dagegen meistens gegen ein stellvertretendes Opfer, einen Sündenbock. Das „stellvertretende Handeln" und „stellvertretende Leiden" kennzeichnen deutlich den krankhaften Charakter der Reaktion. Bei den affektiven und neurotischen Reaktionen ist man „außer sich"; das wache Ich ist an der Reaktion nicht beteiligt.

Die Neurosenforschung geht auf *Freud* und die Psychoanalyse zurück. Einzelnes findet sich schon bei Nietzsche. Vgl. z. B. „Also sprach Zarathustra" („Vom bleichen Verbrecher"). Sie hat insbesondere die USA, aber u. a. auch die skandinavischen Länder und die Schweiz beeindruckt. Ihre Psychiater, Soziologen und damit auch Kriminologen sind stark von tiefenpsychologischen Vorstellungen geprägt. Die deutsche Kriminologie geht vorwiegend von Erbanlagen, Konstitutionen und somatisch-zerebralen Ursachen aus, obwohl unbestrittenermaßen weitgehend Beweise fehlen und eine somatische Unterlage sogar bei den bekanntesten Geisteskrankheiten nur „postuliert" werden kann. Die amerikanische Kriminologie richtet sich ihrem Lebensgefühl und der sozialen Haltung der amerikanischen Gesellschaft entsprechend gegen „Theorien", die psychotherapeutische und soziale, namentlich auch pädagogische Heilungsmöglichkeiten ausschließen. Krankhafte Erlebnisreaktionen, die „geworden" sind, können prinzipiell korrigiert werden; präformierte Reaktionsschablonen, die mit „Psychopathien" und „ererbten" Psychosen ein für alle Mal gegeben sind, sind aber von Natur aus einer sozialen Einflußnahme entrückt. Eine vorwiegend auf ererbte oder konstitutionelle Anlagen zurückgreifende Kriminologie entzieht nicht nur einem moralisierenden, sondern auch einem auf Resozialisierung des

Täters bedachten Strafrecht den Boden. Amerikanischer Fortschrittsglaube und die mehr an praktischer als theoretischer Richtigkeit, vorzugsweise an Brauchbarkeit interessierte „philosophy" des Pragmatismus hat sich im Streit der Meinungen für die Arbeitshypothese entschieden, in Neurosen eine der maßgeblichsten Verbrechensursachen zu sehen. Hiermit wird ein „Straf"recht und ein „Straf"-vollzug der Resozialisierung legitimiert.

Ein Kompromiß wird sich sicher anbahnen. Die deutsche Kriminologie wird anerkennen müssen, daß es neben Erbanlagen, Konstitutionen und geistigen Krankheiten auf somatischer Grundlage auch neurotische Erscheinungen gibt, die zwar ebenfalls eine gewisse körperliche Disposition voraussetzen, entscheidend aber auf Störungen der mitmenschlichen Beziehungen des Individuums, auf Beeinträchtigungen seines Hineinwachsens in die sozialen Organismen zurückgehen und „Krankheitswert" haben. Die amerikanische Ursachenforschung wird sich mit den harten Notwendigkeiten, die eine erbarmungslose Natur schafft, abfinden müssen, wie die Psychiatrie in den USA auch heute schon – wenn auch etwas verstohlen – schweren „Neurosen" mit hirnchirurgischen Mitteln begegnet.

Affekte werden durch äußere, innerlich nicht verarbeitete Erlebnisse ausgelöst. Besonders wichtig sind die erotischen und sexuellen Enttäuschungen; ein junges Mädchen wird verlassen, ein Bursche wird von seinem Rivalen überrundet. Depressive erleben die „Leiden des jungen Werther", dem Leben zugekehrte junge Männer kompensieren die Niederlage durch bramarbasierende Stärke; sie schlagen zu, gleichgültig wo und auf wen, sie brechen ein, weil nun „alles doch keinen Sinn mehr hat"; nach außen und in gleicher Weise gegen sich selber gekehrte Tendenzen mischen sich untrennbar. Zerstörung und Selbstzerstörung sind eins. Die Person des Geschädigten ist gleichgültig, entscheidend ist allein die Affektentladung. Erwachsene handeln nicht anders. Enttäuschter beruflicher und sozialer Ehrgeiz, Zurücksetzung, verletzende Kritiken lassen den Menschen „Amok laufen", es gibt Amokläufer ohne Mord und Totschlag.

Depressive Affekte führen zu Selbstmord und dem kriminalistisch wichtigen „erweiterten Selbstmord". Zorn ist mit Körperverletzungen und Totschlag verknüpft; sie können gegen völlig Unbeteiligte gerichtet sein, wie sich die „blinde" Wut überhaupt häufig gegen Frau und Kind, Kameraden oder Untergebene richtet oder in objektiv sinnlosen Sachbeschädigungen auswirkt. Einschlägig ist hier auch der sog. „Zuchthausknall". Niederlagen im Alltag produzieren Rechthaberei. Der tief in seiner Selbstbewertung getroffene Mensch verficht dickköpfig seinen Standpunkt; er queruliert, beleidigt, schuldigt an; auch hier sind die Opfer oft durch den Zufall bestimmt; die Selbstbehauptung aus verletztem Wertgefühl, das Streben nach Geltung und Anerkennung ist der Sinn des Geschehens; nach außen ist es sinnlos, unzweckmäßig und schädlich; es hat nur den inneren Sinn der Affektstillung. Schreckaffekte führen zu „Kopflosigkeit". Man stürzt – erst recht bei „panischem" Schreck – ohne Sinn und Verstand fort, oft mitten ins Unglück hinein. Ein Kurzschluß aus Schreck kann mitunter bei Fahrerflucht eine Rolle spielen.

Die Neurosen[1] sind verhaltene Affekte. Das Urerlebnis der Neurose ist dem Menschen in aller Regel nicht mehr bekannt; es geht vielfach auf die früheste Kindheit zurück; es ist latent, um später im Verhalten des Menschen durchzubrechen. Dabei geht die Tiefenpsychologie von einer Reihe von elementaren Trieben aus, die in jedem Menschen wirksam sind. Es sind der Lebenstrieb, der Geltungstrieb und der Sexualtrieb. Dabei ist der Sexualtrieb im weitesten Sinn zu verstehen. Er umfaßt nicht nur den Sexual- und Fortpflanzungsakt, sondern die menschliche Wir-Beziehung überhaupt, die soziale Vereinigung, das Zoon politikon des Aristoteles, den Wunsch nach Gemeinschaft und Gesellschaft. Eine Bedrohung, Gefährdung und Verletzung dieser zentralen Strebungen der Menschen, ihre unzulängliche Befriedigung („Frustration") kann den Menschen neurotisch machen; das Gefühlsleben ist krank, und seine Reaktionen, die unter dem Druck der gestauten unbefriedigten Triebe stehen, bewegen sich in Bahnen, die dem Normalen, dessen kreatürliche und sozial-menschliche Bedürfnisse keiner Belastung ausgesetzt waren, fremd sind.

Die kriminologische Literatur hat vor allem auf die kindlichen Tragödien im Elternhaus, „unter dem Dach", verwiesen. Der wich-

[1] Zur kriminologischen Literatur über Neurosen vgl. *Alexander - Staub*, Der Verbrecher und seine Richter, Wien 1929; *Reiwald*, Die Gesellschaft und ihre Verbrecher, Zürich 1948; *Aichhorn*, Verwahrloste Jugend, 3. Aufl., Bern 1951; *Meng*, Die Prophylaxe des Verbrechens, Basel 1948; *Healy*, The Individual Delinquent, Boston 1915; *Healy*, Mental Conflicts and Criminals, New York 1926; *Healy - Bronner*, New Light on Delinquency, New Haven 1936; *Alexander - Healy*, Roots of Crime, New York 1935; *Stott*, Delinquency and Human Nature, Dunfermline 1950; *Enke*, Reifungsbiologische Faktoren kindlicher Neurosen, und Grundzüge der Psychopathologie bei Kindern und Jugendlichen unter tiefenpsychologischen Gesichtspunkten, in „Bekämpfung der Jugendkriminalität", Wiesbaden 1955; *Heintz*, Einige theoretische Ansätze zu einer Soziologie der kriminellen Angriffe gegen die Person, Monatsschrift für Kriminologie, Sonderheft 1956.

tigste soziale Organismus, in den das Kind hineinwächst, ist die Familie. Schon eine pädagogische Überforderung führt zu einem Komplex. *Enke*[2] beschreibt z. B. einen der gutgemeinten „nahezu gesetzmäßigen" Erziehungsfehler wie folgt: „Zu der reifungsbedingten Funktionsschwäche der Blase des Kindes gesellt sich eine zusätzlich psychogene. Die Erziehung zur Sauberkeit beginnt bestenfalls mit noch ganz zärtlich klingenden Herabsetzungen wie ‚du Dummerchen' u. ä. Da diese Ermahnungen infolge der Reifungsverzögerung des Kindes nichts nützen können, folgen Androhungen von Strafen und schließlich die Strafe selbst. Verächtlichmachung, Drohung und schmerzhafte Strafen vor allem erzeugen unbeabsichtigt oder leider auch beabsichtigt jedoch prompt Angst, und zwar einmal Angst, die Liebe der Mutter zu verlieren, und zum anderen Angst vor Strafe. Das Beispiel der psychologischen Folgen einer ständigen Überforderung bezüglich der Blasenfunktion gilt natürlich cum grano salis auch für jede andere Art der Überforderung." Viel schlimmer ist mangelnde Nestwärme, Mangel an Liebe und Geborgenheit, Mangel an Anerkennung und Ermutigung, eine harte und autoritäre oder gar despotische Erziehung. Das schlimmste erlebt das ungewünschte, nicht geliebte, ja gehaßte Kind, das die Kälte, Roheit und oft Brutalität der Eltern ständig erfährt, das gescholten und geprügelt wird. Der Verlust von Vater und Mutter, die Trennung von der Mutter kann ebenfalls einen Liebesverlust und eine Unsicherheit zur Folge haben, die das Kind nicht verwindet.

Die Eheleute *Glueck*[3] haben in ihrer wichtigen Untersuchung von 500 Delinquenten und 500 nichtdelinquenten Jungen eines weitestgehend gleichen sozialen Standards u. a. auch das „Familiendrama" gründlich geprüft. Einige Zahlen seien genannt:

Die elterliche Erziehung

	Delinquenten	Nichtdelinquenten
lax		
Mutter	56,8%	11,7%
Vater	16,6%	17,9%
überstreng		
Mutter	4,4%	1,6%
Vater	26,1%	8,7%

[2] Bekämpfung der Jugendkriminalität, Wiesbaden 1955, S. 39.
[3] Unraveling Juvenile Delinquency, Cambridge 1950, S. 129, 131, 287.

	Delinquenten	Nichtdelinquenten
launisch		
Mutter	34,6%	21,1%
Vater	41,6%	17,9%
fest, aber herzlich		
Mutter	4,2%	65,6%
Vater	5,7%	55,5%

Zuneigung von Vater und Mutter zum Sohn

	Delinquenten	Nichtdelinquenten
warm		
Mutter	72,1%	95,6%
Vater	40,2%	80,7%
gleichgültig		
Mutter	21,2%	3,4%
Vater	42,9%	16%
feindlich		
Mutter	6,7%	1%
Vater	16,9%	3,3%

Gluecks kommen auf Grund ihrer umfassenden Untersuchungen zu dem Schluß, daß die häusliche Atmosphäre und besonders die intimen Gefühlsbeziehungen zwischen Eltern und Kind vorzugsweise zu den Kräften gehören, die bestimmen, ob ein Junge Bedingungen für ein soziales oder antisoziales Verhalten besitzt. „Gleichgültig, ob wir eine Psychologie des ‚gesunden Menschenverstands' oder eine tieferschürfende psychoanalytische Erklärung wählen, ergibt sich klar aus den Beweisen, daß im Heim und in den Eltern-Kind-Beziehungen die fundamentalen Wurzeln des Charakters gesehen werden müssen; sie bestimmen, ob der Mensch sich an die Realitäten des Lebens und der Gesellschaft anpaßt oder nicht."

Eine Neurotisierung Heranwachsender und Erwachsener hat ähnliche Voraussetzungen. Wirklicher oder vermeintlicher Schiffbruch im Leben, besonders im Beruf, Unglück in der Liebe und Ehe, alle Bedrohungen und Beeinträchtigungen des Strebens nach sozialer Anerkennung, kurz die Nichterfüllung zentraler Wünsche kann „Komplexe" bilden.

Schon der Affekt hat körperliche Konsequenzen. Er läßt erblassen oder erröten; der Angstschweiß tritt auf die Stirn; die Knie schlottern; das Herz klopft; die Brust preßt und krampft sich zusammen usw. Die neurotische („hysterische“) geistige oder körperliche Erkrankung geht tiefer und ist schwerer. Was sich hinter diesen Erkrankungen an unbewußten Mechanismen verbirgt, kann hier auf sich beruhen. Es kann etwa ein Versuch sein, die Liebe, das Mitleid oder eine Anerkennung zu erzwingen, die das Leben sonst versagt hat, oder ein Bemühen, die Niederlage im Leben dem eigenen Verstand und Dritten plausibel zu machen. Auffallend ist der hohe Preis, den der Neurotiker häufig bezahlt, das Opfer, das er selbstquälerisch bringt. Es trägt nur für den Neurotiker einen Sinn in sich.

Die Flucht in die körperliche und geistige Krankheit berührt den Kriminologen, weil sie eine Alternative zum neurotisch induzierten Verbrechen ist. In erster Linie verdient aber dies seine Aufmerksamkeit.

Das seelische Trauma durch Verletzung der zentralen Strebungen schafft eine Furcht vor den gefährlichen Lebenssituationen, ein „Lampenfieber“ im Beruf, vor dem Sexualakt, zuletzt vor dem Leben selbst. Die Furcht, die ein bestimmtes Objekt hat, geht in die „namenlose“ Angst über, wie wir sie bei den großen Existentialisten *Kierkegaard* und *Kafka* geschildert finden. „Die Hölle, das sind die anderen Menschen“, sagt *Sartre*. Das enttäuschte Kontaktstreben wird zur Bindungslosigkeit und Aggressivität, zu unbewußtem Trotz und Haß. Der getretene Mensch tritt wieder. Die Aggressivität kann sich maskieren, sie tritt in strafbaren Handlungen der mannigfachsten Art auf, in Körperverletzungen, Betrügereien, Diebstählen, Verkehrsdelikten usw. Eine rationale Mittel-Zweck-Relation ist nicht mehr feststellbar[4]. Die Aggressivität kann sich auch gegen die eigene Person wenden. Die Minderwertigkeitskomplexe führen zu Selbstvorwürfen, Verzweiflungstaten und Selbstmord. Der Gegner des Neurotikers ist anonym und variabel, bald ist es die Gesellschaft, bald irgendeines ihrer Mitglieder, bald das eigene Ich. „Sadismus“ und „Masochismus“ (im weitesten Sinn) sind nahe verwandt.

Die Neurosenforschung erklärt beispielsweise das Schwänzen junger Menschen, bisweilen ihren Wandertrieb als Flucht vor der Überforderung, auch als Vergeltung und Groll. In dieselbe Richtung gehört die Sucht nach Abenteuern, die Unrast, die junge Menschen auf die Straße treibt, der Kinobesuch, die Freude am Motor; sie fliehen vor der inneren Beschäftigung mit den quälenden Erlebnissen.

---

[4] Zur Beziehung von Verbrecher und Opfer vgl. *von Hentig*, The Criminal and His Victim, New Haven 1948; *Ellenberger*, Psychologische Beziehungen zwischen Verbrecher und Opfer, Zeitschrift für Psychotherapie und medizinische Psychologie 1954.

Die Jugendkriminalität, insbesondere die Neigung zu Einbruchdiebstählen, ist Betäubung des Affekts, Überkompensation des Insuffizienzgefühls, ein nur für den neurotischen Menschen sinnvoller Akt der Selbstbestätigung. Die schwere Kriminalität, die Verbrecherlaufbahn erscheint als chronisches Ressentiment, als unbewußter Existenzialneid des um Liebe und Lebensglück oft von Jugend an Betrogenen, wofür zum Beweis auf die Lebensgeschichte der Gewohnheitstäter verwiesen wird, die sehr häufig lieblos erzogen wurden und deren Gesellschaftshaß daher als Reaktion auf die Gefühlskälte der Eltern und als unbewußte Rache erscheint. Die dem Neurotiker eigene Selbstzerstörung spielt immer mit.

Das neurotische Verbrechen ist immer Symbolhandlung. Das römische Wort „in sacrificiis simulata pro veris accipiuntur“ (bei den Opfern werden Surrogate als echt akzeptiert) läßt sich auf die Tat des Neurotikers übertragen. Die fetischistische Straftat, bei der an die Stelle eines Geschlechtspartners ein ihm zugerechneter Gegenstand (Strumpf, Schuhe, Mantel, Beinkleid usw.) tritt und gestohlen oder beschädigt wird, oder bei der ein Körperteil wie bei den Zopfabschneidern zur Ersatzbefriedigung dient, ist ein extremes Beispiel. Eine neurotische Ursache wird aber sehr häufig auch bei anderen ichfremden und nach außen unsinnigen Taten gegeben sein. Der Mörder Angerstein, der innerhalb weniger Stunden 8 Menschen getötet hatte, gab als Motiv für die Ermordung seiner Schwiegermutter an, sie habe mitunter den Reisbrei anbrennen lassen. „Daß eine solche Motivierung an sich nicht befriedigt“, heißt es im Urteil, „ist ohne weiteres einzuräumen; die Bedeutung des Motivs steht zu der Tat in keinem Verhältnis.“ Die kriminologische Neurosenforschung geht aber weiter. Warum ermordete Raskolnikoff die Wucherin? Sicherlich nicht, um sich einfach Geld zu verschaffen. *Alexander - Healy*[5] analysierten z. B. einen jungen schwerkriminellen Gangster, der auch zur Analyse mit einem Küchenmesser erschien, das er in der Gefängnisküche gestohlen hatte. Sie deckten eine stark affektive Abhängigkeit von seiner Mutter auf, an der er sich für ihre „Treulosigkeit“, die sie ihm gegenüber durch ein sexuelles Verhältnis mit einem Untermieter begangen hatte, durch seine Straftaten rächen wollte. „Es war wirklich ein faszinierendes und unerwartetes Ergebnis der Analyse, in den Tiefen der Persönlichkeit des jungen Banditen einen verzweifelten kleinen Jungen zu entdecken, der nach seiner Mutter ruft.“

Das eigenartige Phänomen der Selbstbestrafung, das dem Neuroti-

[5] Roots of Crime, New York 1935, S. 68.

ker zu eigen ist, sich im sexuellen Masochismus und auch außerhalb der Sexualität z. B. im religiösen Bereich kundtut, hat eine Reihe von Psychoanalytikern[6] zu der Annahme veranlaßt, daß strafbare Handlungen mehr oder minder häufig aus einem unbewußten Bedürfnis, sich selber zu bestrafen, begangen werden. „Die Aussicht auf Strafe schreckt den Verbrecher nicht ab, sondern treibt ihn unbewußt gerade zur Tat."[7] Dieses Strafbedürfnis entspräche etwa dem Bedürfnis gewisser Neurotiker nach seelischer, insbesondere sexueller Reinigung, das sich in dem psychiatrisch wohlbekannten Waschzwang, einem stundenlang wiederholten Waschen der Hände, dem „Bet- und Beichtzwang" und dgl. äußert. Die Analytiker verweisen auf ein Wort des bekannten Kriminalisten *Groß*, der von dem gerichtlichen Geständnis gesagt hat, er wisse „eigentlich kein Analogon im psychischen Wesen des Menschen, wo jemand mit sehenden Augen etwas ausschließlich zu seinem Schaden und ohne irgendwelchen wahrnehmbaren Nutzen tut". Als Indizien eines solchen unbewußten „Strafbedürfnisses" werden weiter die mannigfaltigen falschen Selbstbeschuldigungen, die bei schweren Taten der Polizei das Leben sauer machen, auch der Selbstverrat wirklicher Täter durch Versehen, Vergeßlichkeiten, Mißgriffe, Redseligkeit angeführt. Auch die Rückkehr des Täters an den Tatort hat man als ein Symptom dieses Strafbedürfnisses zu werten versucht. Hierher gehören weiter die vielfach aus dem 18. Jahrhundert berichteten Fälle des indirekten Selbstmords durch Herbeiführung der eigenen Hinrichtung. Menschen, die aus religiösen Gründen die Todsünde des Selbstmords scheuten, begingen Kapitalverbrechen, meist Mord, um auf dem Schafott zu sterben. Die Fälle des indirekten Selbstmordes, z. B. drei allein in Helmstedt (1720, 1725 und 1728), zwangen sogar die Gesetzgeber zum Einschreiten. An die Stelle der Todesstrafe, welche die Täter erstrebten, mußten andere Maßnahmen minderen Grades gesetzt werden, die Mörder mußten „zum Leben verurteilt werden"[8].

---

[6] *Freud,* Der Verbrecher aus Schuldgefühl, Ges. Schriften X, S. 312; *Reik,* Geständniszwang und Strafbedürfnis, Leipzig - Wien - Zürich 1925; Der unbekannte Mörder, ebenda 1931; *Reiwald,* Verbrechensverhütung als Teil der Gesellschaftspsychohygiene, in *Meng,* Die Prophylaxe des Verbrechens, Basel 1948, S. 116 ff; Die Gesellschaft und ihre Verbrecher, Zürich 1948, S. 164 ff.

[7] *Reik,* Geständniszwang und Strafbedürfnis, S. 155.

[8] Vgl. *v. Weber,* Selbstmord als Mordmotiv, Monatsschrift für Kriminalbiologie, 1937, S. 161; *Radbruch - Gwinner,* Geschichte des Verbrechens, Stuttgart 1951, S. 250; *v. Hentig,* Die Strafe, Berlin-Göttingen-Heidelberg 1955, II, 9.

13. Alkoholmißbrauch

Jeder Rausch ist eine durch Vergiftung bedingte krankhafte Bewußtseinsstörung.

Der akute Rausch führt vom „leichten Rausch“ über den „sinnlosen Rausch“ zum „pathologischen Rausch“. Er ist mit einer affektiven Erregung, Enthemmung und Streitlust verbunden. Die allgemeinen Unannehmlichkeiten des Daseins und besondere Schwierigkeiten einer bestimmten Situation, z. B. im Verkehr, werden dank der euphorisierenden Wirkung des Alkohols übersehen, das Reaktionsvermögen ist auch verlangsamt. Das Kraftmeiertum gibt den Anstoß zu Schlägereien, Sachbeschädigungen, Beleidigungen, Widerstandshandlungen, auch Einbrüchen. Wer an dem ungestillten Verlangen leidet, im gesellschaftlichen Leben den eigenen Wert zu beweisen und andere zu „überholen“, findet als alkoholisierter Kraftfahrer eine günstige Gelegenheit. Der Wagen pariert, die üblichen Hemmungen werden durch das gewachsene Selbstgefühl paralysiert, und der Tachometer mißt die sonst verkannten Energien. Auch Kurzschlußhandlungen mit ernsten Folgen wie Totschlag sind möglich; dies gilt vor allem für den „sinnlosen“ und „pathologischen“ Rausch, bei dem persönlichkeitsfremde Taten gegenüber Familie und Freunden geschehen können. Die Beeinträchtigung und Lähmung der Willensstärke macht redselig und unvorsichtig; latente Wünsche, besonders auf sexuellem Gebiet, brechen durch; bisexuelle Anlagen werden deutlich; die Inzestscheu weicht. Geplante oder gar raffinierte Straftaten sind wie bei Debilität jedoch ausgeschlossen.

Der chronische Alkoholmißbrauch verändert die ethische und soziale Persönlichkeit; er beruht auf Gewöhnung und wird zur Sucht. Die Folgen sind Stimmungsschwankungen und Asozialität mit ernsten Konsequenzen für das ganze Familienleben. Chronischer Alkoholismus kann zum lebensgefährlichen delirium tremens führen. Gewohnheitstrinken veranlaßt Verschuldung mit allen damit in Verbindung stehenden strafbaren Handlungen wie Betrug, Urkundenfälschung, Pfanddelikten; Gewalttaten, dabei brutale Mißhandlungen von Frau und Kind sind häufig.

Die Ursachen des Alkoholmißbrauchs sind strittig. Eine große Zahl von Untersuchungen in den verschiedensten Ländern hat ergeben, daß Alkoholismus in den Familien von Kriminellen, insbesondere wieder in den Familien der rückfälligen Täter häufig ist. Die wichtigsten Resultate ergeben sich aus folgender Zusammenstellung:

	Alkoholmißbrauch		
	Vater	Mutter	Brüder
Stumpfl[1]			
einmalige Täter	10,0%	1,2%	—
rückfällige Täter	34,7%	2,1%	—
Schmid[2]			
einmalige Täter	14,7%	0%	1,2%
Schnell[3]			
rückfällige Täter	39,4%	2,4%	7,0%
Lund[4]			
nichtkriminelle Jugendliche	8,1%	0,4%	—
kriminelle Jugendliche	39,6%	7,7%	—
Glueck[5]			
nichtdelinquente Jugendl.	39,0%	7,0%	—
delinquente Jugendliche	62,8%	23,0%	—

Kriminelle Abkommen erweisen sich hiernach deutlich als belastet. Die Korrelation kann jedoch auf verschiedene Weise erklärt werden.

Es kann eine erbliche Belastung vorliegen. Andere nehmen eine alkoholische Samen-, Ei- oder Embryoschädigung an, in welchem Fall die Störung zwar angeboren, aber nicht im genetischen Sinn „ererbt" wäre. Möglich ist auch die Vererbung einer psychopathischen Anlage, aus der Alkoholismus und Kriminalität erwächst. Ebenso gut denkbar ist, daß die Kinder einen reinen Milieuschaden erleiden. Die alkoholischen Vorbilder und eine unzulängliche Erziehung der Kinder durch trunksüchtige Elternteile wären ursächlich. Manchmal kommt wirtschaftliche Not und Armut hinzu, die die Folgen erheblichen Alkoholkonsums sind.

Sicher ist Alkoholmißbrauch in vielen Fällen eine Flucht aus der Wirklichkeit; er setzt eine Neigung voraus, wie sie auch bei der Neurose vorhanden ist. Er ist ein Surrogat für Neurosen. Unbehagen und Angstgefühle werden – vorübergehend – herabgesetzt.

---

[1] Erbanlage und Verbrechen, Berlin 1935, S. 37.

[2] Anlage und Umwelt bei 500 Erstverbrechern, Kriminal. Abhandlungen XXIV, Leipzig 1936, S. 28 f.

[3] Anlage und Umwelt bei 500 Rückfallverbrechern, Kriminal. Abhandlungen XXII, Leipzig 1935, S. 48.

[4] Über die Ursachen der Jugendkriminalität (in Schweden), Uppsala 1918, S. 62 ff.

[5] Unraveling Juvenile Delinquency, Cambridge 1951, S. 101; vgl. auch *Healy - Bronner*, Delinquents and Criminals, New York 1916.

Man trinkt, um die Sorgen des Alltags, seine Minderwertigkeitsgefühle, Hemmungen und Einsamkeitskomplexe loszuwerden. „Alkoholismus ist das Symptom eines oder mehrerer zugrundeliegender Leiden und keine Krankheit an sich.“[6] Die „Leiden“ sind z. B. sozialer Art, sie beruhen etwa auf den ehelichen oder familiären Verhältnissen oder dem Pech im Geschäft, was für die Behandlung entscheidend ist. „Bestrafung kann die Leute gerade zum Trinken treiben.“[7]

In der Frühzeit der Kriminologie wurde Alkoholmißbrauch weitestgehend für die Kriminalität verantwortlich gemacht. *Lombroso*[8] schrieb: „Der Alkohol ist in der Ätiologie des Verbrechens sogar so mächtig, daß er sie fast vollständig in Anspruch nimmt.“ *Lombroso* und *Ferri* glaubten, einen vollständigen Parallelismus der französischen Kriminalität und des Wein- und Alkoholkonsums wenigstens für die Zeit der besonders guten und der besonders schlechten Weinjahre nachweisen zu können. Auch in Deutschland wurde die „Alkoholkriminalität“ (vorzugsweise gefährliche Körperverletzung) mit Steigerung und Abnahme des Bierkonsums statistisch verglichen, wobei ein Parallelismus sichtbar wurde. Die besonders hohe Kriminalität, die früher in Ostpreußen, Bayern und der Pfalz statistisch festgestellt werden konnte, wurde gern durch einen Hinweis auf den Konsum von Branntwein, Bier und Wein begreiflich zu machen versucht. Die Erklärung kann in ihrer Allgemeinheit schon deswegen nicht zutreffen, weil weder das Rheinland noch Hessen, die ebenfalls weinreich und weinselig sind, ähnliche Kriminalitätsziffern aufweisen.

Nach *Baer*[9], auf den sich u. a. Lombroso stützt, wurden in England 50 000 von 90 903 Verurteilten durch Alkoholmißbrauch und Wirtshausbesuch zum Verbrechen getrieben, in Deutschland waren es 43%. Eine staatliche Kommission Dänemarks, die sich mit etwa 5000 Personen befaßte, die 1903—1904 bestraft wurden, stellte 1907 fest, daß bei 66,8% aller männlichen Kriminellen Alkohol die unmittelbare oder doch mitwirkende Ursache der strafbaren Handlung war. Nach einer dänischen Untersuchung, die im Jahr 1938 stattfand, wurde ein Rauschzustand bei Ausführung der Tat in 6—15% der Fälle an-

---

[6] *Stürup - Teilmann*, Behandling af alkoholister, Kopenhagen 1950, S. 26.
[7] *Taft*, Criminology, New York 1947, S. 243.
[8] Die Ursache und Bekämpfung des Verbrechens, Berlin 1902, S. 78.
[9] Der Alkoholismus, Berlin 1878; vgl. weiter *Hoppe*, Alkohol und Kriminalität, Wiesbaden 1906; *Helenius*, Die Alkoholfrage, Jena 1903.

genommen[10]. Diese Zahl liegt wesentlich niedriger als der im Jahre 1907 errechnete Prozentsatz, unterstreicht aber trotzdem, daß Alkoholismus tatsächlich einen nicht unwesentlichen Einfluß auf die Kriminalität besitzt. Es ist zu beachten, daß Alkoholismus sich vor allem im Bereich der Gewaltdelikte und der Asozialität (Bettel) äußert, im übrigen bei Sittlichkeitsdelikten und Brandstiftungen. Er ist z. B. für die Diebstahlkriminalität in den meisten Ländern ohne größere Bedeutung. Besonders hohe Zahlen werden heute noch von Schweden gemeldet[11]. Hiernach waren von 4000 Gefangenen ca. 60% bei der Tat berauscht; Trunkenheit am Steuer ist einbezogen, was bei allen neueren Statistiken berücksichtigt werden muß. Bei Gewalttätern betrug der Prozentsatz nicht weniger als 83, bei Diebstählen 38. Als „Alkoholiker" wurden 26% der Gewalttäter und Diebe angesehen. Von den nur bei der Tat Berauschten wurden 24% innerhalb von 3 Jahren rückfällig, von den „Alkoholikern" jedoch 40%. Auch die amerikanischen Zahlen sind hoch. *Glueck*[12] hielten 39,4% der von ihnen untersuchten Gefängnisinsassen für „exzessive Trinker". In Deutschland hat *Stumpfl*[13] unter 195 Rückfallverbrechern 32% „Trunksüchtige" gefunden, dagegen unter 168 einmaligen Tätern nur 11%. Bei allen Zahlen darf nicht vergessen werden, daß nicht nur die Begriffe „Trunkenheit", „Alkoholiker" usw. Werturteile enthalten, sondern daß auch die Trinksitten in den verschiedenen Ländern aus psychischen, wirtschaftlichen, sozialen und gesetzlichen Gründen stark variieren.

14. Das Klima

Als ein so bedeutender Nationalökonom wie *W. H. Jevons* seiner Überzeugung Ausdruck gab, daß der Wechsel von wirtschaftlicher Konjunktur und Krise von meteorologischen Schwankungen veranlaßt werde, die ihrerseits wieder auf kosmische Ursachen (wahrscheinlich Sonnenflecken) beruhten, bemerkte er selbst, dies klinge wie mittelalterliche Astrologie. *Schmölders*[1], der führende Konjunkturtheoretiker im Deutschland der Gegenwart, hält die Auffassung Jevons' für beachtlich und mißt der Möglichkeit einer kosmischen Be-

---

[10] *Hurwitz*, Kriminologi, Kopenhagen 1948, S. 291; vgl. auch *Geill*, Alkohol und Verbrechen in Dänemark, 1904; *Berntsen - Christiansen*, Mandlige Arresthusfanger, Kopenhagen 1955, S. 65 ff.

[11] *Strahl*, Brotten och brottspåföljderna, Stockholm 1952, S. 69 f.

[12] Five Hundred Criminal Careers, New York 1930, S. 127.

[13] Erbanlage und Verbrechen, Berlin 1935.

[1] Konjunkturen und Krisen, Hamburg 1955, S. 105 ff.

einflussung des Wirtschaftslebens eine erhebliche Bedeutung bei. Ähnlich liegen die Dinge in der – meteorologischen – Kriminologie. Beispielsweise hat der Dichterarzt *Ernst Penzoldt* gesagt: „Wenn die Bankbeamten sich verrechnen, wenn die Fußgänger traumverloren gleich Hühnern vor die Autos rennen, wenn Fremde (wie Einheimische) von Kopfdruck, Schwindel, Reizbarkeit oder Schwermut befallen werden, wenn die Sonne seltsam hart und weiß in die Stuben scheint, dann ist Föhn." *Hellpach*[2] hat u. a. dem Föhn nachgesagt, daß er „maßvolle Sexualität zu peinigender Begierde steigern kann, die über alle gewohnten Hemmungen hinweg zu Entladungen drängt". Es kann nicht gut in Abrede gestellt werden, daß bei wetterempfindlichen Menschen „das Klima ein wirklicher Ursachenfaktor ist, mag auch seine allgemeine Bedeutung gering sein"[3]. Nach den neuesten Erkenntnissen der Biometeorologie dürften ca. 40% aller Menschen unter Wetterempfindlichkeit leiden. Sie werden – vom Föhn abgesehen – von Wetterumschlägen vor und nach Schlechtwetter beeinflußt. Bei diesen Wetterphasen steigt z. B. die Unfallkurve erheblich an.

Hinweise auf den Einfluß des Klimas auf die Kriminalität finden sich schon in Montesquieus „Esprit des Lois". *Quetelet*, der Schöpfer der modernen Kriminalstatistik, sprach von einem „Wärmegesetz" der Kriminalität, weil Verbrechen gegen die Person in warmen Landstrichen, dagegen Verbrechen gegen das Eigentum in kälteren Gegenden das Übergewicht hätten. *Lombroso* stützte diese These. Zu ähnlichen Resultaten kamen auch amerikanische Kriminologen (vor allem *E. G. Dexter*). Es ist wahrscheinlich, daß die Natur die Menschen und ihr Verhalten formt; Flachlandbewohner haben ihr eigenes Gepräge, Gebirgsbewohner das ihre. Die Kausalität ist nicht geklärt.

Goethe dachte an einen Einfluß der Pflanzenwelt und der Ernährung, andere denken an die Lichtverhältnisse oder klimabedingte endokrinologische Vorgänge. Andere vertreten die Auffassung, daß die physikalische Welt nur mittelbar das Tun und Lassen der Menschen bestimmt. In warmen Zonen lebt man z. B. mehr im Freien; die Menschen mögen wirtschaftlich daher genügsamer sein; sie kommen auch häufiger miteinander zusammen, und der ständige Kontakt kann zu Reibungen und Streitigkeiten führen.

---

[2] Geopsyche, Leipzig 1935, S. 17; vgl. auch *Woltereck*, Klima, Wetter, Mensch, Leipzig 1938.

[3] *Leffingwell*, Illegitimacy and the Influence of the Seasons upon the Conduct, zitiert bei *Barnes - Teeters*, New Horizons in Criminology, New York 1952, S. 127.

Eine Parallele zu *Quetelets* sog. „Wärmegesetz" glaubte man sowohl in der jahreszeitlichen Verteilung der Sittlichkeits- und Roheitsdelikte als auch der Vermögensdelikte zu finden. Ihr Jahresrhythmus wurde in vielen Ländern untersucht, wobei man jedenfalls in früheren Jahren zu prinzipiell übereinstimmenden Ergebnissen gelangte.

Nach dem im Lauf der Jahre 1883—1892 gesammelten Material der amtlichen deutschen Kriminalstatistik begannen die Sittlichkeitsdelikte in Deutschland im März anzusteigen, sie erreichten in schnellem Tempo ihren Höhepunkt im Juli, um dann schnell abzufallen. Der Juli übertraf die Wintermonate um mehr als das Doppelte. Ähnliche Daten ergaben sich auch in anderen Ländern. Bei einer Überprüfung von etwa 2000 in den Jahren 1929—1939 in Dänemark verurteilten Sittlichkeitsverbrechern stellte beispielsweise *Le Maire*[1] fest, daß die Taten in den Monaten Mai bis August den Durchschnitt bedeutend überstiegen. Nach der Polizeilichen Kriminalstatistik des Bundeskriminalamtes für die Bundesrepublik 1953, 1954 und 1955 nehmen die Sittlichkeitsdelikte auch in der Gegenwart noch immer im Frühjahr und Sommer zu, um im Herbst wieder zu sinken und in den Wintermonaten ihren Tiefstand zu erreichen. Die monatlichen Unterschiede sind allerdings nicht mehr so bedeutend wie in der Kriminalstatistik des 19. Jahrhunderts, und Anfang und Ende des Kurvenanstiegs sind zeitlich nicht mehr so scharf wie früher fixiert.

Der Kurve der Sittlichkeitsdelikte entsprach und entspricht weitgehend die der Körperverletzungen, Sachbeschädigungen und anderer Gewaltakte. Ihr Gipfel wird in der Regel im August erklommen; hienach sinkt die Zahl der Taten ab; sie erreicht an den Jahreswenden ihren tiefsten Punkt.

Zur Erklärung bieten sich verschiedene Theorien an. Einmal wird wie bei den klimatischen Verhältnissen wärmerer Zonen auf die Hitze und Feuchtigkeit verwiesen, die auf den menschlichen Organismus einwirken, den Stoffverbrauch zur Erzeugung der körperlichen Wärme herabsetzen und damit Kräfte freimachen sollen, die sich in Sexualität und Aggressivität entladen. Dem kann entgegengehalten werden, daß die Menschen gerade bei großer Wärme schlappzumachen pflegen. Von besonderer Vitalität kann schwerlich die Rede sein. Sodann kann wiederum an das Leben im Freien gedacht wer-

---

[1] *Le Maire,* Legal kastration i strafferetlig belysning, Kopenhagen 1946, S. 92.

den, das gesteigerte Gelegenheit zu Gemeinschaft und zu Friktionen bietet. Beachtlicher erscheint, daß die sommerlichen Jahreszeiten den Alkoholismus und damit die Aggressivität fördern.

Am meisten hat die physiologische „Deutungshypothese" *Aschaffenburgs*[2] Anklang gefunden. Er hat die Bewegung der Sittlichkeitsdelikte mit der Zeugungskurve verglichen und einen bemerkenswerten Parallelismus festgestellt. Der Verlauf der Befruchtungszeiten, namentlich der Zeitpunkte unehelicher Schwängerungen, damit übrigens auch der Zeitpunkte der Kindestötungen, entsprach weitgehend dem der Sittlichkeitsverbrechen, wobei er auf Angaben bis in die Zeit des Dreißigjährigen Krieges zurückgreifen konnte. *Aschaffenburg* nahm daher „eine tiefe Abhängigkeit" der Zeugungen und Sittlichkeitsverbrechen von Naturvorgängen, einem „Frühlings Erwachen" an. Er verglich sie mit dem Wechsel zwischen Schlaf und Wachen, dem Winterschlaf vieler Tiere. „Wir unterliegen alle einer außerordentlichen Steigerung der Erregbarkeit, und zwar besonders der geschlechtlichen Erregung im Frühjahr. Dieser Vorgänge werden wir uns subjektiv nicht oder nur in leichteren Andeutungen bewußt. Damit aber wird uns ein Einblick in tiefste Ursachen und Beweggründe, die nicht wie das Maß der Intelligenz oder die bei der Ausführung bewiesene Roheit oder die allgemeine verbrecherische Neigung aus der einzelnen Handlung selbst erkennbar sind."

Die Eigentums- und Vermögenskriminalität erreichte früher – den Sittlichkeits- und Roheitsdelikten entgegengesetzt – ihren Höhepunkt in den Wintermonaten. Die Erscheinung wurde soziologisch erklärt; die Arbeitslosigkeit war in den Wintermonaten – eben aus jahreszeitlichen Gründen – höher; Armut, insbesondere Mangel an Kleidung, Heizung und Beleuchtung war wegen der Kälte und Dunkelheit besonders fühlbar. Eine solche saisonale Bewegung ist heute kaum feststellbar; den polizeilichen Kriminalstatistiken des Bundeskriminalamts ist nichts in dieser Richtung zu entnehmen. Der Einfluß wirtschaftlicher Not auf die Kriminalität hat sich wesentlich gewandelt.

Die Statistik hat auch einen besonderen Wochentagsrhythmus der Gewalttaten und bestimmter Sittlichkeitsverbrechen nachgewiesen. Nach deutschen Statistiken sind Gewalttaten am Sonntag am häufigsten, dann folgen der Samstag und Montag[3]. *Le Maire*[4] berichtet,

---

[2] Das Verbrechen und seine Bekämpfung, Heidelberg 1923, S. 15 ff.
[3] Vgl. *Exner*, Kriminologie, 1949, S. 200.
[4] Legal kastration, Kopenhagen 1946, S. 93 ff.

daß von 1742 Sittlichkeitsverbrechen 35,2% am Wochenende begangen wurden. Notzucht wurde in 27% der Fälle am Samstag verübt. Ursache ist vor allem das regere, mit Alkoholgenuß verbundene Gemeinschaftsleben. Charakteristisch ist, daß Anomalien wie Exhibitionismus und unzüchtige Handlungen an Minderjährigen weit weniger ausgeprägt auf das Wochenende konzentriert sind; die Gelegenheit zur Tat ist ungünstiger; die Handlungen sind auch mehr durch Anlage als durch Umweltfaktoren bestimmt.

Die Verteilung der strafbaren Handlungen auf Stadt und Land ist eines der mannigfaltigen Themen der in den USA sog. „Ökologie“[5]. Sie beschäftigt sich mit dem Einfluß der räumlichen Umgebung auf das Verhalten der Menschen.

Die Polizeiliche Kriminalstatistik des Bundeskriminalamtes für die Bundesrepublik Deutschland unterscheidet bei den Tatorten zwischen Großstadt, Mittelstadt, Kleinstadt und Landgebiet.

Für das Jahr 1955 ergaben sich folgende Zahlen:

Tatort	% der Gesamtbevölkerung	% der Gesamtzahl der Fälle	Häufigkeitsziffer auf jeweils 100 000 Einwohner
Großstadt	33,0	43,9	4016,5
Mittelstadt	14,8	15,9	3235,8
Kleinstadt	15,7	10,6	2037,6
Landgebiet	36,5	29,5	2436,5

Aus den Ziffern ergibt sich eine Abnahme der Kriminalität in der Reihenfolge Großstadt – Mittelstadt – Landgebiet – Kleinstadt.

Beschränkt man sich auf die sog. klassische Kriminalität und scheidet aus, was in der Statistik unter der Rubrik „Alle sonstigen Verbrechen und Vergehen gegen die deutschen Strafgesetze“ (z. B. die sog. „Nebengesetze“) verzeichnet ist, so verschiebt sich das Bild. Dann ergibt sich eine Kriminalitätsziffer (Häufigkeitsziffer auf 100 000 Einwohner) von 1941 für die Bundesrepublik und Westberlin. Die Häufigkeitsziffer für die Großstädte beträgt jetzt 3035,6, für die Mittelstädte 2239,4, die Kleinstädte 1289,2 und die Landgebiete 1098,4. Die Groß- und Mittelstädte liegen über dem Durchschnitt, die Großstädte sogar ganz erheblich. Das Land hat die niedrigste Häufigkeitsziffer.

[5] Vgl. *Alihan*, Social Ecology, New York 1938; *Quinn*, Human Ecology, New York 1950.

Häufigkeitsziffern für einzelne Delikte errechnet auf 100 000 Köpfe der Wohnbevölkerung

	Großstadt	Mittelstadt	Kleinstadt	Landgebiet
Mord, Totschlag	0,94	0,71	0,58	0,57
Kindstötung	0,24	0,26	0,29	0,37
Abtreibung	13,54	12,26	10,32	9,70
Körperverletzung mit tödlichem Ausgang	0,77	1,68	1,82	2,07
Körperletzungen	56,06	48,28	39,77	53,43
Unzüchtige Handlungen mit Kindern	40,82	33,93	22,11	27,14
Diebstahl	1857,76	1280,18	672,44	526,93
Betrug	563,30	472,39	321,22	270,97
vors. Brandstiftung	1,57	1,71	1,86	3,70
fahrl. Brandstiftung	19,63	15,88	14,56	19,22

Bei den gegen Personen gerichteten strafbaren Handlungen sind die Unterschiede zwischen Stadt und Land gering; teilweise – z. B. bei Körperverletzungen – überwiegt sogar die Kriminalität des Landes. Dagegen nimmt die Vermögens- und Eigentumskriminalität – von Brandstiftungen abgesehen – deutlich mit der Größe der Wohnbezirke ab.

Die Berichte aus anderen Ländern stimmen weitgehend hiermit überein. *Sutherland - Cressey*[6] ergänzen die üblichen Statistiken durch den Hinweis, daß Einbrüche und Diebstähle mit der Entfernung von den großen Städten abnehmen. Einbrüche in Kettenlädengeschäfte in Chicago richteten sich zu 59,6% gegen Läden in der Stadt selbst, nur 29,8% gegen Geschäfte in der Umgebung (25 Meilen vom Stadtzentrum entfernt), um in einem Abstand von 100—125 Meilen auf 6,2% zu sinken. Ähnliche Zahlen gelten für Bankraub.

Exner[7] sieht in der Stadt ein Sammelbecken für lichtscheues Gesindel aller Art. „Viele sind nicht deshalb Verbrecher geworden, weil sie Großstädter sind, sondern sie sind Großstädter geworden, weil sie Verbrecher sind." Schwedische Untersuchungen der Verhältnisse von 1100 Gefangenen bestätigten, daß 20% vom Land in die Stadt gezogen waren, während kaum einer in umgekehrter Richtung seinen Wohnsitz gewechselt hatte[8]. Nach dieser Auffassung läge im wesent-

[6] Principles of Criminology, 1955, S. 155.
[7] Kriminologie, 1949, S. 239.
[8] *Eriksson*, Brott och samhälle, Stockholm 1939, S. 74.

lichen nur eine örtliche Verlagerung der Kriminalität vor. In Wahrheit wird man jedoch annehmen müssen, daß die Stadt einen zusätzlichen kriminogenen Faktor von Gewicht darstellt. „Stadtluft macht frei", die Stadt ist anonym; der Einzelne ist von den Überresten vieler, nicht mehr als allgemeingültig anerkannter, vielfach als unleidlicher Zwang empfundener Traditionen des Dorfes und der Kleinstadt gelöst. Die Menschen sind auf sich selber gestellt; man ist sein eigener Herr. Das familiäre und nachbarliche „Wir" ist auf Sozialversicherung und massenorganisierte Vergnügungen zusammengeschrumpft. Die Stadt birgt Verlockungen und stellt Ansprüche an den äußeren Menschen. Der Möglichkeiten zu Vermögensdelikten sind viele; auch der Absatz oder Verbrauch von Diebesgut ist erleichtert.

Zur Verstädterung meint ein schwedischer Kriminalist: „Es geht hier um etwas, was mit der Stärke einer Naturkraft wirkt. Man kann leicht über schlappe Moral oder mangelndes Verantwortungsgefühl (oder wie man sich ausdrücken will) klagen, man muß sich aber darüber im klaren sein, daß Klagen und Moralpredigten angesichts einer Entwicklung versagen, die von der Eigenart der sozialen Verhältnisse erzwungen wird. Es lohnt sich zu fragen, ob es bei Fortschreiten der Verstädterung überhaupt möglich ist, ein Anwachsen der Kriminalität zu verhindern. Die erhöhte Kriminalität ist ein Kostenfaktor der Verstädterung."[9]

16. *Wirtschaftliche Verhältnisse*

Die marxistische Kriminologie hat die Bedeutung wirtschaftlicher Verhältnisse für Entstehen und Ausmaß der Kriminalität betont. Der Holländer *Bonger* ist ihr wichtigster Vertreter[1]. Aber auch die überwiegende Mehrzahl derer, die marxistische Gesichtspunkte theoretisch verwerfen, ist geneigt, viele Straftaten mit wirtschaftlichen Beweggründen des Täters zu erklären, oder kreidet ihm an, daß hinreichende wirtschaftliche Anlässe zur Tat gefehlt haben. Veraltete Strafgesetzbücher kennen fast nur Gewinnsucht, Gewerbsmäßigkeit u. dgl. als Motiv. Begeht ein Mann eine Abtreibung um einiger Mark willen, handelt er, so heißt es, des Geldes wegen. Daß z. B. Schaulust aus sexuellen Gründen hierbei eine Rolle spielen könnte, liegt dem Urteil vieler fern.

---

[9] *Strahl*, Brotten och brottspåföljderna, Stockholm 1952, S. 49.

[1] Criminalité et Conditions Economiques, Den Haag 1905.

Die Neigung, weiten Bereichen der Kriminalität rein wirtschaftliche Motive zu unterstellen, hat verschiedene Gründe:

1. Die Kriminalität des Mittelalters und der neueren Zeit bis zum Beginn unseres Jahrhunderts war tatsächlich entscheidend durch eine oft grenzenlose soziale und wirtschaftliche Not bestimmt, freilich, ohne daß die damaligen Generationen daraus Konsequenzen gezogen hätten. Sie stellten dem Strafrecht die unsinnige Aufgabe, die sozialen Mißstände zu bereinigen. Statt Wirtschaftspolitik und Sozialpolitik zu treiben, schlug man barbarisch auf die Hunderttausende entwurzelter und einem ewigen Wanderleben schonungslos preisgegebener Bauern, Arbeiter und Soldaten ein. Schon in Thomas Morus „Utopia" lesen wir: „So geschieht's, daß ein gieriger und unersättlicher Vielfraß, die wahre Pest seines Landes, Tausende von acres Land zusammenpacken und innerhalb einer Umpfählung oder einer Hecke einzäunen oder durch Gewalt und Unbill ihre Eigner so abhetzen kann, daß sie gezwungen sind, alles zu verkaufen. Männer, Weiber, Gatten, Frauen, vaterlose Kinder, Witwen, jammernde Mütter mit ihren Säuglingen, und der ganze Haushalt, gering an Mitteln und zahlreich an Köpfen, da der Ackerbau vieler Hände bedurfte, weg schleppen sie sich, ohne einen Ruheplatz zu finden. Plötzlich an die Luft gesetzt, müssen sie den Hausrat zu Spottpreisen losschlagen. Und wenn sie umhergeirrt, bis der letzte Heller verzehrt ist, was anderes können sie tun außer stehlen und dann, bei Gott, in aller Form rechtens gehangen werden oder betteln? Und auch dann werden sie ins Gefängnis geschmissen als Vagabunden, weil sie nicht arbeiten, sie, die kein Mensch an die Arbeit setzen will, sie mögen sich noch so eifrig dazu anbieten." Mit den Bauern mischten sich insbesondere während und nach dem Dreißigjährigen Krieg die entlassenen Soldaten. Hunderttausende wurden wegen Diebstahls hingerichtet. Der aufkommende Kapitalismus schuf dann neue gewaltige Armeen von Arbeitslosen oder jämmerlich bezahlten Arbeitskräften, deren kriminelle Gefährdung durch ihre furchtbare Armut bedingt war.

Marxisten und andere haben aus diesen historischen Tatsachen ihre Kriminologie abgeleitet; Sozialpolitik erschien ihnen logischerweise auch als die beste Kriminalpolitik, womit sie auch recht behielten.

Der Gegenspieler verband Not und Verbrechen auf seine Weise. „Die protestantische Ethik und der Geist des Kapitalismus" *(Max Weber)* stellten Armut und Sünde gleich. Wer arm war und blieb, mußte ein Sünder sein; wer sündigte, war auch arm. Auch hier ist Kriminalität und wirtschaftliche Not gekoppelt.

2. Die Kriminalstatistiken aller Länder und Zeiten, auch noch der Gegenwart, werden von den Eigentums- und Vermögensdelikten beherrscht, früher vorzugsweise von Diebestaten, seit dem Durchbruch des kapitalistischen Systems von Diebstahl und Betrug. Weil die Verbrechensbegriffe rein formal an dem Rechtsgut orientiert sind, das verletzt wird, drängt sich der Gedanke einer weitgehend wirtschaftlichen Verursachung der Verbrechen auf. Die Welt erhält aber mit Schiller „ihr Getriebe durch Hunger *und* durch Liebe"; hinter jedem Eigentums- und Vermögensdelikt können neben wirtschaftlichen Erwägungen auch ganz andere Triebe stehen, sie mögen sogar dominieren. Es kommt nicht so sehr darauf an, daß jemand Geld oder Geldeswert haben will, sondern warum und wozu er es haben will. Er mag sich gezwungen fühlen, Zuneigung, Anerkennung oder Macht zu kaufen, womit wir in Bereiche des Seelenlebens stoßen, die mit einem bloßen Bereicherungswillen oder mit Habgier nichts mehr zu tun haben. Es gibt auch andere als wirtschaftliche Nöte. „Es ist ein grober psychologischer Irrtum, zu glauben, irgendein scheinbar durchschnittlicher Rückfallsdiebstahl sei leichter verständlich als eine für den ersten Blick ungewöhnliche Mordtat, ein Irrtum, der auf der seichten Ansicht beruht, Gewinnsucht sei eine Erklärung, über welche die psychologische Untersuchung nicht mehr heraus zu fragen brauche, eine prima causa seelischen Geschehens, die ihrerseits keiner weiteren Erklärung mehr bedürfe. Vielmehr fängt hinter dem eigennützigen Beweggrunde die psychologische Problematik erst an." Die Worte stammen von dem Marxisten *Radbruch*[2].

Die kriminologische Problematik eines auf das verletzte Rechtsgut abstellenden Verbrechensbegriffs ergibt sich auch daraus, daß viele strafbare Handlungen, die sich nicht gegen fremdes Vermögen richten, nackte wirtschaftliche Antriebe haben, z. B. Abtreibungen oder Kindestötungen.

3. Auf der Anklagebank sitzen vorwiegend unbemittelte oder minderbemittelte Menschen. Wollte man hieraus schließen, daß schlechte soziale Verhältnisse die Verbrechen förderten, unterläge man einer optischen Täuschung. Es überwiegen nicht nur die minderbemittelten Menschen im Gerichtssaal, sie überwiegen auch in der Bevölkerung. Die amerikanische Kriminologie argumentiert wesentlich sozialkritischer. Sie erklärt, die Gerichtssäle würden von den Reichen gefüllt, wenn erst „white-collar-crimes", z. B. Steuerhinterziehungen,

---

[2] Einführung in die Rechtswissenschaft, Leipzig 1929, S. 108.

ebenso wie bislang die bescheidensten Diebstähle, Unterschlagungen und Betrügereien des kleinen Manns vor den Strafrichter kämen.

Gerade die sog. „white-collar"-Verbrechen zeigen deutlich, daß die Wirtschaftskriminalität (im weiteren Sinn) sich mit größter Armut und größtem Reichtum in gleicher Weise verträgt und der kriminogene Charakter der wirtschaftlichen Umwelt zwiespältiger ist, als man namentlich früher simplifizierend angenommen hat.

Man muß – auch insoweit vergröbernd – zwischen Not- und Begehrlichkeitskriminalität unterscheiden.

Sowohl die Kriminologie wie die Statistik sind besonders stolz darauf, daß *Georg von Mayr*[3] durch einen Vergleich der Bewegung der Eigentumsverbrechen mit den Getreidepreisen zu dem Schluß kommen konnte: „Es hatte in der Periode 1835—1861 im bayerischen Gebiet diesseits des Rheins so ziemlich jeder Sechser, um den das Getreide im Preise gestiegen ist, auf je 100 000 Einwohner einen Diebstahl mehr hervorgerufen, während andererseits das Fallen der Getreidepreise um einen Sechser bei der gleichen Zahl von Einwohnern je einen Diebstahl verhütet hat." Die Untersuchungen *Mayrs* wurden vielfach bestätigt, z. B. von *Lafargue*[4] für Frankreich (1840 bis 1886), von einer Kommission des schwedischen Staates, die die Jahre 1830—1868 überprüfte[5], und von *Woytinski*[6], der sogar bis zum Ausbruch des ersten Weltkriegs in England und Deutschland eine weitestgehende Abhängigkeit der Diebstahlsentwicklung von den Getreidepreisen festgestellt hat. Im Gegensatz zu *Woytinski* haben jedoch die Untersuchungen anderer nur eine Übereinstimmung von Brotpreis und Diebstahlskriminalität bis etwa zur Jahrhundertwende ergeben, und sicher ist, daß eine Abhängigkeit seit dem Ende des ersten Weltkriegs nicht mehr besteht. Dies kann auch gar nicht anders sein.

Brot war im 18. und 19. Jahrhundert die wesentliche Nahrung breitester Schichten, wie es auch heute noch etwa mit Reis in unterentwickelten Ländern Asiens der Fall ist. *Ricardo* errechnete den Reallohn durch einen Vergleich der nominellen Löhne mit den Getreidepreisen. Der soziale Aufstieg der Arbeiterklasse im Kielwasser einer ständig wachsenden Wirtschaftskraft, der Gewerkschaftsbewegung und Sozialpolitik hat den „Warenkorb" der Durchschnitts-

---

[3] Die Gesetzmäßigkeit im Gesellschaftsleben, München 1877, S. 346.

[4] Die Kriminalität in Frankreich, 1890, S. 20.

[5] *Eriksson*, Brott och samhälle, Stockholm 1939, S. 118.

[6] Kriminalität und Lebensmittelpreise, Zeitschrift für die ges. Strafrechtswissenschaft, 1926, S. 647 ff.

familie, der auch der modernen Berechnung des Lebenshaltungsindexes zugrunde liegt, ständig erweitert. Die Preisbewegungen haben die Menschen sodann zunehmend gelehrt, in Realeinkünften zu denken; die Löhne wurden den Preisbewegungen, wie sie in dem Lebenshaltungsindex zum Ausdruck kommen, mehr und mehr angepaßt; auch die Sozialversicherungsleistungen folgten – wenn auch sehr bescheiden – nach. Die Reallöhne sind im Laufe dieses Jahrhunderts – trotz Erhöhungen der Getreide- und Brotpreise – gestiegen; ihr Steigen war mit einem Sinken der Diebstahlskriminalität verbunden; ein vorübergehender Fall des Reallohns hat sich jedoch nicht mehr in einer Zunahme der Diebstähle ausgewirkt, möglicherweise, weil die Reallöhne bereits eine Höhe erreichten, die eine bescheidene Senkung duldete, ohne die Gefahr wirklicher Not heraufzubeschwören.

Bei allem bleibt verblüffend genug, daß ein Vergleich der Diebstahlskriminalität zunächst mit den Getreidepreisen, dann mit dem Reallohnindex zu überzeugenden Ergebnissen führte. In Wirklichkeit ist auch der Reallohnindex ein volkswirtschaftlich unbefriedigendes Werkzeug. Ein Denken in volkswirtschaftlichen Konjunkturen gebietet einen Vergleich der Wirtschaftskriminalität mit der Summe aus den totalen Reallöhnen und den Realsozialleistungen, wobei sich in dem Betrag der totalen Reallöhne Beschäftigungsschwankungen, vor allem Arbeitslosigkeit und Kurzarbeit spiegeln. *Gleitze*[7] unterscheidet zwischen Delikten, die von wirtschaftlichen Schwankungen unberührt bleiben, krisengeförderten Delikten (vor allem Diebstahl, Raub, Betrug, Brandstiftung, Arrestbruch, Abtreibung) und Delikten, die in Aufschwungszeiten zunehmen, in Depressionen aber abnehmen, vor allem Körperverletzungen, was möglicherweise auf steigenden oder reduzierten Alkoholgenuß zurückgeht. Zu ähnlichen Ergebnissen ist auch die angelsächsische Kriminologie[8] gelangt, wobei sie jedoch vorsichtig allzugroße Generalisierungen scheut. *Thomas* zieht die Schlußfolgerung, daß eine sehr deutliche Beziehung zwischen Eigentumsdelikten und Konjunkturschwankungen besteht. Dieb-

[7] Die Konjunkturkriminalität, Stuttgart-Berlin 1941.

[8] Vgl. vor allem: *D. S. Thomas*, Social Aspects of the Business Cycle, London 1925; *E. A. Winslow*, Relationships between Employment and Crime Fluctuations as Shown by Massachusetts Statistics, in National Commission on Law Oberservance and Enforcement, 1931, Nr. 13; *Th. Sellin*, Research Memorandum on Crime in the Depression, New York 1937; zur Jugendkriminalität vgl. *Neumeyer*, Juvenile Delinquency in Modern Society, New - London 1950, S. 40 ff.

stähle, Haus- und Ladeneinbrüche und Raub nehmen in Niedergangsperioden deutlich zu und vermindern sich, wenn die Zeiten gut sind. Verbrechen gegen die Person, namentlich Sittlichkeitsdelikte, zeigen eine leichte Tendenz, während Depressionsperioden zu fallen. *Sellin* schließt die Betrachtung mehrerer amerikanischer und englischer Untersuchungen mit den Worten ab: „Die Ergebnisse der verschiedenen Untersuchungen zeigen wenig Übereinstimmung; eine Ausnahme gilt nur für Verletzungen des Eigentums, speziell gewalttätiger, d. h. Einbrüche u. dergl., bei denen in England und Massachusetts eine ziemlich bedeutende Zunahme in Krisenzeiten festgestellt wurde."

Daß extreme Not ein Wirtschaftsverbrechen stark fördernder Faktor sein kann, wird deutlich durch die deutsche Kriminalität der Jahre nach dem Zusammenbruch 1945 erwiesen[9]. Ganz entsprechendes galt schon für das Inflationsjahr 1923. In den Krisenjahren sanken die gegen Menschen gerichteten Delikte, vor allem Körperverletzungen und Sittlichkeitsdelikte ab, wogegen Vermögensdelikte, genauer, Raub, Diebstahl und Hehlerei bedeutend zunahmen.

Kriminalitätsziffern einzelner Deliktsgruppen (nach Jacobs)

	Reich			*Nordrhein-Westfalen*				
	1913	*1923*	*1932*	*1928*	*1947*	*1948*	*1949*	*1950*
Personendelikte	453	238	249	482,5	82,5	108	138	157,5
Vermögensdelikte	522	1220	569	667	835,5	808	559	350,5
davon Diebstahl	241	755	244	204,5	632	556	334,5	197,5
Diebstahl in %	46	62	40	30	76	67	60	56

Der kriminologisch wohl entscheidende Zug der Krisenjahre war die Ansteckung von Bevölkerungsgruppen und Menschen, die unter normalen Verhältnissen als immun gelten. Ihre potentielle Kriminalitätsanlage wurde unter dem Druck persönlicher oder familiärer Not aktuell, wobei nach dem zweiten Weltkrieg noch die demoralisierenden Wirkungen des vorausgegangenen Unrechtsstaats und die Lockerung der staatlichen Bande fördernd hinzukamen.

---

[9] *Bader*, Soziologie der deutschen Nachkriegskriminalität, Tübingen 1949; *Jacobs*, Die Kriminalität der Nachkriegszeit in Deutschland, Bad Godesberg 1952.

Sieht man von den Zeiten außergewöhnlicher wirtschaftlicher Krisen ab, so spielt heute in USA und Europa eigentliche Not, vor allem Hunger und Kälte – von Sonderfällen wie beispielsweise dem des entlassenen Strafgefangenen abgesehen – als Verbrechensursache nur eine bescheidene Rolle. Spezielle Zahlen für die Sondertatbestände des Notdiebstahls, des Notbetrugs und des Mundraubs fehlen; es kann aber angenommen werden, daß Verhältnisse, wie sie etwa *B. Seebohm Rowntree* in seinem Buch „Poverty: A Study of Town Life" (1901) oder *Bowley - Barnett - Hurst* in „Livelihood and Poverty" (1915) geschildert haben, dank der sozialen und wirtschaftlichen Entwicklung weitgehend historisch geworden sind. *Burt*[10] stellte fest, daß 56% der von ihm untersuchten Jugendlichen aus sehr armen oder mäßig armen Verhältnissen stammte, während der Londoner Durchschnittssatz nur 30% beträgt. Er führt jedoch die Kriminalität nur in 3% der männlichen Fälle auf Armut als Primärursache zurück. „Wenn die Mehrheit der Delinquenten bedürftig ist, dann werden die meisten Bedürftigen keine Delinquenten." *Healy - Bronner*[11] bezeichneten von 675 jugendlichen Delinquenten 5% als „destitute" (von allem entblößt), 22% als arm, 35% als normal, 34% als komfortabel ausgestattet und 4% als luxusgeprägt. Nach ihnen spielte nicht einmal in 1% der Fälle Armut die Rolle eines Hauptgrunds und nur in 7% die eines mitwirkenden Faktors. Hierbei ist aber immer nur an die eigentliche Hunger- und Kälte-Kriminalität gedacht. Die mittelbaren Wirkungen der Armut auf Charakterbildung, soziale, asoziale oder antisoziale Einstellung, ihre destruktiven Einflüsse werden von den Zahlen nicht umfaßt. Sie bestehen bei Jugendlichen und Erwachsenen u. a. in dem Fehlen eines wirklichen Heims; die Menschen werden auf die Straße oder in Kneipen getrieben. Sie sind schon von früher Jugend an auf den Daseinskampf, seine Härte und materialistische Richtung hingewiesen. Sie leiden unter der Diffamierung des sozialen Parias. Ihre Berufswahl ist nicht von ihrer Neigung, sondern harten Notwendigkeiten diktiert. „Arbeit haben, die für einen nicht paßt, ist fast ebenso schlimm wie überhaupt keine Arbeit" (*Burt*). Die Kinder armer Eltern mögen als überflüssige Esser unerwünscht und gehaßt sein. Dies schmerzt mehr als ein hungriger Magen. Krankheit oder Häßlichkeit wird als Ungerechtigkeit der Natur empfunden; Armut ist aber eine soziale und damit korrigierbare Ungerechtigkeit; die Verletzung des Gerechtigkeitsgefühls kann Affekte schaffen und

---

[10] The Young Delinquent, New York - London 1925, S. 92.
[11] Delinquents and Criminals, New York 1926, S. 121.

zu Aggressivität führen. Dergleichen mittelbare Auswirkungen der Armut sind für die Kriminalität von großer Bedeutung.

Die von der Notkriminalität deutlich zu scheidende Begehrlichkeitskriminalität, die sich in allen Schichten der Bevölkerung findet, ist das Kind ökonomischer Ungleichheit in einer Wettbewerbswirtschaft, in der die soziale Rangstufe sich weitgehend danach bemißt, ob man nur Schuhe, ein Fahrrad, Moped, ein Motorrad, einen Volks- oder Luxuswagen besitzt. Die falsche Tafel der Werte, die von einer sog. Oberklasse tagaus tagein aufgestellt wird, ist ein verbrechenfördernder Faktor ersten Ranges. Ihr folgen Haß, Neid, falscher Ehrgeiz und alle Arten von Hochstapelei zwangsläufig[12].

Das Begehrlichkeitsverbrechen, sei es Diebstahl, Betrug, Steuerhinterziehung oder Preistreiberei, geschieht weniger, um etwas zu haben, als um etwas vorzustellen. Schon die Jugendlichen benötigen Geld oder PKWs in erster Linie, um Freundinnen zu bekommen oder zu behalten; die jungen Menschen frieren nicht, sie haben wohl etwas anzuziehen, aber sie benötigen Kleidung, die eine diktatorisch auftretende und mit allen Mitteln der Massensuggestion arbeitende Mode gebietet. Systematisch entwertet sie, was sie einige Monate zuvor gepriesen hat. Es werden Wünsche und Begierden erweckt, deren Befriedigung Geld kostet. Die Menschen werden bewußt ärmer und kränker gemacht, als sie sind; die Reklame produziert bei alt und jung Nöte und Minderwertigkeitskomplexe und zugleich die Heilmittel, sie zu überwinden. Sie bringt ständig schwache, an sich selber zweifelnde Seelen in Versuchung.

Schlechte Vorbilder prägen sich ein und fordern zur Nachahmung heraus. Die Philosophie des „something for nothing“ wird nicht nur in USA gelebt. Was *Riis-Patric*[13] berichten, kann auch anderwärts geschehen: Ein Auto mit einem Schaden, der absichtlich angerichtet war, sofort in die Augen fiel und dessen Reparatur 25 cents kostete, wurde einer größeren Zahl von Reparaturwerkstätten zur Ausbesserung gegeben. 75% der Reparateure verlangten Bezahlung für die Beseitigung eines gar nicht vorhandenen Schadens; der Durchschnitts-

[12] *Heintz*, Einige theoretische Ansätze zu einer Soziologie der kriminellen Angriffe, Monatsschrift für Kriminologie 1956 (Sonderheft), spricht von der Kriminalität der „Aufstiegsbesessenen“. Sie beruht auf einer „Diskrepanz zwischen ihrem Anspruchsniveau und ihrer realen Situation“, die „starke und nachhaltende Frustrationen“ hervorruft und die Menschen somit neurotisiert.

[13] The Repairman will get you if you don’t look out, zitiert bei *Sutherland*, White Collar Crime, New York 1949, S. 11.

preis der Reparatur war 4 Dollar, und einige verlangten 25 Dollars. Dergleichen ist nicht unbekannt und wird auch bei anderen Gewerben angetroffen. Ein kurzer Hinweis auf vielfältige Steuerhinterziehungen sei angefügt. Sie werden bei Industrie und Handel auf viele Milliarden geschätzt, und „die ganz überwiegende Zahl der landwirtschaftlichen Betriebe wird“, heißt es beispielsweise im Bericht des „Wissenschaftlichen Beirats beim Bundesfinanzministerium“ vom Mai 1953, „von der Einkommensteuer überhaupt nicht erfaßt“. Der institutionalisierte, kaum verfolgte Schwindel steckt epidemisch an; kriminelle Taten, die wie Mord, Totschlag oder Raub das Sensationsbedürfnis befriedigen, aber immer als Handlungen von Outsiders empfunden werden, haben demgegenüber nur einen geringen “crime appeal“. Die gefährliche Vorstellung, daß Verbrechen sich bezahlt machen, stammt nicht von Gerichtsberichten der Presse oder Kriminalromanen und Filmen, denen ein moralisches happy end mindestens angeklebt ist, sondern von dem, was tagaus tagein ungestraft in der Wirklichkeit geschieht.

17. Literatur, Presse, Film

Die Vorstellung, literarische Erzeugnisse förderten die Kriminalität, ist alt, so uralt, daß schon deswegen eine gewisse Skepsis am Platze ist. Die Kritik ist immer gegen die zeitgenössische Literatur und Presse gerichtet und verweist ausdrücklich oder stillschweigend auf die „guten, alten Zeiten“, die aber ihrerseits von den Zeitgenossen in Grund und Boden verdammt wurden.

Am Anfang unserer Kultur steht Platon, der im zehnten Buch seines „Staats“ die Dichtkunst gleich ganz verbieten wollte. „Daß die Dichtkunst fähig ist, sogar die ausgezeichnetsten Männer (mit ganz geringen Ausnahmen) zu verderben, ist gar zu schrecklich. Nur einige wenige, glaube ich, sind imstande zu überlegen, daß ein Mitgenießen fremder Leidenschaft auf ihr Inneres wirken müsse . . . Ähnlich wird die Dichtung wohl wirken auf die Neigung zu erotischem Genusse, zu Zorn und allen Regungen der Seele, in denen Begierde, Schmerz und Lust vorwaltet. Nährt sie doch alles und erfrischt, was vertrocknen sollte, und macht zum Herrn, was unterworfen werden müßte, damit wir besser und nicht schlechter würden.“ Als Goethes „Werther“ erschien, wurde sein Vertrieb auf Antrag einer theologischen Fakultät verboten. Der Leipziger Kriminalist *K.F. Hommel*, einer der bedeutendsten deutschen Strafjuristen und Verfasser eines gegen die Lehre von der Willensfreiheit gerichteten Buches „Über Belohnung und Strafe nach türkischen Gesetzen", spottete 1778: „Ich könnte die Leiden des jungen Werthers erwähnen, dessen buntscheckiges Schicksal die Geschichte der Gelahrtheit zum lustigen Vergnügen der Nachwelt aufbehalten wird. Alle Welt hat dieses Buch gelesen, aber sich noch niemand erschossen." Nach *Lombroso,* dem Stammvater unserer Kriminologie, „schafft die Zivilisation dadurch, daß sie das Zeitungswesen befördert und die Verbreitung der Journale, welche immer eine chronique scandaleuse enthalten, oft überhaupt weiter nichts anderes sind, eine neue Ursache für die Verbrechen" (1899). Mordtaten in den Jahren 1866 und 1873 werden von ihm auf die „jetzt in Frankreich moderne Literatur, die Lektüre von Kriminalromanen und der verschiedenen Zeitungsberichte" zurückgeführt. *Aschaffenburg* (1902) bemerkt zustimmend, daß „einsichtigere Erzieher auch an den verhältnismäßig harmlosen Indianergeschichten von der Art des Lederstrumpf und den gierig von der Jugend verschlungenen Büchern Karl Mays Anstand genommen haben, die gewiß einem gesunden Knaben nicht viel schaden werden, aber schon bei weniger klar denkenden und abenteuerlich veranlagten Kindern die Sucht nach Abenteuern wecken können." Während des zweiten Weltkriegs und nach ihm haben viele Pädagogen des Auslands die Grimmschen Märchen für die scheußlichen Verbrechen des Nazismus mitverantwortlich gemacht, wobei sie davon ausgingen, daß die Menschen in weit höherem Maße in ihrer Kindheit als in den späteren Jahren durch Umwelteinflüsse geformt werden. „Max und Moritz", die erheblich kriminell sind, haben sie vergessen.

Die häufige Erörterung der verbrechenfördernden Einflüsse von Literatur, Presse und Film hat jedenfalls die eine Wirkung, daß halbwegs intelligente Delinquenten sich zur Entschuldigung ihres Verhaltens auf die Sensationspresse, Schmutz und Schund, comic strips, Kriminalfilme u. dgl. berufen. Sie sind ein bequemes Alibi. Diese „Entschuldigungen" sind nur mit großen Vorbehalten zu verwerten. *Hellwig*[1] hat schon 1912 von einem Dienstmädchen berichtet, das einen Vergiftungsversuch auf den Einfluß eines Films zurückgeführt hat. Der Film existierte nicht. Auch *Burt*[2] erwähnt die häufige Neigung, Filmeindrücke als Ausflucht zu verwenden. Deswegen müssen

[1] Kinematograph und Verbrechen, Monatsschrift für Kriminalpsychologie, 1912/13, S. 711 ff.

[2] The Young Delinquent, London 1945, S. 143 ff.

auch die Mitteilungen von *Blumer-Hauser*[3] Skepsis begegnen. Nach ihnen glaubten 10% der untersuchten 368 männlichen und 25% der untersuchten 252 weiblichen Delinquenten im Alter von 14 bis 18 Jahren, daß Filme einen unmittelbaren Einfluß auf ihre asoziale Laufbahn hatten. In diesem Zusammenhang ist auch die allseits festgestellte Tatsache nicht unbeachtlich, „daß bei der Mehrzahl der Kinobesucher der Ausfall jeder Nachwirkung bezeichnend ist. Weder Titel noch Inhalt sind in vielen Fällen bekannt, auch bei den Filmen, die zuletzt gesehen wurden“[4].

Viele Urteile über den schlechten Einfluß von Film und Literatur sind bloße Schreibtischgeburten, sie geben Denkmöglichkeiten wieder. Verwertbar sind jedoch allein konkrete Tatsachenfeststellungen. Es gibt einzelne solcher Untersuchungen; die früherer Zeiten sind offensichtlich unbrauchbar. Beispielsweise hat *Homberger*[5] in der Frühzeit der Kriminologie die Zunahme der Jugendkriminalität im Oberlandesgerichtsbezirk Karlsruhe in den Jahren 1890 bis 1909 auf das Erscheinen von billigen Kriminalheften und ihren zeitweisen Fall auf die modische Publikation bloßer „Indianergeschichten“ zurückgeführt. Ein einzelner Einfluß kann aber nicht isoliert werden; junge Menschen sind vielerlei und oft gegensätzlichen Einflüssen ausgesetzt. Die Menschen lesen nicht nur „schlechte“ Bücher, möglicherweise lesen sie überhaupt nichts und werden trotzdem kriminell. Die Leute sehen auch nicht nur „schlechte“, sondern auch „gute“ Filme. Bezeichnend ist, daß auch nach der Untersuchung von *Blumer-Hauser* doppelt so viele junge Burschen aus stark kriminellen Umgebungen Filme mit „Flugzeugen“ denen mit „Gangstern“ vorgezogen haben; auch die Delinquenten haben den Filmen in höherem Maße den Ansporn, „ein guter Mensch zu sein“, entnommen als einen Anreiz, „sich leicht einen Haufen Geld zu verschaffen“[6]. Unbestreitbar bleibt die Tatsache, daß von Millionen jugendlicher Leser von comic strips und sonstigem Schund und von Millionen und Abermillionen jugendlicher Kinobesucher überhaupt nur ein kleiner Bruchteil kriminell wird. Wenn schlechte Literatur und schlechte Filme wirklich eine beachtliche Ursache von Jugendverbrechen wären, müßte man eine sehr viel

---

[3] Movies, Delinquency and Crime, New York 1953, S. 35.

[4] *Märtin*, Der Großstadtjugendliche und das Problem seiner Straffälligkeit, Berlin 1951, S. 100; vgl. auch *Lavies*, Film und Jugendkriminalität, in „Bekämpfung der Jugendkriminalität“, Wiesbaden 1955, S. 207 ff.

[5] Der Einfluß der Schundliteratur auf jugendliche Verbrecher und Selbstmörder, Monatsschrift für Kriminalpsychologie, 1909/10, S. 145 ff.

[6] *Cavan*, Criminology, New York 1948, S. 80 f.

höhere Zahl von Delinquenten erwarten. *May-Shuttleworth*[7] haben von 7000 Schülern die 700 ausgewählt, die das Kino am häufigsten besuchten, und mit den 700 verglichen, die am seltensten Filme sahen. Soziale Unterschiede der Herkunft und dgl. wurden berücksichtigt. Sie haben in 90% der Fälle keine bedeutungsvollen Abweichungen in Denk- und Handlungsweise festgestellt. Immerhin muß häufiger oder seltener Filmbesuch seine psychologischen oder soziologischen Ursachen haben. Nach den letzten Untersuchungen der Eheleute *Glueck*[8] besuchten 44,9% der jugendlichen Delinquenten das Kino wöchentlich dreimal oder noch öfter, während dies nur 11% der Nichtdelinquenten taten. *Glueck* führen die Delinquenz aber nicht auf den Kinobesuch, sondern Delinquenz und Kinobesuch auf einen gemeinsamen Nenner zurück, nämlich auf den – auch konstitutionsbiologisch, psychiatrisch und durch Rorschachtestung festgestellten – spezifischen Habitus der Delinquenten, u. a. ihre ruhelose Energie und ihren Hunger nach Erlebnissen und Abenteuern. Sie fahren auch viel häufiger als „Anhalter" oder als blinde Passagiere auf fremden Lastwagen. Auch *Burt* argumentiert wie *Glueck*; Gelddiebstähle, die um des Kinobesuchs willen begangen werden, sind nicht vom Kino, sondern in aller Regel von dem Erlebnisbedürfnis der jungen Menschen veranlaßt, das sich so oder so Bahn bricht.

Die herrschende Auffassung der Kriminologie sieht in Schmutz, Schund und schlechten Filmen nur eine beiläufige Verbrechensursache. Für die Erwachsenenkriminalität hat *Le Maire*[9] in seiner umfassenden Monographie über alle dänischen Sittlichkeitsverbrechen der Jahre 1929 bis 1939 festgestellt, daß „literarische Impulse (Pornographie) nur in reinen Ausnahmezuständen zu sexualkriminellen Handlungen Anlaß gegeben haben und also auf Grund des vorliegenden Materials angenommen werden muß, daß Pornographie insoweit ohne jede praktische Bedeutung ist." Zu ähnlichen Ergebnissen gelangt auch die Jugendkriminologie. *Burt*[10], der eine der gewichtigsten Arbeiten geschrieben und sich gründlich mit den Filmeinflüssen beschäftigt hat, spricht dem Film die Bedeutung eines unmittelbaren Vorbilds oder eines Anlasses zur Kriminalität ab. In den ganz wenigen Fällen, wo Einflüsse spürbar waren, handelte es sich um geistesschwache Jugend-

---

[7] Social Conduct and Attitudes of Movie Fans, zitiert bei *Neumeyer*, Juvenile Delinquency in Modern Society, New York - London 1950, S. 167.

[8] Unraveling Juvenile Delinquency, Cambridge 1951, S. 161.

[9] Legal kastration, Kopenhagen 1946, S. 131.

[10] The Young Delinquent, London 1945, S. 143 ff.

liche, die durch die Filme nicht die Impulse zum Verbrechen bekamen, sondern mehr Methoden des gesehenen Films übernahmen. Dieselbe Auffassung wird in der Schweiz vertreten[11]. In den USA hat *Healy*[12] in seinem großen Material über junge Kriminelle keinen einzigen Fall gefunden, in dem Presseprodukte eine Verbrechensursache im strengen Sinn dargestellt hätten. *Tappan*[13] kommt in seinem bekannten Standardwerk über die Jugendkriminalität zu dem Resultat: „Es gibt keine Anzeichen für einen unmittelbaren Einfluß des Films auf antisoziales Verhalten. Ein Kind entwickelt eine Disposition zur Delinquenz nicht im Kino, sondern auf Grund seiner Erlebnisse zu Hause und in der Nachbarschaft." Abschließend sei bemerkt, daß auch die Kefauver-Kommission („Spezial Committee to Investigate Organized Crime") in Comic Strips u. dgl. keinen ausschlaggebenden Kausalfaktor gesehen hat[14] und die von der UNESCO herausgegebene Arbeit *Storcks*[15] von einer Übertreibung der Gefahren des Films spricht[16].

Im Gegensatz zur ausländischen Kriminologie wird in der deutschen Diskussion übersehen, daß die sensationellen Nachrichten der Presse, Schmutz, Schund, schlechte Filme gerade kriminologisch auch gute Seiten haben und man mit einer gewissen Frivolität in Anlehnung an Schiller auch Schmutz und Schund als „eine moralische Anstalt" betrachten kann. „Der Mensch", schrieb *Schiller*, „überladen von tierischem Genuß, der langen Anstrengung müde, von ewigen Trieben nach Tätigkeit gequält, dürstet nach besseren, auserlesenen Vergnügungen oder stürzt zügellos in wilde Zerstreuungen, die die Ruhe der Gesellschaft zerstören. Bacchantische Freuden, verderbliches Spiel, tausend Rasereien sind unvermeidlich, wenn der Gesetzgeber diesen Hang nicht zu lenken weiß. Wenn Gram an dem Herzen nagt, wenn trübe Laune vergiftet, wenn uns Welt und Geschäfte anekeln, wenn tausend Lasten unsere Seele drücken und unsere Reizbarkeit unter Arbeiten des Berufs zu ersticken droht, so träumen wir in der künstlichen Welt der Bühne die wirkliche hinweg." Schon *Schiller*

---

[11] *Kern*, Jugendschutz und Kino, Rorschach 1945; *Näf*, Ursachen der Jugendkriminalität, Basel 1953, S. 54 ff.

[12] The Individual Delinquent, Boston 1915, S. 301 ff.

[13] Juvenile Delinquency, New York - London 1949, S. 154.

[14] *Barnes - Teeters*, New Horizons in Criminology, New York 1952, S. 204.

[15] Le film récréatif pour spectateurs juvéniles, Paris 1950.

[16] Zur deutschen Diskussion vgl. *Becker*, Zum Thema Film und Jugendkriminalität, Zentralblatt für Jugendrecht und Jugendwohlfahrt, 1955, S. 197.

kannte, lange vor der Tiefenpsychologie, die Tretmühle des Alltags, das Bedürfnis der Menschen nach einer Traumfabrik und die sublimierende Wirkung einer künstlichen Welt. In ihr werden schlimmere Neigungen abreagiert. Sie ist ein Ersatz für gesellschaftzerstörende Raserei, nicht zuletzt für Verbrechen. Die asoziale Handlung wird – für die Gesellschaft gefahrlos – nur in der Phantasie begangen. Schmutz und Schund sind, mit einem psychoanalytischen Worte, symbolische Abschlagszahlungen, Kompromisse zwischen Verbot und Verbotsübertretung, Befriedigung und Befriedung (Pazifizierung) aggressiver Tendenzen. Der künstlerische Unterschied zwischen *Schillers* Schaubühne und Schmutz, Schund und einem Kriminalfilm mag gewaltig sein, dies ist aber individual- und sozialpsychologisch sowie kriminalpolitisch ohne Bedeutung. Wir mögen in Einzelfällen feststellen können, daß eine Sensationsnachricht, daß comic strips oder grausame und grauenhaft schlechte Filme eine labile Seele zum Straucheln brachten. Wir zählen aber nicht die Fälle, in denen sie Schlimmeres verhütet haben. „Häufiger [als eine Verbrechensursache zu sein] werden Filme asoziales Verhalten verhüten, indem sie ihm einen unschädlichen Abfluß gestatten."[17]

Wie in den USA wird die ganze Problematik mit der Ausdehnung des Fernsehens an Bedeutung verlieren.

18. Religion und Konfession

Die Bibel hat uns den Dekalog und die Bergpredigt geschenkt, deren schaler Abglanz das Strafgesetzbuch, das „ethische Mininum", ist. Das Wissen um ethische Normen und Strafgesetze macht aber allein noch nicht tugendhaft. Der Geist ist willig, aber das Fleisch ist schwach. Die Ohnmacht der Menschen, die Durchschlagskraft ihrer individuellen Anlage und sozialen Umwelt hat sich auch in der Geschichte der Religionen und religiösen Gemeinschaften gezeigt. Die Kreuzfahrer waren weniger von Glaubenseifer als von Wandertrieb, Abenteuerlust und Beutegier geleitet; der Papst hatte „die Unterdrücker der Waisen und Witwen, die Meuchelmörder und Tempelschänder, die Räuber fremden Gutes" zum Schutze Jerusalems „unter dem Feldhauptmann Christus" aufgerufen; sie kamen. Als die Kreuzzüge gescheitert waren, begannen die Hexenprozesse. Am 15. 12. 1484

---

[17] *Tappan*, Juvenile Delinquency, 1949, S. 154; vgl. ferner z. B. *Strahl*, Brotten och brottspåföljderna, Stockholm 1952, S. 52; *Hurwitz*, Kriminologi, Kopenhagen 1948, S. 246.

gab der Papst in der Hexenbulle den Dominikanern den Auftrag zur Ketzerinquisition; es gelang ihnen vor allem in Deutschland, Hexen und Ketzer auch den weltlichen Gerichten in die Hände zu spielen, die mit der Folter im Namen Gottes unsägliche Leiden über Millionen Menschen brachten. Das bayerische Strafgesetzbuch von 1751 glaubte noch an die Möglichkeit einer fleischlichen Vermischung mit dem Teufel und bestrafte sie mit dem Feuertod. Wahre und mißbrauchte Religion waren in Kreuzzügen und Hexenprozessen unlöslich verbunden; auch wo wirklicher Glauben war, hat er die jahrhundertelange Epidemie scheußlicher Verbrechen nicht verhindert oder ihr wenigstens Einhalt zu bieten versucht. Nicht die Kirchen, sondern die Aufklärung hat dem Hexen- und Ketzerfanatismus den Todesstoß versetzt. Die geschichtlichen Tatsachen rechtfertigen die Feststellung, die schon *Lombroso*[1] getroffen hat: „Der Einfluß der Religion ist vielleicht noch vielfältiger und komplizierter als der, den Zivilisation und Reichtum auf das Verbrechen ausübt." Einige Kriminologen, z. B. *Glueck*[2], betonen ihren günstigen Einfluß, andere[3] halten ihn für minimal, ja sind sogar geneigt, die Religion bisweilen für eine Verbrechensursache zu halten[4]. *Nietzsche* ähnlich fürchten sie, daß Schuld- und Strafvorstellungen, die den weitgespannten religiösen tabu-Vorstellungen erwachsen, „die seelische Harmonie zerstören", krank machen, Neurosen und Kriminalität erzeugen; sie machen auch den kirchlichen Widerstand gegen eine deterministische Weltanschauung für das Fehlen einer rationalen und wirksamen Kriminalpolitik verantwortlich[5].

Gluecks[6] teilen mit, daß von ihren untersuchten 500 jungen Delinquenten 39,3% die Kirche regelmäßig und 54,2% gelegentlich besuchten; für die Nichtdelinquenten sind die Zahlen 67,1% und 28,7%.

---

[1] Die Ursachen und Bekämpfung des Verbrechens, Berlin 1902, S. 122.

[2] Five Hundred Delinquent Women, New York 1934, S. 84.

[3] *Tappan*, Juvenile Delinquency, New York 1949, S. 514 ff.

[4] Vgl. *Tafl*, Criminology, New York 1947, S. 214, 222; *Hurwitz*, Kriminologi, Kopenhagen 1948, S. 237 ff.

[5] Die anglikanische Staatskirche (Church of England) hat jedoch 1956 — wie zuvor die schwedischen Bischöfe — eine Reform des Sexualstrafrechtes empfohlen, insbesondere eine Beschränkung der Strafbarkeit der Prostitution und eine Beseitigung der Strafbarkeit freiwilliger Homosexualität zwischen Erwachsenen. „Die beste Hilfe, die einem echten Homosexuellen gegeben werden kann, besteht in einer gegenseitigen verständnisvollen Anpassung."

[6] Unraveling Juvenile Delinquency, Cambridge 1951, S. 166; vgl. auch *Young*, Social Treatment in Probation and Delinquency, New York - London 1952, S. 445 f.

Barnes-Teeters[7] geben die Resultate vielfältiger amerikanischer Untersuchungen über den Einfluß des Besuchs von Gottesdienst und Religionsunterricht auf religiöses Wissen und moralische Haltung wieder. Die Ergebnisse, auch die kirchlicher Organisationen, waren wenig ergiebig. Die einen wie die anderen Kinder haben nach Bedarf – bald mehr, bald weniger – geschwindelt und geheuchelt. „Sowohl Junge wie Erwachsene halten wahrscheinlich ihre Religion und ihren Moralkodex separat." *Barnes-Teeters* u. a. sehen die moralische Erziehung im Elternhaus für entscheidend an und versprechen sich von einer Ausweitung der religiösen Erziehung in ihrer gegenwärtigen Form „keinen automatischen Einfluß auf einen Fall der Kriminalität".

Die Verteilung der Kriminalität auf die verschiedenen Konfessionen ist in Deutschland, Holland, Ungarn und USA untersucht worden[8]. Folgende Resultate seien genannt:

Deutschland[9]
auf je 100 000 Personen gleicher Konfession verurteilt

	Protestanten	Katholiken	Juden
1882–1891	963	1153	784
1892–1901	1122	1361	1030

Die Kriminalstatistik für 1935/36, die von 64% Evangelischen und 32,35% Katholiken im Reiche ausgeht, gibt die Gesamtzahl verurteilter Evangelischer mit 228 274 und der Katholiken mit 142 694 an. Sie enthält besonders hohe katholische Zahlen bei Körperverletzung, Sachbeschädigung, Betrug; aber auch bei Sittlichkeitsdelikten, Kindstötungen und Meineid liegt die katholische Kriminalität nicht unbedeutend über ihrem Bevölkerungsanteil.

Holland 1901–1909

Katholiken	Protestanten	Juden	Konfessionslose	Gesamtbevölkerung
416	309	213	84	337

---

[7] New Horizons in Criminology, New York 1952, S. 184 ff; vgl. auch *Middendorf*, Religion und Verbrechen, Monatsschrift für Kriminologie, 1956, S. 34.

[8] Vgl. *Aschaffenburg*, Das Verbrechen und seine Bekämpfung, Heidelberg 1923, S. 57 ff; *Sauer*, Kriminologie, Berlin 1950, S. 204 ff; *Bonger*, Criminalité et Conditions Economiques, 1905; *Hacker*, Der Einfluß der Konfession auf die Kriminalität in Ungarn, Miskolc 1930; *Kalmer-Weir*, Crime and Religion, Chicago 1936.

[9] Die Reichskriminalstatistik enthält eine Konfessionsstatistik nur bis 1901.

Auch die amerikanischen Berichte über die Konfessionalität von Gefangenen lassen im allgemeinen erkennen, daß die Katholiken die Protestanten übertreffen und die Zahl von Juden und Konfessionslosen unter dem Durchschnitt liegt.

Das Rätsel der ungewöhnlich hohen Kriminalität der Katholiken in den verschiedensten Ländern hat viel Kopfzerbrechen verursacht. In den USA hat man auf die hohe Quote katholischer Einwanderer hingewiesen und ihre Kriminalität auf die generationslangen Schwierigkeiten einer wirtschaftlichen und sozialen Eingliederung, auf den oft radikalen Kulturwandel und das schwierige Leben als Minorität zurückzuführen versucht. Ähnlich hat man auch in Deutschland und Holland argumentiert. Wirtschaftliche und soziale Schwäche sowie eine gewisse kulturelle Rückständigkeit ist auch hier für breite katholische Schichten jedenfalls im 19. und beginnenden 20. Jahrhundert feststellbar gewesen. Offen blieb hierbei, was in Deutschland und Holland Anlaß war, daß breite und langeingesessene Schichten von dem wirtschaftlichen und kulturellen, spezifisch kapitalistischen Aufstieg ausgeschaltet waren. Man hat die Lösung in grundsätzlichen Unterschieden jüdischer und protestantischer Religiosität einerseits und katholischer Religiosität andererseits zu finden geglaubt. Schon *Lombroso* verwies auf die Ohrenbeichte der Katholiken; ihr wurde in der Folgezeit mit besonderer Vorliebe die Schuld zugeschoben, während eine psychoanalytisch orientierte Kriminologie in ihr gerade ein hervorragendes Mittel sah, seelische Konflikte, Neurosen und Aggressivitäten abzureagieren. Die Religionssoziologie *Max Webers* hat auf die Verschiedenartigkeit der innerweltlichen Ethik, namentlich der Berufsethik, und auf die jüdische und protestantische „Entzauberung der Welt" als Ursache der eigenartigen sozialen Schichtung der Konfessionen und damit ihrer Kriminalität aufmerksam gemacht. In seine Gesamtschau geht auch die Beichte ein. „Die Ausschaltung der Magie als Hilfsmittel war in der katholischen Frömmigkeit nicht zu den Konsequenzen durchgeführt wie in der puritanischen (und vor ihr nur in der jüdischen) Religiosität . . . Man konnte sich in Reue und Bußfertigkeit an den katholischen Priester wenden, er spendete Sühne, Gnadenhoffnung, Gewißheit der Vergebung . . . Der Gott des Calvinismus verlangte von den Seinigen nicht einzelne ‚gute Werke', sondern eine zum System gesteigerte Werktätigkeit. Von dem katholischen, echt menschlichen Auf und Ab zwischen Sünde, Reue, Buße, Entlastung, neuer Sünde oder von einem durch zeitliche Strafe abzubüßenden, durch kirchliche Gnadenmittel zu begleichenden Saldo des Gesamtlebens war keine Rede."[10] Hiernach hätte die Kriminalität der Katholiken und das mangelnde Verständnis für kapitalistische Methodik, für Industrie, Technik und Managertum eine gemeinsame religiöse Wurzel.

19. Familie und Heim

Die moderne Kriminologie ist sich darüber einig, daß die letzten und entscheidenden Verbrechensursachen nicht am Tatort und nicht in der Zeit zu finden sind, die der Tat unmittelbar vorausging. Die deutsche Kriminologie, die der Anlage des Täters eine beherrschende Bedeutung beimißt, hält seinen Charakter für ererbt oder angeboren. Ursächlich für die Tat sind dann die Eltern, Großeltern und Ureltern. Die angelsächsische Theorie geht demgegenüber von der Umwelt des Täters aus. Umwelt ist ihr vor allem Familie und Heim; auch für sie ist daher die verbrecherische Tat durch Vater und Mutter maßgeblich verursacht. Die Begründungen der beiden Auffassungen weichen weit voneinander ab, auch die Konsequenzen sind verschieden; es ist aber augenfällig, daß die Wege der beiden Schulen einen gemeinschaftlichen Schnittpunkt haben, eben die Familie. Sie ist die Wiege des Guten und Bösen.

Im Zuge des Maschinenzeitalters und der Verstädterung ist die Institution der Familie einer großen Umwandlung unterworfen; sie berührt das Schicksal der Mehrzahl aller Kinder. Aus der ländlichen oder noch kleinstädtischen Großfamilie, die aus Urahne, Großmutter, Mutter und Kind bestand und Arbeits- und Freizeitgemeinschaft war, ist die arbeitsteilige Familie geworden, die bisweilen nur noch eine Nachtgemeinschaft ist. Allzuselten herrscht die züchtige Hausfrau, die Mutter der Kinder im häuslichen Kreise. Eine Lockerung der Familienbande im Lauf der vergangenen hundert Jahre ist eine historische Tatsache; sie ist auch unwiderruflich, weil sie eine Folge des ungeheuren Wachstums der Bevölkerung und der Industrialisierung ist. Nichts auf Erden ist umsonst. Auch der Sieg über nackte Not und Unwissen, wie sie vor dem kapitalistischen Zeitalter geherrscht haben, der heute allgemeine Zugang zu damals unbekannten Lebensgütern, Radio und Film, der Eisenbahn oder dem Auto zur Fahrt nach Italien, zu Krankenaus oder Penicillin, unser „Lebensstandard", "the way of living" kostet seinen Preis. Zu den DM- oder Dollar-Beträgen

[10] *Max Weber,* Gesammelte Aufsätze zur Religionssoziologie, Tübingen 1934, I, S. 114.

kommt die Aushöhlung der Familie, ohne die eine Massenproduktion undurchführbar wäre, und in ihrem Kielwasser auch ein Teil Kriminalität hinzu. Die Erwachsenen von heute schaffen die Jugend von heute, die Eltern von heute haben ihre Kinder von heute. Der Apfel fällt nicht weit vom Stamm.

Kriminologisch wichtiger als die säkulare Umgestaltung des Familienlebens ist das individuelle Schicksal, einer unvollständigen Familie zu entstammen.

Die harmonische Vollfamilie mit Vater, Mutter und einigen Geschwistern erfüllt die Bedürfnisse des Kindes am besten. Die Familie ist einmal „unvollständig", wenn ein Elternteil fehlt. Das Kind ist unehelich geboren; Vater oder Mutter ist gestorben oder dauernd abwesend. Die Ehe ist geschieden. Zu den „soziologisch unvollständigen" Familien treten sodann die „psychologisch unvollständigen" hinzu. Das Kind hat einen Stiefvater oder eine Stiefmutter, wozu sich die „Onkelehe" gesellt. Oder die Familie ist aus wirtschaftlichen oder moralischen Gründen in Auflösung. Die Eltern leben in Streit; das Kind ist unerwünscht; Harmonie und Gemeinschaftsgedanke sind durch einen in der Regel väterlichen Haustyrannen verdrängt. Alle diese und manche ähnliche Spielarten familiären Lebens werden von dem anglo-amerikanischen Begriff des "broken home" umfaßt.

Das neugeborene Kind ist keine leere Wachsplatte, es bringt bestimmte gute und schlechte Anlagen mit, es ist für Umwelteinflüsse mehr oder weniger plastisch. Im Rahmen dieser Empfänglichkeit ist das Vorbild der Familie der für das ganze Leben wichtigste soziale Faktor. Die Familie ist das erste und eindrücklichste Muster der sozialen Gemeinschaft, sie tradiert das „Wissen um Gut und Böse", das das „Gewissen" (in der Sprache der Tiefenpsychologie das „Über-Ich") ausmacht. Die Familie zähmt das Kind und lehrt die Kunst des Triebverzichts zugunsten der Gemeinschaft. Eine fehlerhafte Erziehung, sei es, daß es an Worten oder an entsprechenden Taten von Vater oder Mutter mangelt, wird fortzeugend Böses gebären. *Miriam van Waters*[1] spricht von „neunzehn Wegen, ein schlechter Vater oder eine schlechte Mutter zu sein". Dazu gehört übertriebene Strenge, weiter Schlappheit, Laxheit und Verwöhnung, sodann launische Erziehung. Das Kind wird das Modell der Elternbeziehungen und der Eltern-Kind-Beziehungen auf alle seine zukünftigen sozialen Verhältnisse übertragen. Löst Vater oder Mutter Konfliktsituationen

[1] Parents on Probation, New York 1927; vgl. auch *Burt,* The Young Delinquent, London 1945, S. 96 ff, 265 ff, 519 ff.

etwa mit Gewalt, prügeln sie häufig das Kind, so wird auch das Kind im Leben Aggressivität einer umsichtigen und behutsamen Beseitigung von Schwierigkeiten vorziehen, privat, vielleicht auch innen- und außenpolitisch. Streitsucht, Lüge, Heuchelei, Kriminalität der Eltern prägen sich als soziales Verfahrensmuster und Weltbild auf immer ein. Vater und Mutter spielen ihre besondere Rolle. Die Mutter hat den Schlüssel zur Welt des Fühlens, Verstehens und Entsagens, der Vater ist der Gesetzgeber. „Alle Achtung vor Gesetz und Ordnung – so muß angenommen werden – gründet für viele Jugendliche allein in der lebendigen Existenz des Vaters, der unmittelbarer zu verpflichten vermag als jede äußere Macht, mehr auch als jede Einsicht.“[2] Es ist für das soziale, auch sexuelle Verhalten wichtig, daß der Junge sich mit dem Vater und das Mädchen mit der Mutter identifizieren kann.

Einige der vielen repräsentativen Zahlen aus *Gluecks* Untersuchungen[3] über den Einfluß soziologisch und psychologisch unvollständiger Familien auf die Kriminalität seien angefügt:

	Delinquenten	Nichtdelinquenten
"broken homes" (Tod oder Abwesenheit eines Elternteils, Scheidung, Separation)	60,4%	34,2%
Ausgabenplanung		
völlig	33,9%	56,2%
teilweise	31 %	23,5%
„von der Hand in den Mund“	35,1%	20,3%
Sinn für das Ansehen der Familie		
betont	11 %	48,3%
mäßig	45,8%	41,7%
nicht vorhanden	43,2%	10 %
Intime Beziehungen der Eltern		
gut	36,8%	65,3%
mäßig	32 %	19,8%
schlecht	31,2%	14,9%
Gemeinschaftliche Freizeitbeschäftigungen der Familie		
oft	2,2%	9,5%
gelegentlich	30,4%	52,6%
nie	67,4%	37,9%

[2] *Märtin,* Der Großstadtjugendliche und das Problem seiner Straffälligkeit, Berlin 1951, S. 58 f.

[3] Unraveling Juvenile Delinquency, Cambridge 1951, S. 108 ff; vgl. auch One Thousand Juvenile Delinquents, Cambridge 1934, S. 76.

	Delinquenten	Nichtdelinquenten
Zusammenhalt der Familie („Wir"-Gefühl)		
betont	16 %	61,8%
bescheiden	59,3%	37,4%
nicht vorhanden	24,7%	0,8%

Die Zahlen sind eindrucksvoll. Die Umgebung, in der die 500 delinquenten Jungen aufwuchsen, war für die Bildung einer gesunden, glücklichen und gesetzestreuen Persönlichkeit wesentlich ungünstiger. Dabei ist zu beachten, daß die Untersuchung der Eheleute *Glueck* eine Kontrollgruppe von Nichtdelinquenten gewählt hatte, die nach Alter und Intelligenz, ethnischer und vor allem auch sozialer Herkunft (Slums) weitestmöglich mit der Gruppe der Delinquenten übereinstimmte.

Zu einem ähnlichen Resultat kamen auch viele andere amerikanische Untersuchungen. *Merril*[4] fand unter ihren Delinquenten 50,7%, die aus geschiedenen oder durch Tod aufgelösten Ehen stammten, während es bei der Kontrollgruppe nur 26,7% waren. *Healy-Bronner*[5] kommen nach der Untersuchung von 4000 Fällen in Chicago und Boston zu dem Schluß: „Sicher liegen 'broken-home'-Bedingungen häufiger, als es dem Durchschnitt der Bevölkerung entspricht, im Hintergrund der Kriminalität." Weitere übereinstimmende statistische Angaben stammen von der Wickersham-Commission, dem Children's Bureau, US Department of Labor, und der California Youth Authority[6].

Die amerikanische Kriminologie legt Scheidung, Separation oder längerer Abwesenheit eine größere Bedeutung bei als dem Tod eines Elternteils; noch weit bedeutungsvoller aber sind psychische Schäden der Familie, z. B. ewige Streitigkeiten, tiefe Aversionen und Disharmonien. Sie führen zu Spannungen und schweren Störungen der Kinderseele. "The problem child is a child with problems", und die ungelösten Probleme des Kindes verfolgen den Menschen durch seinen ganzen Lebenszyklus.

Deutsche Studien haben sich in wesentlich bescheidenerem Maße als die angelsächsische Kriminologie mit dem moralisch unvollständigen Elternhaus beschäftigt. Wo dies aber geschehen ist, stimmten die Er-

---

[4] Problems of Child Delinquency, New York 1947, S. 64 ff.

[5] Delinquents and Criminals, New York 1926, S. 122, 208.

[6] *Barnes-Teeters,* New Horizons in Criminology, New York 1952, S. 299 ff; *Tappan,* Juvenile Delinquency, New York - London 1949, S. 134 ff.

gebnisse mit den amerikanischen Zahlen überein. Nach den Untersuchungen *Schnells* und *Schmids*[7] kamen von 500 Erstverbrechern 10% und von 500 Rückfallsverbrechern 60% aus moralisch defekten Familien. *Stury*[8] untersuchte 144 Insassen eines Jugendgefängnisses; alle Insassen entstammten soziologisch vollständigen Familien; die Ehe der Eltern war aber in 63% der Fälle „schlecht" oder „sehr schlecht".

Die meisten kriminologischen Arbeiten Deutschlands behandeln ausführlich die wegen Todes, Scheidung, Unehelichkeit unvollständige Familie.

Schmid fand bei seinen 500 Erstverbrechern 8,3% uneheliche Kinder, *Schnell* bei den rückfälligen Tätern aber 16%. Der Prozentsatz von 8,3% dürfte ungefähr dem Durchschnitt in der Gesamtbevölkerung entsprechen. Eine erhöhte Kriminalität unehelicher Kinder ist auch in England festgestellt worden[9]. Zu beachten ist jedoch, daß die Kriminalität der Unehelichen nicht nur auf das Fehlen eines Vaters, die damit verbundenen sozialen Vorurteile in der Öffentlichkeit, die schlechten wirtschaftlichen Verhältnisse und manchmal eine Heimerziehung, sondern auch auf Anlagefaktoren zurückgeführt werden kann, die von Erzeuger und Mutter ererbt sind.

Kerscher[10] gibt die Zahl derer, die vor ihrem 16. Lebensjahr einen oder beide Elternteile verloren haben, mit 16% in der Bevölkerung an. In den Strafanstalten fanden sich an solchen Frühverwaisten jedoch 25–30%, wobei die größte Zahl auf diejenigen fiel, die die Mutter verloren hatten. *Schmid* und *Schnell* zählten unter den Erstverbrechern 5% Waisen, unter Rückfallstätern 39%. Die erhöhte Kriminalität der Waisenkinder steht hiernach außer Frage. Nach *Exner*[11] beträgt die Zahl der Stiefkinder durchschnittlich 5%. Der Anteil der Stiefkinder an der Kriminalität ist aber höher; er betrug im Jahr 1941 10,9%.

Der zeitliche Rang der Kriminellen in der Geschwisterreihe ist in

---

[7] *Schnell,* Anlage und Umwelt bei 500 Rückfallsverbrechern, Krim. Abh., XXII, S. 59; *Schmid,* Anlage und Umwelt bei 500 Erstverbrechern, Krim. Abh., XXIV, S. 34.

[8] Die äußeren Entwicklungsbedingungen junger Rechtsbrecher, Krim. Abhandlungen, XXXII.

[9] *Carr - Saunders - Mannheim - Rhodes,* Young Offenders, Cambridge 1942, S. 97.

[10] Verbrechen und Verwaisung, Krim. Abhandlungen, XXIX.

[11] Monatsschrift für Kriminologie, 1953, S. 60; vgl. auch Kriminologie, 1949, S. 226 f.

den USA und England häufig untersucht worden[12]. Die früheren Statistiken ergaben eine höhere kriminelle Gefährdung des Erstgeborenen; man versuchte sie mit den größeren Schwierigkeiten der ersten Geburt, der pädagogischen Unerfahrenheit der Eltern oder einer Eifersuchtsproblematik des Erstgeborenen bei der Geburt der Geschwister zu erklären. Die neueren Untersuchungen haben jedoch zu keiner Bestätigung der früheren statistischen Feststellungen geführt.[13] Eine höhere Kriminalität auch des Alleinkinds wurde besonders von *Burt*[14] vertreten. Die These findet aber in dem Material der Eheleute *Glueck* und anderer keine Grundlage. Dagegen ergeben alle Statistiken eine erhöhte Anfälligkeit der Großfamilie. Nach *Rattenhuber*[15] stammten von 96 gefährlichen Sittlichkeitsverbrechern 53 aus Familien mit mehr als 6 Kindern und 21 aus Familien mit 10 und mehr Kindern. In Liverpool hat nach *Bagot*[16] die Durchschnittsfamilie 2,97 Kinder, während die jungen Gesetzesübertreter aus Familien mit 5,76 Kindern stammten. Je größer die Familie, desto größer war auch die Rückfälligkeit der Kinder. In ihrer letzten Untersuchung der Jugendkriminalität begründen *Gluecks* die erhöhte Kriminalität der Kinder einer großen Familie psychologisch mit der wachsenden Konkurrenz der Geschwister um die elterliche Zuneigung, mit den wahrscheinlichen Spannungen und Friktionen und dem Verlust an Privatleben, die zu sexuellen und anderen Gefühlstraumen führen. Der Einfluß schlechter Wohnverhältnisse auf Inzestverbrechen ist bekannt, obwohl die häufige seelische Abnormität des Elternteils nicht übersehen werden darf[17].

Das furchtbare Wort der Bibel, daß die Sünden der Väter an Kind und Kindeskind geahndet würden, gilt im allgemeinen als alttestamentarisch oder überholt und abgetan. Nichts ist falscher; eine Sippenhaft besteht auch heute unverändert fort.

---

[12] *Miller*, The Problem of Birth Order and Delinquency, English Studies in Criminal Science, II, London 1944, S. 227 ff; *Tappan*, Juvenile Delinquency, New York - London 1949, S. 140; *Neumeyer*, Juvenile Delinquency in Modern Society, New York - London 1949, S. 129; *Sutherland - Cressey*, Principles of Criminology, New York 1955, S. 184.

[13] *Glueck*, Unraveling Juvenile Delinquency, Cambridge 1951, S. 120.

[14] The Young Delinquent, London 1945, S. 95.

[15] Der gefährliche Sittlichkeitsverbrecher, Kriminalistische Abhandlungen, XXXIX, S. 65.

[16] Punitive Detention, London 1944, S. 44.

[17] *Kinberg - Inghe - Riemer*, Incestproblemet i Sverige, Stockholm 1943, S. 116 ff; *Le Maire*, Legal kastration, Kopenhagen 1946, S. 126 ff.

20. Die Ehe

Es bedarf keiner tiefschürfenden Psychologie und Soziologie, um in einer Ehe, die ein kriminell gefährdeter Mensch mit einem Partner schließt, der seinen seelischen oder wirtschaftlichen Nöten abhilft, einen günstigen Umweltfaktor zu sehen. Die Zwillingsforschung[1] hat dies deutlich bewiesen; anlagegleiche Zwillinge haben, je nachdem ob sie das Glück einer richtigen Partnerwahl hatten oder nicht, verschiedene Ehe- und Lebensschicksale. Andererseits kann eine unglückliche Ehe einen Menschen ins Verderben stürzen. Alles hängt vom einzelnen Fall ab.

Allgemeingültige Aussagen über den Einfluß von Ehe und Nichtehe auf die Kriminalität sind schwierig. Unter den Begriffen Ehe und Junggesellentum verbergen sich die verschiedenartigsten sozialen Phänomene. Nur wenige Ehen entsprechen dem Idealtypus. Der Zivilstand des Ledigen kommt auch dem unverheirateten „Onkel" der „Onkelehe" zu. Das Leben kennt mancherlei Formen der „Kameradschaftsehe". Vor allem ist die Institution der Ehe einem Wandel unterworfen, der historische Vergleiche problematisch macht. In der vorindustriellen Zeit war das Heiratsalter hoch, die Heiratsfähigkeit gering; die Eheschließung war in den zahlenmäßig allein ins Gewicht fallenden Bevölkerungsschichten, den Bauern und Handwerkern, an die Erlangung einer Stelle als Bauer oder Meister gebunden. Ein großer Teil der fortpflanzungsfähigen Bevölkerung blieb zwangsläufig Knecht oder Magd, „Jung-Geselle"[2]. Die wachsende, noch nicht abgeschlossene Industrialisierung ist mit einem starken Absinken des Anteils der männlichen und weiblichen Ledigen verbunden. Frühheiraten sind häufig; sie sind in aller Regel nicht wie vordem durch Schwangerschaft veranlaßt. Viele Ehen sind wirtschaftlich nicht gesichert; sie stehen unter dem Druck des modernen Lebensstandards. Das Erwachen der Frau zur Gleichberechtigung, ihre Teilnahme am Wirtschaftsleben und die frühe Selbständigkeit der Kinder lockern die Bande. Wo Frauenüberschuß besteht, kommen auch psychisch, physisch und sozial defekte Männer zum Zuge.

Während in vor- und frühkapitalistischen Zeiten der Junggeselle wirtschaftlich schwach und kriminell gefährdet war und sein erzwungenes Zölibat auch zu menschlichen Schwierigkeiten führen mußte, ist die Ehe im Zug der wirtschaftlichen und kulturellen Entwicklung

[1] *Lange,* Verbrechen und Schicksal, Leipzig 1929, S. 39 ff, 60 ff.

[2] Vgl. *Mackenroth,* Bevölkerungslehre, in *Gehlen - Schelsky* Soziologie, Düsseldorf - Köln 1955, S. 76 f.

einem erhöhten Kriminalitätsrisiko ausgesetzt. Andererseits ist bei der Frühzeitigkeit und Häufigkeit des Eheschlusses – oft ohne wirtschaftliche Sicherung – das Unterbleiben eines Eheschlusses auffällig. Es kann aus Verantwortungsbewußtsein geschehen, es kann aber auch die Folge einer Aversion gegen jede soziale Bindung sein und derselben anlage- oder umweltbedingten Verfassung, z. B. Unrast, Gefühlskälte oder Willensschwäche, entspringen, die auch zum Verbrechen führt. Nicht das Jungesellentum bedingte diesfalls die Kriminalität, sondern die Kriminalität und ihre Ursachen bedingten das Junggesellentum.

Die sogenannte Moralstatistik des 19. Jahrhunderts und die Kriminologie des beginnenden 20. Jahrhunderts war um den Nachweis der versittlichenden Kräfte der Ehe bemüht. Dieser Nachweis ist schon für die damalige Zeit nur mit gewissen Schwierigkeiten gelungen[3]. Von 1882–1893 war die Kriminalität der verheirateten Männer vom 25. Lebensjahr ab geringer als die der Ledigen; im Alter von 18 bis 25 Jahren überstieg sie jedoch teilweise ganz erheblich die der Junggesellen. Die Kriminalität der verheirateten Frauen war in allen Altersklassen stets höher als die der Ledigen. Erst nach Abzug der Beleidigungen ergab sich ein gewisses, jedoch von Altersklasse zu Altersklasse schwankendes Gleichgewicht zwischen der Kriminalität der verheirateten und ledigen Frauen. Die Kriminalität geschiedener Männer und Frauen lag stets bedeutend über der verheirateter oder lediger Personen. Neuere Untersuchungen, auch die allgemeinen statistischen Erhebungen in den dreißiger Jahren haben ein für die Ehen ungünstigeres Ergebnis gezeitigt. „Der Einfluß der Ehe ist", wie *Sauer*[4] es formuliert, „in neuerer Zeit im ganzen schädlich, der frühen Ehe sogar sehr schädlich, und zwar besonders auf seiten der Frau." Man wird gut tun, sich vor allen moralisierenden Urteilen zu hüten, und weder von „nützlichen" oder „schädlichen", „versittlichenden" oder „demoralisierenden" Einflüssen der Ehe sprechen. Dergleichen Etiketten werden der Vielfalt der maßgeblichen Faktoren, dem Sowohl-Als-auch aller menschlichen Dinge nicht gerecht; die Institution der Ehe dürfte heute per saldo für die Kriminalität indifferent sein.

Amerikanische Untersuchungen[5] haben für das Jahr 1923 ergeben, daß Geschiedene aller Jahrgänge die höchste Kriminalitätsziffer

---

[3] Vgl. *Krille,* Weibliche Kriminalität und Ehe, Kriminalist. Abhandlungen XV, Leipzig 1931.

[4] Kriminologie, Berlin 1950, S. 155.

[5] *Sutherland - Cressey,* Principles of Criminology, New York 1955, S. 186 f.

(Zahl der zu Gefängnis Verurteilten per 100 000 des gleichen Zivilstands) haben. Verheiratete Männer haben – mit Ausnahme der Altersklasse von 15–19 Jahren – eine geringere Kriminalitätsziffer als Ledige; vom 25. Lebensjahr ab ist die Ziffer bedeutend niedriger. Die Kriminalität der verheirateten Frauen liegt im allgemeinen über der der Ledigen. Diese Resultate stimmen mit der deutschen Statistik für die Jahre 1882–1893 weit überein. Eine Reihe von amerikanischen Arbeiten hat den mangelnden Willen oder die – psychisch, wirtschaftlich oder sozial (Gefängnisaufenthalt, Stigma des Vorbestraften) bedingte – Unfähigkeit von Kriminellen zur Ehe erhärtet[6]. Nach *Healy - Bronner*[7] waren von 420 von ihnen untersuchten männlichen Vorbestraften Chicagos im Alter von 25 Jahren nur 9% verheiratet, während die Durchschnittsquote der Bevölkerung zwischen 28 und 60% liegt. Von den 420 waren 164 nicht rückfällig, von ihnen waren 14% verheiratet; von den übrigen, die ihr kriminelles Verhalten fortsetzten, hatten nur 5% eine Ehe geschlossen; die Hälfte dieser Ehen wurde später geschieden oder die Ehegatten lebten getrennt. *Gillin*[8] verglich Gefangene in Wisconsin mit ihren nicht kriminellen Brüdern und fand bei den Kriminellen weniger Ehen, mehr Scheidungen und mehr Zerrüttungen bestehender Ehen.

21. Der Umgangskreis des Menschen

„Sage mir, mit wem du umgehst, und ich sage dir, wer du bist." Der Umgangskreis mag frei gewählt sein, manchmal ist er auch situationserzwungen, etwa wenn dem entlassenen Strafgefangenen trotz aller guten Vorsätze der Anschluß an nicht-kriminelle Kreise mißlingt, wenn Rassevorurteile die Neger isolieren oder Einwanderer und Flüchtlinge ihresgleichen suchen.

a) Eines der wichtigsten Untersuchungsthemen amerikanischer Kriminologie (Ökologie) ist das kriminelle Quartier („delinquency area"). *Clifford Shaw* und seine Mitarbeiter am Institute for Juvenile Research in Chicago[1] haben damit das Problem der Nachbarschaft

[6] *Cavan*, Criminology, New York 1948, S. 293 ff.

[7] Delinquents and Criminals, 1926, S. 130, 268.

[8] Backgrounds of Prisoners and of their Brothers, American Sociological Review, 1937, II, S. 210 f.

[1] Delinquency Areas, Chicago 1929; „Social Factors in Juvenile Delinquency", U. S. National Commission on Law Observance and Enforcement, Report on the Causes of Crime, II; *Shaw - McKay*, Juvenile Delinquency and Urban Areas, Chicago 1942; *Sutherland - Cressey*, Principles of Criminology, New York 1955, S. 151 ff.

aufgerollt. Es ist im guten wie im bösen vorzugsweise amerikanisch, aber keineswegs völlig auf die USA beschränkt. Das – wie in den USA üblich – aus einer größeren Zahl von Einfamilienhäusern bestehende – wenn auch wahrscheinlich mehr und mehr schwindende – Stadtviertel, die „Nachbarschaft“, übt einen Zwang zum puritanisch gefärbten Konformismus der Bewohner der Gegend aus. Hiervon weichen – in der Regel, aber nicht immer – in der City gelegene Quartiere, im besonderen die sog. Slums ab; die Bewohner der Mietshäuser verbleiben mehr anonym. Die Quartiere weisen durch mehrere Jahrzehnte hindurch trotz radikalen Wechsels ihrer Bewohner (z. B. Amerikaner, Schweden, Deutsche, Polen oder Italiener) eine gleich hohe, überdurchschnittliche Kriminalität Jugendlicher und Erwachsener auf. *Shaw* und seine Schule sieht die entscheidende Ursache dieser Kriminalität im Nachlassen oder Fehlen der sozialen Kontrolle durch die Nachbarschaft, in ihrer Gleichgültigkeit gegenüber dem Ansehen der Gegend und der Bewahrung eines moralischen „Standards“, zuletzt auch in der Duldung und sogar Billigung amoralischer und krimineller Praktiken.

Die kriminologische Frage ist, ob ein Quartier seine Bewohner formt, insbesondere ob Slums und ähnliche Bezirke zusätzlich Kriminalität schaffen oder fördern, oder ob in die Slums vorzugsweise solche Personen ziehen, die entweder bereits kriminell sind oder wenigstens die Bazillen der Kriminalität in sich tragen. Die Auffassungen der ökologischen Schule *Shaws* werden auch in den USA, deren Eigenschaft, standardisierend zu wirken und ein „melting pot“ (Schmelztiegel) zu sein, außer Frage steht, oft als einseitig abgelehnt. „Die Nachbarschaft ist zwar eine Art von Fabrik, die Delinquenten fabriziert, das Quartier ist aber auch der Anziehungspunkt einer selektiven Wanderung.“[2] Psychopathische oder neurotische Kriminelle, wirtschaftlich Schwache, entmutigte und gescheiterte Existenzen, Einwanderer und Minoritäten, die in mehr angesehenen Vierteln abgelehnt werden, finden hier eine Unterkunft. Nach dieser vermittelnden Auffassung ist die Kriminalität nicht nur eine Funktion des Stadtviertels, sondern auch des Bevölkerungstyps, der sich in ihm niederläßt. Andere sehen im kriminellen Quartier ausschließlich ein soziales Problem; entscheidend sind für sie die schlechten Wohnverhältnisse, die Übervölkerung, der geringe Lebensstandard der Bewohner, die bescheideneren Ausbildungs- und Erholungsmöglichkeiten, das Fehlen

---

[2] *Taft*, Criminology, New York 1947, S. 156.

von Spielplätzen und Anlagen für die Kinder und dergleichen. Diese Faktoren spielen in den kriminologischen Arbeiten *Shaws* und seiner Schüler gegenüber dem von ihm festgestellten Fehlen nachbarschaftlicher Kontrolle nur eine zweitrangige Rolle; es ist aber trotzdem das Verdienst *Shaws,* daß heute die „delinquency areas" der amerikanischen Großstädte mittels vieler sozialer Veranstaltungen, vor allem mittels des sozialen Wohnungsbaus gründlich saniert werden.

b) Die Bildung von Banden, „the gang"[3], ist keine Erscheinung der Gegenwart, sie ist in allen Jahrhunderten feststellbar; sie ist heute vorzugsweise, aber keineswegs ausschließlich amerikanisch.

Die Bandenbildung durch Erwachsene ist kriminologisch heute ohne Interesse. Die organisierte Begehung von Diebstahl, Raub und ähnlichen Verbrechen durch eine größere Gruppe Erwachsener ist auch in den USA recht selten. Professionelle Gewalt- und Eigentumsverbrecher begrenzen den Kreis ihrer Mittäter und Mitwisser. Die organisierte Unterwelt beschäftigt sich in den USA mit Prostitution, Spiel und Wetten, Alkohol und Narkotika, wobei ihr eine oft puritanische und scheinheilige Gesetzgebung Vorschub leistet, daneben mit Korruption und Erpressung, die bisweilen noch an der Grenze des Zulässigen stehen, sie aber trotz aller Tarnung häufig überschreiten. Diese Sachverhalte werden nicht vom Begriff des „Gangstertums" umfaßt, sie werden als „Criminal Syndicates" und „Racketeering" bezeichnet. Zur Bandenbildung gehören auch nicht die verschiedenen Verbrechervereine (z. B. Zuhältervereine); sie sind nicht auf die Begehung von Verbrechen gerichtet und stellen daher keine zusätzliche Verbrechensursache von Bedeutung dar. Die Mitglieder sind kriminell, sie sind eine durch ihre Vorstrafen abgestempelte Minorität, die aus ihrer psychologischen und soziologischen Outsider-Situation Recht und Pflicht zu einer gegenseitigen Hilfe im Sinn des Genossenschaftsgedankens ableitet, wobei mitunter Riten der Logen äußerlich übernommen werden.

Dagegen verdient die jugendliche Bandenbildung Beachtung. Man kann die faszinierende und suggestive Wirkung des „Räubers" und „Gangsters" besonders auf die Jugend nur verstehen, wenn man sich vor Augen hält, daß die hinter dem modernen Verbrechertum keineswegs zurückstehenden Räuberbanden vergangener Jahrhunderte durch Dichtungen wie „Die Räuber" verewigt wurden, daß Goethes Schwager Vulpius den mehr als alle gesammelten Werke Goethes

---

[3] *F. M. Thrasher,* The Gang, Chicago 1947; *W. F. Whyte,* Street Corner Societies, Chicago 1943.

gelesenen dreibändigen Roman „Rinaldo Rinaldini, der Räuberhauptmann, eine romantische Geschichte unseres Jahrhunderts" verfaßt hat, und daß einer der größten Gangster aller Zeiten, Schinderhannes, bis in die Gegenwart hinein die Schriftsteller und ihr Publikum fesselt. Obwohl Eisenbahn und Auto dem Straßenraub ein technisches Ende bereitet haben, sind noch heute auch die Kinder Europas von allerlei „Räuber"-Spielen begeistert.

Die jugendliche Bandenbildung ist eine Pubertätserscheinung. Sie verkörpert den Vater- und Gesellschaftsprotest der jungen Menschen. Die innere Schwäche gegenüber der Welt der Erwachsenen, oft verstärkt durch Minderwertigkeitskomplexe infolge eigenen Versagens in der Schule oder auf dem Sportplatz, wird durch das Kollektiv ausgeglichen. Die Gruppe hat einen „Führer", er ist – scheinbar – frei gewählt. Der von allen – nicht zuletzt auch faschistischen – Gruppen- und Massenbewegungen bekannte psychologische Mechanismus kann wirksam werden; Hemmungen fallen weg, und eine allgemeine Demoralisierung ist die Konsequenz.

Von den von *Thrasher* studierten 1313 Gangs in Chicago hatten 652 wahrscheinlich einen negativen Einfluß; bei 609 blieb die Frage offen, 52 hatten keine ungünstigen Folgen; die meisten von diesen wurden sogar als heilsam angesehen.

Gluecks[4] haben über die Kameradschaftsverhältnisse und den Umgangskreis der von ihnen untersuchten jugendlichen Delinquenten und Nichtdelinquenten (Durchschnittsalter 15 Jahre) die folgenden Angaben gemacht:

	Delinquenten	*Nicht-delinquenten*
Teilnahme an einem „gang"	56 %	0,6%
einzelne Freunde	22,8%	55,0%
unorganisierte Haufen	21,2%	44,4%
ältere Kameraden bevorzugt	44,6%	10,4%
gleichaltrige Kameraden bevorzugt	33,8%	67,2%
jüngere Kameraden bevorzugt	4,4%	11,6%
Kameraden verschiedenen Alters	17,2%	10,8%
Umgang nur mit Jungen	83,6%	89,4%
Umgang mit einigen Mädchen	16,4%	10,6%
Umgang mit delinquenten Kameraden	98,4%	7,4%
Umgang mit nichtdelinquenten Kameraden	1,6%	92,6%

[4] Unraveling Juvenile Delinquency, Cambridge 1951, S. 163.

Die soziologische Richtung der amerikanischen Kriminologie sieht in der Kameradschaftsgruppe einen in einer beachtlichen Zahl von Fällen selbständig wirkenden Kausalfaktor von Relevanz. Die psychologisch orientierte Kriminologie erblickt in der Kameradschaftswahl dagegen nur den Ausdruck der Persönlichkeit oder einer Konfliktsituation. Die kriminelle Entwicklung wird hiernach nicht auf den Einfluß der Gruppe, sondern auf eine Anlage oder auf Umweltsfaktoren zurückgeführt, die schon vor dem Anschluß an die kriminelle oder kriminelldisponierte Gruppe bestanden. Die psychologische Auffassung wird in den USA von *Glueck* vertreten; die europäische Kriminologie[5] teilt diesen Standpunkt; sie steht der namentlich von Eltern krimineller Jugendlicher gerne vorgetragenen These von den „bösen Buben“, die gelockt haben, in der Regel skeptisch gegenüber. Hinter der spezifisch amerikanischen Interpretation des vorliegenden Zahlenmaterials steht oft der sozialreformatorische Optimismus, durch soziale Maßnahmen, wie die Schaffung von Jugendorganisationen, jugendgerechten Schulen, Spiel- und Sportplätzen, dem Anwachsen der jugendlichen Delinquenz und Kriminalität Einhalt gebieten zu können.

[5] *Burt*, The Young Delinquent, London 1945, S. 129 ff; *Hurwitz*, Kriminologi, Kopenhagen 1948, S. 336 ff.

DIE VERTEIDIGUNG DER GESELLSCHAFT

„Die Fäden, womit ein Verbrecher an sein altes Leben angebunden, abzuschneiden und ihm neue anzuspinnen, die ihn zu einem besseren führen, ist das einzige Mittel, den Verbrecher zu bessern; und es ist wahr, wenn man dieses Mittel nicht braucht, so ist alles, was man sonst an ihm tut, wie ein Tropfen Wasser ins Meer." *Pestalozzi*

„Rächet euch selber nicht, denn es steht geschrieben: ‚die Rache ist mein. Ich will vergelten, spricht der Herr'. – Überwinde das Böse mit Gutem." *Römer, XII, 19, 21.*

1. Zur Geschichte der Verbrechensbekämpfung

Das Verbrechen ist, wenn man *Toynbees* Vokabular gebrauchen will, eine „Herausforderung"; es erheischt eine „Antwort". Die Menschen haben durch die Jahrtausende vielfältige „Antworten" gegeben. Bisweilen haben sie auch keine „Antwort" gegeben; keine Antwort ist auch eine Antwort.

Der Begriff „Strafe" ist historisch und kriminologisch unzulänglich; er umfaßt nicht alle Fälle menschlicher Reaktionsmöglichkeiten. Sein Inhalt steht auch nicht fest, weder früher noch heute. Er kann in der verschiedenartigsten Weise ausgelegt werden. Alles ist davon abhängig, was man unter „Strafe" versteht. Strafe kann ein moralisches Verdammungsurteil enthalten, braucht es aber nicht. Versteht man unter Strafe nur Maßnahmen, die zugleich moralisch den Stab über einem Täter brechen, so scheiden viele Reaktionen auf das Verbrechen aus, die keinerlei Werturteil enthalten. Wenn primitive Völker einen Täter töten oder verbannen, weil er von einem bösen Geist besessen ist, so ist die Reaktion hart; dem Täter wird aber nichts vorgeworfen. Strafe kann sodann als die Zufügung eines Leidens um des Leidens willen definiert werden; die Reaktion trägt ihren Sinn in sich, sie verfolgt keinerlei anderen Zweck als den der Schmerzzufügung. Hierher gehört die Rache. Man kann den Begriff der Strafe aber auch auf Maßnahmen ausdehnen, die über die Leidenszufügung hinaus Ziele und Zwecke verfolgen. Die zürnenden Götter sollen versöhnt werden, der Verbrecher soll gebessert, andere sollen abgeschreckt oder die Menschen vor dem Täter geschützt werden. Offen ist weiter, ob man zur Strafe nur rechnen soll, was eine soziale Organisation aus eigener Machtvollkommenheit gegen den Täter veranlaßt. Strafe wäre hiernach nicht, was der Einzelne oder vielleicht seine Sippe tut, sondern allein, was der Clan, die staatliche oder quasi-staatliche Organisation bewerkstelligt. Weil das Wort „Strafe" die verschiedenartigste Auslegung erfahren kann, zieht die Kriminologie ein neutrales Wort vor; die Angelsachsen sprechen beispielsweise von „treatment", was einfach „Behandlung" heißt. Ein Vergleich des Verbrechers mit einem Kranken ist darin noch nicht enthalten, er klingt aber trotzdem sprachlich an.

Jede Kultur oder Urform der Kultur hat ein vorherrschendes Leitbild. Die Bilder weichen voneinander ab, so daß es eine historische Stufenfolge der „Behandlungen" – etwa gar in dem Sinn einer evolutionären Entwicklung von „primitiven" zu mehr „zivilisierten" Formen – nicht gibt. *Barnes–Teeters*[1] haben die üblicherweise leeren Seiten des Einbandes ihres 887 Seiten starken Werks mit einer Zeittafel der „Evolution of Correction" und von „treatment used" gefüllt. Hiernach galt z. B. ab 5000 vor Christus „private Rache", ab 2000 vor Christus „Gruppenvergeltung" und ab 30 nach Christus „persönliche Sühne", bis sich nach vielerlei Wandlungen von „correction" und „treatment" im Jahr 1951 die Zeit der „Psychotherapie" ankündigte. Eine solche lineare Betrachtung ist historisch, ethnologisch und anthropologisch kaum gerechtfertigt; eine universalistische Tendenz der Geschichte des Strafens mit gemeinsamem Ursprung und gemeinsamem Ziel ist schwer feststellbar.

Der Geist der „Behandlung" der Verbrecher variiert durch die Jahrtausende und über den Erdball hin; sie ist jeweils eine Funktion von Zeit und Ort, den moralischen und religiösen Vorstellungen, den staatlichen, wirtschaftlichen und sozialen Verhältnissen, der geistigen Gesundheit oder Krankheit einer Gemeinschaft, einer wissenschaftlich-rationalen oder irrational-metaphysischen Einstellung.

Es gibt Kulturen oder Vorkulturen mit Kampfmoral, andere mit einer Liebesmoral. *Ruth Benedict*[2] schildert die Dobuer, bei denen Böswilligkeit und Hinterlist als Tugenden gelten. Sie leben mit allem und jedem auf Kriegsfuß und schädigen sich auch systematisch gegenseitig. Die „Moral" des Westens ist, worauf die gesamte soziologische Schule der amerikanischen Kriminologie beruht, nicht ausschließlich wie Dobu-Island, aber tendenziell *auch* auf Wettbewerb und Kampf eingestellt. Christus lehrte dagegen in der Bergpredigt die reine Friedensethik. „Ihr habt gehört, daß da gesagt ist: Auge um Auge, Zahn um Zahn. Ich aber sage euch, daß ihr nicht widerstreben sollt dem Übel; sondern so dir jemand einen Streich gibt

[1] New Horizons in Criminology, New York 1952.
[2] Urformen der Kultur, Hamburg 1955.

auf deinen rechten Backen, dem biete den anderen auch dar ... Ihr habt gehört, daß gesagt ist: du sollst deinen Nächsten lieben und deinen Feind hassen. Ich aber sage euch: liebet eure Feinde; segnet, die euch fluchen; tut wohl denen, die euch hassen; bittet für die, so euch beleidigen und verfolgen, auf daß ihr Kinder seid eures Vaters im Himmel; denn er läßt seine Sonne aufgehen über die Bösen und über die Guten und läßt regnen über Gerechte und Ungerechte." Einen Verzicht auf gewaltsamen Ausgleich und eine Beschränkung auf die Wiederherstellung des früheren Zustands im Bereich dessen, was menschenmöglich ist, fanden und finden wir beispielsweise auch heute noch bei den Eskimos. Wenn dort etwa ein Mann einen anderen tötet, kann – nach *Benedict* – die Familie des Ermordeten den Mörder zu einem der Ihren machen, um die durch den Mord entstandene Lücke wieder auszufüllen. Der Mörder wird dann der Gatte der Witwe. Nach *Goldschmidt*[3] wurden auf Grönland noch in neuerer Zeit ernste Verbrechen nur mit einer Verwarnung erledigt. Die Zahl unentschiedener Strafsachen ist verhältnismäßig hoch, weil man sich mit Geständnis und Reue begnügt. In vielen Fällen erscheint die Aufklärung der Strafsache als ausreichend; Folgen werden an die Tat nicht geknüpft. In den meisten Frühkulturen wurden und werden Verbrechen innerhalb der Familie nicht geahndet; die Verwandten des Missetäters machen ihm keinerlei Vorwürfe und verzeihen in jedem Fall. Die Sippensolidarität steht über allem, auch über Mord und Totschlag. Dies war auch bei den Germanen selbstverständlich. Im alten nordischen Recht bleibt der Verwandtenmord straflos, weil die Tat nur aus „Raserei" begangen sein könne; in altdeutschen Rechten wird die Bestrafung unter Berufung auf die christliche Nächstenliebe abgelehnt. Während ein Teil der Sippen, Stämme und „Staaten" die Blutrache und Fehde kennt, die nicht der Vergeltung am individuellen Täter allein, sondern dem Kriege dient, haben andere Gruppen und Völker von vornherein oder im Zug der Entwicklung ihre Kampfinstinkte gezähmt, auf Zwang und Gewalt auch nach außen verzichtet und sich mit Bußzahlung begnügt. Übeltaten wurden nicht „kriminalisiert", sondern dem Privatrecht überlassen.

Art und Ausmaß der Naturerkenntnis spielt eine bedeutende Rolle. Dämonenglaube führt zum Kampf gegen die bösen Geister und die „Besessenen". Wo Mißernte, Krankheit und Untat als Sym-

[3] Den grønlandske kriminallov og dens sociologiske baggrund, in Nordisk Tidsskrift for Kriminalvidenskab 1954, S. 133 ff.

ptome des Zorns einer gütigen Gottheit verstanden werden, erzwingt der magische Glaube das Opfer, das die Gottheiten versöhnt. Dämonenglaube und Sühneopfer führen zur Todesstrafe, wobei es im magischen Glauben keinen Unterschied macht, ob das Opfer „schuldig" oder „unschuldig" ist. Auch menschliche „Sündenböcke" wurden in ungeahnter Zahl getötet und geopfert; es rast die See und will ihr Opfer haben. Nichtkausales Denken ist für viele kulturelle Urformen kennzeichnend. „Dabei kann es vorkommen, daß der eigentliche Charakter des Ereignisses so wenig in Erscheinung tritt, daß beispielsweise der Tod eines Kindes, das an Mumps gestorben ist, die Tötung eines der ganzen Angelegenheit vollkommen Fernstehenden bedingt" (*Ruth Benedict*). *Leopold Ziegler*[4] hält es für verlorene Liebesmüh, die Rätsel prälogischer und präkausaler Weltbilder und der in ihnen wurzelnden Bräuche restlos aufzuschließen, „und dies mit desto größerer Wahrscheinlichkeit, als es doch nicht einmal völlig gewiß ist, ob sich in diesem Punkte der Frühmensch selber ganz verstanden habe". Akausales oder antikausales Denken findet sich aber nicht nur bei „Primitiven". Auch seitdem es eine „Naturwissenschaft", namentlich eine Physik gibt, die mit kausalen oder statistischen Gesetzen arbeitet, haben nie Versuche gefehlt, eine „Geisteswissenschaft", besonders eine Metaphysik zu fordern und zu lehren, die von kausalen und statistischen Gesetzen absieht. Der Streit um das richtige Strafrecht geht seit Jahrhunderten im wesentlichen um die Frage, ob das Strafrecht Physik oder Metaphysik, tatsachengebundene Naturwissenschaft oder wertgebundene „Geisteswissenschaft" ist.

Die Verfassung des Staates oder der vorstaatlichen Organisation prägt die „Behandlung". Öffentliche Strafen (im Gegensatz zur privaten Reaktion des Verletzten, seiner Familie oder seines Clans) setzen eine öffentliche Gewalt voraus. Primitive Entwicklungsstadien wie die Wildbeuter, die Tiere nur jagen, nicht züchten, und pflanzliche Erzeugnisse nur sammeln, aber nicht säen, sowie die frühen Feldbauern- und Hirtenkulturen kennen daher kein öffentliches Strafrecht. Auch in Frühzeiten staatlicher Organisation gibt es nur eine bescheidene Zahl staatlich verfolgter Verbrechen. Beispielsweise nennt Tacitus in seinem „Germania"-Bericht nur „Verräter und Überläufer", die an Bäumen erhängt wurden, und „Feiglinge, Weichlinge und am Körper Geschändete" (Hermaphroditen?), die in Sumpf und

[4] Überlieferung, Leipzig 1936, S. 120.

Moor versenkt wurden. Hinzu kommt noch die Tempelschändung. „Wer einen Tempel erbricht und etwas von den Heiligtümern wegschafft, wird an das Meer geführt, seine Ohren werden geschlitzt, er wird entmannt und den Göttern geopfert, deren Tempel er verletzt hat" *(lex Frisionum)*. Mit der Erstarkung der Organisation, sei es Häuptlingsmacht oder Staat, wächst das Strafrecht an Ausmaß und Härte. Die politische Soziologie hat den Einfluß von Demokratie oder absoluter, autoritärer und totalitärer Macht auf das Strafrecht herausgestellt; der Terrorismus, die Abschreckungsidee, ist mit exzessiven Machtpositionen verbunden. Die Barbarisierung des europäischen Strafrechts im Mittelalter geht vor allem auch auf die Ketzerprozesse zurück. „Der Ketzer bedroht die Machtposition und die Herrschaft der Kirche über die Seelen. Als Machtinstitution fühlt die Kirche sich angegriffen ... Die Sorge um die Macht verdrängt alle Rücksichten, die aus Erwägungen der Gerechtigkeit und aus sonstigen ethischen Gesichtspunkten sich einstellen und zu vorsichtigem und behutsamem Vorgehen gegen den Gegner nötigen könnten."[5] Der nazistische Unrechtsstaat hat dann auch gegen die sogenannte „Erweichung der Strafjustiz", „die biologisch-soziologische Erforschung der Verbrechensursachen und ihre kriminalpolitischen Konsequenzen" gekämpft[6], und die Sowjetunion folgt ähnlichen Prinzipien jedenfalls in der „Behandlung" der politischen Täter. Noch heute formt die Staatstheorie und Staatspraxis des Absolutismus, der auf dem europäischen Kontinent geherrscht hat, Straftheorie und Strafpraxis seiner Staaten. *Kant* und *Hegel*, die das deutsche Strafrecht stark beeinflußt haben, sind ohne den Absolutismus undenkbar; ihre Ethik und ihr Strafrecht sind Produkte autoritärer Herrschaftsverhältnisse. Die Unterschiede eines demokratisch oder auf autoritärem Boden erwachsenen Strafrechts zeigen sich beispielsweise in dem weitgespannten Zwang zur Verfolgung strafbarer Handlungen auf dem europäischen Kontinent, in der Regel ohne Rücksicht darauf, ob der Verletzte an der Verfolgung interessiert ist oder nicht, und der Lockerung des Verfolgungszwangs in den angelsächsischen Ländern, in denen der Verletzte weitgehend Herr des Verfahrens ist. Dies entspricht frühgermanischer, nicht spätrömischer Tradition.

Letzlich muß auch der Einfluß der sozialen Verhältnisse auf die

---

[5] *Eberhardt Schmidt*, Einführung in die Geschichte der deutschen Strafrechtspflege, Göttingen 1951, S. 93.

[6] Vgl. u. a. *Dahm - Schaffstein*, Liberales oder autoritäres Strafrecht, 1933.

Behandlung der Übeltäter beachtet werden. Die Vernachlässigung einer sozialen Rangordnung, des Klassencharakters einer Gesellschaft kann zu einem falschen Bilde führen. Wo es Sklaven und Unfreie gibt, stehen sie außerhalb des Rechts; sie sind bloße Sachen. Das Strafrecht des germanischen Altertums gilt mit guten Gründen als erstaunlich mild; daneben gab es aber eine Gewalt des Hausvaters über Leben und Tod der Unfreien. *Radbruch*[7] sieht gerade im germanischen Knechtsstrafrecht „das für die weitere Entwicklung des Strafrechts zeugungskräftige Gebiet"; hier gab es schon die dann im späteren Mittelalter exzessiv angewandten Gliederverstümmelungen, das Verbrennen und Rädern. Das anerkannte Recht zur Bußzahlung versagte beim Armen, sei es daß er frei oder unfrei war. Arm waren die „Waldgänger", vor allem die bedauernswerten Opfer des früh beginnenden „Bauernlegens" seitens der geistlichen und weltlichen Würdenträger. Die soziale Ungerechtigkeit der „Behandlung" der Übeltäter ist bis auf den heutigen Tag weitgehend aufrechterhalten. Der Arme muß zunächst an Haut und Hals, später an seiner Freiheit büßen, was der Reiche nur am Geldbeutel zu fühlen bekommt. „Ihr laßt den *Armen* schuldig werden; dann übergebt ihr ihn der Pein", womit *Goethe* die „Peinliche Gerichtsbarkeit" meint. Ein Sonderrecht für Reiche und Arme, für politische oder rassische Ober- und Unterklassen ist für die Verbrechensreaktionen zu allen Zeiten und in den verschiedensten Bereichen der Kontinente sinnfällig. Die „Behandlungsformen" in den Vereinigten Staaten der Gegenwart sind gefärbt, je nachdem, ob der Täter schwarz oder weiß ist. „Lynchverfahren" gab es fast nur gegen Neger. In Deutschland spiegelt sich heute das Herrenrecht der „white collar"-Täter z. B. im sog. Unterwerfungsverfahren des Steuerrechts, das hinter verschlossenen Türen vor sich geht. Das Verfahren ist vernünftig, hat aber eine deutliche soziale Schlagseite. Wirtschaftsdelikte gelten nur als „Ordnungswidrigkeiten", ihnen ist der kriminelle Charakter genommen. Die Alltagsvergehen des kleinen Mannes, der keine Preise treiben noch Wirtschaftsmacht mißbrauchen kann, werden von der Härte des Strafrechts getroffen. Auch hier kommt eine kluge Institution nur einem kleinen Teil Bessersituierter zustatten.

Ein entwicklungsgeschichtliches Schema, eine einheitliche Tendenz der Weltgeschichte des Strafrechts gibt es nicht; wir erreichen bestenfalls addierende Darstellungen mannigfaltigster Erscheinungen, die

---

[7] Vgl. *Radbruch - Gwinner,* Geschichte des Verbrechens, Stuttgart 1951, S. 17 ff.

Ernst Troeltsch treffend einmal als Buchbindersynthesen bezeichnet hat. Wie schwierig selbst die „Ortsbestimmung der Gegenwart“ ist, ergibt sich daraus, daß viele geneigt sind, das herrschende Strafrecht mit seiner akzentuierten Vergeltung und Abschreckung als „atavistisch“ und „anachronistisch“ zu bezeichnen. Historisch und psychologisch ist es freilich unzutreffend, von einem nach Rache dürstenden Urtrieb der frühen Menschheit auszugehen. Nazistische Politiker und Kriminalisten haben dagegen den antichristlichen Kanon eines unerbittlichen und erbarmungslosen Kampfes gegen den „Feind“ aufgestellt und im Barbarismus und in der Überwindung einer „Entartung“ und „Knochenerweichung“ der Strafrechtspflege eine hohe Tugend gesehen.

Bei allem darf nicht unbeachtet bleiben, daß es immer und überall Ausnahmen vom herrschenden Leitbild gegeben hat. Einige waren – im guten oder bösen, je nach der Einstellung des Urteilenden – zukunftsträchtig, andere wurden von der Flut der Tradition überschwemmt. Beispielsweise berichtet der Philosoph Epiktet vom alten Sparta: „Dem Lykurg hatte ein junger Mensch ein Auge ausgeschlagen. Das Volk lieferte ihm den Übeltäter zu beliebiger Bestrafung aus. Lykurg tat ihm jedoch nichts zuleide; er erzog ihn vielmehr zu einem tüchtigen Mann. Dann brachte er ihn vor das Volk, und als dieses sich darüber wunderte, sagte er: ‚Als einen Frevler und Übeltäter habt ihr mir diesen Menschen überantwortet. Ich gebe ihn euch zurück als einen tüchtigen Bürger.‘“ In der ersten Hälfte des 16. Jahrhunderts, als in Mitteleuropa die grausamsten und bestialischsten Strafen Mode waren und man „Blut statt Wein trank“, enthielt ein österreichisches Bauernweistum die Bestimmung: „Die straff soll beschaidenlich sein und nit gleich. Ainen alten soll man anders straffen den ainen jungen, und ain züchtigen weisen anders als ain mutwilligen pueben, ain mit sanften worten, den andern mit hertigkeit, einen jeden nach dem das ihm not ist und nach dem ers verschult hat. Man soll wissen ob die straff an einen hilft oder nit oder ob ain gemainer nuz oder schad daraus möcht kumen; so mag man straffen oder verzeihen nach rat, so man im zweifel wär ... Es soll die straff gemischt mit gerechtigkeit und barmherzigkeit sein, doch soll man nach der barmherzigkeit mer richten den nach der gerechtigkeit.“[8]

[8] *Holzschuh*, Erziehung und Strafe im deutschen Jugendstrafrecht, in „Bekämpfung der Jugendkriminalität“, Wiesbaden 1955, S. 148.

Vorbeugen ist besser als heilen. Der Satz ist in der Medizin seit langem zum Gemeinplatz geworden, in der Sozialpolitik ist seine Verwirklichung ein Hauptanliegen moderner Sozialreform. Die Konjunkturpolitik unserer Zeit ist auf ihm aufgebaut. In der Kriminologie stellte sich der Gedanke zuerst in der Aufklärungszeit ein. Die großen Aufklärer wie *Beccaria* und *Montesquieu* haben ihn leidenschaftlich verfochten. *Voltaire* meinte: „Die wahrhafte Jurisprudenz besteht in der Verhinderung von Verbrechen." Im angelsächsischen Sprachkreis hat zuerst *Bentham* in „Principles of Penal Law" den Gedanken der Vorbeugung vertreten. Später hat – in der Gefolgschaft von *Lombroso – Ferri*[1] präventive Strafersatzmittel vorgeschlagen. In seinem umfassenden Programm werden Freihandel, die Anlage breiter, elektrisch beleuchteter Straßen, die Errichtung liberaler Regimes, die Gleichberechtigung unehelicher Kinder und vieles andere gefordert. *Franz von Liszt* hat das Wort geprägt, Sozialpolitik sei die beste Kriminalpolitik, und *Radbruch*[2] hat kritisch gemeint, es sei des Strafrechts fragwürdige Aufgabe, gegen den Verbrecher nachzuholen, was die Sozialpolitik für ihn zu tun versäumt habe. „Bitterer Gedanke, wie oft die Kosten des Verfahrens und Vollzugs, vor der Tat angewendet, genügt hätten, das Verbrechen zu verhindern!" Die USA haben heute dezidierte Programme für die Verbrechensverhütung. Die im Jahr 1946 von dem Generalstaatsanwalt *Tom Clark* einberufene „National Conference on Prevention and Control of Delinquency" drückt schon in ihrer Thematik das lebhafte Interesse des Bundes an vorbeugenden Maßnahmen aus. Lokale Maßnahmen sind überall gefolgt, z. B. Philadelphia Conference for the Prevention and Control of Juvenile Delinquency. Die Maßnahmen umfassen u. a. die Wohnungspolitik (Slumbeseitigung), die Schaffung von Child Guidance Clinics, von Hilfsschulen für Schwachbegabte, von Erholungs- und Klubheimen. Im Gegensatz zu Europa werden viele dieser Maßnahmen gerade im Zeichen einer vorbeugenden Bekämpfung der Kriminalität ergriffen.

Rechtsphilosophie, Rechtswissenschaft und Praxis stehen in aller Regel den allgemeinen Maßnahmen einer Verbrechensverhütung mit kühlem Interesse gegenüber; im Zug der Gewaltenteilung überlassen sie die Entscheidung der Gesetzgebung, zumal „Politik den Charakter

[1] Das Verbrechen als soziale Erscheinung, Leipzig 1896.
[2] Einführung in die Rechtswissenschaft, Leipzig 1929, S. 105 f.

verdirbt". Die staatliche Reaktion im Einzelfall steht im Vordergrund der jahrtausendealten Diskussion.

Solange wir menschliches Denken zurückverfolgen können, stehen sich zwei Auffassungen diametral gegenüber; die einen vertreten die Vergeltungsidee, die anderen treten für zweckbestimmte Reaktionen der Gesellschaft ein. Mit einer groben Vereinfachung kann man zwischen der Vergeltungsstrafe und der Zweckstrafe (zweckbestimmten „Behandlung") unterscheiden. Platon gibt in „Protagoras" die Auffassung des Protagoras wieder: „Es ist töricht, sich wie ein Tier unvernünftig zu rächen. Wer vernünftig strafen will, bestraft nicht, um ein Unrecht zu vergelten (was geschehen ist, kann nicht mehr ungeschehen gemacht werden), er straft mit der Zukunft vor Augen, damit weder der gleiche Mensch erneut Unrecht begeht noch andere es tun. Er straft zur Abschreckung." Die Strafe ist hier zweckbestimmt; Abschreckung ist einer der möglichen Zwecke. Dagegen sieht Platon in seiner Utopie „Der Staat" in der Höllenstrafe, die den Ungerechten nach dem Tode trifft, das entscheidende Vorbild. „Alles Unrecht, das sie, jeder einzelne, an anderen begangen haben – für jedes werden sie dort in der Hölle der Reihe nach bestraft, zehnmal für jedes. Wer zum Mörder geworden, wer Städte verraten, wer an Missetaten mitschuldig geworden – für all das müssen sie dort zehnfache Schmerzen der *Vergeltung* dulden." Die Vergeltungsstrafe ist zweckfrei und zwecklos, sie zeigt ihren Sinn im Zufügen und Erleiden des Übels. Seneca hat einige Jahrhunderte später – zur Zeit Christi – in seiner Schrift „De ira" die Kontroverse auf den klassischen Nenner gebracht: Nemo prudens punit quia peccatum est, sed ne peccetur (Kein Vernünftiger straft, weil gefehlt wurde, sondern damit nicht mehr gefehlt werde). Die Frage ist seither: „Strafe, weil gefehlt wurde" oder „Strafe, damit nicht mehr gefehlt werde".

1. Die Vergeltungsstrafe (Strafe, weil gefehlt wurde) hat – soweit wir heute wissen – ihre erste schriftliche Formulierung in den sumerischen Gesetzen von Lipit-Ischtar und Eschnunna, im Gesetzbuch Hammurabis und dann – im Anschluß an sie – im Alten Testament gefunden. „Leben um Leben, Auge um Auge, Zahn um Zahn, Hand um Hand, Fuß um Fuß, Brandmal um Brandmal, Wunde um Wunde, Striemen um Striemen." Die Regel, Gleiches mit Gleichem zu vergelten, war gegen exzessive Maßnahmen der Vergeltung gerichtet; sie muß als Verbot verstanden werden, für *ein* Menschenleben *mehr* als *ein* Menschenleben, für *ein* Auge *zwei* Augen zu nehmen; das Gesetz

war ein Schritt auf dem Weg der Beschränkung privater und staatlicher Rache. Die einprägsame Formulierung, die revolutionär gedacht war, ist als Prinzip eines taxenmäßigen Ausgleichs konserviert worden und in dieser statischen Auslegung über Kirche und Schule dem Abendländer in Fleisch und Blut übergegangen.

Die Popularität der Gleichung Aug um Auge, Zahn um Zahn hat mancherlei Wurzeln.

Die Vergeltungsstrafe ist zentralen religiösen Spekulationen verwandt, wie sich schon aus der Himmel- und Höllenschilderung Platons in seinem „Staat" ergibt. Sie kehren in den christlichen Vorstellungen von Himmel und Hölle, dem Jüngsten Gericht und einem Fegefeuer wieder. Der schwache Mensch, im irdischen Jammertal von Unglück und Ungerechtigkeit heimgesucht, glaubt an ein Fortleben nach dem Tode. Die aus tiefster Verzweiflung und Not wachsende Erwartung einer transzendenten Abrechnung und eines transzendenten Ausgleichs findet in der Vergeltungsstrafe ihr diesseitiges Spiegelbild. Die himmlische Gerechtigkeit, „der Zorn Gottes", von dem im Römerbrief die Rede ist, macht freilich eine Parallelisierung der irdischen Gerechtigkeit an sich überflüssig, und die Bergpredigt lehnt den Satz „Aug um Auge" ausdrücklich ab; eine Vorwegnahme des Ausgleichs auf Erden entsprach und entspricht aber trotz aller Ideologisierung der Vergeltungsstrafe dem vorhandenen primitiven Rache- und Vergeltungsbedürfnis vieler Menschen. Deswegen war das Alte Testament stärker als das Neue. Der Satz „Aug um Auge" ermöglicht die Befriedigung aggressiver menschlicher Instinkte; dies hat zu seiner Durchschlagskraft weiter beigetragen. Die Vergeltung entspricht auch dem seit Jahrtausenden gültigen Schema des sozialen Verkehrs, das sich vor allem in der Tausch- und Geldwirtschaft manifestiert. Nichts ist auf Erden umsonst; alles kostet Geld. Geld und Vergeltung meinen dasselbe. In Formulierungen wie „Lohn der Tat", „heimzahlen", „Verbrechen bezahlen sich", „Verbrechen bezahlen sich nicht" klingt das sozialwirtschaftliche Urbild deutlich an. Man kann letztlich auch auf in der Bevölkerung weit verbreitete ästhetische Wertungen verweisen, für die eine formale Symmetrie entscheidend ist.

Obwohl das Prinzip „Aug um Auge" im Bewußtsein breiter Massen in allen Völkern des Westens tief verankert ist, wird die Vergeltungsstrafe wissenschaftlich nur noch in Deutschland und den Ländern vertreten, die von der Philosophie des deutschen Idealismus beeinflußt wurden und noch heute unter ihrem Eindruck stehen. Dagegen ist die Vergeltungsstrafe der angelsächsischen Art, zu denken und zu handeln, völlig fremd und mit dem herrschenden philosophischen Pragmatismus unvereinbar. Die Vergeltungsstrafe wird nicht einmal in sehr umfangreichen Werken über die Strafe *erwähnt*[3].

Die Säkularisierung der Vorstellung von einem jenseitigen Strafgericht, die ein Hauptanliegen der Metaphysik der klassischen Philosophie Deutschlands war, hat ihren nachhaltigsten Ausdruck in dem Alterswerk *Kants,* der „Metaphysik der Sitten" („Metaphysische Anfangsgründe der Rechtslehre") gefunden. *Kant* wendet sich gegen die Strafrechtsreformbestrebungen der Aufklärung, deren Vertretern er „teilnehmende Empfindelei einer affektierten Humanität" vorwirft. „Alles Sophisterey und Rechtsverdrehung!" Die entscheidenden Sätze seiner Lehre sind: „Richterliche Strafe kann niemals als Mittel, ein anderes Gutes zu befördern für den Verbrecher selbst oder für die bürgerliche Gesellschaft, sondern muß jederzeit nur darum wider ihn verhängt werden, *weil er verbrochen hat,* denn der Mensch kann niemals bloß als Mittel zu den Absichten anderer gehandhabt und unter die Gegenstände des Sachenrechts gemengt werden, wowider ihn seine angeborene Persönlichkeit schützt . . . Nur das Wiedervergeltungsrecht kann die Qualität und Quantität der Strafe bestimmt angeben, alle anderen Urteile sind hin und her schwankend und können anderer sich einmischender Rücksichten wegen keine Angemessenheit mit dem Spruch der reinen und strengen Gerechtigkeit enthalten." *Kant* spricht ohne jede Einschränkung der Strafe die Aufgabe ab, den Täter zu erziehen oder die Gesellschaft zu schützen, wie er auch dem Staat das Recht aberkennt, beispielsweise die allgemeine Schulpflicht einzuführen. Der Rigorismus seiner Auffassung kommt in dem berühmten Gleichnis zum Ausdruck: „Selbst wenn sich die bürgerliche Gesellschaft mit allen Gliedern einstimmig auflöste (z. B. das eine Insel bewohnende Volk beschlösse, auseinanderzugehen und sich in alle Welt zu zerstreuen), müßte der letzte im Gefängnis befindliche Mörder vorher hingerichtet werden, damit jedermann das widerfahre, was seine Taten wert sind." Die Zurücklassung des ungeköpften Mörders auf der von aller Welt für immer verlassenen Insel ist für *Kant* mit dem Untergang der Gerechtigkeit gleichbedeutend; gerade auch auf diesen Fall ist der bekannte Satz gemünzt: „Wenn die Gerechtigkeit untergeht, hat es keinen Wert mehr, daß Menschen auf Erden leben." Die Notwendigkeit der Hinrichtung des zum Robinson werdenden Mörders wird zusätzlich und in ganz archaischer

[3] Vgl. auch *Pfersich,* Die Strafzumessung im Lichte der modernen amerikanischen Schule, Bonn 1956, S. 39 ff.

Weise mit einer „Blutschuld" des Volkes begründet. *Kant* hält jede Begnadigung für unzulässig. Der gnadenlose, zweckfreie und zwecklose Perfektionismus seiner Strafmaschinerie, zudem mit den ungeheuerlichen Konsequenzen eines weitestgehenden „Aug um Auge" (Abhauen der Schwurhand eines Meineidigen, Verbrennen eines Brandstifters usw.), erscheint uns heute primitiv und krankhaft.

Im Hintergrunde dieser Auffassung steht der herrschende Absolutismus jener Zeit, das Gottesgnadentum staatlicher Autorität und die Vergötzung des Machtgedankens. Der Staat ist mit *Hegel* die Wirklichkeit der sittlichen Idee. Er hat daher keine höhere Pflicht, als sich selbst zu erhalten. „Allen Wert, den der Mensch hat, alle geistige Wirklichkeit hat er allein durch den Staat" *(Hegel)*. Es ist die List der die Geschichte beherrschenden Vernunft, auch das Elementare, ja selbst das Böse für sich arbeiten zu lassen. Die verbrecherische Tat ist Aufruhr, „Negation des Rechts", das Staatsbefehl und, weil hinter dem Befehl Macht steht, auch vernünftig ist. Die Strafe ist Niederschlagung des Aufruhrs, „Negation der Negation", Triumph und Majestät der Staatsidee. Die Strafgerechtigkeit ist mit den Worten von *Friedrich Julius Stahl* „die Herrschaft der Herrlichkeit des Staates durch die Vernichtung oder das Leiden dessen, der sich wider sie empört hat"!

Anhänger der Vergeltungsstrafe haben jahrtausendelang stets die *Tat* vor Augen gehabt, wie es am sinnfälligsten in der mathematischen Gleichung „Aug um Auge" und der spezifisch altertümlichen und mittelalterlichen Verwirklichung spiegelnder oder symbolischer Strafen, also Kastration bei Ehebruch und Unzucht oder Entfernung der Zunge bei Gotteslästerung und Beleidigung, zum Ausdruck gekommen ist. Das war ein wesentlicher Teil des absoluten Charakters der Strafe. Die Erkenntnis, daß das Verbrechen physisch, psychisch oder sozial veranlaßt ist, ist aber auch an den Vertretern der Vergeltungsstrafe letztlich nicht völlig spurlos vorübergegangen. Sie haben den Ruf „Nicht die Tat, sondern der Täter!" nicht völlig überhört. Einige wollen daher die Vergeltung relativieren und zu einer Funktion der Schuld des Täters, seiner Persönlichkeit und seines totalen Lebens machen. Vergeltung nicht der Tat, sondern einer Täterschuld bedeutet Verzicht auf ein festes Straftaxensystem; die Strafe variiert von Fall zu Fall. Die dem Recht objektiver Wiedervergeltung von *Kant* und seinen unmittelbaren Nachfolgern zutreffend zugeschriebene Berechenbarkeit, die Möglichkeit einer bestimmten Angabe der Qualität und jedenfalls Quantität der Strafe geht damit verloren.

2. An der Nahtstelle von Vergeltungs- und Zweckstrafe steht die Sühnestrafe. Auch sie wird nur im Wirkungsbereich der deutschen philosophischen Klassik vertreten. Das entsprechende englische Wort "expiation" oder "atonement" wird nur theologisch verwandt und verstanden.

Ob das Wort „Sühne" in der deutschen Rechtslehre und Rechtspraxis immer ernst gemeint ist, kann zweifelhaft erscheinen. Häufig ist es nichts anderes als eine euphemistische Umschreibung des brutaleren Tatbestands der Vergeltung. Bezeichnenderweise waren es auch die nationalsozialistischen Machthaber, die den Begriff erstmals in der deutschen Gesetzessprache verwandten. Beispielsweise haben sie als den beherrschenden Grundsatz des Strafvollzugs die Richtlinie aufgestellt, durch die Verbüßung der Freiheitsstrafe solle der Gefangene sein Unrecht „sühnen", weil, wie es später einmal offiziell formuliert wurde, „Sühne" die „innere Berechtigung der Rache" darstelle.

Sühne – richtig verstanden – kommt aus religiösen Bezirken teilweise längst vergangener Zeiten. Gläubiger der Sühnestrafe war nicht „die Herrlichkeit des Staats" gewesen, von der die hegelianischen Anhänger der Vergeltungsstrafe reden, sondern die Götterwelt, der Blut „geschuldet" wurde, wie noch *Kant* annahm, und die durch Sühneopfer besänftigt werden sollte, um die Gemeinschaft vor Trockenheit und Dürre, Krieg, Krankheit und Tod zu bewahren. Zweck der Strafe war hiernach die Versöhnung der Götter. Äschylos war der große Dichter dieser Sühnepflicht.

Sühne ist, wenn das Wort in unserer heutigen Welt, der magisches Denken fremd ist, überhaupt einen Sinn haben soll, nicht bloßes Erleiden eines auferlegten Übels, nicht die bloße Kehrseite einer vergeltenden Strafe, nicht lediglich Vergeltung vom Objekt her gesehen. Mit der Sühnestrafe wird nicht nur ein formaler und äußerer Ausgleich nach dem Satz „Aug um Auge" angestrebt, der in Wahrheit nur ein doppeltes Leiden, sozusagen ein Minus an zwei Augen bedeutet. Sühne ist eine innere und freiwillige Leistung, ein eigenes Jasagen zum Leiden, aus der Erkenntnis seiner sozialen Notwendigkeit. Der Idealfall wäre hiernach der Täter, der sich aus Reue, nicht nur aus Furcht oder wegen der Schande oder aus Verzweiflung über sein eigenes Dasein selber richtet. Literarisches Vorbild ist etwa Mellefont in „Miss Sara Sampson": „Es steht bei mir nicht, das Geschehene ungeschehen zu machen; aber mich wegen des Geschehenen zu strafen – das steht bei mir!" Wozu der große Menschenkenner und Kriminologe *Lessing* allerdings bemerken läßt, „er war mehr unglücklich als lasterhaft". Das großartigste Beispiel für Sühnebereitschaft ist allerdings Gretchen im Kerker.

Zweck des Opfers mag die erneute Bestätigung der Rechtsgemeinschaft sein, die Anerkennung der verletzten Norm durch den Täter. Nicht die Gesellschaft, er selber negiert seine Negation des Rechts. Andere sehen in dem Opfer ein Mittel, nicht wie einst die beleidigten, aufgeschreckten und zürnenden Götter, sondern die in Wallung gebrachte Volksseele, die zur Selbsthilfe und Lynchjustiz bereite Menge zu versöhnen und ihre Rache- und Vergeltungsinstinkte zu besänftigen. Am tiefsten hat hier die Psychoanalyse gegraben. „Das Ich empfindet jeden Kriminellen als seinen eigenen Feind, von dem er auch persönlich bedroht wird. Gleichzeitig aber hat es gegen seinen inneren Feind, die eigenen verdrängten Triebe, zu kämpfen, die, durch das Beispiel des Täters verführt, durchzubrechen drohen. Die erforderliche reaktive Verstärkung der eigenen Verdrängungen kommt in dem Verlangen nach Sühne zum Ausdruck. Der Vergeltungscharakter der Strafe dient als Repressalie gegen den Angriff von außen. Es handelt sich also bei Sühne und Vergeltung um den gleichen seelischen Vorgang mit einer Akzentverschiebung, an ein verschiedenes Publikum gerichtet. Der Sühnedrang spricht mehr zu den *eigenen Trieben,* die Vergeltung ist ein Racheakt gegenüber dem *Täter.*"[4] Die Sühnestrafe wird hier als ein mentalhygienisches und seelenökonomisches Instrument verstanden.

Wieviel dem Staat und der Gesellschaft an Vergeltung und wie wenig an freiwilliger Sühne gelegen ist, ergibt sich aus den erstaunlichen Bemühungen des Strafvollzugs, den Selbstmord eines Täters zu verhindern und einen sterbenden Selbstmörder mit allen Mitteln der ärztlichen Kunst wieder haft- und bei einer Verurteilung zum Tode sogar wieder hinrichtungsfähig zu machen. Wenn der Staat unterläßt, eine Hinrichtung zu vollziehen, hat es offenbar, um wieder *Kants* berühmtes Beispiel zu zitieren, „keinen Wert mehr, daß Menschen auf Erden leben". Läge Staat und Gesellschaft wirklich an Sühne und nicht an Rache und Vergeltung, so könnten sie sich auch mit einer privatrechtlichen Wiedergutmachung (Schadenersatz, Schmerzensgeld u. dgl.), die etwa nach *Durkheim* („De la division du travail social") im Zuge der Entwicklung liegt, begnügen oder ein soziales Opfer annehmen, beispielsweise die Erziehung eines Waisenkindes durch einen Autofahrer, der sich einer fahrlässigen Tötung

[4] *Alexander - Staub,* Der Verbrecher und seine Richter, Wien 1929, S. 122.

schuldig gemacht hat, oder die Mithilfe einer Frau in einem Kinderheim, nachdem sie eine Abtreibung begangen hat.

3. Mit der eigentlichen Zweckstrafe, der zweckbestimmten „Behandlung" des Einzelfalls, betreten wir kriminalpolitischen Boden. Aufgabe ist die Verhinderung weiterer Verbrechen. Man spricht von einer sog. *Spezialprävention,* wenn man den Täter selbst von einer zukünftigen Kriminalität abhalten will, von einer sog. *Generalprävention,* soweit die staatliche Reaktion die Umwelt und ihre latenten Kriminellen beeinflussen will.

a) Daß Strafandrohungen, zumal drakonische, harte Strafurteile im Einzelfall und ihr erbarmungsloser Vollzug die Menschen beeindrucken können, ist sicher Gemeingut der populären Psychologie aller Zeiten gewesen. Es muß deswegen angenommen werden, daß generalpräventive Vorstellungen auch nicht völlig gefehlt haben, wenn wie im Mittelalter und im Beginn der Neuzeit die barbarischen Strafen im Zeichen der Vergeltung nach dem Satz „Aug um Auge" erkannt und vollstreckt wurden. Z. B. lautete das Urteil gegen Thomas Morus wegen Hochverrats (1535): „Er soll vom Sheriff William Bingston zum Tower geführt und von dort durch die City Londons nach Tyburn geschleift werden, wo er gehenkt werden soll, bis er halbtot ist. Dann soll er abgeschnitten und es sollen, solange er noch am Leben ist, seine Geschlechtsteile entfernt, sein Magen aufgeschlitzt, seine Eingeweide herausgerissen und verbrannt werden. Hierauf soll er gevierteilt und diese vier Teile sollen vor den vier Toren der City angebracht werden!" Die pathologischen Züge dieser Jahrhunderte und die religiöse und weltliche Institutionalisierung der – Exzesse fördernden – Vergeltungsidee reichen zur Erklärung dergleichen scheußlicher Urteile nicht aus; die panische Angst vor der Kriminalität und der Versuch einer generalpräventiven Kriminalpolitik muß der Erklärung hinzutreten. Zur Entschuldigung dient allein, daß die Freiheitsstrafe damals noch nicht bekannt war.

Die Lehre von der Staatsräson gab dem Gedanken der Generalprävention Auftrieb, *Bodin* nannte sie die bedeutendste Frucht aller Strafen. Mit der Schaffung einer weltlichen Staatsethik wurde die Strafe von ihren religiösen Fesseln befreit; das Wohl des Staats, seine Interessen waren entscheidend. Salus publica suprema lex, die Vergeltungsstrafe war mit dem Gebot der Nützlichkeit jeder Staatseinrichtung unvereinbar; Ziel war nicht ein schematischer Ausgleich, der um seiner selbst willen, um der „Gerechtigkeit", um der religiösen Gebote willen erfolgte; die Strafe unterstand allein dem Richterspruch der Vernunft. Sie mußte rational verantwortet werden können. Die festen Taxen der Vergeltungsstrafe wurden von *Pufendorf* abgelehnt, weil sie bald zu hart, bald zu milde seien. War eine Strafe im Staatsinteresse überflüssig, so konnte sie unterbleiben oder gemildert werden; war sie dagegen unzulänglich, um die allgemeine Kriminalität einzudämmen, so war ihre Verschärfung durch das Staatswohl geboten. Dem Zug der Zeit entsprechend lag der Nachdruck auf der Verschärfung der Strafen und ihrer Vollstreckung, wobei man trotz aller offensichtlichen Fehlschläge davon ausging, daß es nur höherer und schwerer Strafen und einer brutaleren Vollstreckung bedürfe, um der Kriminalität Herr zu werden. Es war die Zeit der „exemplarischen" Strafen. Das Wort „exemplarisch" jagt heute noch jedermann Furcht und Schrecken ein.

Mit der Aufklärung und dem beginnenden Durchbruch des liberalen Zeitalters begegnet die Praxis der Generalprävention einer erheblichen Kritik. *Anselm von Feuerbach* (1775–1833), einer der bedeutendsten deutschen Juristen, wurde der neue Theoretiker der Generalprävention; er hat sie bejaht, zugleich aber den Versuch unternommen, ihre Giftzähne zu ziehen. Während generalpräventive Erwägungen vorher und später im allgemeinen dazu dienten und auch heute noch dienen, in erster Linie Verschärfungen des richterlichen Strafausspruchs und des Strafvollzugs zu fordern und zu rechtfertigen, hat *Feuerbach* das Schwergewicht der Generalprävention auf die Androhung der Strafen im Gesetzbuch gelegt, wogegen die Strafzumessung durch den Richter ausschließlich der psychologischen und soziologischen Bedingtheit der Tat Rechnung tragen sollte. Auch der Strafvollzug spielt für *Feuerbachs* Generalprävention nur eine sekundäre Rolle; er ist nur insoweit interessant, als er unumgänglich notwendig ist, um der gesetzlichen Strafdrohung ihren Papiercharakter zu nehmen. Da der Staat mit physischen Mitteln seine Bürger nicht an der Begehung von Verbrechen hindern kann, bleibt ihm nach *Feuerbach* nur das Mittel einer psychologischen Einwirkung. Die Strafdrohung, ein psychologisch-pädagogisches Instrument der Gesellschaft, soll in das Schaukelspiel der Lust- und Unlustvorstellungen eingehen, die den Täter zur Tat treiben oder von ihr abhalten; die Strafdrohung soll hierbei den Ausschlag geben.

Spätere generalpräventive Theorien haben die Auffassung *Feuerbachs* ausgebaut. Man hat darauf hingewiesen, daß die Strafdrohung als Unlustfaktor durch den Strafprozeß ergänzt wird. Namentlich spielt hierbei die Öffentlichkeit des Verfahrens und die moderne

Publizität der Strafprozesse eine Rolle. Ebenso bedeutungsvoll, mitunter bedeutungsvoller als die gesetzliche Strafdrohung, die Strafhöhe der Urteile und der Strafvollzug, der auch von *Feuerbach* nur um des Ernstes der Strafdrohung willen für wichtig erklärt wurde, erscheinen dieser Auffassung die Polizei- und Gerichtsberichte in der Presse. Gerade auch der Sensationspresse wird eine erhebliche generalpräventive Wirkung zugeschrieben, womit sie sozusagen in den Rang der großen Kulturfaktoren aufrückt. Unzweifelhaft werden auch Presseberichte häufig mehr als eine hohe Strafe und die Strafverbüßung selbst gefürchtet. Es ist auch oft nicht die Dauer der Freiheitsstrafe, sondern der die Wiedereingliederung des Täters in die Gesellschaft erschwerende Strafmakel, die Bestrafung als solche, die als Übel Beachtung verdient. Die wirkliche Strafe, die oft jahrzehntelange Anprangerung, beginnt in der Regel erst, wenn die Gefängnis- oder Zuchthaustore sich öffnen.

Das entscheidende generalpräventive Gewicht wird hier der öffentlichen Meinung, den sozialen Urteilen, Vorurteilen, Sympathien und Antipathien der tonangebenden Schichten beigemessen. Manche halten daher eine Generalprävention für überflüssig, soweit es sich um Mord, Blutschande, Diebstahl und andere sog. klassische Verbrechenstatbestände handelt. Sie sind seit langem verfemt und die allermeisten Menschen unterlassen etwa einen Mord, nicht weil er strafbar, sondern weil ihnen schon der bloße Gedanke ein Greuel ist, der seinerseits einen Reflex der allgemeinen Tabu-Vorstellungen darstellt. Eine Generalprävention durch Strafrecht, Strafprozeß und vor allem durch die öffentliche Meinung wird aber für erforderlich gehalten, soweit wertumstrittenes Verhalten in Frage steht, etwa angebliche Gentlemen-Taten wie Steuerhinterziehung, Schmuggel, Trunkenheit am Steuer, Verbrechen gegen den Frieden und im Kriege oder Verbrechen gegen die Menschlichkeit in einem totalitären Staat. In ihrer Kriminalisierung wird eines der dem Staate zur Verfügung stehenden Mittel gesehen, ein neues soziales Bewußtsein, eine neue Sozialmoral, einen neuen Kodex guten Benehmens in der Gesellschaft ehrenwerter Bürger zu schaffen. Richtig ist, daß wertumstrittenes Verhalten im allgemeinen erst dann unterbleibt, wenn es auch einer *sozialen* Diffamierung unterworfen ist und der Täter ein *gesellschaftliches* Kainszeichen trägt.

In bewußtem Gegensatz zu seinem Lehrer Kant hat *Feuerbach* darauf verzichtet, seine Straftheorie metaphysisch – sei es religiös oder ethisch – zu begründen. Die Strafe ist für ihn staats- und kriminalpolitisch geboten. Sie ist wie jede Zweckstrafe ein Kind der Staatsräson. Die Vorsicht bei Beachtung der Staatsinteressen, die für *Feuerbach* kennzeichnend war, ist unter dem Einfluß hegelianischer Staatsvergottung und Staatsvergötzung nie völlig deutsches Gemeingut geworden. Niemand hat dies mehr beklagt als *Friedrich Meinecke*, der Geschichtsschreiber der „Idee der Staatsräson“ (1924). Visionär sah er das Wiederaufleben einer mitleidslosen, ungefesselten Staatsräson in Deutschland kommen, die die bloße Existenz eines Gegners und Feindes nicht ertragen kann und in seiner völligen Vernichtung ihre höchste Aufgabe sieht. Er fürchtete eine „grob naturalistische und biologische Gewaltethik“. Seine stürmische Forderung einer Beschränkung der Staatsräson ging nicht in Erfüllung. Der nazistische Unrechtstaat hat den Satz «Recht ist, was dem Volke nützt“ geprägt und im Namen einer Generalprävention eine terroristische Kriminalpolitik mittelalterlicher Observanz getrieben.

Die Generalprävention hat auch heute viele Freunde. Wenn gräßliche Mordnachrichten in den Zeitungen stehen, Erregung, Abscheu, Unsicherheit, Furcht, ja manchmal panische Angst um sich greifen, ertönt prompt der Ruf nach mehr und mehr Zuchthaus, nach dem Henkerbeil oder dem Strick, um dem Unheil Einhalt zu gebieten. Oft ist die generalpräventive Begründung nur eine rationale Verkleidung des irrationalen Vergeltungstriebs. In anderen Fällen entspringt der Ruf nach Strafe oder verschärfter Strafe dem menschlichen Drang nach Aktivität, auch wenn es nur eine Scheinaktivität ist, in der sich die völlige Ohnmacht widerspiegelt, an die Wurzel des Übels zu kommen. Mit der inneren Schwäche, mit der Angst und Furcht des Einzelnen oder der Gesellschaft wächst das kriminalpolitische Bramarbasieren und Kraftprotzentum. Es imitiert Stärke und übertönt oft auch das eigene schlechte Gewissen. Mit guter Psychologie hat daher Reichskanzler *Fürst Hohenlohe* es einmal als „einen krankhaften Zug“ bezeichnet, „die Menschen durch Strafgesetze tugendhaft machen zu wollen“. Strafgesetze und Richtersprüche, zumal Todesurteile erscheinen als der einfachste Weg, ohne größere Aufwendungen aus der Misere zu kommen; sie verlangen ein bescheidenes Maß finanzieller und seelischer Investitionen. Es ist eine tief beruhigende Lebenslüge, zu glauben, daß Moralisieren, das nichts kostet, daß ein bloßes „Du sollst“, daß ein paar Paragraphenzeichen genügen, um die Welt aus den Angeln zu heben. Bei einem Gläubigen der Willensfreiheit ist dies verständlich; erstaunlich wird immer bleiben, daß selbst ein *Feuerbach*, der überzeugter Determinist war, der neben seiner Straftheorie und einem bayrischen Strafgesetz zwei lebensnahe und wirklichkeitswahre Bände „Aktenmäßige Darstellung merkwürdiger Verbrechen“ schrieb und selbst ein Mensch mit allen seinen Schwächen war, glaubte, auf die billigste Weise mit bloßen, oft ach so chimärischen Strafdrohungen alle psychischen und sozialen Bestimmungsgründe menschlichen Handelns überspielen zu können.

b) Der spezialpräventiven Maxime, den Täter durch seine „Behandlung“ vor Rückfälligkeit zu bewahren, war ungewollt mit den Todesstrafen und Verbannungsstrafen, auch vielen „spiegelnden“ und „symbolischen“ Strafen, die dem Vergeltungsprinzip entsprachen, praktisch Genüge getan. Eine Theorie der Spezialprävention, die nicht nur physische Unschädlichmachung, sondern eine physische oder psychische Besserung des Täters zum Inhalt hatte, setzte zunächst die „Erfindung“ der Freiheitsstrafe voraus. Die Freiheitsstrafe ist aber erst in der Neuzeit zur Anwendung gelangt. Anfänge einer spezialpräventiven Theorie finden sich in der Zeit der Aufklärung, deren oberstes Ziel die Hebung der Sitten, die Festigung menschlicher Tugenden und die Verbreitung der „Humanität“ war. Ihre bedeutendsten Vertreter waren *Montesquieu*, *Voltaire* und *Beccaria* („Dei delitti e delle pene“, 1764). In Deutschland sind *K. F. v. Grolmann* und *Friedrich der Große*, in Österreich *v. Sonnenfels* zu nennen. Die Philosophen und Monarchen eines aufgeklärten Absolutismus haben die Generalprävention nicht schlechthin abgelehnt, aber ihre Fragwürdigkeit erkannt. Terroristische, den Verbrecher vernichtende Strafen werden nicht nur als typische Erscheinungsformen despotischer Systeme diffamiert, man spricht ihnen auch die Zweckmäßigkeit ab, weil rohe Strafen ein schlechtes Beispiel sind; sie verrohen die Sitten der Bürger. Härte erzeugt Härte, so daß die Verbrechensbekämpfung letztlich in Verbrechensförderung umschlägt. Der generalpräventive Effekt kann – zumal bei Beachtung der Wirkungen staatlicher Strafen auf lange Sicht – besser durch milde Strafen erreicht werden. „In Ländern, in denen die Strafen mäßig sind, fürchtet man sie genau so wie da, wo sie tyrannisch und abscheulich sind. Acht Tage Gefängnis oder eine leichte Geldstrafe schrecken einen Europäer, der in einem Land der Milde aufgewachsen ist, ebenso wie den Asiaten der Verlust eines Arms“, schrieb *Montesquieu* im 80. seiner „Persischen Briefe“. Die Wirkungslosigkeit der jahrundertelangen massenweisen Vollstreckung von Todesurteilen wird eingesehen und offen zugegeben. Die Kriminalität ist allem Terrorismus und Barbarismus zum Trotz nicht zurückgegangen, sondern ständig gestiegen. Schreibtischpsychologie und Wunschdenken werden langsam durch Realismus ersetzt. Der Verbrecher wird auch als Frucht menschlicher Leidenschaften und Schwächen erkannt. *Friedrich der Große* und *Voltaire* werden nicht müde, die charakterliche und intellektuelle Minderwertigkeit der Menschen aller Stände zu beklagen. „Jeder Mensch hat ein wildes Tier in sich." Mit Überlegungen dieser Art beginnt der moderne Empirismus in die Straftheorie einzudringen. Das Ziel war, die Strafe dem Delikt proportional anzupassen.

Das verlangte zunächst den Verzicht auf alle generalpräventiven Verschärfungen gesetzlicher Strafdrohungen oder der Richtersprüche. Während noch Friedrich Wilhelm I. befohlen hatte, „die Gerechtigkeit strenger zu führen und zu versuchen, ob die härtere Bestrafung den ruchlosen Gemütern einen Schreck einjagen möge", und Mitarbeiter und Zeitgenossen Friedrichs des Großen über seinen Verzicht, „andere durch schrökende Beispiele zurückzuhalten", „embarassirt" waren, wurden in Sanssouci die meisten Todesurteile in Freiheitsstrafen umgewandelt. Die Zahl der jährlichen Hinrichtungen sank auf 14—15, eine im Vergleich mit den vorausgegangenen Jahrhunderten winzige Ziffer. Der Strafvollzug sollte ganz im Sinn spezialpräventiver Vorstellungen nicht nur dem Schutz der Allgemeinheit, sondern der „Besserung" des Täters dienen. *Friedrich der Große* schaffte konsequenterweise sogar die Strafe der Infamie ab, „weil derjenige Delinquent, welcher mit Infamie belegt wurde, ein unnützes Mitglied der Societät wird und sich außer Stande befindet, fernerhin sein Brodt auf eine ehrliche Art zu verdienen". Bei Verurteilungen zu Freiheitsstrafen war „denen condemnierten Delinquenten famam ausdrücklich zu reservieren". Hier klingt die moderne Resozialisierungsidee in Strafrechtspflege und Strafvollzug deutlich an.

Der Durchbruch der spezialpräventiven Vorstellungen erfolgte am Ende des 19. Jahrhunderts. Er ist mit dem Namen *Lombrosos* und seiner beiden Landsleute *Ferri* und *Garofalo* verbunden. *Lombroso* war Psychiater, *Ferri* der bedeutendste Kriminalist des modernen Italien, Hochschulprofessor, Rechtsanwalt und sozialistischer Politiker; *Garofalo* war Staatsanwalt und später Oberlandesgerichtspräsident in Neapel. Auf deutschem Boden folgte *Franz von Liszt* und später *Gustav Radbruch*. *Liszt* hat das Strafrechtsdenken nicht in, sondern außerhalb Deutschlands gewaltig befruchtet; vor allem die angelsächsische, skandinavische und südamerikanische Kriminologie folgen heute in seinen Fußtapfen. Die kriminalpolitischen Bemühungen der Vereinten Nationen und UNESCO sind schon durch das Schwergewicht dieser Länder an *Liszt* orientiert. Die italienische Schule *Lombrosos* und seiner Zeitgenossen erlebte nach dem zweiten Weltkrieg in der Schule der „Sozialen Verteidigung" mit *Gramatica* an der Spitze ihre Renaissance.

Im Hintergrund der modernen Spezialpräventionstheorie stehen die Strukturveränderungen der modernen Industriegesellschaft. Ihre soziale Problematik wird zunehmend erkannt; das politische Denken kreist um die soziale Frage. *Anatole France* formulierte das Wort: „Das Gesetz in seiner majestätischen Gleichheit verbietet dem Reichen wie dem Armen, unter Brücken zu schlafen, auf den Straßen zu betteln und Brot zu stehlen." Mit ähnlicher Bissigkeit läßt *Chesterton* einen Richter sprechen: „Ich verurteile Sie zu drei Jahren Gefängnis in der festen und von Gott eingegebenen Überzeugung, daß das, was Ihnen wirklich nottut, ein dreiwöchiger Aufenthalt an der See ist." Blitzartig erleuchten sie die Realität bestehender sozialer Ungleichheit und die Fragwürdigkeit eines Rechts, das von ihr abstrahiert. Die soziale Bewegung führt wissenschaftlich über den historischen Materialismus, der der Geschichte die Aufgabe zuschreibt, „nachdem das Jenseits der Wahrheit verschwunden ist, die Wahrheit des Diesseits zu etablieren" *(Marx)*, konsequent zur Soziologie, die den Menschen als Schnittpunkt vielerlei sozialer Gruppen und Produkt seiner Umwelt versteht. Im Bereich des Politischen führt der Weg über Einzelmaßnahmen der Sozialpolitik zum „sozialen Wohlfahrtsstaat" oder, wie die Formulierung im Grundgesetz der Bundesrepublik lautet, zum „sozialen Rechtsstaat". Die neue Konzeption meint eine Gesellschaftsreform, die alle Teile staatlichen Lebens erfaßt und auch die Kriminalpolitik nicht ausläßt. *Ferri* und *Garofalo* haben die soziale Seite der Entwicklung betont.

Der soziale Wandel des 19. und 20. Jahrhunderts wird von umstürzenden Ideen und Erfahrungen der Naturwissenschaften begleitet. Sie lösen sich endgültig von jeder Metaphysik; das Übersinnliche wird nicht verneint, sondern in den Bereich des Unerkennbaren und damit Privaten verwiesen. Das neue Weltbild wird nicht durch einen großen Philosophen entworfen, sondern aus den Mosaiksteinen tausendfacher Einzelforschungen zusammengesetzt. Das Experiment ist der Ausgangspunkt, es hat ein positives oder negatives Resultat, aber kein vorgesetztes Ziel. Vorgesetzte Meinungen, Hypothesen, haben nur Bestand im Rahmen dessen, was empirisch verifizierbar ist. Dies alles ist nicht die Frucht wissenschaftlicher Launen oder eine Modesache, sondern die natürliche Folge des Instrumentariums, das der Wissenschaft wachsend zur Verfügung gestellt wird, Mikroskop, Röntgenstrahlen, Fotoapparat usw., und das sie der Notwendigkeit bloßer Spekulationen enthebt. Auch der Mensch braucht nicht mehr nach dem Ebenbild Gottes theoretisch konstruiert zu werden; er ist ein Erdenwesen von Fleisch und Blut und aus der Familie der Affen, die man fand, als man nach Adam und Eva zu suchen begann. Seit *Darwins* „Ursprung der Arten“ hat die Wissenschaft vom Menschen Neuland über Neuland gewonnen. Die Anthropologie, die Psychologie und Psychiatrie, die biologischen und medizinischen Werke verflossener Jahrhunderte sind Makulatur geworden. Der „Normalmensch“, der in etwa den Skeletten entsprach, die die anatomische Forschung vorfand, und den irreführenden Namen „homo sapiens“ trug, wurde ins Reich der Fabel verwiesen. Mensch war auch biologisch und psychologisch nicht gleich Mensch. Messungen ergaben individuelle Encephalogramme und einen individuellen Blutdruck. Der Mensch erwies sich von inneren Sekretionen beeinflußt; *Lombroso* führte, was seine Entwicklung und den Werdegang seiner Schule kennzeichnet, als erster den Kretinismus auf Anomalien der Schilddrüse und Akromegalie auf Störungen der Hypophyse zurück. Geistiges erwächst aus Körperlichem; das Wortpaar „Genie und Irrsinn“ wurde von *Lombroso* geprägt, und dem Problem waren viele seiner Arbeiten gewidmet. Aus Seelischem erwächst wieder Körperliches, das lehrte *Freud* und die Tiefenpsychologie. Ein Nachfolger *Lombrosos* hat in einem gut geformten Wort zusammengefaßt, was die modernen Anhänger der Spezialprävention aus der naturwissenschaftlichen Entwicklung der neuesten Zeit lernten. Früher, sagte er, hieß man die Menschen, die Gerechtigkeit zu studieren, jetzt heißt man die Gerechtigkeit, die Menschen zu studieren. Es ist der Schritt von der Deduktion zur Induktion, vom abstrakten zum konkreten Menschenbild.

Franz von Liszt (1851—1919) war geborener Wiener, lebte und wirkte aber in Deutschland. Das Ausland hat ihn mittlerweile zum Europäer gemacht. Anläßlich seines 100jährigen Geburtstags sagte *Hurwitz*, einer der führenden Kriminalisten unserer Zeit: „Klarheit, Toleranz, Weitblick und lebensnaher Realismus, Eigenschaften, die nur selten deutsche Strafrechtsprofessoren ausgezeichnet haben, prägen seine Schriften. Er besaß die Gründlichkeit und das Wissen der deutschen Schule, aber er war Österreicher und wirkt mehr europäisch als deutsch.“[5]

Seine akademische Antrittsrede mit dem Thema „Der Zweckgedanke im Strafrecht“ – bekannt geworden unter dem Namen „Marburger Programm“ — wirkte wie ein Fanal.[16] *Liszt* verzichtete auf eine metaphysische Begründung der Strafe. „Die Wissenschaft hört auf, wo die Metaphysik beginnt.“ Er stand den sozialen Auffassungen Ferris näher als denen Lombrosos; er „begrüßte“ „die hereinbrechende sozialistische Strömung“, „und ich würde sie selbst dann begrüßen, wenn sie das Strafgesetzbuch samt seinen Erklärern und Anwendern hinwegspülen sollte“. Das war ganz im Geiste Ferris, aber *Liszt* sah deutlicher als Ferri auch die Gefahren eines modernen totalen Staates. Er hat später das – bezeichnenderweise gerade im nazistischen Unrechtsstaat immer wieder angegriffene – Wort geprägt, das Strafgesetzbuch sei die Magna Charta des Verbrechers, weil er geradezu visionär den modernen Leviathan fürchtete. Er wünschte ein Recht sozialer Hygiene und Therapie, lehnte aber die bei Ferri üblichen Generalklauseln wie „Sozialschädlichkeit“ oder „Gemeingefährlichkeit“, Begriffe ohne weitere Differenzierung und Substantiierung, als einzige Motivierung staatlicher Reaktion ab. „Die Strafgewalt auch der sozialistischen Staaten wird gesetzlich begrenzt bleiben nach Voraussetzung und Inhalt . . . Das glaube ich, das hoffe ich im Interesse der persönlichen Freiheit.“[7] Er hat die Vergeltungsstrafe abgelehnt, schon weil er auf Grund der kriminologischen Ursachenforschung eine Willensfreiheit bestritt; er nannte von diesem Standpunkt aus die Vergeltung nicht nur „eine Versündigung des Herzens“, sondern auch „eine Verirrung des Verstands“[8]. Die Strafe war ihm Mittel zum Zweck. Er verlangte die Anpassung der Mittel an den Zweck und möglichste Sparsamkeit in ihrer Verwendung. „Es läßt sich eine schwerere Versündigung gegen den Zweckgedanken gar nicht denken als verschwenderische Verwendung der Strafe, wo diese nicht unabweisbar durch die Bedürfnisse der Rechtsordnung gefordert ist. So ist die Herrschaft des Zweckgedankens der sicherste Schutz der individuellen Freiheit gegen jene grausamen Strafarten

[5] Franz von Liszt og vor tids kriminalpolitik, Nordisk Tidsskrift for Kriminalvidenskab, 1951, S. 11.

[6] *Franz von Liszt,* Strafrechtliche Aufsätze und Vorträge, I, Berlin 1905, S. 126 ff; als Broschüre erneut erschienen in Frankfurt 1948.

[7] Strafrechtliche Aufsätze und Vorträge, II, S. 61 f.

[8] Strafrechtliche Aufsätze und Vorträge, II, S. 37 ff.

früherer Zeiten, welche nicht durch die glaubensstarken Idealisten der Vergeltungsstrafe, sondern durch die Vorkämpfer des ‚flachen Rationalismus' beseitigt worden sind."

Liszt hat die Typisierung der Verbrecher, die in der italienischen Schule begann, ausgebaut. Er unterschied vor allem zwischen den Augenblicksverbrechern, genauer den Affekt- und Gelegenheitstätern, die zu Verbrechern geworden sind, ohne Verbrecher zu sein, und den Zustandsverbrechern, die teils resozialisierungsfähig, teils hoffnungslose Fälle sind, je nachdem ob vorzugsweise die Umwelt oder die Anlage die verbrecherische Tat bedingen. Die spezialpräventive Reaktion des Staats soll sich nach dem Typus bestimmen; der Augenblickstäter wird hiernach durch die Erteilung eines empfindlichen Denkzettels gewarnt, der besserungsfähige Zustandsverbrecher gebessert und der hoffnungslose Fall unschädlich gemacht, was vor allem durch Verwahrung geschehen kann.

Von den späteren Spezialpräventionstheorien des Auslands sei zunächst die Auffassung *Karl Schlyters*[9] wiedergegeben. *Schlyter* war Präsident des Hofgerichtes in der schwedischen Provinz Schonen, langjähriger Justizminister Schwedens und zuletzt Vorsitzender der schwedischen Strafrechtskommission. Er hat das gesamte Strafrecht mit der allgemeinen Politik und Gesetzgebung seines Landes koordiniert, die die Umgestaltung Schwedens zum Wohlfahrtsstaat, zum „sozialen Volksheim" anstreben. Der liberal-soziale, aufgeklärte und evolutionäre Geist des modernen Schweden ist in *Schlyter* lebendig; er ist von der angelsächsischen Kriminologie beeinflußt, die aber ihrerseits auf *Ferri* und *von Liszt* zurückgeht.

Die Auffassung *Schlyters* ergibt sich deutlich aus der Fragestellung seiner Schrift „Strafgesetz oder Schutzgesetz?". Sie enthält eine Darstellung der schwedischen Strafrechtsreform. Eine wohlausgefeilte Theorie darf man in Schweden so wenig wie in England oder USA erwarten. Dergleichen überläßt *Schlyter* den mehr logischen und mehr doktrinären „Germanen auf dem Kontinent". Die früheren generalpräventiven Strafen Schwedens wurden in den vergangenen Jahren „mit einem einfachen Hokuspokusfiliokus" in spezialpräventive Schutzmaßnahmen umgewandelt, wobei man sich über „den metaphysischen Mechanismus des Verwandlungsrituals" nicht den Kopf zerbrochen habe. „Die schwedischen Strafrechtsreformen lassen

---

[9] Straffbalk eller Skyddsbalk? Stockholm 1946; Avfolka fängelserna, Stockholm 1934.

alle eine Abschwächung der Strafidee und einen Durchbruch der Schutzidee erkennen. Die Aufrechterhaltung des Wortes Strafe ruft leicht die Erinnerung an die von der Gesetzgebung ganz aufgegebenen Vergeltungsgesichtspunkte wach. Der Versuch, einen Gesetzestext auszuarbeiten, ohne die verschiedenen Schutzmaßnahmen als Strafe zu bezeichnen, hat gezeigt, daß der Strafbegriff gesetzestechnisch entbehrt werden kann. Aber man kann Geldbußen und Freiheitsentzug auf bestimmte Zeit als Verbrechensfolgen nicht entbehren. Laßt alle, die es wünschen, diese Maßnahmen als Strafen bezeichnen, wie es auch einem jeden freisteht, in der religiösen Verkündung den Standpunkt zu vertreten, das Verbrechen werde durch Strafe gesühnt. Aber nichts davon braucht oder soll im Gesetze stehen." Das wichtigste Anliegen ist die Befreiung des Kriminalrechts von religiösen oder ethischen Einschlägen. Die Bevölkerung soll daran gewöhnt werden, das Verbrechen als eine soziale Frage oder soziale Erkrankung zu betrachten und ohne Sentiments und Ressentiments zu reagieren. Gefühle sollen durch ratio, Theologie und Philosophie durch Wissenschaft ersetzt werden. Ziel der gesellschaftlichen Verbrechensreaktion ist der Schutz der Gemeinschaft, wobei es keinen Unterschied machen soll, ob der Täter zurechnungsfähig ist oder nicht. Das Problem der „Zurechnungsfähigkeit" verliere in einem Schutzrecht an Bedeutung. Art und Ausmaß der Abnormität soll allein Art und Ausmaß der gesellschaftlichen Reaktion bestimmen. Die angelsächsische Kriminalpolitik wird als Vorbild bezeichnet, weil dort „die soziologische Betrachtungsart eine selbstverständliche Sache ist. Ohne unnötiges Philosophieren werden die Maßnahmen im Kampf gegen die Kriminalität angeordnet, die sozial einsichtige Leute für am besten geeignet halten, die Gesellschaft zu schützen."

Die Anhänger spezialpräventiver Verbrechensbekämpfung haben sich nach dem zweiten Weltkrieg in der Bewegung der „Sozialen Verteidigung" vereinigt. Im Jahr 1947 wurde durch die Initiative von *Filippo Gramatica* ein „Centro internazionale di studi di difesa sociale" geschaffen, dem sich in der Zwischenzeit eine große Zahl namhafter Juristen aus aller Welt angeschlossen hat. Die Bewegung hat mehrere Kongresse, so in San Remo, Lüttich, San Marino, Caracas und Antwerpen veranstaltet und gibt seit 1947 die „Rivista di difesa sociale", seit 1952 die „Revue Internationale de Defense Sociale" heraus. *Marc Ancel,* Mitglied des Kassationsgerichts in Paris, ist der Geschichtsschreiber der Bewegung und Verfasser eines Grundrisses der Sozialen Verteidigung, der sich um einen Ausgleich der in ihrem Schoß vertretenen vielfältigen Auffassungen bemüht[10]. Der Name der Bewegung stammt von der italienischen Schule *Ferris* und *Garofalos;* auch *von Liszt* und seine Mitstreiter haben die Formulierung „soziale Verteidigung“ gebraucht[11].

Die Meinungsverschiedenheiten, die bei den Anhängern der Bewegung festzustellen sind, sind weitgehend durch die Rücksichtnahme auf die öffentliche Meinung in den verschiedensten Ländern der Kontinente bedingt. Schon *Franz von Liszt* hatte erklärt, der Volksanschauung das Opfer seiner besseren wissenschaftlichen Überzeugung bringen zu müssen. *Gramatica,* der radikale Vorkämpfer seiner Bewegung, erstrebt nicht nur eine revolutionäre Veränderung des Strafrechts, sondern eine neue Gesellschaft. Erst diese Gesellschaft könne eine soziale Verteidigung, wie sie ihm vorschwebe, verstehen und akzeptieren. Andere Anhänger begnügen sich mit Übergangsmaßnahmen evolutionären Charakters.

Nach *Gramatica* tritt an die Stelle von Verantwortung und Schuld die Antisozialität; die kriminelle Tat ist in der Regel Symptom anti- oder asozialen Verhaltens, es gibt jedoch Ausnahmen. Nicht jede Gesetzesverletzung stempelt den Täter zum Asozialen oder Antisozialen, z. B. nicht den gestrauchelten Gelegenheitstäter ohne jede Rückfallsgefahr. Die Strafe wird durch Maßnahmen der sozialen Verteidigung ersetzt, die auf den Täter, nicht seine „Schuld“, sondern den Grad seiner Antisozialität abgestellt sind. Diese Maßnahmen tragen grundsätzlich einen erzieherischen, therapeutischen und resozialisierenden Charakter. Seitherige Reaktionsmaßnahmen des Staats können übernommen werden, vorausgesetzt, daß sie jeden repressiven Inhalt im Sinn eines Vergeltungsrechts verlieren und dem Nutzen des Täters dienen.

Ideologisch geht *Gramatica* von einer Zweckbestimmung des Staates aus, die im Grunde mit dem Namen seiner Bewegung unvereinbar ist. Der moderne Staat, der an die Menschenrechte gebunden ist, hat nach ihm nicht die unmittelbare Aufgabe, die Sozialität gegen Antisozialität zu schützen und damit die Kriminalität einzudämmen, was den Theoretikern und Praktikern der Spezialprävention

---

[10] *Ancel,* La Défense Sociale Nouvelle, Publications du Centre d'Etudes de Défense Sociale, Paris 1954; vgl. weiter *Scharff,* Soziale Verteidigung, Mitt.-Blatt der Fachgruppe Strafrecht, 1954, S. 118 ff; „Entschließungen des 3. Internationalen Kongresses für Soziale Verteidigung“ und „Mindestprogramm“, ebenda S. 126, 188; *Frey,* Strafrecht oder Soziale Verteidigung, Schweiz. Zeitschrift für Strafrecht, 1953, S. 405 ff.

[11] *Prins,* La Défense Sociale et les Transformations du Droit Pénal, 1910.

gemeinhin als der Sinn der Zweck„strafe“ und verwandter Maßnahmen vorschwebt. Der Staat wird vielmehr von ihm als verpflichtet angesehen, dem Individuum zu einem sozialen Verhalten zu verhelfen. Dieses Programm des Wohlfahrtsstaates, das hier *Gramaticas* Weltanschauung prägt, ist keineswegs neu. Es hat deutliche Vorläufer vor allem in der Zielsetzung der Aufklärung und des aufgeklärten Absolutismus, die dem „Gesellschaftsvertrag“ die Verpflichtung von Herrscher oder Gemeinschaft entnahmen, für die Hebung des allgemeinen Wohlstandes, die Bildung des Geistes, die Besserung des Charakters und dergleichen mehr besorgt zu sein.

Nach *Ancel* verbindet die Anhänger der „Sozialen Verteidigung“ ihre Ablehnung eines vergeltenden und generalpräventiven Strafrechts. Ihre Ablehnung gilt auch jedem Kompromiß in der Form eines „Eklektizismus“. Eine metaphysische, apriorische Begründung des Strafrechts wird verworfen; das Verbrechen ist menschliches Geschehen („un fait humain“) und die Antwort des Staates eine soziale Maßnahme („une action sociale“), die dem Schutz der Gesellschaft dient. Zur Verfügung des Gerichts steht ein Katalog von Maßnahmen, die keinen Strafcharakter tragen (un ensemble de mesures généralement extrapénales au sens strict du mot“); der „Neutralisierung der Delinquenten“ dienen „élimination“, „ségrégation und „methodes curatives ou éducatives“. Das Schwergewicht liegt bei den therapeutischen und pädagogischen Veranstaltungen. *Ancel* erkennt aber auch – *Schlyter* ähnlich – die Notwendigkeit oder Zweckmäßigkeit traditioneller Maßnahmen nach Art der Gefängnis- und Geldstrafe gegenüber bestimmten Delinquenten an, wobei er im wesentlichen Gelegenheitstäter im Auge hat.

Ancel läßt die Frage der Willensfreiheit oder Unfreiheit dahingestellt. Er will ein – etwaiges – Verantwortungs*bewußtsein* des Individuums für die pädagogische und therapeutische Behandlung nutzbar machen. Dieses Bewußtsein spielt bei ihm etwa die Rolle des Gesundungswillens eines Kranken. Dieser kann auch bei einem Todkranken und Sterbenden vorhanden sein. Ob dieser Kompromißvorschlag den Anhängern einer Willensfreiheit genügt, muß die Zeit zeigen.

Mit *von Liszt* wird die Notwendigkeit einer Magna Charta des Verbrechers als Voraussetzung sozialer Aktion stark hervorgehoben. Der hohe Richter *Ancel* will auch im Interesse der menschlichen Würde und der persönlichen Freiheit, die verfassungsmäßig verankert sind, die Bestimmung des Inhalts sozialer Aktionen nur Richtern, nicht Gremien von Sachverständigen, etwa Psychiatern, Pädagogen oder Fürsorgern, überlassen. Dies fordert, daß die Hilfswissenschaften der Soziologie, Psychiatrie usw. in das Kriminalrecht integriert werden, daß die Erforschung der Täterpersönlichkeit einen zentralen Platz im Verfahren einnimmt und die technisch-juristische Betrachtungs- und Behandlungsweise durch eine realistische „action sociale" gegenüber dem Täter ersetzt wird.

Aus dem „Mindestprogramm" der Internationalen Gesellschaft für Soziale Verteidigung aus dem Jahre 1954 seien folgende Punkte angeführt:

1) Bei der Verfolgung des Ziels, die Gesellschaft und ihre Mitglieder gegen die Kriminalität zu schützen, ist es geboten, zunächst die Achtung vor den Persönlichkeitswerten des Menschen sicherzustellen in der Überzeugung, daß man von Straffälligen ein untadliges Verhalten mit gutem Gewissen nur dann fordern kann, wenn man ihnen gegenüber entsprechend den Grundsätzen unserer Zivilisation verfährt. Die Kriminalpolitik muß sich von der humanistischen Tradition als der Grundlage unserer Kultur leiten lassen.
2) Aus dem Ziel des Strafrechts, die Gesellschaft und ihre Mitglieder vor der Kriminalität zu schützen, folgt, daß die Auslegung der Strafgesetze und ihre Anwendung als eine Aufgabe hauptsächlich praktischer Art betrachtet werden muß. Diese Aufgabe erfordert wie alle vielschichtigen Aufgaben dieser Art ein sorgfältiges wissenschaftliches Studium der Wirklichkeit. Das Strafrecht muß sich sowohl in seiner Fassung wie in seiner Anwendung so weit wie möglich auf wissenschaftlich erarbeitete Gegebenheiten gründen.
3) Die Frage nach dem Unterschied zwischen den verschiedenen Maßnahmen, die gegen den Verbrecher zu ergreifen sind, muß als eine praktische Frage betrachtet werden; es kommt dabei vor allem darauf an, eine Maßnahme auszuwählen, die mit dem eigentlichen Ziel des Strafrechts übereinstimmt. Die gewählte Maßnahme muß also in jedem Falle die Besserung und Resozialisierung des Verurteilten fördern. Wenn man die Bezeichnung Strafe für gewisse Maßnahmen beibehält, z. B. für Geldstrafen und für gewisse Arten freiheitsentziehender Maßnahmen von festbestimmter Dauer, muß man anerkennen, daß diese Strafen ebenfalls Maßnahmen der sozialen Verteidigung darstellen.

3. *Die Gesetzgebung von heute*

Das Bild der heutigen Gesetzgebung ist in vielen Ländern verwirrend. Es erinnert oft an Kirchen, die romanisch begonnen, gotisch fortgesetzt wurden und barocke Anbauten erhielten, oder an eine Landschaft, die bloßgelegt ist und die verschiedensten Schichten des geologischen Wachstums der Erde erkennen läßt. Lösungen aus einem Guß sind selten. Die Skepsis ist groß, sie herrscht in fast allen Ländern. „Das moderne demokratische Strafrecht", leitet z. B. der Amerikaner *Seagle*[1] sein Kapitel „Vom Strafrecht zur Kriminologie" ein, „ist das Werk einer großen Ära revolutionärer Reformen; trotzdem herrscht bis auf den heutigen Tag noch viel Unzufriedenheit mit seiner Handhabung. Man kann sogar sagen, daß heute das Strafrecht Europas wunder Punkt sei, und diese Wunde ist chronisch und trotzt allen Anstrengungen der doctores juris". An einer späteren Stelle meint er: „Das Strafrecht blickt auf eine Geschichte von Tausenden von Jahren zurück, aber erst im letzten halben Jahrhundert wurde man sich bewußt, daß die Menschheit auf einem Holzweg war. Ein großer amerikanischer Richter hat die Frage gestellt, ob nicht die Hälfte unseres Strafrechts mehr Schaden anrichte als Nutzen. Es ist offenbar geworden, daß das Strafrecht ein tragischer Mißgriff war."

1. Das Strafrecht fast aller Länder fällt heute in zwei Teile, die nur noch wenig miteinander zu tun haben: das Strafrecht für Erwachsene und das Strafrecht für junge Menschen. Das Jugendstrafrecht ist von spezialpräventiven Gesichtspunkten beherrscht; hier ist bereits so gut wie überall verwirklicht, was beispielsweise die Vorkämpfer der Internationalen Bewegung für Soziale Verteidigung für alle Täter ohne jede Altersgrenze anstreben.

Die Öffentlichkeit ist bereit, ein spezielles Jugendstrafrecht anzuerkennen, nachdem sie auch in anderen Bereichen des Rechtslebens, z. B. im bürgerlichen Recht, wo es etwa um die Geschäftsfähigkeit geht, oder im öffentlichen Recht, in dem die Frage des Wahlalters zu regeln ist, Ausnahmebestimmungen für junge Menschen geschaffen hat. Dies ist durch die Tatsache erleichtert worden, daß Jugendlichkeit in die Augen fällt und mit Zahlen, nämlich Jahren, ausgedrückt werden kann, obwohl jede altersmäßige Grenzziehung willkürlich erscheinen muß, weil die Natur keine Sprünge macht. Hinzu kommt, daß junge Menschen sich erheblich größerer Sympathien erfreuen als Erwachsene, was selbst der kriminellen Jugend zustatten kommt. Es

[1] Weltgeschichte des Rechts, München - Berlin 1951, S. 363 ff.

wird immer eine erstaunliche Tatsache bleiben, wie schnell die Pionierarbeit des Jugendrichters *Benjamin Lindsey,* des Verfassers der „Revolution der modernen Jugend“, Früchte getragen hat. Auch der praktische Erfolg von Büchern wie *Eduard Sprangers* „Psychologie des Jugendalters“ muß genannt werden.

Das Jugendstrafrecht wurde mit der „Psychologie des Jugendalters“, bestimmten biologischen, psychologischen und soziologischen Eigenarten der jungen Menschen, begründet. Hierzu gehört der Wachstumsprozeß, das Erwachen der Sexualität, die Unerfahrenheit in einer Welt der Erwachsenen und ihrer Normen. Diese kriminologische Anerkennung des Faktors Jugendlichkeit ist jedoch keineswegs so überzeugend und einleuchtend, wie es heute den allermeisten vorzukommen scheint, nachdem der Sachverhalt bereits Tradition geworden ist. Der Einfluß der Jugendlichkeit auf die Kriminalität besteht vorzugsweise in einem Plus an physischer Kraft und einem Minus an Einsicht und Willensstärke. Ein gleicher oder ähnlicher Mangel an Balance zwischen Natur und Geist, Körper und Seele findet sich aber auch bei einer Reihe von Typen erwachsener Krimineller, z. B. bei den athletischen Konstitutionstypen oder willensschwachen Psychopathen. Noch wichtiger ist, daß die Jugendkriminalität keineswegs entscheidend durch die Jugendlichkeit der Täter bestimmt wird. Wäre dies der Fall, so müßte die Jugendkriminalität weit umfassender sein, als die Geschichte des Verbrechens und die Kriminalstatistik der Gegenwart zeigt. Die entscheidenden Triebkräfte der Jugendkriminalität liegen in der individuellen Anlage des Täters, z. B. dem ererbten Charakter, oder in einer individuellen Umwelt, z. B. ungünstigen und lieblosen Erziehungsverhältnissen. Die Wirksamkeit dieser Faktoren, besonders deutlich bei ererbten oder angeborenen Charakterstrukturen, hört aber keineswegs mit einem bestimmten Lebensalter auf; sie ist für die Erwachsenenkriminalität in gleicher Weise wie für die Jugendkriminalität entscheidend. Die Bedeutung des frühen Lebensalters braucht keineswegs unterschätzt zu werden, es erhöht aber in aller Regel nur die Labilität der Menschen und bedeutet nur eine zusätzliche Gefährdung; der Kern der Kriminalität muß aber im allgemeinen anderswo gesucht werden. Bei der Jugendkriminalität und im Jugendstrafrecht wird eine Art Solokausalität des Lebensalters fingiert, während die Kriminologie sonst den Standpunkt einer mehrdimensionalen Erklärung des Verbrechens vertritt. Der Jugend wird also unter der einigermaßen irreführenden Etikette einer „Jugendpsychologie“ eine kriminologische und strafrechtliche Sonderbehandlung zuteil, die den Erwachsenen grundsätzlich versagt ist, obwohl im Entscheidenden Unterschiede nicht bestehen.

Die Jugend wird für erziehungsfähig gehalten, während eine Erziehungsfähigkeit Erwachsener weitgehend bestritten wird. Daran ist natürlich richtig, daß die wichtigsten Teile der Erziehung eines jeden Menschen zwangsläufig in seine frühen Lebensjahre fallen. Die schroffe Unterscheidung ist aber unbegründet. Wo ererbte oder angeborene Anlagen mit geringer Plastizität bestehen, sind die pädagogischen Möglichkeiten in jedem Lebensalter gleich begrenzt. Was als „Charakterverhärtung“ des Erwachsenen erscheint, ist häufig nichts anderes als die durch die Jahre hindurch immer deutlicher werdende Konstanz der bereits angeborenen Verhaltensstruktur. Die moderne Psychologie und Pädagogik nimmt weiter an, daß entscheidende Erziehungseffekte, sei es im positiven oder negativen Sinn, bereits erzielt sind, bevor ein junger Mensch überhaupt vor Gericht, auch ein Jugendgericht kommen kann. Die Unterschiede in den pädagogischen Möglichkeiten sind daher keineswegs so bedeutend, wie in der Regel unterstellt wird; es sind weniger Art- als Gradunterschiede. Das Wort „Erziehung“ darf auch nicht in das Prokrustesbett irgendeines Schulideals gespannt werden. Es hat wenig mit intellektuellem oder moralischem Wissen zu tun, es ist mehr eine Hilfe zur Selbsthilfe, zur praktischen Überwindung von Schwierigkeiten des Alltags, sei es in der Familie, im Arbeitsleben oder im Daseinskampf schlechthin. Es ist von der menschlichen Aussprache, dem Psychotherapeutischen nicht zu trennen. Gibt man dem Wort Erziehung den Sinn des "socialising", wie man treffend in der angelsächsischen Literatur und Praxis sagt, oder der „Resozialisierung“, wie es weniger gut im Deutschen heißt (aber wegen des mit einem bestimmten politischen Gehalt erfüllten Wortes „Sozialisierung“ vielleicht heißen muß), so sind mannigfaltige Möglichkeiten menschlicher und sozialer Einflußnahmen gegeben, die z. B. mit „Erwachsenenbildung“ gar nichts zu tun haben.

Die Öffentlichkeit, auch die Parlamente sind gewillt, größere Beträge für junge Menschen auszugeben als für Erwachsene. Dies ermöglicht eine kostspieligere „Behandlung“ jugendlicher Delinquenten, auch die Erprobung neuer Methoden, während die Erwachsenen sozusagen die alten Kleider auftragen müssen. Allein die Existenz aus vergangenen Jahrhunderten überkommener Zuchthäuser und Gefängnisse, deren Architekturstil von Straftheorien verflossener Zeiten bestimmt ist, erschwert oder hindert eine kritische Überprüfung des Erwachsenenstrafrechts durch Öffentlichkeit und Rechtspflege. Auf der Diskussion lastet die Hypothek bestimmter optischer Eindrücke, die sich von Jugend an bei der Betrachtung traditioneller Strafanstalten mit Zellenbau, meterdicken Hauswänden und hohen Festungsmauern tief eingeprägt haben. Jugend„institutionen" englischen, amerikanischen oder skandinavischen Zuschnitts schaffen eine andere Diskussionsgrundlage.

Das deutsche Jugendgerichtsgesetz vom 4. 8. 1953[2] stellt grundsätzlich nicht auf Generalprävention und Tatvergeltung ab; sein Ziel ist die Besserung und Erziehung des Täters. Der Vergeltungsgedanke tritt nur am Rande auf, wenn die Schuld besonders schwer ist; ganz im Vordergrund steht die Aufgabe, den Jugendlichen durch sozialkonstruktive Maßnahmen gemeinschaftsfähig zu machen. Das Gesetz stellt dem Jugendrichter einen umfassenden Katalog von Behandlungsformen zur Verfügung. Erziehungsmaßregeln stehen an der Spitze. Die Straftat eines Jugendlichen darf nur mit Zuchtmitteln oder mit Jugendstrafe geahndet werden, wenn Erziehungsmaßnahmen nicht ausreichen. Auf Jugendstrafe (das Wort Gefängnis ist überhaupt vermieden) darf wiederum nur erkannt werden, wenn wegen der schädlichen Neigungen des Jugendlichen Zuchtmittel oder Maßnahmen der Erziehung in Freiheit (Aussetzung der Strafe auf Bewährung) nicht ausreichen. Immer muß der Jugendrichter versuchen, mit der am wenigsten einschneidenden Maßnahme auszukommen. Eine Überdosierung muß verhütet werden.

Da Maßstab für die „Behandlung" des Täters allein seine individuelle Eigenart ist, eine Tatvergeltung in aller Regel und eine generelle Abschreckung zukünftiger Täter stets als Reaktionszweck ausscheidet, können Mittäter auch bei völlig gleichem Tatbeitrag zu den verschiedenartigsten Maßnahmen verurteilt werden. Der eine Mittäter kann, wenn er etwa nur gestrauchelt ist, mit einer Verwarnung oder einem Wochenendarrest davonkommen; bei einem zweiten mag die Jugendstrafe auf Wohlverhalten ausgesetzt werden; der dritte, bei dem die Tat einem eingewurzelten Hang zum Verbrechen entspringt oder bei dem erhebliche Erziehungsmängel vorliegen, kann eine Jugendstrafe von unbestimmter Dauer erhalten. Aus der erkannten Behandlungsform kann daher in der Regel nicht mehr auf die Schwere der Tat oder die Schwere der Schuld geschlossen werden.

---

[2] Vgl. z. B. *Potrykus,* Die tragenden Gedanken des Jugendstrafrechts, in „Bekämpfung der Jugendkriminalität", Wiesbaden 1955, S. 139 ff; *Holzschuh,* Erziehung und Strafe im deutschen Jugendstrafrecht, ebenda, S. 147 ff.

Sie spiegelt allein das Ausmaß der Erziehungsbedürftigkeit des jungen Menschen wieder.

Der Wunsch *Sprangers* „Wege zu finden, die den Jugendlichen vor der lebenszerstörenden Wirkung des Zusammenstoßes mit der unpersönlichen und liebefernen Rechtsordnung behüten, so wichtig sie ist", ist auch im Verfahren gegen Jugendliche beachtet worden. Unter Umständen braucht überhaupt nichts zu geschehen, z. B. wenn bei harmlosen Delikten Elternhaus, Schule oder Lehrherr schon Erziehungsmaßnahmen getroffen haben. „Wie bei so manchen Kranken wird auch beim jugendlichen Gesetzesübertreter manchmal am meisten getan, wenn nichts getan wird" (*Holzschuh*). Kommt es zur Verhandlung, so sind Richter, Schöffen und Staatsanwalt besonders ausgewählt; sie sollen pädagogisch befähigt und in der Jugenderziehung erfahren sein. Die Verhandlung ist einschließlich der Verkündung der Entscheidungen nicht öffentlich. Die Verhandlung ist von Förmlichkeiten frei, Eide sollen nur im Notfall geschworen werden. Im Mittelpunkt der Verhandlung steht nicht die Tat, sondern der junge Mensch, seine Erziehungsfähigkeit und Erziehungsbedürftigkeit. Die Tat wird nur als das äußere Anzeichen einer Abartigkeit oder Fehlentwicklung angesehen. Deshalb spielt auch die Jugendgerichtshilfe eine entscheidende Rolle. Nach dem Gesetz hat sie die erzieherischen, sozialen und fürsorgerischen Gesichtspunkte zur Geltung zu bringen. Sie ist an der Erforschung der Persönlichkeit des Täters, seiner Entwicklung und Umwelt beteiligt. Neben ihr zieht der gute Jugendrichter nach Bedarf einen Arzt, Psychologen, Psychiater, die Eltern, Lehrer, Geistliche, Arbeitgeber, Werkmeister und Kameraden heran, um die Eigenheiten des jungen Menschen kennenzulernen.

Die amerikanische Kriminologie[3] pflegt den Unterschied zwischen der traditionellen Gerichtsbarkeit für Erwachsene und der modernen Jugendgerichtsbarkeit wie folgt anzugeben:

Erwachsenengerichtsbarkeit	*Jugendgerichtsbarkeit*
a) Das Verfahren ist durch den Gegensatz von Anklage und Verteidigung gekennzeichnet; zwei Parteien stehen einander gegenüber.	a) Die Vernehmungen sind durch wissenschaftliche Untersuchungsmethoden gekennzeichnet.

[3] Vgl. *Sutherland – Cressey*, Principles of Criminology, 1955, S. 399 f; *Young*, Social Treatment in Probation and Delinquency, New York - London 1952, S. 226 ff; *Taft*, Criminology, New York 1947, S. 563 f.

Erwachsenengerichtsbarkeit	*Jugendgerichtsbarkeit*
b) Ziel des Verfahrens ist, festzustellen, ob der Angeklagte das Verbrechen begangen hat, das ihm zur Last gelegt wird.	b) Ziel des Verfahrens ist, die allgemeinen Lebensbedingungen und den Charakter des Jugendlichen festzustellen.
c) Es besteht keine amtliche Maschinerie, um Informationen über den Charakter des Angeklagten zu erhalten.	c) Es findet sich eine sorgfältig ausgearbeitete Maschinerie, um Informationen über den Charakter des Jugendlichen zu erhalten.
d) Finden sich solche Informationen, so besteht keine Gewähr, daß sie im Rahmen der Beweisaufnahme verwertet werden.	d) Die Informationen sind die Basis der zu treffenden Entscheidung.
e) Bestrafung im Fall der Überführung des Angeklagten.	e) Staatlicher Schutz des Jugendlichen und Vormundschaft, sofern die bestehenden Verhältnisse sie erforderlich machen.
f) Behandlung nicht nach Maßgabe der Bedürfnisse des speziellen Individuums, sondern nach Maßgabe einer generell für alle Täter gültigen Gesetzgebung, in erster Linie im Hinblick auf andere aktuelle oder potentielle Delinquenten.	f) Behandlung nach Maßgabe der Bedürfnisse des speziellen Individuums ohne Rücksicht auf andere aktuelle oder potentielle Delinquenten.

Aus dieser amerikanischen Gegenüberstellung wird deutlich, daß grundsätzliche Unterschiede zwischen deutscher und angelsächsischer Jugendgerichtsbarkeit nicht mehr bestehen.

Die moderne Jugendgerichtsbarkeit in USA wurde durch die Arbeiten des American Law Institute, einer Organisation hervorragender Strafjuristen und Professoren der Kriminologie und des Strafrechts, befruchtet. Anlaß waren die hohen Rückfallsquoten, die auf das Schuldkonto eines konservativen Strafrechts und Strafprozesses gesetzt wurden. *Harrison-Grant* hatten in ihrem Buch „Youth in the

Toils" (New York 1938) deswegen die Schaffung neuer Jugendgerichte mit geteilten Funktionen vorgeschlagen; Gerichte sollten über Schuld oder Unschuld des Täters entscheiden, eine Sachverständigenkommission dagegen über die geeigneten Behandlungsmöglichkeiten. Das hiernach vom American Law Institute eingesetzte Criminal Justice Youth Committee trat im Jahre 1940 nach gründlichen Vorarbeiten mit dem Vorschlag des Modells eines Youth Correction Authority Acts an die Öffentlichkeit. Nach ihm sollten neue administrative Behörden je mit Zuständigkeit für einen der amerikanischen Staaten geschaffen werden, die sog. Youth Correction Authorities. Im Falle der Verurteilung eines Jugendlichen im Alter von 16 bis 21 evtl. 24 Jahren sollte der Jugendliche dieser Behörde zu einer erzieherischen und vorbeugenden Behandlung („corrective and preventive treatment") überlassen werden; ausgenommen wurden schwere Fälle von Kapitalverbrechen. Die Verwaltungsbehörde mit ihren Sozialfürsorgern, Psychiatern, Pädagogen usw. sollte auch nicht in Anspruch genommen werden, wenn das Gericht sich mit einer Geldstrafe oder einer bloßen Entscheidung über Schuld oder Unschuld des Täters begnügen würde. Ein Strafjurist[4] kommentierte den Vorschlag so: „Der beste Richter, auch wenn er von dem aufgeschlossensten Rat von Forschern unterstützt wird, erhält höchstens ein statisches Bild von dem Verbrecher, wie er am Tage seiner Verhandlung ist. Von da ab muß sich der Verurteilte wandeln, zum Besseren oder Schlechteren, wie alle anderen Menschen es auch tun. Die Correction Authority ist mit den Werkzeugen ausgestattet, ihn fortlaufend im Auge zu behalten und den Wandlungsprozeß zu verfolgen. Sie erhält einen Film von ihm, nicht nur ein Foto. Sie kann die Behandlung variieren und bestimmen, wie lange die Behandlung fortgesetzt werden soll, nicht auf der Grundlage des Eindrucks in einer Gerichtsverhandlung und einer Schätzung, sondern auf der Basis dynamischer Erfahrung. Wir Richter sollten imstande sein, diese Neuerung ohne Prestigeverlust zu akzeptieren."

Der Staat Kalifornien übernahm im Jahre 1941 das Modell, weitere Staaten folgten. Im Jahr 1950 nahm der Bundeskongreß den Federal Youth Correction Act an. Im Bundesgesetz heißt es u. a.: „Der Direktor soll Mittelpunkte und Behörden für die Klassifikation der Verurteilten schaffen (‚classification centers and agencies'). Jeder

[4] Zitiert bei *Barnes - Teeters*, New Horizons in Criminology, New York 1952, S. 802.

Verurteilte soll zuerst zu einem Center gesandt werden. Es soll ein umfassendes Studium eines jeden Verurteilten vornehmen, darunter eine geistige und körperliche Untersuchung, um Gewißheit über die persönlichen Eigenheiten des Verurteilten zu erlangen, seine Tätigkeiten, die Verhältnisse in der Schule und im Leben seiner Familie, eventuell über frühere Delinquenz oder kriminelle Erfahrung, etwaige geistige oder physische Mängel oder andere zu seiner Delinquenz beitragende Faktoren. Ein solches Studium soll in der Regel innerhalb von 30 Tagen abgeschlossen sein. Die Untersuchungsbehörde soll unverzüglich der Youth Correction Behörde das Ergebnis ihrer Untersuchungen und ihre Empfehlungen für die Behandlung des Verurteilten übersenden. Mindestens ein Mitglied dieser Behörde soll so schnell wie möglich nach der Verurteilung den Jugendlichen interviewen und seinerseits Vorschläge machen.“ Die Verurteilung ist innerhalb gewisser Grenzen unbestimmt; die Behandlung, Art und Dauer, der Ort des Vollzugs wird durch die Verwaltung bestimmt und soll sich elastisch der Person des Jugendlichen und seiner Entwicklung anpassen.

In Dänemark wird bei Jugendlichen unter 18 Jahren in aller Regel von einem Strafverfahren überhaupt abgesehen; im Jahr 1947 wurden nur 36 junge Männer und drei junge Mädchen strafrechtlich verurteilt. Die Fälle werden üblicherweise im Wege der Fürsorge geregelt; in den Jahren 1946–1948 ist dies jährlich mit durchschnittlich 1300 Jugendlichen geschehen[5]. Die Fürsorgemaßnahmen bestehen vorzugsweise in der Bestellung eines Pflegers, weiter in der Anbringung der Delinquenten in Jugendheimen oder Lehrstellen, evtl. auch in Erziehungsheimen.

2) Das Erwachsenenstrafrecht ist in der Mehrzahl der Länder ohne klare Zielsetzung. Vergeltung, Sühnegedanke, General- und Spezialprävention, je mit verschiedenen Nuancen, werden miteinander verbunden, obwohl sie sich widersprechen und auf keinen einheitlichen Nenner gebracht werden können.

Als Beispiel kann das deutsche Recht dienen. Das Strafgesetzbuch vom Jahre 1871 hat sich nicht für einen bestimmten Sinn oder einen bestimmten Zweck des staatlichen Strafens ausgesprochen. Die Geschichte des deutschen Strafrechts im 19. Jahrhundert ergibt aber, daß dem Gesetzgeber Tatvergeltung und Generalprävention vorgeschwebt haben. Im Zug der Entwicklung spezialpräventiver Vorstellungen hat

[5] *Hurwitz,* Den danske kriminalret, Kopenhagen 1951, S. 398.

Theorie und Praxis spezialpräventive Gesichtspunkte angefügt, so daß die Rechtsprechung der oberen Gerichte gern von Vergeltung, Sühne, General- und Spezialprävention als den anerkannten Aufgaben staatlichen Strafens spricht. In Wahrheit ist damit nichts erreicht; die entscheidende Problematik ist umgangen. Das bunte Bukett der Aufgaben des Strafens läßt innerhalb des im Gesetz festgelegten Strafrahmens eine Fülle von Möglichkeiten zu. Diebstahl kann mit Gefängnis von einem Tag bis zu 5 Jahren oder einer Geldstrafe von 5,– DM bis zu 10 000,– DM bestraft werden. Dem Richter steht es in jedem Einzelfall frei, der von ihm auszusprechenden Strafe bald den einen, bald den anderen Sinn zu geben; er kann einmal den Vergeltungs- oder Sühnegedanken in den Vordergrund stellen, ein anderesmal General- oder Spezialprävention betonen. Immer tritt der Richter an die Stelle des Politikers und Gesetzgebers; je nach seiner Wahl fällt die Strafe hart oder mild aus. Hat ein Täter ein Fahrrad gestohlen, so mag der Richter, der dem Vergeltungsgedanken folgt, auf die durchschnittliche Straftaxe seines Gerichts bei Fahrraddiebstählen, etwa 6 Monate Gefängnis, erkennen. Liegt ihm an einer Abschreckung potentieller Täter, so kann die Strafe vielleicht 15 Monate Gefängnis betragen. Orientiert er die Strafe an der Person des Täters, so kann er sich, wenn der Dieb eine bloße Dummheit begangen hat und keinerlei gefährliche Neigungen erkennen läßt, damit begnügen, ihm mit einer Geldstrafe von 100,– DM einen bloßen Denkzettel zu geben. Auch in einem spezialpräventiven Strafrecht wie dem Jugendstrafrecht können sich bei einem Fahrraddiebstahl die verschiedenartigsten staatlichen Reaktionen ergeben. Sie folgen hier aus der Verschiedenartigkeit der Täter, aus Art und Ausmaß des Resozialisierungsbedürfnisses. In einem Erwachsenenstrafrecht ohne Fixierung von Sinn und Zweck des staatlichen Eingriffs erwächst die Mannigfaltigkeit der Strafaussprüche jedoch nicht aus der Individualität des Täters, sondern des Richters und seiner Vorliebe für die eine oder andere Theorie staatlichen Strafens. Die Möglichkeit chaotischer Richtersprüche wird in der Praxis des Alltags allein dadurch reduziert, daß die überwiegende Mehrzahl der Gerichte ein Taxensystem der Tatvergeltung anstrebt. Erhebliche Schwankungen sind aber durchaus möglich, z. B. weil ein Gericht generalpräventiven Gesichtspunkten durch Verschärfung der Taxe Raum gibt, während ein anderes den Gedanken der Abschreckung nur mit großer Zurückhaltung und Vorsicht verwertet.

Die Reformforderungen der spezialpräventiven Schulen, namentlich das Lebenswerk *Franz von Liszts*, sind auch am Erwachsenenstrafrecht nicht spurlos vorübergegangen. Statt aber das Recht staatlicher Reaktion einheitlich auf den kriminalpolitischen Zweck des Gesellschaftsschutzes durch Resozialisierung oder Verwahrung des Täters auszurichten, hat man die alte und die neue Schule durch ein Sowohl-Als-auch miteinander verbunden. Mit einem der Verkehrstechnik entlehnten Ausdruck spricht man von Zweispurigkeit, indem man der vorzugsweise der Vergeltung und Abschreckung dienenden „Strafe" in Gesetz und Vollzugspraxis die sog. „Maßregeln der Sicherung und Besserung" nachfolgen läßt. Dazu gehört beispielsweise die Unterbringung in einer Heil- oder Pflegeanstalt, in einer Trinkerheilanstalt, in einem Arbeitshaus oder die Sicherungsverwahrung. Sie sind nicht als Übel gedacht, das dem Betroffenen zugefügt wird; sie sind auch von einer Schuld des Täters unabhängig; sie stehen jenseits von Gut und Böse. Die „Maßregeln der Besserung", z. B. die psychiatrisch-medizinische Pflege in einem Krankenhaus oder die „Arbeitstherapie" in einem Arbeitshaus, stehen auf der gleichen Stufe wie die Impf- oder allgemeine Schulpflicht, die „Maßregeln der Sicherung", z. B. die Sicherungsverwahrung, auf der Stufe der Verwahrung Irrer oder Ansteckungskranker. In Wahrheit ist die Zweispurigkeit eine Mißgeburt siamesischer Zwillinge. Theoretisch berührt die „Strafe" des Strafgesetzbuches von 1871, die Vergeltungs- und Abschreckungsstrafe ist, auf der Konzeption einer Willensfreiheit, während die „Maßregeln der Sicherung und Besserung" aus dem Determinismus erwachsen. Die „Strafen" sind weitgehend metaphysisch begründet, die „Maßnahmen" aber sozial, physisch und psychisch. „Welchen Sinn", meinte einmal *Exner*[6], „hätte etwa eine Sicherungsverwahrung, wenn die innere und äußere Umkehr eines eingefleischten Verbrechers – infolge freien Willensentschlusses – jederzeit erwartet werden könnte?" In der Praxis sind „Strafen" und „Maßregeln" in aller Regel schwer zu unterscheiden. Der Vollzug einer zwecks Vergeltung erkannten Freiheitsstrafe trägt zwangsläufig „sichernden" und in einer guten Strafanstalt auch „bessernden" Charakter, während die Sicherungsverwahrung, der Aufenthalt in einer Heil- oder Pflegeanstalt, in einer Trinkerheilanstalt oder einem Arbeitshaus oder der Entzug der Fahrerlaubnis von den Betroffenen in aller Regel als eine harte Bestrafung empfunden und auch in der Öffentlichkeit oft moralisch gewertet wird. Man hat deswegen der

[6] Kriminologie, 1949, S. 31.

zweispurigen Regelung in Deutschland inner- und außerhalb seiner Grenzen oft den Vorwurf des Etikettenschwindels gemacht.

Das Prinzip der Einspurigkeit, nämlich entweder Strafe oder sichernde oder bessernde Maßnahmen, niemals sowohl „Strafe" als auch „Maßnahmen" gegen den gleichen Täter, liegt der Gesetzgebung vor allem Englands, der Schweiz und der skandinavischen Länder zu Grunde.

Es gibt aber auch Beispiele für rein spezialpräventive Regelungen des Strafrechts für Erwachsene. Das bedeutsamste Werk der italienischen Schule war der Entwurf zu einem italienischen Strafgesetzbuch 1921 aus der Feder *Ferris*[7]. „Die Juristen der ganzen Welt waren einem Schlaganfall nahe, als sie lasen, was in Italien Gesetz werden sollte."[8] Mussolini und der Faschismus ermöglichte ihnen, sich von dem Schrecken zu erholen. *Ferri* hatte den Begriff der Schuld durch den der sozialen Verantwortlichkeit ersetzt, Strafe wurde zur „Sanktion". Die Unterscheidung von Zurechnungsfähigkeit und Unzurechnungsfähigkeit wurde aufgehoben. Die Sanktion war als eine moralisch indifferente Abwehrmaßnahme der Gesellschaft gedacht, die sich nach der Person des Täters richtete.

Die sowjetrussische Strafgesetzgebung der zwanziger Jahre war von *Ferris* Entwurf stark beeinflußt[9]. Der ursprüngliche Rechtszustand hat jedoch durch Sondergesetze und Novellen später einen zum Teil tiefgreifenden Wandel erfahren. So wurde der Begriff „Strafe" anstelle des bisherigen Begriffs „Maßnahmen des sozialen Schutzes gerichtlich-bessernder Art" wiedereingeführt. Daneben gibt es jedoch noch Maßnahmen des sozialen Schutzes medizinischer Art und medizinisch-pädagogischer Art. Zu den „Maßnahmen des Schutzes gerichtlich-bessernder Art", später „Strafe" genannt, gehören die „Freiheitsentziehungen in Besserungsarbeitslagern in entlegenen Gegenden der Union der SSR".

Das jüngste Strafgesetz der Welt, das Dänische Kriminalgesetzbuch für Grönland vom 5. 3. 1954, entspricht nicht nur dem traditionellen Rechtszustand auf Grönland, sondern auch den modernsten kriminalpolitischen Bestrebungen der Bewegung für Soziale Verteidigung.

---

[7] Progetto preliminare di codice penale italiano per i delitti, Rom 1921; Relazione sul progetto preliminare di codice penale italiano, Rom 1921.

[8] *Simson*, Fünf Kämpfer für Gerechtigkeit, München 1951, S. 150.

[9] Vgl. *Schlesinger*, Soviet Legal Theory, London 1946, S. 106 ff; *Gallas*, Strafgesetzbuch der Russischen Sozialistischen Föderativen Sowjetrepublik, Berlin 1953.

Diese Übereinstimmung ist eine der erstaunlichsten Fakten der Kultur- und Rechtsgeschichte[10]. Das Gesetz unterscheidet nicht zwischen den verschiedenen Formen der Zurechnungsfähigkeit. Für die einzelnen Delikte wie Diebstahl, Betrug usw. sieht das Gesetz keine speziellen, nach der Schwere des Delikts abgestuften Strafrahmen vor. Es heißt nicht, wie sonst üblich, wer eine fremde bewegliche Sache einem anderen wegnimmt, werde „wegen Diebstahls mit Gefängnis bestraft“, sondern werde „wegen Diebstahls verurteilt“. Für alle Delikte gleich welcher Art stehen dem Gericht dieselben „Maßregeln“ zur Verfügung. Einige Bestimmungen seien zur Charakteristik eines spezialpräventiv orientierten „Kriminalgesetzbuchs“ (nicht „Strafgesetzbuchs“) zitiert.

Maßregeln

Die nach diesem Gesetz zulässigen Maßregeln sind:

1. Verwarnung
2. Geldbuße
3. Schutzaufsicht
4. Anweisung oder Verbot des Aufenthalts an bestimmten Orten
5. Zwangsarbeit
6. Zwangsausbildung
7. Arzt- oder Anstaltsbehandlung
8. Verwarnung
9. andere Beschränkungen der Handlungsfreiheit
10. Einziehung

Schutzaufsicht

Schutzaufsicht kann als einzige Maßregel, namentlich über junge Menschen und solche, die Anpassungsschwierigkeiten haben, verhängt werden, wenn die Rücksicht auf die allgemeine Sicherheit nicht die Anwendung mehr einschneidender Maßregeln erfordert.

Zwangsarbeit

Zwangsarbeit kann angeordnet werden,

1. wenn die Tat als Ausfluß eines Hangs des Täters zum Müßiggang und zu ungeordneter Lebensführung anzusehen ist oder einer Abneigung entspringt, sich durch ehrbare Arbeit zu ernähren,

---

[10] *Marcus,* Das Dänische Kriminalgesetzbuch für Grönland, Berlin 1955; „Das Dänische Kriminalgesetzbuch für Grönland“, Mitteilungsblatt der Fachgruppe Strafrecht, 1955, S. 67; *Goldschmidt,* Den grønlandske kriminallov og dens sociologiske baggrund, Nordisk Tidsskrift for Kriminalvidenskab, 1954, S. 133 ff, 242 ff.

2. wenn die Rücksicht auf das Interesse der Allgemeinheit, Gesetzesverletzungen zu bekämpfen, es erfordert und andere Maßregeln nicht geeignet erscheinen.

Zwangsarbeit wird gegen Entgelt für den Staat oder die Gemeinde ausgeführt. Das Gericht bestimmt, inwieweit das Entgelt zur Bezahlung einer Geldbuße oder zum Schadenersatz zu verwenden ist.

Zwangsausbildung

Zwangsausbildung kann angeordnet werden, wenn das Gericht dauernde Maßregeln der Erziehung und Ausbildung für zweckdienlich hält.

Zwangsausbildung erfolgt bei einer hierzu behördlich anerkannten Person oder Institution, die Fischerei, Viehzucht, ein Handwerk oder ein anderes nützliches Gewerbe betreibt.

Im Urteil ist zu bestimmen, wo der Verurteilte sich während der Ausbildung aufzuhalten hat.

Bei der Wahl des Gewerbes, in dem die Ausbildung stattfinden soll, ist größtmögliche Rücksicht auf die Fähigkeiten und die frühere Ausbildung des Täters zu legen.

Arzt- und Anstaltsbehandlung

Befindet sich der Täter in einem Zustand psychischer Abnormität, einschließlich geschlechtlicher Anomalien oder eines durch Mißbrauch von Alkohol, narkotischen Mitteln oder anderen Medikamenten hervorgerufenen Zustands, so kann, wenn dies aus Gründen der Rechtssicherheit geboten ist, durch Urteil bestimmt werden, daß er in einer Anstalt oder einem Krankenhaus oder in Verwahrung unterzubringen ist.

Ist sonst anzunehmen, daß die Kriminalität des Täters einen besonderen Zusammenhang mit einem krankhaften Zustand hat, der ärztliche Behandlung erfordert, so kann er dazu verurteilt werden, sich solcher Behandlung zu unterziehen.

Verwahrung

Verwahrung kann angeordnet werden, wenn der Täter als gewerbs- oder gewohnheitsmäßiger oder besonders gefährlicher Verbrecher zu bezeichnen ist und die Rücksicht auf die allgemeine Sicherheit es erfordert.

Verwahrung wird in einem Gebäude oder Lager vollzogen, wo die Möglichkeit besteht, den Täter von der Umwelt abgesondert zu halten.

Der Täter darf vom Umgang mit anderen Menschen nur abgesondert werden, soweit es die Rechtssicherheit erfordert, und ist nach Möglichkeit mit einer Arbeit zu beschäftigen, zu der er sich eignet, oder, wenn dies angebracht ist, zu einem für ihn geeigneten Gewerbe anzulernen.

Ausschuß für Maßregeln

Aufgabe des Maßregelnausschusses ist es

1. eine besondere Untersuchung zu dem Zwecke vorzunehmen, das frühere oder jetzige Verhalten des Beschuldigten im Hause, in der Schule und in der Arbeit, seinen körperlichen und geistigen Zustand und andere Umstände zu ermitteln, die für die Entscheidung von Bedeutung sein können, sowie dem Gericht eine Erklärung darüber abzugeben, welche Maßregeln im vorliegenden Fall geeignet erscheinen,
2. . . . . . .
3. dem Gericht Vorschläge über die Änderung oder Aufhebung von Maßregeln zu machen, die der Ausschuß nicht mehr für angebracht hält.

Als weiteres Beispiel einer zeitgenössischen Kriminalgesetzgebung sei das Recht des Staates Kalifornien aus dem Jahr 1944 angeführt[11]. Entscheidend ist die Bestimmung, daß jeder Verurteilte, sofern der Vollzug der Strafe nicht zwecks Bewährung ausgesetzt ist, als zu einem unbestimmten Freiheitsentzug verurteilt gilt. Die Ausgestaltung dieses Freiheitsentzugs ist einer Behörde für Erwachsenenvollzug – „Adult Authority“ – übertragen, die aus einem Juristen, einem Soziologen, einem Psychologen, einem Polizei- sowie einem Vollzugsbeamten besteht und der das Gericht unverbindliche Vorschläge unterbreiten kann. Die Behörde arbeitet mit kriminaldiagnostischen Kliniken, den sog. „Guidance Centers“, die die Grundlage für die Art des Vollzugs, seine Dauer und die probeweise Entlassung liefern. Die Adult Authority und der grönländische „Ausschuß für Maßnahmen“ haben übereinstimmende Funktionen.

4. *Schuld und Sühne*

In dem Abschnitt seiner „Kritik der reinen Vernunft“, der sich mit „der kosmologischen Idee einer Freiheit in Verbindung mit der allgemeinen Naturnotwendigkeit“ befaßt, benutzt *Kant* das Beispiel eines

[11] Vgl. auch *Pfersich*, Die Strafzumessung im Lichte der modernen amerikanischen Schule, Bonn 1956, S. 154 ff.

Menschen, der eine boshafte Lüge in die Welt setzt. „Man beurteilt, wie sie samt ihren Folgen ihm zugerechnet werden“ kann. Man „geht seinen empirischen Charakter bis zu den Quellen durch, die man in der schlechten Erziehung, übler Gesellschaft, zum Teil auch in der Bösartigkeit eines vor Beschämung unempfindlichen Naturells aufsucht, zum Teil auf Leichtsinn und Unbesonnenheit schiebt, wobei man dann die veranlassenden Gelegenheitsursachen nicht aus der Acht läßt. Ob man nun gleich die Handlung dadurch bestimmt zu sein glaubt, tadelt man nichtsdestoweniger den Täter, und zwar nicht wegen seines unglücklichen Naturells, nicht wegen der auf ihn einfließenden Umstände, ja sogar nicht wegen seines vorher geführten Lebenswandels; denn man setzt voraus, man könne es gänzlich beiseitesetzen, wie dieser beschaffen gewesen, man könne die verflossene Reihe von Bedingungen als ungeschehen, diese Tat aber als gänzlich unbedingt in Ansehung des vorigen Zustands ansehen, als ob der Täter damit eine Reihe von Folgen ganz von selbst anhebe. Dieser Tadel gründet sich auf ein Gesetz der Vernunft, wobei man diese als eine Ursache ansieht, die das Verhalten des Menschen, unangesehen aller genannten empirischen Bedingungen, anders habe bestimmen können und sollen. Er hat jetzt in dem Augenblick, da er lügt, gänzlich schuld.“

Diese von aller Realität absehende Zurechnung hätte niemals auch das strafrechtliche Denken und Handeln prägen können, wenn sie nicht zuvor in religiösen Bereichen jahrtausendelang vorgeformt worden wäre.

Der Schuldbegriff hat einen religiösen Ursprung. Er geht bei uns auf die Bibel zurück, die schon dem ersten Menschenpaar ihr Streben nach „Erkenntnis“, was mindestens auch „fleischliche Erkenntnis“ war, als Schuld anrechnete, obwohl es sich aus der Schaffung der Geschlechter mit kreatürlicher Notwendigkeit ergab.

Der Ur-Adam der Schöpfungsgeschichte oder Schöpfungsgeschichten war – ähnlich wie auch bei Platon – Mann und Frau zugleich. Er war „Mensch an sich“. Mit der Schaffung eines Menschenpaares trat an die Stelle einer sich aufhebenden Gegensätzlichkeit die unverbundene Polarität. Das bedeutete Sexualität, zugleich auch den Keim aller biologischen und psychologischen Individualität und aller soziologischen Spannungen kraft Entzweiung. Die Verletzung des ersten Tabus war die Folge der Spaltung und des Zwiespalts. Wurzel und Ursache der „Sünde“ lag vor dem „Sündenfall“.

Das Paradox des religiös-moralischen Trotzdem, die Sündhafterklärung des Natürlichen und Kreatürlichen, wurde zum Vorbild von Moral und Recht.

Unter den Philosophen war es vor allem *Nietzsche,* der sich gegen die moralische Diffamierung des Natürlichen wandte. „Es ist der Kunstgriff der Religion und jener Metaphysiker, welche den Menschen als böse und sündlich von Natur wollen, ihm die Natur zu verdächtigen und so ihn schlecht zu machen; denn so lernt er sich als schlecht empfinden, da er das Kleid der Natur nicht ausziehen kann. Allmählich fühlt er sich bei einem langen Leben im Natürlichen von einer solchen Last von Sünden bedrückt, daß übernatürliche Mächte nötig werden, um diese Last heben zu können. Dadurch tritt dann das Erlösungsbedürfnis auf den Schauplatz, welches gar keiner wirklichen, sondern nur einer eingebildeten Sündhaftigkeit entspricht. Die Absicht des Christentums ist nicht, daß der Mensch moralischer werde, sondern daß er sich möglichst sündhaft fühle." Beachtlich ist, daß die moderne Theologie sich gegen den Vorwurf einer „christlichen Verkürzung der Naturbasis" (*Ernst Troeltsch*) zur Wehr setzt. *Arnold*[1] will die Diffamierung des Eros, dem das Christentum nach Nietzsche „Gift zu trinken" gab, woran er zwar nicht starb, wodurch er aber zum Laster entartete, nicht auf das Christentum, sondern den Neuplatonismus zurückführen. Sei dem, wie ihm wolle, er hält die Kritik Nietzsches für heilsam. Er rückt deswegen auch von Kant ab. „Christliche Ethik hat nichts gemein mit Immanuel Kants Scheidung von Sinnlichkeit und Vernunft; auch im Bereich von Eros und Sexus gilt nicht bloß das Vernunft- und Willensgebot, sondern auch die Stimme des Blutes und des Herzens."

Die ersten Kriminologen, *Lombroso* an der Spitze – Zeitgenossen Nietzsches –, haben in gleicher Weise wie er gegen die „Verkürzung der Naturbasis" und die Nichtbeachtung der gesellschaftlichen Verhältnisse im Strafrecht gekämpft. Sie haben nicht den Ur-Adam, den „Menschen an sich", gefunden, sondern den Menschen aus Fleisch und Blut, den Nachfahren aus einem „entzweiten" Menschengeschlecht. Kriminologie ist der Versuch, die Individuation der Menschen empirisch nachzuweisen; die Kriminalpolitik will die Individualität ernst nehmen, die Aufspaltung der Menschen in Mann und Frau, Alt und Jung, Gesund und Krank, Zahm und Wild, Arm und Reich, ihre Existenz in einer individuellen Umwelt und einer individuellen Um„zeit". Nietzsche schuf eine von der Existenz ausgehende Philo-

[1] Sinnlichkeit und Sexualität im Lichte von Theologie und Seelsorge, in „Über das Wesen der Sexualität", Stuttgart 1952, S. 1 ff.

sophie, der eine moderne Theologie jetzt beipflichtet. Die Kriminologie strebt nach einem realistischen Kriminalrecht; es fußt nicht auf der Vorstellung von einem – nie und nirgends existierenden – von der reinen Vernunft gesteuerten Normalmenschen, sondern dem Individuum.

Das Reale bleibt immer hinter dem Idealen, das Besondere hinter dem Allgemeinen zurück. Es bleibt ihm stets etwas schuldig, aber dieses objektive Zurück- und Schuldigbleiben ist etwas anderes als persönliche Schuld. Es ist nicht vorwerfbar. Niemand kann etwas dafür. Das heißt nicht, daß es keine „Vernunft", kein durch die Erziehung geschaffenes Normenbewußtsein gäbe; gemeint ist, daß stärkere Kräfte mit Notwendigkeit wirken können. Angesichts dessen ist jede Flucht in die Transzendenz oder – wie *Nietzsche* in „Ecce homo" schrieb – „aller Idealismus" Verlegenheit und „Verlogenheit vor dem Notwendigen".

Jedes Vergeltungs- und Sühnestrafrecht scheitert an der Unmöglichkeit des Beweises eines Schuldvorwurfs. Die Kategorien Zurechnungsfähigkeit, verminderte Zurechnungsfähigkeit und Unzurechnungsfähigkeit können dem psychologischen und soziologischen Sachverhalt nicht gerecht werden. Einmal ist die Einordnung eines Menschen in eine der drei Kategorien ohne Willkür nicht möglich, da es im Leben keine festen Kategorien, sondern nur Übergänge gibt. Wichtiger ist, daß alle Psychiater sich darüber einig sind, daß eine Beantwortung der Fragen des § 51 des Strafgesetzbuchs, ob ein Täter fähig oder unfähig war, das Unerlaubte der Tat einzusehen und nach dieser Einsicht zu handeln, wie *Kurt Schneider*[2] es formuliert, „schlechterdings unmöglich" ist. Die Krise der Bestimmungen über die Verantwortlichkeit des Täters wird in aller Regel durch „praktische Abmachungen" überbrückt. Hiernach werden Psychosen anerkannt. „Wir sagen etwa: Aus unseren Ausführungen geht hervor, daß N. N. zur Zeit der Tat an Schizophrenie litt. Es steht ihm daher § 51 zur Seite. Das genügt, obschon es nun wirklich keine Antwort auf die gestellte Frage ist. Eine etwas textnähere Auffassung wäre: N. N. litt zur Zeit der Tat an einer Schizophrenie. Es lag also eine krankhafte Störung der Geistestätigkeit vor. Von der Fähigkeit der Einsicht und der Fähigkeit, nach dieser Einsicht zu handeln, ist aber so gut wie nie, jedenfalls nie in darauf eingehender Betrachtung die Rede. Weil das kein Mensch beantworten kann" (*Schneider*, S. 14).

---

[2] *Schneider*, Die Beurteilung der Zurechnungsfähigkeit, Stuttgart 1948, S. 22 ff.

Dagegen werden auf Grund der gleichen „Abmachungen“ Psychopathien und Neurosen ausgeschlossen. „Nur sehr zögernd geht man an die Anwendung von § 51 auf psychopathische Persönlichkeiten heran. Würde das die Regel, so entstünde eine, jedenfalls kriminalpolitisch unheilvolle Lage. Das darf zwar strenggenommen die Schuldfrage nicht beeinflussen, beeinflußt sie aber schon deshalb, weil wir die Schuldfrage ja gar nicht beantworten *können*“ (*Schneider*, S. 22). Die Psychiater können nach *Haddenbrock*[3] dem Richter nichts bieten, wenn er beabsichtigen sollte, mit Hilfe eines wissenschaftlichen Sachverständigen den unfreien persönlich-schuldlosen Täter von dem halbfreien und dem in voller Freiheit schuldhaft das Verbrechen wählenden Bösen zu unterscheiden, weil – in Anlehnung an *Jaspers* – der ganze Schuld- und Zurechnungsfähigkeitsbegriff auf „Aberglauben verbunden mit wissenschaftlichem Irrtum“ beruht. *Haddenbrock* erklärt ohne Umschweife, daß die praktischen Vereinbarungen über die Zurechnungsfähigkeit bei Psychosen, Psychopathien und Neurosen wider besseres Wissen erfolgen. „Sollen wir wider bessere Einsicht so tun, *als ob* nur der im medizinischen Sinne kranke psychisch-abnorme Täter unfähig wäre, einsichtsgemäß zu handeln, der nichtkranke psychisch Abnorme aber fähig dazu?“ Eine Strafgesetzgebung und Strafrechtspflege, die Wissenschaftler veranlaßt, sachfremde Erwägungen anzustellen, wider besseres Wissen zu handeln und Kartellabreden zwecks Ausschlusses der Wahrheit zu treffen, verliert ihr gutes Gewissen und gibt damit die Grundlage ihrer Existenz preis. Man sollte auch den vor Gericht als Sachverständigen auftretenden Psychiater von seinen inneren Schwierigkeiten und einer Überforderung befreien, die er – mit *Kurt Schneider* – ständig spürt, „weshalb ihn seine Aufgabe und Tätigkeit auch so oft unbefriedigt läßt“. Eine ehrliche und wissenschaftliche Antwort kann von dem psychiatrischen Sachverständigen nur erwartet werden, wenn ihm die Frage vorgelegt wird, welche „Behandlung“ im konkreten Fall notwendig und zweckmäßig ist.

Garofalo, der Richter, hat einmal gemeint, wo immer Richter sich wirklich einmal die Mühe gemacht hätten, zu untersuchen, ob ein Verbrecher wirklich verantwortlich sei, so hätten sie stets gefunden, er sei es nicht. Genau zu demselben Resultat gelangt *Haddenbrock*, der Psychiater. Er nennt es die tägliche Erfahrung der Psychiater,

[3] Zur Frage eines theoretischen oder pragmatischen Krankheitsbegriffes bei Beurteilung der Zurechnungsfähigkeit, Monatsschrift für Kriminologie, 1955, S. 189; 1956, S. 188.

daß, je subtiler sie dem ganzen Bedingungsgefüge einer menschlichen Handlung in ihren anlagemäßigen, somatisch- und psychologisch-anamnestischen Bedingungen, dem Untergrund und Hintergrund der aktuellen Täterpersönlichkeit und den provozierenden Kräften der Tatsituation nachgingen, desto mehr verschwände der Spielraum möglicher Freiheit des Täters – proportional zur Präzision und Mehrdimensionalität der Täter- und Tatanalyse. Die Wahrheitspflicht der Strafrechtspflege gebietet aber diese Analyse. *Samuel Butler* hat in seinem im Stil von Swifts „Gulliver“ geschriebenen Roman „Erewhon or over the Range“ ein Land Erewhon (Nowhere, rückwärts gelesen, Niemandsland) mit angelsächsischem Sarkasmus beschrieben. Dort werden Kranke wegen ihrer Krankheit verurteilt. Da steht beispielsweise ein junger Mann wegen Auszehrung vor Gericht. Er ist sogar rückfällig, weil er im Vorjahr Bronchitis hatte und schon früher an Kinderkrankheiten litt. Das Verteidigungsvorbringen dieses Verbrechers, er stamme von kranken Eltern und er habe neulich einen schweren Unfall gehabt, wird von dem hohen Gericht zurückgewiesen, weil das Gericht bei der Nachprüfung solcher bei Angeklagten üblichen Ausflüchte vom Hundertsten ins Tausendste käme und dann nicht mehr in der Lage wäre, ein Urteil zu sprechen. Die Urteilsverkündung schließt mit den Worten: „Ich will Ihnen eindringlich ans Herz legen, die Gefängniszeit dazu zu verwenden, Ihre Sünden zu bereuen und Ihren Gesundheitszustand zu verbessern. Ich habe wenig Hoffnung, daß Sie meinen Ratschlägen folgen werden. Ihre Verruchtheit ist bereits viel zu weit fortgeschritten. Da aber unser Gesetz auch dem verhärtetsten Sünder mildernde Umstände nicht völlig versagt, erhalten Sie während Ihres Gefängnisaufenthalts täglich zwei Speiselöffel Rizinusöl.“ Im Vexierspiegel dieses galligen und bewußt schockierenden Humors sieht man die Vergeltungs- und Sühnestrafe.

Schuld- und Sühnevorstellungen sind der Nährboden eines Pharisäertums, das menschlich wenig erfreulich ist und dem Täter die Wiedereingliederung in den sozialen Organismus schwer macht. Die sittliche Entrüstung ist „der unlogischste aller Affekte“ *(Friedrich Jodl)*. Am sprachgewaltigsten hat es *Nietzsche* im Abschnitt vom „bleichen Verbrecher“ seines „Zarathustra“ gesagt: „Feind sollt ihr sagen, aber nicht Bösewicht; Kranker sollt ihr sagen, aber nicht Schuft; Tor sollt ihr sagen, aber nicht Sünder. Und du, roter Richter, wenn du laut sagen wolltest, was du alles schon in Gedanken getan hast: so würde jedermann schreien: Weg mit diesem Unflat und Giftwurm!“ Es war im gleichen Jahr, in dem auch *Franz von Liszt* sein „Marburger

Programm" der Öffentlichkeit unterbreitete. Werturteile, hat er immer wieder betont, sind nicht ausgeschlossen, wie auch *Nietzsche* mit ihnen nicht sparte. Der Begabte wird dem Unbegabten, die schöne Frau der häßlichen vorgezogen, aber Begabung und Schönheit sind kein Verdienst, Dummheit, Häßlichkeit und Schlechtigkeit sind keine „Schuld". „Mit unserem sozialen Unwerturteil über den Mann und seine Tat werden wir nicht zurückhalten. Aber das Brandmal werden wir ihm nicht mehr auf die Stirn brennen." Verbrechen ist Schicksal, wie *Lange* sein Buch über die Zwillinge genannt hat. Gesundheit und Sozialität sind Fügung und Geschenk; wer sie hat, kann von Glück reden; was sich geziemt, ist Dankbarkeit, nicht selbstbewußter Stolz, aber „jeder Mensch, der Reiche, der Glückliche ruht nicht eher, als bis er aus seinem Glück sich ein geistiges Verdienst gemacht" (*Jean Paul* in den „Flegeljahren").

Die Möglichkeit eines – letztlich moralischen – Schuldvorwurfs scheitert aber nicht nur an der Willensunfreiheit des Täters, sondern an der menschlichen Unzulänglichkeit, einmal dem Täter ins Herz zu sehen, sodann „an sich seiende", „ewige Werte" zu erkennen. Das Recht, insbesondere auch das Strafrecht, bewegt sich im Vorhof der wirklichen Werte; seine Grundlage schwankt.

Georg Jellinek hat das Recht ein „ethisches Minimum" genannt. In Wahrheit besteht aber nicht nur ein Gradunterschied, nicht nur ein bloßes Mehr oder Minder. Recht und Moral liegen auf verschiedenen Ebenen. Das Recht ist formal und äußerlich, es kodifiziert das grob Sichtbare und Allgemeine, während Moral und Sittlichkeit auf den inneren Menschen schauen. Nichts auf der Welt, meinte *Kant,* kann ohne Einschränkung für gut gehalten werden als allein ein guter Wille. Die Gesinnung ist aber dem Recht und Richter weitgehend unzugänglich, noch mehr, Recht und Richter sind an ihr weitgehend desinteressiert. „Das Recht, indem es die lebendige Menschenseele immer nur als die nebensächliche Quelle ihrer rechtlich allein erheblichen Taten gleichsam mit einem Seitenblick streift, lenkt ab von dem Einen, das not tut. Es ist das Wesen und die Todsünde des Rechts und seiner Vertreter, zu glauben, es gäbe Verhältnisse, in denen man mit einem Menschen ohne Liebe verkehren könne; aber solche Verhältnisse gibt es nicht" *(Radbruch).*

Manches Verhalten ist legal, es braucht aber deswegen noch nicht sittlich zu sein; es gibt aber auch Handlungen, die illegal, aber im höchsten Maße moralisch und sittlich wertvoll sind. Es gibt mehr Überzeugungstäter, als man gemeinhin annimmt; sie sind keineswegs nur im Bereich der politischen Kriminalität zu finden. Nicht selten bestehen tiefe Konflikte zwischen dem Gewissen des Einzelnen und der äußeren Rechtsordnung. Vor dem Richterstuhl der Moral und Sittlichkeit, auch der Geschichte kann der Verbrecher recht behalten. „Der Verbrecher, der morgen hingerichtet wird oder nach 50 Jahren stirbt, mag vielleicht besser sein als der Oberrichter, der ihn verurteilt hat. Dies ist auch der christliche Glaube." Das Wort stammt von *Ernst Moritz Arndt*.

Wenn es „ewige", „an sich seiende" Werte gibt, wie manche annehmen, so sind sie für uns Sterbliche jedenfall unsichtbar. Auch *Nicolai Hartmann*, der repräsentativste Vertreter der Theorie sog. absoluter, sog. realer Werte hat nie in Abrede gestellt, daß diese „Werte an sich" menschlicher Einsicht unzugänglich sind. Wir können sie nur im Rahmen unseres individuell beschränkten, ganz und gar subjektiven Einsichtsvermögens erfahren und erfassen; im übrigen ist jeder wertblind. Das Einsichtsvermögen variiert von Mensch zu Mensch, mit Zeit und Ort, es ist vom Jetzt und Hier bestimmt. Auch der Wertrealismus eines *Nicolai Hartmann* führt daher zu einem Wertrelativismus. Wenn wir aber von diesen „Werten an sich" schlechterdings nichts wissen, entpuppt sich die pathetische Versicherung, solche Werte beständen, als ein Glaubensbekenntnis ohne Verbindlichkeit und ohne jede praktische Bedeutung. Die strafrechtlich geschützten Werte sind mitunter – in der marxistischen Sprache – „Überbau" und „Ideologie"; schon *Thomas Morus* hat viele für klassenbedingt erklärt. Andere waren, wie die Geschichte des Strafrechts lehrt, von Unwissen, Aberglaube und krankhaften Phantasien geschaffen. Manche der „Werte an sich" wie z. B. Freiheit und Gleichheit sind antithetisch; wo Freiheit ist, ist keine Gleichheit, und wo Gleichheit ist, besteht keine Freiheit. Offen ist also die Abgrenzung, die Gegenstand ewigen Streites ist und sein wird. Von der Rangfolge der Werte wissen wir noch weniger als nichts.

Die Ferne und Unsichtbarkeit des Werthimmels und die juristische Unerfaßbarkeit der Gesinnung des Einzelmenschen macht ein moralisierendes Strafrecht, wie es der Vergeltungs- und Sühnestrafe zugrunde liegt, fragwürdig, ja unmöglich. Es will absolutieren, wo alles relativ ist, es will verinnerlichen, wo alles an der Oberfläche bleibt.

Ist, um einige Beispiele zu nennen, ein Landesverrat „unmoralisch", vorwerfbar, der Millionen unschuldiger Ausländer vor einem Angriffskrieg, dem „bellum injustum", bewahren möchte? Ist ein Diebstahl, der dem Frieden einer Ehe und Familie dient, sie vor dem

Zusammenbruch bewahrt, „unmoralisch", vorwerfbar? Ist das Eigentum hier wichtiger als Ehe und Familie? Ist eine eidliche oder uneidliche Falschaussage „unmoralisch", die namenloses Unglück, vielleicht den Selbstmord eines anderen verhüten will? Steht das staatliche Interesse an Beweiswahrheit höher als ein Menschenleben? Wer vermag diese Fragen zu entscheiden? Das staatliche Recht mag veranlaßt sein, den Landesverrat, den Diebstahl oder Meineid zu isolieren und die innere Güter- und Wertabwägung durch den Einzelnen in all ihrer Tragik für nichts zu erachten; wer aber kann hier mit gutem Gewissen von Schuld und Sühne sprechen, bei denen es um den ganzen Menschen, nicht um eine isolierte Betrachtung des Vordergrunds geht? Vorsatz und Fahrlässigkeit sind ausgezeichnete juristische Begriffe; es ist weder erforderlich noch verantwortlich, sie zu einer moralisch oder religiös getönten „Schuld" aufzublähen, wie dies die Anhänger der Vergeltungsstrafe tun. Welch inflatorischer Mißbrauch großer Worte, wenn es tagtäglich in unzähligen Urteilen deutscher Gerichte heißt, weil der Angeklagte das Vorfahrtsrecht verletzt oder einen anderen beleidigt habe, sei eine „Sühne von x DM notwendig, aber auch ausreichend", wobei mit dem Wort Sühne in aller Regel eine Schuldvergeltung gemeint ist.

Sühne meint, daß der Täter sich von Sünde und Schuld reinigt, mit der er sich durch seine Tat befleckt hat, indem er freiwillig ein Strafleiden auf sich nimmt. Es mag solche Täter geben, die auf ihr „Recht, bestraft zu werden", wie es *Fichte* formuliert hat, pochen. Sie sind verschwindende Ausnahmen. Es mutet geradezu grotesk an, wenn *Preiser*[4] meint, jeder erfahrene Strafrichter, Strafvollzugsbeamte und Staatsanwalt, der nicht in der Routine erstarrt sei, könne bestätigen, daß ihre Zahl „nicht unwesentlich größer sei, als gemeinhin angenommen werde". Die Erfahrung lehrt, daß die allermeisten Angeklagten mindestens um ein mildes Urteil bitten und auch Strafgefangene so schnell als möglich die Freiheit ersehnen und eine Begnadigung anstreben. Ein reales Strafrecht kann unmöglich auf der Ausnahmehaltung Weniger fußen. „Auferlegt kann Sühne vom Staat her gar nicht werden. Der Staat kann bei seinem Strafen nur auf Sühne als sittlichen Läuterungsakt hoffen . . . Von einem Sühnezweck zu sprechen, wäre nur dann sinnvoll, wenn der strafende Staat mit den normalen Strafvollzugsmitteln normalerweise den inneren Menschen überhaupt anzusprechen in der Lage wäre und die Art,

[4] Der Sinn der Strafe, Hessische Hochschulwochen für staatswissenschaftliche Fortbildung in Lindenfels, Bad Homburg - Berlin 1954, S. 40.

wie das zu geschehen habe, reglementieren könnte. Er hat das noch nie gekonnt und wird es nie können."[5] Die Sühnestrafe beruht wie die Schuldkonzeption der Vergeltungsstrafe auf einer irrealen Vorstellung des Menschen; sie ist ein Versuch am untauglichen Objekt mit untauglichen Mitteln.

Die Anhänger der Schuld-Sühne-Vorstellung berufen sich auf die Schuldgefühle der Menschen zum Beweise einer faktischen Schuld.

Schuldgefühle sind kein Beweis für Schuld, sie können bestenfalls als ein Indiz gelten. Viele leiden an Minderwertigkeitskomplexen. Geht es nicht um eine physische oder soziale, sondern moralische Insuffizienz, so sind sie den Schuldgefühlen sogar nahe verwandt, häufig mit ihnen identisch. Minderwertigkeitskomplexe sind aber kein Beweis für einen Minderwert, oft beweisen sie das Gegenteil. Schuldkomplexe sind oft typische Symptome des zirkulären (manisch-depressiven) Irreseins; sie kennzeichnen aber auch alle Menschen mit zyklothymem Temperament, die sensitiv-asthenischen Psychopathen und Neurotiker. Das Schuldgefühl ist dann krankhaft. Folgen wir *Ewald*[6], so suchen die Manisch-Depressiven den Krankheitsherd in der eigenen Vergangenheit, sie klagen sich früherer Fehltritte an, wobei kleine Schuldpunkte überdimensionale Größe annehmen, oder Selbstverständlichkeiten des Sexuallebens, die mit einem Tabu belegt sind oder belegt erscheinen, z. B. Masturbation, selbst aus Kindheit und Jugend hervorgeholt werden. Sie leiden unter der in ihrer Krankheit oder ihrem melancholischen Charakter wurzelnden Willensschwäche, die mit einer Interesselosigkeit und Gleichgültigkeit auch gegenüber Frau und Kindern gepaart ist. „Erfüllt sind sie von Versündigungsideen, Selbstvorwürfen, Verarmungsideen, in schweren Fällen bis zu einem Kleinheitswahn mehr oder weniger grotesker Art sich steigernd auf körperlichem oder seelischem Gebiet, dem Wahn körperlicher Zerstörtheit oder seelischer Verworfenheit und ewiger Verdammnis, und sie kommen gedanklich aus diesem Kreise nicht heraus. Der reaktiv-depressive Psychopath heftet sich an ein Einzelerlebnis. Der Melancholische dagegen beschäftigt sich vielmehr mit allgemeinen Schuldgefühlen und Selbstvorwürfen, er ist an dem Unglück der ganzen Familie schuld, sein ganzes Leben hat die Not

[5] *Eb. Schmidt,* Vergeltung, Sühne und Spezialprävention, Zeitschr. f. d. ges. Strafrechtswissenschaft, 1955, S. 187; Strafzweck und Strafzumessung in einem künftigen Strafgesetzbuch, Materialien zur Strafrechtsreform, 1. Bd., Bonn 1954, S. 12 ff.

[6] Neurologie und Psychiatrie, München - Berlin 1954, S. 295, 307, 310, 324, 420 ff

heraufbeschworen, er ist für immer verloren. Hat man ihm einen einzelnen Komplex auszureden versucht, so steht nach wenigen Stunden an dieser Stelle schon ein neuer Selbstvorwurf." Melancholie kann sogar mit illusionären Umdeutungen in der Richtung des Schuldkomplexes verbunden sein. Der Melancholiker glaubt, daß die Umwelt ihm seine „Sünden", z. B. auf sexuellem Gebiet, ansehe; er glaubt zu hören, daß er bestraft werden, ins Gefängnis kommen solle, oder daß seine Umgebung ihn für verworfen halte. In solchen Fällen mag eine strafbare Handlung und der Selbstvorwurf in gleicher Weise Folge der psychotischen, psychopatischen oder neurotischen Anlage sein.

Wo Schuldgefühle geäußert werden, beziehen sie sich, wie jedem mit dem Strafvollzug Vertrauten geläufig ist, auch in aller Regel gar nicht auf die strafbare Handlung, die dem Verurteilten vorgeworfen wird, sondern auf das verflossene Leben schlechthin. *Vanzettis* letztes Wort war: „Ich möchte hiermit erklären, daß ich unschuldig bin, niemals ein Verbrechen, wohl aber manche Sünde begangen habe." In der Chronik von Anhorn lesen wir von der Hinrichtung eines Doctors Anton Leu. Auf dem Weg zur Richtstätte sang der Verurteilte Psalmen, z. B. „Aus tiefster Not schrei ich zu Dir." „Da stelt er sich gegne dem Volck und redt dise Wort: ‚Hörend ihr Liebe liebe landlueth heimische und Froembde. Ich bekenne vor Gott und euch, daß ich ein Armer Sünder bin und villfaltigklich wider Gottes gebott gesündigt hab also daß ich disen Todt woll verschulldet und verdienet hab, ia auch noch einen größeren und wil auch gern sterben. Aber vmb des stuckss willen (daß ich solte falsche Kundt über den Pfaffen gegeben haben), darum ich Huet zum Todt bin verurtheilt worden, so wirt ich unschuldiger wyss gericht, dess sind ihr alle Zuegen."[7]

Was unter den Worten Einsicht und Reue auftritt, braucht nicht Erkenntnis und Erschütterung über das Unrecht zu sein, das dem Verletzten oder der Rechtsgemeinschaft geschah. Oft betrifft die Selbstkritik nur die Ungeschicklichkeit bei der Tatausführung, den Mangel an Vorsicht und Umsicht, im schlimmsten Fall mit dem Vorsatz, es ein anderesmal „besser" zu machen. Der innere Vorwurf kann auch der Gefährdung und Vernichtung der Familie und der eigenen Person durch die Tat gelten, die dem Täter um so unverständlicher erscheint, als die zeitliche Distanz zu ihr ein Nacherleben der eigenen Situation erschweren kann. Der Satte spürt nicht mehr die

---

[7] Zitiert bei *von Hentig*, Die Strafe, II, Göttingen - Berlin - Heidelberg 1955, S. 37.

Qualen des eigenen Hungers. *Schopenhauer* hat sich wohl am tiefsten mit diesen Selbstvorwürfen, die er Reue nennt, beschäftigt. Sie ist ihm zunächst das der Tat nachfolgende Bewußtsein, nicht dem eigentlichen Willen und Wesen gemäß gehandelt zu haben. Wo Leidenschaft die vernünftigen Gegenmotive überrannt hat, würden wir nach gestilltem Begehren unserer eigentlichen Bestimmung wieder bewußt. In Wahrheit aber sei es so, daß die Schmerzen des Gewissens nach einer schlechten Tat nicht eigentlich die Handlung in ihrer singulären Bestimmtheit beträfen, sondern die Qualität unseres Wesens überhaupt, die wir durch jene nur erkennen; daß wir jemand sind, der so etwas tun kann, aus dessen ursprünglicher Beschaffenheit ein solches Tun hervorgeht – das ist die eigentliche Qual, die um so furchtbarer ist, als wir eben diese Beschaffenheit als völlig unabänderlich, unwiderruflich empfinden[8]. Alle diese Selbstvorwürfe haben mit „Schuld" und „Sühne" als einer freiwilligen Anerkennung des *Dritten* zugefügten Unrechts und einer Pflicht zur Wiedergutmachung nichts zu schaffen, am wenigsten diejenigen, die mit dem Deterministen *Schopenhauer* dem individuellen An-Sich und So-Sein des eigenen Menschen gelten und letztlich Verzweiflung über das So-Sein des Irdischen sind.

Täter mit wirklichen Schuldgefühlen sind selten. Es gibt Kulturen und Menschen ohne jedes Schuldgefühl. „Wo das Gesetz nicht ist, da ist auch keine Übertretung . . . Ich hätte von der Sünde keine Erfahrung, wenn ich sie nicht durch das Gesetz hätte" (Paulus). *Ruth Benedict*[9] schreibt von den Zuñis: „Die Einstellung der Zuñis gegenüber der Sexualität zeigt gewisse Formen, welche wir in unserer Zivilisation als puritanisch bezeichnen, aber die Gegensätze sind doch genau so auffällig wie die Parallelen. Die Einstellung der Puritaner gegenüber der Sexualität entsprang der Gleichstellung von Sexualität mit Sünde; die Zuñi dagegen kennen den Begriff Sünde nicht, er bedeutet für sie nichts, weder im Sexualleben noch auf irgendeinem anderen Gebiet. Sie leiden nicht unter einem Schuldkomplex." Täter, die an „moralischer Blindheit" oder „moralischer Anästhesie" leiden und früher unter der Bezeichnung „moral insane" zusammengefaßt wurden, sind zu Schuldgefühlen unfähig. Psychopathen mit einem hyperthymischen, unverwüstlich optimistischen Charakter scheiden ebenfalls weitgehend aus; für sie gibt es nur die Kategorien Glück und

[8] Vgl. *Simmel,* Schopenhauer und Nietzsche, München - Leipzig 1920, S. 183.

[9] Urformen der Kultur, Hamburg 1955, S. 100.

Pech. Wichtiger ist, daß die meisten Täter ihren eigenen „Werthimmel“ haben. *Exner*[10] führt z. B. auffallende Erscheinungen der weiblichen Kriminalität auf das spezifische Verhältnis der Frau zu Gesetz und Obrigkeit zurück. „Das Interesse der Frau sind ihre Kinder, ihre Familie. Dieser engsten Gemeinschaft gehört ihr Sinnen und Trachten, der großen Gemeinschaft fühlt sie sich weniger verbunden. Die staatliche Regelung des Gemeinschaftslebens ist ihr vielfach eine lästige Formalität, über die man sich hinwegsetzen kann, besonders wenn dadurch ‚niemand geschädigt‘ wird. Ein anderes Rechtsdenken macht sich hier geltend.“ Ähnliches gilt für viele andere Täter. Der Norweger *Havin*[11] vertritt schlechthin die These, daß der übliche Kriminelle seine – von anderen als verbrecherisch bezeichnete – Handlungsweise vom Standpunkt seiner „Bedürfniskonstellation“ und des ihm zugehörigen Wertsystems aus als selbstverständlich und richtig ansieht. Er ist sozusagen immer eine Art „Überzeugungstäter“; er wird nur mehr oder minder von der gesellschaftlichen Mehrheit gestört, die die Paragraphen des Strafgesetzes, die Maximen der Ethik und die konventionellen Werttafeln aufstellt. Ein Schuldgefühl fehlt sicher im Handlungsaugenblick, wenn sich auch nachher Selbstvorwürfe einstellen mögen. Richtig ist, daß jeder Täter dem Richter und Strafvollzugsbeamten darin voraus ist, daß er jedenfalls die bewußten Motive zur Tat vollständig kennt, die von Schuldgefühlen entlasten. Mag er auch vor dem Gesetz schuldig sein, so ist er vor seinem eigenen Gewissen durch das Wissen um eine Zwangslage und dergleichen gerechtfertigt. Die Ereignisse des Unrechtsstaats, der hinter uns liegt, hätten beispielsweise Anlaß zu mannigfachen Schuldgefühlen geben können. Man hat gesehen, wie viele sich zu entschuldigen wußten, durch Hinweise auf Massenpsychologie, die Notwendigkeit familiärer Rücksichtnahme, das eigene Fortkommen, die eigene Blindheit u. dgl. Bei den Delikten des Alltags ist es nicht anders. Das Gewissen schläft mehr, als daß es schlägt!

Die Geschichte des Strafrechts weiß wenig von dem zwielichtigen Komplex der Schuldgefühle, zumal nur wenige Täter die Fähigkeit haben, das nahezu Unaussprechliche auszudrücken. Eines der wenigen Beispiele ist *Oscar Wilde,* dessen Fall aber gerade die Rätselhaftigkeit alles Menschlichen bestätigt. *Wilde* floh, obwohl Freunde wie *Gide*

[10] Kriminologie, Berlin - Göttingen - Heidelberg 1949, S. 145.

[11] Nye synsmåter i psykologien, Oslo 1948; speziell „De kriminelle i lys av behovs-psykologien“, Nordisk Tidsskrift for Kriminalvidenskab, 1954, S. 216 ff.

und *Shaw* ihn dazu drängten, nicht nach Frankreich, von wo er nicht ausgeliefert werden konnte. Man hat darin jenes neurotische Bedürfnis nach Selbstbestrafung sehen wollen, das die Psychoanalyse vielen Menschen zuschreibt und dem seelischen Masochismus verwandt ist. Worte in dem Zuchthausbrief „Epistola ex carcere et vinculis" können dafür sprechen. „Ich zweifle nicht, daß es der größte Augenblick im Leben eines Menschen ist, im Staub zu knien, sich an die Brust zu schlagen und alle Sünden seines Lebens zu bekennen." Die Schuldgefühle hatten aber offenbar keinen Bezug auf die Straftat, die er wahrscheinlich während der Haft, sicher aber nach der Haft fortsetzte[12], was zugleich den „Abschreckungs"charakter selbst einer sehr harten Strafe kennzeichnet. Die *Wilde*-Forschung führt als Ursache seines Verhaltens, das zur Verurteilung geführt hatte, einen syphilitischen Rückfall an, der eine Persönlichkeitsveränderung zur Folge gehabt habe, womit wieder die „Schuld"frage in ein neues kriminologisches Licht rückt.

5. Die Abschreckung zukünftiger Täter

Jede Straftat, die begangen wird, ist ein Beweis, daß die im Gesetz angedrohten, in der Strafrechtspflege verhängten und dann vollstreckten Strafen ohne abschreckende Wirkung geblieben sind. Jeder Rückfall eines Täters beweist, daß die vorausgegangene Strafe ihn nicht von weiteren Taten abhielt. Je größer sein Vorstrafenregister wird, desto deutlicher fällt in die Augen, daß Gesetz und Richterspruch bei ihm ohne Präventivwirkung sind, obwohl nach der Abschreckungstheorie gerade das Gegenteil eintreten müßte. Dies ist allerdings nur die eine Seite des Problems. Offen bleibt hierbei, wieviele Taten infolge der gesetzlichen Strafdrohung und der Strafjustiz der Gerichte unterblieben sind. Die Frage stellt sich bei denen, die überhaupt nie kriminell geworden sind, und bei denen, die eine kriminelle Betätigung abgebrochen haben. Es ist schwierig genug, zu untersuchen, warum die einen eine Straftat begangen haben; es ist noch wesentlich komplizierter, anzugeben, warum die anderen sie unterlassen haben.

Im Bereich der Abschreckung sind wir weitgehend auf Vermutungen angewiesen; in der Regel arbeitet der Laie mit unbewiesenen Behauptungen oder unzulässigen Verallgemeinerungen. Exakte

---

[12] *von Hentig,* Die Strafe, II, Berlin - Göttingen - Heidelberg 1955, S. 280.

Untersuchungen tun not, sie sind nur in beschränktem Maße bisher durchgeführt worden.

Ausgangspunkt der populären Erwägungen sind sprichwörtliche Weisheiten wie „Gebranntes Kind fürchtet das Feuer". Aber dieser Vergleich hinkt. Feuer ist eine Naturgewalt, die nicht mit sich spaßen läßt; das Feuer wirkt sofort. Eine strafbare Handlung bringt aber zunächst nur einen Gewinn; ob unangenehme Reaktionen nachfolgen, ist weitgehend unbestimmt. Die Nürnberger hängen bekanntlich keinen, sie hätten ihn denn. Deswegen sind auch Tierversuche ohne Interesse. Es kann angenommen werden, daß eine Ratte, die auf einem ihrer Wege zum Futter einen elektrischen Schlag erhält, sich im Lauf der Zeit „überlegt", ob nicht ein anderer Weg vorzuziehen wäre. Der Mörder bekommt aber keinen elektrischen Schlag; der elektrische Stuhl ist in weiter Ferne. Nicht einmal der sicher kommende Katzenjammer hält den Trinker vom Alkohol fern. In Wahrheit scheut das gebrannte Kind auch gar nicht das Feuer. Die Menschen haben gelernt, mit ihm umzugehen. Weil es brennt, treffen sie Vorsichtsmaßregeln. Dies tut auch der Verbrecher, zumal er kein „Kind" mehr ist.

Auch die Psychologie, die der Entwicklung der Theorie einer Abschreckung zugrunde lag, ist offensichtlich unzulänglich. Sie läßt deutlich erkennen, daß sie dem Zeitalter der Aufklärung entwachsen ist, als der Mensch als ein Vernunftwesen konzipiert und verstanden wurde. Die Vorstellungswelt der Aufklärungsphilosophie hat weiteste Teile unseres sozialen Lebens bis zum heutigen Tag bestimmt. Das Prinzip der Gleichheit aller Menschen basierte auf der Überzeugung, Hypothese oder Fiktion, daß jeder das gleiche Erkenntnisvermögen besitze. Im gleichen Wahlrecht hat der Gedanke seinen deutlichsten Ausdruck gefunden. Das Parlament wurde als die Stätte eines rationalen Austausches ausschließlich vernunftgemäß begründeter Auffassungen verstanden, wobei die richtige Antwort auf die Fragen der Politik durch sachliche Diskussion und die logische Überzeugungskraft der Argumente gefunden werde. Die irrationalen Einschläge in allem politischen Denken und Handeln, die Interessenbindungen und Machtelemente, der Pluralismus der Klassen, Stände und Erwerbszweige wurde überhaupt nicht gesehen. Die wirtschaftliche Philosophie war die des laissez faire, wobei man als selbstverständlich annahm, daß jeder Produzent und Verbraucher aus eigennützigen Gründen vernünftig handle. Der homo oeconomicus der Wirtschaftstheorie war mit dem homo sapiens identisch. Die selbstverständliche

Folge des vernünftigen Verhaltens aller war dann auch die von den liberalen Theoretikern erwartete „prästabilierte Harmonie“ des gesamten Wirtschaftslebens. Es hat lange gedauert, bis der völlig fiktive Charakter des liberalen Wirtschaftsmodells erkannt wurde. Es setzte bei jedem Teilnehmer an der Wirtschaft – schon stark vergröbernd – Eigennutz voraus; ein vernünftiges Verhalten fordert aber ein enzyklopädisches Wissen um Wirtschaftsdaten und Verhaltensweisen der Konkurrenten, Anbieter und Abnehmer, das schlechthin unmöglich ist. Man übersah auch hier das Menschlich-Allzumenschliche, sei es, daß die Wirtschaftspartner nicht der Vernunft, sondern der Gewohnheit, dem guten oder schlechten Vorbild der Umwelt, der Bequemlichkeit oder ihrer Lust an Spiel oder Spekulation folgen, sei es, daß sie das freie Spiel der Kräfte aus Machttrieb außer Kraft setzen.

Dieselben Einwände treffen die Abschreckungsidee.

Die wenigsten Menschen kennen die Strafrahmen des Strafgesetzbuches, das kein Volkslesebuch ist, und die Strafpraxis der Gerichte. Ob ein Gericht auf 8 Monate oder aus Abschreckungsgründen auf 16 Monate Gefängnis erkennt, ist in aller Regel ohne jeden Einfluß auf das Wissen der Allgemeinheit; die Kenntnis des Urteils bleibt auf einen winzigen Ausschnitt der Öffentlichkeit beschränkt. Es gibt Ausnahmen, wenn – etwa bei Vergehen einer Trunkenheit am Steuer – die Presse, auch die Fachpresse, sich zum Lautsprecher einer strafverschärfenden Praxis der Gerichte macht. Aber auch hier bestätigt die tägliche Praxis, wie begrenzt trotz allem die Reichweite der Gerichte ist.

Wichtiger ist, daß der Mensch in vielen Fällen überhaupt nicht vernünftig nach bewußter Abwägung aller Vorstellungen, die für oder gegen ein Tun oder Unterlassen sprechen, handelt. Dies ist bei allen Taten der Fall, die aus Affekt oder einem anderen seelischen Ungleichgewicht erfolgen. Der Mensch kann das Opfer irrationeller Impulse und unbewußter Kräfte sein, die weit stärker motivieren als vernünftiges Reflektieren. Der Gedanke an Strafe taucht überhaupt nicht auf oder ist durch wirkungsvollere Mächte des körperlichen, psychischen oder sozialen Seins weit in den Hintergrund gedrängt. Man kann an Rauschtaten denken, an Handlungen in sexueller Erregung oder die Teilnahme an Ausschreitungen großer Massen. Der Motivationsprozeß bei Spielernaturen, überhaupt Menschen mit angeborenem Übermut, mit Gleichgültigkeit gegenüber dem Ich und Außer-Ich, mit Oberflächlichkeit, moralischer Kurzsichtigkeit oder der Maxime des von der Hand-in-den-Mund-Lebens weicht von der rationalen Formel, mit der die Abschreckungstheorie operiert, völlig ab. Sie setzt auch einen gesunden Selbsterhaltungstrieb und eine Schmerzempfindlichkeit voraus; sie sind keineswegs immer vorhanden. Beim Desperado suchen wir sie vergebens. Die Tiefenpsychologie hat uns mit Selbstzerstörungs- und Selbstbeschädigungstrieben vertraut gemacht; ist der Lebenstrieb krank, so kann – wie bei alkoholischer Vergiftung, Bewußtlosigkeit, Bewußtseinstrübung oder Schock – der Fall eintreten, daß die Stimme des Gesetzes und der Strafurteile übertönt und gar nicht mehr gehört wird.

Kurt Schneider[1] hat treffend die Lebensferne, den Rationalismus und Intellektualismus des Abschreckungsgedankens kritisiert, der voraussetzt, daß der Handelnde sich vor der Tat überlegt, ob die Handlung richtig oder falsch, erlaubt oder verboten sei. „So soll gewiß ein vernünftiger Mensch handeln, so verlangen es Eltern und Lehrer – aber so handelt in Wirklichkeit fast niemand. Und wenn die Menschen stets so handeln wollten, wären sie wie Zwangsmenschen, die überhaupt nicht von der Stelle kämen." *Schneider* führt ein Beispiel aus dem Alltag an. Ein Angestellter eines Postamts bekommt ein Päckchen in die Finger. Es regt sich der Trieb, das Begehren, es zu behalten. „Nach dem Schema soll er nun die Einsicht, daß das unerlaubt ist, aktuell bereit haben. Das *kann* sich wohl einmal so abspielen, doch ist das äußerst selten. Der Vorgang geht so vor sich: Der Anblick erweckt blitzartig das Streben, es zu behalten. Entweder geht das Streben unmittelbar in die Handlung über, oder es tauchen Gegenstrebungen auf: aus dem echten ethischen Gewissen oder nur aus Angst vor den Folgen, was geschehe, wenn es herauskäme, Gegenstrebungen, die also gar nicht ethisch zu sein brauchen. Diese Gegenstrebungen können nun von dem Besitztrieb einfach überrannt werden, oder tatsächlich zur Bremsung, zur Verhinderung des triebhaften Begehrens führen. Das ist aber ein Kräftespiel der Triebe. Nur in extrem seltenen Fällen wird es zu einem Abwägen des Für und Wider, der Strebung und Gegenstrebung kommen und endlich zu einer wählenden Willensentscheidung. Weil die Handlung sich so abspielt, ist es auch so unsinnig, zu fragen: ‚Was haben Sie sich eigentlich dabei gedacht?' Nichts – wenn man unter Denken eine rationale Überlegung versteht." Hier stimmt *Schneider* mit der psychoanalytischen Auffassung völlig überein. „Alle Beteiligten im Gerichtssaal kennen nur bewußte seelische Motive und suchen jede Tat aus bewußten

---

[1] Die Beurteilung der Zurechnungsfähigkeit, Stuttgart 1948, S. 15 f.

Motiven rationell zu ergründen. In diesem einen Punkte sind Richter, Staatsanwalt und Täter Verbündete. Sie alle, Mitglieder der hochmütigen, die eigenen Schwächen nicht kennenden Menschenrasse, sind bestrebt, als jene souveräne Herren im eigenen Bereiche ihrer Persönlichkeit zu erscheinen, die sie noch weit entfernt sind, wirklich zu sein. Und wenn ein Täter zufällig in ehrlicher Bescheidenheit auf die Frage, warum hast du das getan? mit einem resignierten: ‚Ich weiß es nicht' antwortet, fühlt sich jeder in seiner menschlichen Würde beleidigt, und dieses einzige wahre Wort, das bei der Gerichtsverhandlung gefallen ist, glaubt kein Mensch."[2]

Nun gibt es sicherlich Täter, die an die Tat mit „kalter" Überlegung herangehen und sie planen. Aber auch sie schreckt die Strafdrohung nicht ab. Die Planung gilt dem, was der Täter im Rahmen seiner Intelligenz und Phantasie als das „vollendete" Verbrechen ansieht. Das Risiko einer Strafe wird gesehen, aber durch Vorkehrungen des Täters, die ihm als ausreichend erscheinen, auszuschalten versucht. Die Höhe der zu erwartenden Strafe spielt keine Rolle, weil der Täter sich zu der Tat nur in der Überzeugung entschließt, sie bleibe unentdeckt, oder das Risiko ihrer Entdeckung sei so minimal, daß der Versuch des Verbrechens sich lohne. Die gesetzliche Strafdrohung und die richterliche Praxis versagen, weil sie von dem Täter für ineffektiv gehalten werden. Wer einen Mord mit Überlegung plant, wird ihn unterlassen, wenn er eine ernste Gefahr der Entdeckung sieht. Er handelt nur unter der Voraussetzung, daß er ungeschoren bleibt. Bisweilen fragt ein Richterkollegium den vor ihm stehenden Mörder, ob er die Tat auch dann begangen hätte, wenn ihm ein Todesurteil gewiß gewesen wäre. Die Frage ist dumm. Der Mörder wird sie mit Recht verneinen. Würde er weiter gefragt, ob er die Tat begangen hätte, wenn er mit lebenslänglichem Freiheitsentzug oder einem Freiheitsentzug von 10 oder 5 oder 3 Jahren gerechnet hätte, so würde er die Frage gleichfalls verneinen. Er hat das Verbrechen nur begangen, weil er die Möglichkeit einer Bestrafung gleich welcher Art und Höhe für ausgeschlossen erachtet hat.

Bei den durch die Anlage oder Umgebung des Täters besonders induzierten Taten versagt hiernach der Abschreckungseffekt der Strafdrohung. Hier schlägt das körperliche und seelische Erbe, die neurotische Disposition, die affektgeladene Situation, der Erziehungsmangel usw. mit ziemlich elementarer Gewalt durch. Die Zustands-

---

[2] *Alexander - Staub,* Der Verbrecher und seine Richter, Wien 1929, S. 51; *Reiwald,* Die Gesellschaft und ihre Verbrecher, Zürich 1948, S. 39.

kriminalität, die das eigentliche und ernste Problem der Kriminalität darstellt, verlangt daher andere Maßnahmen als Strafdrohungen und wachsende Strafverschärfungen; die Strafdrohung und die Strafe selbst erscheint als inadäquat, weil sie nicht an den Kern des Übels rührt und den Sachverhalt unverändert läßt, der die Kriminalität verursachte. Anders liegen die Verhältnisse bei dem mehr gleichgewichtigen, verhältnismäßig vernünftigen Menschen, der zu krimineller Betätigung nur in bescheidenem Umfang disponiert ist und der, wenn er strauchelt, typischer Gelegenheitstäter bleibt. Bei diesem harmlosen, konformistisch lebenden und domestizierten Schlag von Menschen hat die Furcht vor Strafe einen motivierenden Einfluß. Wenn sie die abschreckende Wirkung der Strafen betonen, schließen sie von sich auf andere, ohne zu sehen oder sehen zu wollen, daß Menschen nicht deckungsgleich sind, daß die einen im Lichte, die anderen im Schatten der Vernunft stehen. Der Abschreckungseffekt wird groteskerweise am ehesten bei denen wirksam, die es am wenigsten nötig haben. Damit hängt auch zusammen, daß die Kriminalisierung wertumstrittenen Verhaltens wie Steuerhinterziehung, Trunkenheit am Steuer u. dgl. noch am ehesten einen Abschreckungserfolg verspricht, und neuere generalpräventive Theoretiker wollen deshalb die Generalprävention auf solche Fälle beschränkt sehen.

Erkennt man, daß Strafdrohung und Strafvollzug als *Abschrekkung* im Bereich der ernsten Kriminalität versagen, und setzt man an ihre Stelle die individuelle pädagogische oder therapeutische Behandlung, eine unmittelbare, positive und konstruktive Resozialisierung, äußerstenfalls die Verwahrung des nicht mehr resozialisierungsfähigen Zustandstäters, so tritt kein Vakuum ein. Auch wenn sich die bessernden und sichernden Maßnahmen keine abschreckende Aufgabe beilegen, wirken sie ungewollt in dieser Richtung. Es ist nicht anzunehmen, daß die Aussicht auf eine Alkoholentwöhnungskur, auf Entzug des Führerscheins, auf ein Berufsverbot, auf eine Einweisung in eine Heil- oder Pflegeanstalt oder Sicherungsverwahrung weniger abschreckend als die Aussicht auf „Strafe" wirken sollte; entscheidend ist, daß effektive Schritte vom Staat unternommen werden und die Quote aufgeklärter Gesetzesübertretungen nicht verschlechtert, sondern möglichst verbessert wird. Im Bereich der Kriminalität, die nach Art der Täter und Taten Abschreckungswirkungen zugängig ist, sind gelinde staatliche Reaktionen im Regelfall ausreichend. Die potentiellen Täter sind keine groben Klötze, auf die ein harter Keil gehört. Können schon ernste Kriminelle durch milde und menschliche Behandlung aus ihrer Verkrampfung gelöst und von ihrer Aggressivität befreit werden, so liegt das Prinzip, feurige Kohlen auf das Haupt des Täters zu sammeln, an Ehre und Schamgefühl zu appellieren, bei der Gelegenheitskriminalität nahe. Die präventive Wirkung zivilrechtlicher Unrechtsfolgen, z. B. das Gebot, bestimmte Handlungen zu unterlassen, oder die Verpflichtung zu Schadenersatz und Schmerzensgeld wird von strafrechtlicher Seite häufig völlig übersehen. Oft genügt die zivilprozessuale oder strafprozessuale Feststellung, daß überhaupt ein Unrecht geschehen ist, um weitere Gesetzwidrigkeiten zu verhüten. Ein Wochenendaufenthalt in einer Haftanstalt hat vielleicht dieselbe Wirkung wie ein vierwöchiger Freiheitsentzug, ohne den Täter und seine Familie in wirtschaftliche Not zu stürzen und das berufliche Fortkommen des Täters zu erschweren.

Im Gegensatz zu der populären Auffassung vertritt die Kriminologie denn auch übereinstimmend die Ansicht, daß „die Bedeutung der verhängten und der verbüßten Strafe gegenüber derjenigen einer schnellen, lückenlosen und sicheren Strafverfolgung oft überschätzt wird"[3]. Die amerikanische Kriminologie drückt sich noch bedeutend skeptischer über die generalpräventive Wirkung der Strafe aus.

Man hat in verschiedenen Ländern empirisch die Wirkung der Strafzumessung auf die Kriminalität untersucht. In Deutschland sind vor allem die Untersuchungen *Rabls*[4] und *Exners*[5] zu nennen. *Exner* faßt das Resultat zusammen: „Die Strafzumessungspraxis der deutschen Gerichte ist in den ersten 50 Jahren unserer statistischen Beobachtungen, d. h. bis 1933, immer milder geworden, trotzdem ist die Kriminalität im großen und ganzen zurückgegangen. Das spricht dafür, daß hier Zusammenhänge nicht bestehen ... Nach bisheriger Erfahrung spielt in den Vorerwägungen einer verbrecherischen Tat die Höhe der drohenden Strafe, der ja der Täter zu entrinnen hofft, eine nur geringe Rolle." *Bader*[6] meint: „Unter den ätiologischen Tatsachen unsrer gegenwärtigen Aufwärtsbewegung in der Kriminalität (1945–1949) darf bei richtiger Würdigung weder die Milde noch die Härte der Strafzumessung als wesentlicher Faktor erscheinen. Die generalpräventive Bedeutung hoher Strafen wird fast allseits, auch von vielen heutigen Kriminalisten, stark überschätzt."

[3] *Heinitz* in „Materialien zur Strafrechtsreform", I, Bonn 1954, S. 64.
[4] Strafzumessung und Kriminalitätsbewegung, Kriminalistische Abhandlungen, XXV, Leipzig 1936.
[5] Kriminologie, Berlin - Göttingen - Heidelberg 1949, S. 104 f; Studien über die Strafzumessungspraxis deutscher Gerichte, Leipzig 1931.
[6] Soziologie der deutschen Nachkriegskriminalität, Tübingen 1949, S. 197.

Man hat auch darauf verwiesen, daß Handlungen, die in einigen Staaten strafbar sind, in anderen dagegen nicht oder nicht mehr bestraft werden, trotz Straffreiheit anscheinend nicht zugenommen haben oder gar üblich geworden sind. Das gilt für einzelne Sexualverhalten, deren Strafbarkeit umstritten ist, die in spezifischen Charakter- und Triebstrukturen verankert sind und daher normale Menschen kaum anzustecken geeignet erscheinen. Neben Homosexualität kommt vor allem Blutschande in Frage. Nach *Mittermaier*[7] ist Blutschande vor allem in den romanischen Ländern Frankreich, Belgien, Portugal, Spanien und Italien, ferner in Holland nur bei öffentlichem Skandal strafbar, in England wird Blutschande nur von den geistlichen Gerichten abgeurteilt. Sie wurde vor der Schaffung eines einheitlichen Strafgesetzbuches für die Schweiz auch in den Kantonen Genf und Waadt nicht bestraft. *Mittermaier* schlug denn auch die Streichung der Strafbarkeit des Tatbestandes vor, „da er nur eine Unmoral und keine besondere Gefahr darstellt, und da die schweren Fälle in anderen Tatbeständen wiederkehren." Die bei gesunden Menschen selbstverständliche Inzestscheu hat offenbar in den genannten Ländern eine Ausbreitung blutschänderischen Verhaltens verhindert; eine Strafbestimmung hat sich als überflüssig erwiesen[8].

6. Das Prinzip der Resozialisierung

Da gegen die Funktion der Strafe, Vergeltung und Sühne zu sein oder potentielle Täter abzuschrecken, erhebliche Einwendungen bestehen, ist der Strafe in immer wachsendem Maße die Aufgabe zugeteilt worden, den Straffälligen zu „erziehen". Dies ist seit langem in den Ländern angelsächsischer Kultur der Fall, in denen der Vergeltungs- und Sühnecharakter der Strafe, wie er besonders im kontinentalen Europa unter dem Einfluß von *Kant* und *Hegel* fortlebt, weder von der Theorie noch der Praxis vertreten und Strafe und Strafanstalt seit den Tagen der Aufklärung vorwiegend unter dem Gesichtswinkel praktischer Nützlichkeit gesehen werden. In Deutschland leben wir mitten in einem Umbruch. In seinen Gerichtssälen wird bei Erwachsenen noch von Schuld, Vergeltung, Sühne und Abschrek-

---

[7] Verbrechen und Vergehen wider die Sittlichkeit: Blutschande, in „Vergleichende Darstellung des deutschen und ausländischen Strafrechts", Besonderer Teil, Bd. IV, S. 145.

[8] Vgl. *Andenäs*, Almenprevensjonen-illusion eller realitet? Nordisk Tidsskrift for Kriminalvidenskab, 1950, S. 119.

kung gesprochen, und in den Urteilen kehren diese Vokabeln wieder. Aber es gähnt eine unzweideutige ideologische Kluft zwischen dem Vokabular des Richterspruchs und der Praxis des Strafvollzugs. Mag der deutsche Richter auch ein Vergeltungs- oder Sühnestrafrecht wünschen und eine Erziehungsstrafe ablehnen, der Strafvollzug selbst ist – im Rahmen der freilich noch recht bescheidenen personellen und fachlichen Möglichkeiten – Erziehungsstrafvollzug.

Der Strafvollzug der ganzen Kulturwelt ist vom Prinzip der Resozialisierung bestimmt, wie sehr auch der Übergang in eine neue Zeit durch das unerfreuliche Erbe des oft jahrhundertealten und durch frühere Strafvorstellungen geprägten Mauerwerks der Strafanstalten im Stil der Bastille erschwert wird. Mit neuen Baulichkeiten verschwinden auch die Worte Zuchthaus, Gefängnis oder Strafanstalt. Nehmen wir Kalifornien als Beispiel. Zu dem alten „State Prison" in San Quentin, Folsom oder Soledad kamen neuerdings Anlagen ringsum im Lande hinzu, die „Institution for Women", „Institution for Men", „Vocational Institution", „Medical Facility" oder „Mens Colony" heißen. Die Amerikaner sprechen statt von Strafvollzug von „treatment" und die Engländer von „training". Die Schweden folgen der Parole *Schlyters:* „Avfolka fängelserna!", „leert die Gefängnisse!". Im übrigen gilt die Bestimmung ihres Strafvollzugsgesetzes, daß der Insasse mit Festigkeit, Ernst und mit der Achtung zu behandeln sei, die er als Mensch verdiene. „Er soll eine Behandlung erfahren, die seine Anpassung an das soziale Leben fördert. Schädliche Wirkungen eines Freiheitsentzuges sollen so weit als irgendmöglich vermieden werden." Dänemark hat sich dafür ausgesprochen, daß das Hauptziel der Strafvollstreckung die Anpassung des Täters an das Leben einer freien Gesellschaft sei, daß generalpräventive Ziele hinreichend durch den Freiheitsentzug als solchen und die mit ihm verbundenen sozialen Folgen wahrgenommen würden und es daher überflüssig sei, den Strafcharakter über die Freiheitsberaubung hinaus besonders zu betonen. Nach Art. 37 des Schweizerischen Strafgesetzbuchs soll der Strafvollzug „erziehend auf den Gefangenen einwirken". Die italienische Verfassung vom Jahre 1947 bestimmt: „Die Strafen sollen die Umerziehung (‚reducazione') des Verurteilten anstreben..." Die deutschen Strafvollzugsordnungen nach dem Zusammenbruch enthalten Formulierungen wie: „Die Anstaltsbeamten müssen sich stets von der Überzeugung leiten lassen, daß von der sinnvollen Gestaltung des Vollzugs die Wirksamkeit der Verbrechensbekämpfung und namentlich die Wiedergewinnung besserungsfähiger Gefangener und Verwahrter für die tätige Teilnahme an der Gemeinschaft wesentlich abhängt, und daß jeder von ihnen an seinem Teile für das Erreichen dieses hohen Ziels mitverantwortlich ist." *Mittermaier*[1] kommentiert die Entwicklung mit den Worten: „Der ... Verstand lehrt uns aus langer Erfahrung, daß die rein gefühlsmäßige Vergeltung als Übel sehr wenig Erfolg hat und daß sie für eine verfeinerte Kultur nicht mehr paßt. Und so hat verstandesmäßige Überlegung in der Praxis allmählich das reine Strafübel des Gefängnisses zu überwinden gesucht ... Diese Entwicklung der Gefängnisstrafe vom reinen Vergeltungsübel zur verstandesmäßigen – und dann auch das Gefühl befriedigenden Menschenbehandlung ist in der allgemeinen Kulturentwicklung und Weltanschauung begründet ..."

Ein Vergleich der staatlichen Strafe mit der körperlichen Züchtigung von Kindern in Familie und Schule liegt nahe. Die Pädagogik von heute lehnt aber Prügel grundsätzlich ab. Unter Berufung auf *Harris*[2] kommt *Sutherland* auch zu dem Schluß, daß das Verhalten von Schulkindern in modernen Schulen, denen körperliche Züchtigungen unbekannt sind, „unvergleichlich viel besser ist als in den Schulen vor einem Jahrhundert, in denen körperliche Abstrafungen außerordentlich häufig gewesen sind". Ein Vergleich staatlichen Strafens mit Methoden schulischer Erziehung und erst recht mit dem Elternhaus ist aber gerade im Entscheidenden fehl am Platze. Die Züchtigung eines Kindes durch die Eltern, vielleicht durch einen ernsthaft um das Wohl seiner Schüler bemühten Lehrer ist, wenn überhaupt, nur da sinnvoll und erfolgreich, wo das Kind hinter der Strafe die Liebe, Zuneigung, Sorge und Teilnahme der Erzieher spürt. Die Strafe wird dann aus dem Gesamtverhalten von Eltern oder Lehrer, ihrem konstruktiven Bemühen verstanden, das gerade nicht nur Strafe, sondern vor allem Opfer, Fürsorge und Schutz ist, die tagaus tagein durch die Tat bewiesen werden. Das Kind weiß sich geliebt, es liebt wieder. Der Staat, auch der moderne Sozialstaat, der einiges für seine Bürger tut, ist aber kein Elternhaus, nicht einmal eine Schulklasse. Er wird in aller Regel als unpersönlich und kalt empfunden; kaum jemand spürt hinter ihm, sicherlich nicht hinter Staatsanwälten, Strafrichtern oder Gefängnisbeamten, Sympathie, Verständnis und Mitgefühl, die allein eine – wenn auch harte – Reaktion begreiflich und pädagogisch wertvoll machen könnten. Erst

[1] Gefängniskunde, Berlin - Frankfurt 1954, S. 3 ff.
[2] Changing Conception of School Discipline, New York 1928.

die moderne Kriminologie, ein modernes Strafrecht und der Strafvollzug von heute streben dies im Geiste *Pestalozzis* an, der in „Arners Gutachten über Kriminalgesetzgebung“ mit guten Gründen seine Pädagogik auf den Strafvollzug übertragen und Verständnis dafür gefordert hat, daß die Straffälligen Menschen sind „mit allen Anlagen, Leidenschaften, Vorurteilen, Gewohnheiten und Anhänglichkeiten begabt und beladen wie alle anderen Leute, und daß daher kein verderblicherer Irrtum sein könnte, als die Verbrecher nicht mehr mit der Art und Weise und dem Ton, mit dem man den übrigen Menschen ans Herz zu kommen gewohnt ist, regieren und leiten zu wollen.“

Die Erziehung wird zunächst in die Strafe eingebettet. Die Erregung von Furcht und Schrecken als einzige oder wesentliche Erziehungstechnik verschwindet, zumal sie gerade bei denen, die kriminell kraft Anlage und Umwelt am meisten gefährdet sind, im Tataugenblick versagen. Haß wird vermieden, weil er nur wieder Haß und Aggressivität erzeugt, wodurch ein circulus vitiosus entstehen kann, der sich in den Rückfallziffern niederschlägt. Trotz und Haß mögen auch sonst als Bazillen einer sozialen Desorganisation wirken und z. B. Ehen und Familien zerstören. Sündenböcke einer feindseligen Stimmung und Haltung des Bestraften finden sich leicht, auch Völker- und Rassenhaß bietet sich an. Der Strafvollzug erkennt aber nicht nur die Gefahren einer feindlichen Haltung gegen den Verurteilten. Positive und konstruktive Maßnahmen gegenüber dem Strafgefangenen wie weltliche und geistliche Seelsorge oder Berufsausbildung und Fortbildung treten mehr und mehr hinzu. Schnell stehen sie im Vordergrund, bis letztlich nicht mehr die Erziehung in die Strafe, sondern die Strafe in die Erziehung eingebettet ist, und Ehrlichkeit und Konsequenz gebieten, die Frage zu stellen, ob auf Strafe, die beabsichtigte Schmerzzufügung ist, aus pädagogischen und therapeutischen Gründen nicht da verzichtet werden soll und muß, wo sie einer Anpassung des Täters an die soziale Umwelt im Wege steht.

Wer das A der Resozialisierung sagt, muß auch das pädagogisch gebotene B einer Einschränkung der Strafe oder eines Verzichts auf sie aussprechen. „Es muß von der Gesellschaft akzeptiert werden, daß die Konzeption der Strafe völlig aufgegeben werden muß, wenn wir eine wissenschaftliche Philosophie der Behandlung eines Kriminellen entwickeln sollen, die mit den Fortschritten vereinbar ist, die von den sozialen und medizinischen Wissenschaften während des letzten Vierteljahrhunderts gemacht worden sind.“ Das sind die „neuen Horizonte der Kriminologie“, die *Barnes - Teeters* sehen[3]. „Summary“ der „Principles of Criminology“ *Sutherlands*[4] ist: „Moderne Wissenschaft hat bewiesen, daß wundervolle Resultate durch ein Verstehen der wirkenden Kräfte und Mechanismen erzielt werden können und daß eine effektive Technik der Kontrolle nur auf der Basis eines solchen Verstehens entwickelt werden kann. Dies gilt für die Bereiche sozialen Verhaltens wie der Physik. Die Behörden werden erfolgreicher mit denen, die Verbrechen begangen haben, fertig werden, wenn die Kriminalpolitik auf wissenschaftlichen Erkenntnissen aufbaut. Die wichtigste Methode wird sicherlich pädagogisch im weitesten Sinn des Wortes sein. Keine Methode soll von vornherein ausgeschlossen werden, aber es ist wahrscheinlich, daß Schmerz und Leiden keine größere Rolle spielen müssen. Die Methode des Umgangs mit Kriminellen muß ihnen stets einiges Leiden verursachen, aber es sollte in gleicher Weise betrachtet werden wie das Leiden in Verbindung mit körperlicher oder geistiger Erkrankung: es sollte wenn möglich vermieden werden.“ Kaltschnäuzig wie immer meint *Bertrand Russell:* „Wenn Verbrechen leichter zu verhindern wären durch Lohn statt durch Strafe für die Verbrecher, dann wäre ich dafür, sie zu belohnen.“ Etwas Ähnliches steht schon in der Bibel.

William Seagle spricht in seiner „Weltgeschichte des Rechts“ von den Fiktionen des klassischen Strafrechts, die in völligem Widerspruch mit aller soziologischen und physikalischen Erkenntnis zu „einem absurden Extrem“ geführt worden seien. Wohl kaum ein anderes Rechtsgebiet sei wissenschaftlich so schlecht wie das Strafrecht fundiert. „Die klassische Strafrechtswissenschaft ist eine Absurdität im Lichte der Wissenschaft.“ Die moderne Kriminologie und ein auf ihr bauendes Kriminalrecht nennt er aber „eine Absurdität im Lichte der Wirklichkeit“.

Die Frage, ob ein wissenschaftliches Kriminalrecht Wirklichkeit werden kann, drängt sich auf. Einmal begegnet jede neue Konzeption Widerspruch; Opposition muß um so mehr erwartet werden, als das traditionelle Strafrecht tief im Bewußtsein der Massen verankert ist. Sodann ist unser Wissen vom Menschen trotz aller Fortschritte auch heute noch sehr begrenzt.

---

[3] *Barnes - Teeters,* New Horizons in Criminology, New York 1952, S. 817.

[4] Principles of Criminology, Chicago - New York 1947, S. 377 f.

a) Die Kritik an einem wissenschaftlichen Strafrecht kommt in dem üblichen Vorwurf zum Ausdruck, alles verstehen heiße alles verzeihen. Hierzu ist zunächst in Kürze zu sagen: Wenn das Verzeihen die notwendige Folge des Verstehens ist, so wie zwei mal zwei vier und nichts anderes ist, so bleibt wahrheitsliebenden Menschen nur übrig zu verzeihen. Verzeihen ist eine christliche Tugend; es ist kein teuflisches Laster. Keineswegs darf die Scheu vor der Bewährung christlicher Tugenden so weit gehen, auf ein Verstehen zu verzichten, das menschenmöglich ist. In Wirklichkeit geht es aber überhaupt nicht um ein „Verzeihen“ im Sinne einer passiven Nachsicht. Nicht die Kategorien Strenge oder Milde stehen zur Diskussion, sondern Wahrheit oder Unwahrheit, Wissenschaftlichkeit oder Unwissenschaftlichkeit, Effektivität oder Ineffektivität der gesellschaftlichen Verteidigung. Einzelne Maßnahmen eines kriminologischen Schutzrechts werden milder, andere einschneidender als die eines klassischen Strafrechts sein, weil alles vom Einzelfall abhängt.

Das kriminologische Strafrecht nimmt die Gefahren, die Mensch und Gemeinschaft durch den Menschen drohen, viel ernster als die klassische Schule, die glaubt oder glauben machen will, es bedürfe nur eines bißchen guten Willens bei dem Kriminellen, und alles auf Erden sei gut. Die Kriminologie weiß um die Abgründe in allem Menschlichen, auch in der Masse Mensch. Sie wünscht alles andere als Anarchie oder ein kriminalpolitisches „laissez faire“. Bei allem Wissen um das Menschlich-Allzumenschliche, das Atavistische und Bestialische, das dem homo sapiens zu eigen sein kann, haben ihre Anhänger aber nie den großartigen Satz des Paracelsus vergessen, daß die Urarznei des Menschen der Mensch ist. Wenn auch jede Tat determiniert ist, so waltet kein unerbittliches Fatum über den Menschen. Die Menschen werden durch Anlage und Umwelt zu ihren Handlungen disponiert, sie sind nicht zum Verbrechen ein für allemal prädestiniert. Die Umwelt ist immer wandelbar. Die Umwelt besteht aus Menschen, die helfen können. Völlig hoffnungslose Fälle sind seltener, als *Lombroso* meinte und pessimistische Erbforscher nach ihm dozierten. Der Versuch einer Resozialisierung muß immer gewagt werden. Er ist nicht nur *Pestalozzi* geglückt. „Den Kräften der menschlichen Natur, die Gott auch in die ärmsten und vernachlässigsten Kinder legte, vertrauend, hatte mich nicht nur frühere Erfahrung längst belehrt, daß diese Natur mitten im Schlamm der Roheit, der Verwilderung und der Zerrüttung die herrlichsten Anlagen und Fähigkeiten entfaltet, sondern ich sah auch bei meinen Kindern mitten in ihrer Roheit diese lebendige Naturkraft allenthalben hervorbrechen; ich irrte mich nicht, ehe die Frühlingssonne den Schnee unserer Berge schmelzte, kannte man meine Kinder nicht mehr."

Jeder Versuch einer Resozialisierung setzt allerdings den Menschentyp voraus, den *Paracelsus* als Arznei vor Augen hatte, nicht eine blinde Justitia mit dem drohenden Schwert, nicht den blutigen Henker oder den bloßen Schließer der Zellen hinter Mauern und Gittern, sondern den Betreuer, Fürsorger und Freund, wie er auch der modernen Bewährungshilfe in allen Ländern vorschwebt. Man scheut heutzutage aus guten Gründen große Worte, zumal wenn sie den Vorwurf himmelblau-rosenroter Sentimentalität eintragen können. Es muß aber gesagt sein, daß kein Kriminalrecht, kein Kriminalprozeß und kein Vollzug irgendwelcher Sanktionen, die sich das Ziel einer effektiven Kriminalitätsbekämpfung durch Resozialisierung setzen, Erfolg verspricht, wenn sie nicht die Idee gegenseitiger Hilfe praktizieren. In dem Gedanken der Gegenseitigkeit kommt auch deutlich zum Ausdruck, daß die Kriminologie in den meisten Menschen Ansatzpunkte für soziales, kooperatives Verhalten voraussetzt, sowohl bei denen im Publikum, die nicht strauchelten, als auch bei denen, die strauchelten und kriminell wurden. Der Anruf kann hier und dort echolos verklingen. Der Kriminologe weiß um die Trägheit des Herzens bei den einen wie den anderen; nicht jeder hat ein Empfangsgerät für soziale Wellenlängen.

Aus dem Appell an die gegenseitige Hilfe, die in einem kriminologischen Recht enthalten ist, ergibt sich auch die Unrichtigkeit des häufigen Vorwurfs, die ethische Neutralisierung des offiziellen Reaktions- und Schutzsystems bedeute einen Verzicht auf die Aktivierung des Verantwortungsgefühls des Kriminellen. Die Erkenntnis, daß die Herausforderung mitunter ohne Antwort bleiben wird, hat aber mit Resignation nichts zu tun. Der Anruf geschieht, aber nicht wie im klassischen Strafrecht von oben nach unten; das Gericht ruft nicht autoritär den winzigen Staats- und Erdenbürger zur Ordnung. Der Anruf geschieht vielmehr von Mensch zu Mensch; Staatsanwalt, Richter, Wachtmeister, Bewährungshelfer und Verbrecher lösen in Gemeinschaft eine soziale und menschliche Frage. Das kriminologische Recht ist demokratisch, es nimmt die Gleichheit aller Menschen ernst und strebt nach einem Wir-Verhältnis, nach einem Ich und Du, nach einem Miteinander. Es ist mitbürgerlich und mitmenschlich.

b) Ein kriminologisches Strafrecht setzt nicht nur eine neue Mentalität der Bevölkerung und der an der Rechtspflege beteiligten

Organe voraus, notwendig ist auch die Entwicklung eines neuen wissenschaftlichen Instrumentariums. Zwei Fragen seien herausgegriffen, die Klassifizierung der Täter und die prognostische Beurteilung ihres Lebenslaufs. Klassifizierung und Prognose sind für eine individuelle Behandlung des Täters bedeutungsvoll.

Keine Aufstellung von Tätertypen[5] kann dem Einzelfall gerecht werden, der immer ein einmaliges geschichtliches Ereignis ist. Damit hängt es zusammen, daß die amerikanische Kriminologie nur ein sehr geringes Interesse für eine theoretische Einteilung der Verbrecher bekundet. Typisch amerikanisch ist die „case study"-Methode, die mit dem "case work"[6] nahe verwandt ist. *William Healy* hat in seinem bezeichnenderweise „The Individual Delinquent" genannten Buch (Boston 1917) bahnbrechend das Gewicht auf die gründliche Untersuchung der Einzelfälle gelegt. Auch die „Reception Centers", die die Verurteilten diagnostizieren, arbeiten nicht mit „Typen"[7].

Das deutsch-romanische Bedürfnis für Ordnung und Gliederung hat dagegen im Anschluß vor allem an *Max Webers* „Idealtypus" die Aufstellung mannigfacher Typologien inner- und außerhalb der Kriminologie veranlaßt, die als erste Schritte gewertet werden müssen.

Kretschmer[8] unterscheidet die folgenden seelischen Reaktionsformen: die „Primitivreaktion" der Impulsiven und Explosiven, die „Ausweichung" der Neurotiker in das Innenleben, die „exzessive Reaktion" der Affektstauung (sexuelle Anomalien) und rein asthenische Reaktionen. *Ewald*[9] hat vier Gruppen gebildet, den eindrucksfähigen und gefühlskalten Stheniker (Aktiven) und den eindrucksfähigen und gefühlskalten Astheniker (Passiven). Aus *Kretschmers* „Körperbau und Charakter" ist das zyklothyme, das schizothyme und phlegmatisch-explosive Temperament bekannt, die reduzierte Formen der Geisteskrankheiten, des zirkulären Irreseins, der Schizophrenie und Epilepsie, sind. *C. G. Jung* begnügt sich in seinen „Psychologischen Typen" mit einer Gegenüberstellung der extrover-

---

[5] Vgl. hierzu „Kriminalbiologische Gegenwartsfragen", Heft 2, Stuttgart 1955.

[6] *Kraus*, Casework in USA, Frankfurt 1950.

[7] *Committee on Classification and Case Work, American Prison Association*, Handbook on Classification in Correctional Institutions, New York 1947; *Tappan*, Contemporary Correction, New York - London 1951, S. 91 ff, 107 ff. Vgl. auch *Mergen*, Methodik kriminalbiologischer Untersuchungen, Stuttgart 1953.

[8] Der sensitive Beziehungswahn, 1950.

[9] Temperament und Charakter, 1924.

tierten (nach außen gerichteten) und introvertierten (nach innen gerichteten) Menschen.

Eine psychologisch-soziologische Typisierung der Kriminellen haben *Mezger*[10] *und Seelig*[11] unternommen. Nach *Mezger* kann der Einzelne der Gemeinschaft entweder unterbetont (unterartig, asthenisch), überbetont (überartig, sthenisch) oder anders betont (abartig, abnorm) gegenübertreten. Zu den Asthenikern rechnet er den „formlosen Verbrecher" (kleine Kriminalität des arbeitsscheuen, parasitären Asozialen), den „haltlosen Verbrecher" (leicht verführbare Mitläufer) und den unsteten Verbrecher (Menschen mit innerer Unruhe). „Sthenische" Verbrecher umfassen die reizbaren, leidenschaftlichen und streitsüchtigen Täter. Unter den „abnormen" Verbrechern finden wir die schwindlerischen (pseudologischen), die gemütskalten und perversen Verbrecher. *Mezgers* Typologie entspricht in vielen Punkten den von *Schneider* aufgezeichneten Psychopathieformen. *Seelig* unterscheidet 1) Berufsverbrecher aus Arbeitsscheu, 2) Vermögensverbrecher aus geringer Widerstandskraft, 3) aggressive Gewalttäter, 4) Verbrecher aus sexueller Unbeherrschtheit, 5) Krisenverbrecher, 6) primitivreaktive Verbrecher, 7) Überzeugungsverbrecher, 8) Verbrecher aus Mangel an Gemeinschaftsdisziplin.

Der Wert einer Typologie bestimmt sich nach kriminalpolitischen Maßstäben, sei es, daß sie dem Gesetzgeber Hinweise auf die Notwendigkeit oder Zweckmäßigkeit neuer Behandlungsformen gibt oder dem Richter und Strafvollzugsbeamten bestimmte der Täterpersönlichkeit angepaßte Maßnahmen im Rahmen des geltenden Rechts empfiehlt. Biologisch, psychologisch-psychiatrisch oder soziologisch orientierte Typenbeschreibungen reichen hierzu nicht aus.

Die Typologie muß die Ursachen der Kriminalität beachten, da es Aufgabe der staatlichen Reaktion ist, in erster Linie die Ursache des kriminellen Geschehens auszuräumen oder, sofern dies unmöglich ist, zu neutralisieren. Sie kann an der Bedeutung von Anlage und Umwelt nicht vorübergehen.

Lombroso hat in seinem Hauptwerk „L'Uomo delinquente" die Verbrecher in 5 Gruppen eingeteilt: 1) den geborenen Verbrecher („delinquente nato"), 2) den epileptischen Verbrecher, 3) den Verbrecher aus unwiderstehlicher Leidenschaft („forza irresistibile"), 4) den geisteskranken und geistesschwachen Verbrecher und 5) den Gelegenheitstäter („delinquente d'occasione"). Auf *Ferri* geht die

---

[10] Kriminologie, München - Berlin 1952, S. 178 ff.

[11] *Seelig - Weindler*, Die Typen der Kriminellen, Berlin - München 1949.

grundlegende Unterscheidung von Gewohnheits- und Gelegenheitsverbrechern zurück. Zu den ersten rechnet er Geisteskranke und Geistesschwache, Psychopathen (Abnorme mit angeborenen Neigungen zu Kriminalität) und rückfällige, schon früh kriminell werdende Täter infolge schlechter Milieueinflüsse. Gelegenheitstäter sind Affekttäter und Opfer äußerer Einwirkungen.

Franz von Liszt verband seine Dreiteilung der Kriminellen in „Augenblicksverbrecher“, „besserungsfähige Zustandsverbrecher“ und „unverbesserliche (schwersterziehbare) Zustandsverbrecher“ von vornherein mit einem kriminalpolitischen System: Abschreckung und Verwarnung des Augenblicksverbrechers, Besserung der Besserungsfähigen und Sicherung der Gesellschaft vor dem Unverbesserlichen. Die Internationale Kriminalistische Vereinigung übernahm 1897 die *Liszt*sche Typologie. Sie ist in der Folgezeit durch die Einfügung von Zwischenstufen mehr differenziert worden, ohne ihren Grundcharakter zu verlieren.

Exner[12] unterscheidet

a) endogene (überwiegend anlagemäßig bestimmte) Zustandsverbrecher
b) exogene (überwiegend durch Umweltschäden bestimmte) Zustandsverbrecher
c) Entwicklungsverbrecher (altersmäßig, z. B. durch Pubertät oder Greisenalter bestimmte Kriminalität)
d) entgleiste Persönlichkeiten.

Inwieweit die Täter, namentlich die Zustandsverbrecher, besserungsfähig sind, bestimmt sich sowohl nach der Ursache der Kriminalität wie nach den zur Verfügung stehenden Gegenmaßnahmen. Anlageschäden sind grundsätzlich schwerer zu beseitigen als Umweltschäden, sie sind aber keineswegs schlechthin unkorrigierbar. Versetzung in neue Lebensbedingungen, Vormundschaft und Bewährungshilfe und dgl. sind soziale Maßnahmen. Medizinische Veranstaltungen sind denkbar. Die gesellschaftlichen Reaktionsformen wechseln mit Zeit und Ort, so daß ein Zustandstäter in dem einen Land besserungsfähig ist, während er es in einem anderen Staat nicht ist.

Mezger[13] legt die „Bereitschaft zum Verbrechen“ seiner Persönlichkeits- und entsprechenden Behandlungstypologie zugrunde. Er unterscheidet:

---

[12] Kriminologie, Berlin - Göttingen - Heidelberg 1949, S. 214 f.
[13] Kriminologie, München - Berlin 1951, S. 150.

I. Situationsverbrecher
   1. Konfliktsverbrecher (Affekt, Neurose)
   2. Entwicklungsverbrecher (Pubertät, Greisenalter)
   3. Gelegenheitsverbrecher („die Gelegenheit ist günstig“)

II. Charakterverbrecher
   4. Neigungsverbrecher
   5. Hangverbrecher
   6. Zustandsverbrecher

Bei *Sauer*[14] macht sich die indeterministische Grundanschauung bemerkbar. Er nennt folgende „Persönlichkeitstypen“:

A) Akute (auch subakute) Kriminalität (Einmaligkeitstypen, Gelegenheits-, Augenblicksdelikte)
   1. Zufallsdelikte (Fahrlässigkeitsdelikte, kleine Kriminalität) „Die Bekämpfung durch staatliche Maßregeln ist meist nicht notwendig oder nicht möglich.“
   2. Affektdelikte. „Bekämpfung durch Sicherungsmaßregeln (Heilanstalt) ist mitunter möglich und notwendig.“
   3. Gelegenheitsdelikte. „Bekämpfung ist immerhin möglich; nur die Vorbeugung entfällt.“
   4. Planmäßige oder Vorbeugungsdelikte. „Bekämpfung und auch Vorbeugung sind mitunter möglich.“

B) Chronische oder Neigungs- (Tendenz-) Kriminalität:
   Mehrmaligkeitstypen, Zustandsdelikte. „Eine wirksame Bekämpfung und Vorbeugung sind dringend geboten, sie sind an sich auch weitgehend durchführbar, aber mit jeder folgenden Gruppe problematischer.“
   5. bloßer Rückfall in ein gleiches Delikt
   6. artverwandter Rückfall
   7. Gewohnheitsmäßigkeit
   8. Gewerbsmäßigkeit
   9. Berufsmäßigkeit.

Würtenberger[15] begnügt sich mit 3 Stufen für Jugendliche und Heranwachsende:

1. Situations- und Konflikttäter
2. Entwicklungs-, vor allem Pubertätstäter
3. Neigungstäter

---

[14] Kriminologie, Berlin 1950, S. 298 ff.

[15] Jugendliche Tätertypen, in „Bekämpfung der Jugendkriminalität“, Wiesbaden 1955, S. 93 ff.

a) anlagebedingt, charakterlich abartig
b) umweltbedingt.

Wichtiger als die bloße Klassifizierung der Täter ist die Prognose ihres sozialen Verhaltens; sie ist die wichtigste Aufgabe angewandter Kriminologie. Bei Gelegenheitstätern ist, da das Entscheidende von den äußeren Umständen des zukünftigen Lebens des Täters abhängt, eine Prognose schwierig. Dagegen ist eine Prognose bei den Zustandstätern möglich, weil ihr Verhalten in dem ererbten, angeborenen oder erworbenen Charakter fest verwurzelt ist. Bei ihnen spielt auch die Prognose eine entscheidende Rolle für Art, Ausmaß und Vollzug der staatlichen Verteidigung.

Beurteilungen eines Rückfallsrisikos sind einem Strafgericht, dem sichernde und bessernde Maßnahmen zur Verfügung stehen, nicht fremd. Im Strafvollzug gehen sie häufig einer Begnadigung voraus. Dergleichen Urteile beruhen üblicherweise auf einer laienpsychologischen Wertung, die man auch gern als Intuition, Lebenserfahrung u. dgl. ausgibt. Richterliche Wertungen sind zwangsläufig mit den größten Risiken verbunden, da eine kurzfristige Vernehmung oder auch ein ganzes Strafverfahren, zumal unter den ganz exzeptionellen Bedingungen, unter denen sie stattfinden, kein zutreffendes Bild des Täters liefern können. Günstiger sind die Verhältnisse im Strafvollzug. Eine Nachprüfung der „intuitiven" Prognosen der Gerichte und Strafvollzugsanstalten hat, in welchem Land sie auch immer vorgenommen wurde, auch ihre geringe Brauchbarkeit statistisch erwiesen. In Deutschland ergab sich z. B. bei einer Nachkontrolle, daß mindestens ein Drittel solcher „intuitiver" Prognosen offensichtlich falsch war. Die Prüfung hat sich dabei auf Prognosen beschränkt, die von Anstaltsärzten abgegeben worden waren, und dabei alle Prognosen unberücksichtigt gelassen, die schon von den Anstaltsärzten als fraglich bezeichnet wurden[16]. Nach *Frey*[17] erwiesen sich 30–50% der von den Leitern Schweizer Erziehungsanstalten aufgrund des Verhaltens der Jugendlichen in der Anstalt aufgestellten intuitiven Prognosen

[16] *Schiedt,* Ein Beitrag zum Problem der Rückfallprognose, München 1936; *Meywerk,* Beitrag zur Bestimmung der sozialen Prognose an Rückfallsverbrechern, Monatsschrift für Kriminalbiologie, Bd. 29, S. 422 ff; *Schwaab,* Die soziale Prognose bei rückfälligen Vermögensverbrechern, Kriminal. Abhandlungen, XXXXIII, Leipzig 1939; *Meyer,* Rückfallsprognose bei unbestimmt verurteilten Jugendlichen, Bonn 1956; *Leferenz,* Zur Problematik der kriminologischen Prognose, Zeitschr. f. die ges. Strafrechtswissenschaften, 1956, S. 233.

[17] Der frühkriminelle Rückfallsverbrecher, Basel 1952, S. 302.

als unrichtig, indem entweder für Jugendliche, die später nicht mehr rückfällig wurden, eine ausgesprochen schlechte, oder für Jugendliche, die später unverbesserliche Rückfallsverbrecher geworden sind, eine ausgesprochen günstige Fortentwicklung vorausgesagt worden war.

Frey, der viele Jahre Jugendstaatsanwalt in Basel gewesen ist, hat in seiner Monographie über den „frühkriminellen Rückfallsverbrecher" eine Prognosetafel aufgestellt, die die „Intuition" der an der Strafrechtspflege beteiligten Organe wissenschaftlich unterbauen will. Er hat auf Grund der Erfahrungen und Erkenntnisse der kriminologischen Forschung, auch seiner eigenen umfassenden Untersuchungen der Jugendkriminalität im Kanton Basel-Stadt einen Katalog von Faktoren, die in besonderem Maße als verbrechenfördernd erscheinen, und von Symptomen, in denen kriminelle Anlage oder Neigung sich äußerten, zusammengestellt. Diese Elemente einer Prognose umfassen:

1. erbliche Belastung (Vorkommen von Psychosen, Psychopathien, Trunksucht, Debilität, Kriminalität usw. in der Verwandtschaft),
2. den Persönlichkeitstypus (Intelligenzniveau, Psychosen, psychogene Störungen, Psychopathien, sonstige Abnormitäten, Gehirndefekte, z. B. infolge Geburtstrauma, somatische Auffälligkeiten),
3. das Milieu im Elternhaus (Außerehelichkeit, Verwaisung usw.); soziale und ökonomische Verhältnisse, erzieherische Verhältnisse, Verhältnis zu den Elternteilen und Geschwistern usw.,
4. das Freizeitmilieu (positive und negative Freizeitinteressen),
5. Erziehungsschwierigkeiten (Schwänzen, Blaumachen), Verhältnis zu Lehrer und Mitschülern, zu Arbeitgebern und Kollegen, Zuverlässigkeit in der Arbeit,
6. Einstellung zur Tat,
7. Frühkriminalität,
8. Art der Delikte.

Da diese acht „Elemente" von unterschiedlicher Bedeutung sind, hat ihnen *Frey* auf Grund einer subjektiven Wertung verschiedene Gewichte, von ihm als Basispunktwerte bezeichnet, gegeben; an der Spitze steht der Persönlichkeitstypus (50), dann folgt die erbliche Belastung (35), die Frühkriminalität (35), die Erziehungsschwierigkeiten (30) und die Art der Delikte (20); am Schlusse rangiert das Freizeitmilieu mit 5 „Basispunktwerten". Die Prognose *Freys* erfolgt, indem er dem Kriminellen für jedes der 8 Elemente ein Zeugnis von 0–5 gibt. Zeigt z. B. der Kriminelle nur eine leichte Ausprägung asthenischer Psychopathie, so erhält er die Note 0,5–1; ist er ein gemütskalter, geltungssüchtiger und zugleich willensschwacher Psychopath, so wird sein Persönlichkeitstypus je nach Lage des Falls mit 3,5–5 bewertet. Multipliziert man die 8 Basispunktwerte je mit der erteilten Note und addiert die Resultate, so lassen die gesamten Punktwerte Schlüsse auf den Grad der Resozialisierungswahrscheinlichkeit zu. Auf Grund seines empirischen Materials nimmt *Frey* an, daß ein Punktwert von 0–350 eine vollständige Resozialisierung auch unter ungünstigen Umweltsverhältnissen zuläßt, während beispielsweise bei 800–1000 Punktwerten eine Resozialisierung aussichtslos ist. „Die Entwicklung zum Gewohnheitsverbrecher ist mit einer an Sicherheit grenzenden Wahrscheinlichkeit zu erwarten". In der Mitte liegen die Typen der latenten Gelegenheits- und Rückfallsverbrecher.

Die wissenschaftliche Prognosenmethode ist in USA entwickelt worden; auch *Freys* Methode ist von den amerikanischen Frühversuchen inspiriert worden. Im Gegensatz zu *Frey* arbeiten die Amerikaner jedoch mit ziemlich raffinierten und komplizierten Mitteln einer mathematischen Statistik, um das Gewicht der einzelnen Faktoren weitestmöglich unter Verzicht auf die subjektiven Wertungen des Prognosestellers zu errechnen. Auf mathematische Einzelheiten muß hier verzichtet werden[18].

Die Pionierarbeit stammt von *E. W. Burgess*[19]; sie verwertet das Material von 3000 Gefangenen, die auf Bewährung entlassen worden waren. Nach ihren Prinzipien arbeitete später vor allem *Ohlin*[20]; sein Material umfaßte 17 000 Gefangene, die ebenfalls vorzeitig aus Strafanstalten entlassen worden waren. Die größere Bedeutung erlangten jedoch die Arbeiten des Ehepaares *Glueck*[21], die unter dem Namen Massachusetts-Forschung in die Prognosenmethodik eingegangen sind. Die Bücher *Gluecks* enthalten jeweils für bestimmte Kategorien von Kriminellen ausgearbeitete, technisch im Lauf ihrer jahrzehntelangen Forschung verbesserte Prognosetabellen.

Als Beispiel für die Methodik sei die letzte Arbeit „Unraveling

---

[18] Vgl. hierzu *Z. D. Monachesi*, Prediction of Criminal Behavior, in *Branham - Kutash*, Encyclopedia of Criminology, New York 1949, S. 324 ff.

[19] *Bruce - Harno - Burgess - Landesco*, Parole and the Indeterminate Sentence, Illinois State Board of Parole, 1928.

[20] *Lloyd Ohlin*, Selection for Parole, New York 1951.

[21] *Glueck, Sheldon u. Eleanor*, Five Hundred Criminal Careers, New York 1939; One Thousand Juvenile Delinquents, Cambridge 1934; Unraveling Juvenile Delinquency, Cambridge 1950, u. a. Vgl. auch *Mannheim - Wilkins*, Prediction Methods in Relation to Borstal Training, London 1955,

Juvenile Delinquency“ angeführt. In ihr haben sich die Verfasser u. a. das Ziel gesetzt, ein Instrument zu finden, das bereits in den ersten Schuljahren geeignet ist, potentielle Delinquenten zu entdecken. Aus dem einzigartigen, im Lauf von 8 Jahren von einem Stab von Psychologen, Psychiatern, Ärzten, Anthropologen, Sozialarbeitern u. dgl. gesammelten Material über jugendliche Delinquenten und Nichtdelinquenten wurden diejenigen Faktoren soziologischer, psychiatrischer und psychologischer Art ausgewählt, die am deutlichsten die Delinquenten von den Nichtdelinquenten unterschieden, frühzeitig in Erscheinung treten, in hohem Maße voneinander unabhängig sind und – jedenfalls in USA mit seinem großen Stab von social workers, von Psychiatern und Psychologen der child guidance clinics u. dgl. – auch in Zukunft verhältnismäßig leicht praktisch festgestellt werden können. Die ausgewählten Faktoren erhielten ein statistisch errechnetes Gewicht. Hatten z. B. von 1000 untersuchten Jungen 75% der Delinquenten einen überstrengen Vater, so wurde dem Faktor „überstrenger Vater“ ein Gewicht von 75 gegeben; hatten dagegen 10% der untersuchten Delinquenten einen „festen, aber gütigen Vater“, so wurde dieser Faktor mit 10 bewertet. Werden nun im Einzelfall die festgestellten Points addiert, so induziert die Gesamtsumme der verschiedenen Prognosentabellen das Kriminalitätsrisiko. Auf Grund des vorliegenden statistischen Materials haben *Gluecks* 4 verschiedene Klassen gebildet, die mit dem möglichen Minimum an Points beginnen und dem möglichen Maximum enden. Die Prognose ist in der untersten und obersten Klasse naheliegenderweise zuverlässiger als in den beiden Mittelklassen.

Ein Ausschnitt aus der *Glueck*schen Prognosentabelle mag ihren Gesamtaufbau ahnen lassen:

Symptome	*Fiaskoprozentsatz*
mütterliche Aufsicht	
ungenügend	83,2
einigermaßen	57,5
brauchbar	9,9
Zuneigung des Vaters	
gleichgültig oder unfreundlich	75,9
herzlich	33,8
Zuneigung der Mutter	
gleichgültig oder unfreundlich	86,2
herzlich	43,1

Symptome	*Fiaskoprozentsatz*
Zusammenhalt der Familie	
nicht vorhanden	96,9
einigermaßen	61,3
gut	20,6

Die deutschen Arbeiten von *Schiedt, Meywerk, Schwaab* und *Meyer* haben die wesentlich einfachere Methodik von *Burgess* aufgegriffen und auf deutsche Verhältnisse übertragen. Ihre Prognosentabelle umfaßt erbliche Belastung, erhebliche Kriminalität bei den Eltern, schlechte Erziehungsverhältnisse, schlechten Schulerfolg, Nichtbeendigung einer angefangenen Lehre, unregelmäßige Arbeit, Frühkriminalität (vor dem 18. Lebensjahr), die Zahl der Vorstrafen (mehr als vier), den Zeitraum zwischen den Strafen, Mobilität (interlokale Kriminalität), Psychopathie, Trunksucht, schlechtes Verhalten in der Strafanstalt, das Alter bei der Entlassung aus der Anstalt (vor dem 36. Lebensjahr oder nicht) sowie schlechte soziale und familiäre Verhältnisse nach der Entlassung. Diese Faktoren und Symptome einer Kriminalität erwiesen sich statistisch als die bedeutungsvollsten Anzeichen einer Rückfallsgefahr. Wie bei *Burgess* werden die belastenden Punkte lediglich gezählt und nicht gewogen (1 = ungünstig, 0 = günstig), obwohl sie offensichtlich mehr oder minder bedeutungsvoll sind.

Die praktische Brauchbarkeit der Prognosetabellen ist nachgeprüft worden.

Die deutsche Tabelle von *Schiedt* wurde beispielsweise von *Schwaab* auf mehrfach rückfällige Vermögensverbrecher angewandt. Bei denjenigen Verbrechern, die trotz ihres mehrfachen Rückfalls nur 0–4 Minuspunkte aufwiesen, ergab sich später kein weiterer Rückfall, wogegen die spätere Rückfälligkeit mit der Zahl der an Hand der Prognosetabelle festgestellten Minuspunkte zunahm.

Die *Glueck*sche Tabelle wurde in USA nachgeprüft[22]. Die Arbeit *Thompsons* verdient besondere Beachtung, weil sie das Material einer der kriminologisch bedeutendsten Bemühungen unter dem Namen „Cambridge-Somerville Youth Study“[23] einer nachträglichen kriti-

[22] *Thompson,* A Validation of the Glueck Social Prediction Scale for Proneness to Delinquency, Journal of Criminal Law, Criminology and Police Science, 1952, S. 451 ff; *Black - Glick,* Recidivism of the Hawthorne - Cedar - Knolls School, Jewish Board of Guardians, New York 1952.

[23] *Powers - Witmer,* An Experiment in the Prevention of Delinquency, 1951; *Barnes - Teeters,* New Horizons in Criminology, New York 1952, S. 850 ff.

schen Kontrolle unterzog. Vor Ausbruch des zweiten Weltkrieges wurde eine große Zahl von Jungen aus Schulen in Massachusetts, die zur Hälfte als „präkriminell“, im übrigen als durchschnittlich beurteilt wurden, ausgewählt; jeweils wieder die Hälfte von ihnen sollte einer zehnjährigen Überprüfung und Behandlung unterliegen; die andere Hälfte war als Kontrollgruppe gedacht. Die Auswahl der „normalen“ und „präkriminellen“ Schüler wurde durch einen Psychiater und zwei kriminologisch ausgebildete social worker „intuitiv“ vorgenommen. Ihre „intuitiven“ Prognosen wurden zehn Jahre später durch Prognosen nach der *Glück*schen Prognosentabelle ersetzt, wobei dasselbe Aktenmaterial zur Verwendung gelangte. Richtigkeit oder Unrichtigkeit der „intuitiven“ und „wissenschaftlichen Prognose“ ließ sich unschwer feststellen, da die Schüler in der Zwischenzeit zu Männern herangewachsen waren. Das Resultat war nach *Thompson:*

	Glueck-Prognose	*Prognosen der drei Mitglieder der Kommission*		
richtige Beurteilungen	91%	65,3%	61,5%	65,1%

Wie sich auch aus den deutschen Untersuchungen *Schiedts, Meywerks* und *Schwaabs* ergab, ist ein Drittel selbst der bestmöglichen „intuitiven“ Prognosen falsch. Die wissenschaftliche Prognose ist ihnen trotz aller Kinderkrankheiten des Verfahrens überlegen.

Die Prognosenforschung beruht zwar auf der Erkenntnis, daß jedes Verhalten durch Anlage und Umwelt bestimmt ist; das Instrumentarium der Prognose, wie es namentlich in USA entwickelt wurde, sagt aber nichts über die kausalen Faktoren im Einzelfall; die Prognosentabelle ist einem Fieberthermometer vergleichbar; sie gibt nur an, ob die Temperatur normal oder nicht ist; über die Krankheit sagt sie nichts. Auf der anderen Seite folgt aus den Schwierigkeiten zuverlässiger Prognosen nicht, daß das soziale Verhalten freien Willensentschlüssen entspringe. Es ist auch nicht möglich, genaue meteorologische Voraussagen zu machen. Niemand zweifelt aber daran, daß das Wetter thermo- und aerodynamischen Gesetzen folgt.

Auf dem Londoner Kongreß der Internationalen Gesellschaft für Kriminologie im Jahre 1955 wurde auch die Anwendung von Prognosentabellen empfohlen, die sich auf eine statistisch nachgewiesene starke Relevanz bestimmter Persönlichkeits- und Charakter-, biologischer und sozialkultureller Faktoren und Verhaltensformen gründen.

Der Staat ist nicht frei, zwischen den verschiedenen Strafzwecken der Vergeltung, Sühne, Abschreckung, Besserung und Sicherung nach Belieben zu wählen. Die gesetzgeberische Regelung der Kriminalität ist durch die Verfassung des Staates vorgeprägt. Die Aufgabe ist, ein Kriminalrecht zu schaffen, „das mit uns geboren ist". Es muß heute den Erkenntnissen entsprechen, die uns die Wissenschaften des 20. Jahrhunderts liefern, und den Werten, zu denen sich die abendländische Menschheit und in seinem Grundgesetz das deutsche Volk bekannt hat.

Die wichtigsten Bestimmungen der Bundesrepublik finden sich in Artikel 20 und 28 des Grundgesetzes. Hier wird die Bundesrepublik Deutschland als ein „demokratischer und sozialer Staat" oder „ein demokratischer und sozialer Rechtsstaat" proklamiert. Dieser Proklamation entspricht ein demokratisches und soziales Strafrecht.

Die Bundesrepublik ist nicht nur ein Rechtsstaat, sondern die Beifügung der Eigenschaftsworte „demokratisch" und „sozial" sagt Entscheidendes über den Inhalt der Beziehungen von Staat und Staatsbürger. Gemeint ist nicht das Staatsbild *Kants* oder *Wilhelm von Humboldts* („Idee zu einem Versuch, die Grenzen der Wirksamkeit des Staates zu bestimmen"), die sich im Kampf für die Selbstverantwortung des Einzelnen gegen jede kulturelle und soziale Intervention der öffentlichen Hand wandten. Gemeint ist vielmehr gerade jener Wohlfahrtsstaat, der Gegenstand ihrer Kritik war. Ihr ausschließliches Interesse an dem Problem individueller Freiheit und ihre Vernachlässigung der Problematik gesellschaftlicher Ungleichheit beruhte auf der für die Aufklärung typischen Fiktion, alle Menschen seien als „vernünftige Wesen" unter dem Gesichtspunkt der Ewigkeit gleich, womit die Realität, sei es irdische Vernunft oder Unvernunft, Reichtum oder Armut, Gesundheit oder Krankheit weggezaubert war. Was blieb, war das Phantom eines aufgeklärten Idealwesens, das mit Recht allein um seine Freiheit bemüht war und eine staatliche Fürsorge als überflüssige Einmischung in seine Privatsphäre zurückweisen konnte. Erst *Lorenz von Stein* sah den Widerspruch zwischen der fiktiven Gleichheit der idealistischen Staatsphilisophie und der realen Ungleichheit auf Erden. Der Staat muß daher nach ihm „mit aller Macht den wirtschaftlichen und gesellschaftlichen Fortschritt aller seiner Angehörigen fördern, weil zuletzt die Entwicklung des Einen stets die Bedingung und ebensosehr die Konsequenz des

Anderen ist". Er verbindet den Rechtsstaat mit dem „Prinzip der sozialen Verwaltung". Seine Vorstellungen wurden Wirklichkeit, die Staatspraxis wurde immer mehr durch eine Politik der Daseinsvorsorge beherrscht. Der formal-rechtstaatlich gebundene und organisierte Wohlfahrtsstaat im Sinn *Lorenz von Steins* und die Verfassungswirklichkeit in der ganzen Welt des 20. Jahrhunderts wurde, wie es auch gar nicht anders zu erwarten war, grundgesetzlich verankert.

Dem demokratischen und sozialen Rechtsstaat entspricht allein ein Kriminalrecht grundsätzlicher Resozialisierung. Gesellschaft und Individuum haben ein Recht hierauf. Der kranke und alte Staatsbürger von heute wird nicht nur als der Träger einer ewigen Seele respektiert und auf seine Selbstverantwortung hingewiesen, sondern durch Kranken- und Altersunterstützung im Rahmen des Möglichen am Leben erhalten. Der Staatsbürger wird auch seinerseits zu Leistungen und Opfern angehalten. Es ist an die Impfung und die Verwahrung Irrer oder ansteckender Kranker zu denken. Dies alles erwächst aus dem genossenschaftlichen Prinzip des berechtigenden und verpflichtenden Sozial- und Solidarstaats. Mit der idealistischen Staatsphilosophie fallen aber auch die korrespondierenden Straftheorien. *Hellmuth Mayer,* heute einer der repräsentativsten Vertreter der klassischen Strafrechtsphilosophie, schreibt: „Das Verbrechen ist die Auflehnung des Einzelwillens gegen den Allgemeinwillen. Dabei bleibt der einzelne aber Mensch, vernünftiges Wesen ... Er kann also nicht wie ein reißendes, schädliches Tier abgetan werden. Die Strafe ist gerechte und sühnende Vergeltung, weil die Existenz des Verbrechens in dem aufrührerischen Willen liegt. Die Strafe ist als sühnende Vergeltung, die ‚Ehre' des Verbrechers, sein Recht, in der er als vernünftiger Mensch anerkannt wird."[1] Dergleichen ist mit einem demokratischen und sozialen Rechtsstaat unvereinbar. Der Mensch, den dieser Staat zu respektieren hat und zu achten sich auch ausdrücklich verpflichtet fühlte, ist nicht ein Schemen, sondern das Individuum mit seinen Vorzügen und Nachteilen, mit seinen Freuden und Nöten. Die „Vernünftigen" anzuerkennen, ist fürwahr leicht; auf Erden interessieren aber die „Unvernünftigen". „Es ist nichts Großes, mit Guten und Sanftmütigen umzugehen; ein jeder liebt mehr die, die mit ihm einer Gesinnung sind. Aber mit den Harten oder mit den Zuchtvergessenen und uns Widerwärtigen friedlich leben zu können, das ist

[1] Strafrecht, Stuttgart - Köln 1953, S. 32 ff.

ein männlich Werk", heißt es bei *Thomas a Kempis*. Es ist weder dem erblich schwerbelasteten oder unter den entsetzlichsten Verhältnissen aufgewachsenen Täter noch der Gesellschaft mit der einem Realisten geradezu zynisch erscheinenden Feststellung gedient, der Täter habe als „vernünftiges Wesen" gehandelt und werde durch die Vergeltungsstrafe „als vernünftiger Mensch" anerkannt und geehrt. Worte wie „freie Selbstbestimmung" und „Selbstverantwortung" klingen wie ein bitterer Hohn auf die furchtbare und erschütternde Tatsache, daß die Fehler der Eltern sich im ganzen Leben ihrer Kinder manifestieren und noch in den kommenden Geschlechtern heimgezahlt werden. Diese Sippenhaft sollte jeden Kriminalisten – und nicht nur ihn – tief beeindrucken. Was dem Täter und der Gesellschaft nottut, sind nicht die Steine einer Philosophie, sondern das Brot menschlicher Hilfe und Wiedergutmachung.

Zu der Proklamation des demokratischen und sozialen Rechtsstaats treten die Grundrechte des Menschen, die im Lauf der abendländischen Geschichte anerkannt wurden und sich in internationalen Übereinkommen und den Verfassungen der Staaten auch weitgehend niedergeschlagen haben. Der Hinweis auf die Menschenrechte ist gegenüber jeder Straftheorie am Platze, aber besonders geboten, wenn die gesellschaftliche Reaktion mit den Interessen und Zwecken des Staats begründet wird. Die Gefahr eines Mißbrauchs der Staatsräson ist immer gegeben, zumal in einem Land wie Deutschland, in dem eine besondere Staatsmoral nicht nur wie im Ausland gepflogen, sondern durch die Lehre, daß sie eine *höhere* Sittlichkeit darstelle, unter hegelianischem Einfluß bis in die jüngste Zeit beschönigt und idealisiert wurde. Die autoritäre und totalitäre Anfälligkeit nach 1933 redet eine deutliche Sprache, so daß ein Hinweis auf die Worte der Maria Stuart stets am Platze ist: „Mißtraut Euch, Edler Lord, daß nicht der Nutzen des Staats Euch als Gerechtigkeit erscheine." Es ist – in Erinnerung an den totalitären Unrechtsstaat des 20. Jahrhunderts – auch keineswegs unverständlich, daß die Strafrechtstheorie und Strafrechtspflege Deutschlands nach dem Zusammenbruch ganz im Gegensatz zu den Strömungen außerhalb Deutschlands neukantianischen Gedanken folgen zu müssen glaubte, um des Terrorismus staatlicher Strafgewalt Herr zu werden. Das völlige Desinteressement des Auslands an einer metaphysischen Begründung des Strafrechts ist der Reflex ihres demokratischen Selbstbewußtseins und Selbstvertrauens, ihrer demokratischen Selbstsicherheit, die sich von autoritären und totalitären Anfechtungen frei weiß.

Die maßgeblichen Grundrechte finden sich in Artikel 1, 2 und 103 des Grundgesetzes. Artikel 1 bestimmt, daß die Würde des Menschen unantastbar ist und daß sie zu achten und schützen Verpflichtung aller staatlichen Gewalt ist. In Artikel 2 heißt es, daß jeder das Recht auf die freie Entfaltung seiner Persönlichkeit hat, soweit er nicht die Rechte anderer verletzt. Nach Art. 103 kann eine Tat nur bestraft werden, wenn die Strafbarkeit gesetzlich bestimmt war, bevor die Tat begangen wurde. Letztlich sei noch auf Art. 102 hingewiesen, wonach die Todesstrafe abgeschafft ist.

Entscheidend muß das Menschenbild sein, von dem das Grundgesetz ausgeht. Es ist nicht angängig, die Grundrechte ausschließlich im Geist des Liberalismus und einer idealisierenden Philosophie zu interpretieren. Ihre Geschichte ist älter, das jüdische und christliche Erbe kann und darf nicht übersehen werden; die Bibel kennt aber keinen abstrakten Menschentyp, sondern sündhafte Menschen aus Fleisch und Blut. Alle Menschen sind vor Gott gleich, nicht weil sie „vernünftig", sondern allzumal und ausnahmslos sündig sind. Die Geschichte der Menschenrechte hat auch nicht mit dem Liberalismus aufgehört. Sie müssen synoptisch mit dem Postulat des demokratischen und sozialen Rechtsstaats gesehen werden. Deswegen ist auch „der Mensch", der den Grundrechten des Grundgesetzes vorschwebt, zwar sicher aufgerufen, sich rechtmäßig zu verhalten und das Unrecht zu vermeiden, für die Wechselfälle des Lebens Vorsorge zu treffen und sich zu erziehen und zu bilden; das Grundgesetz unterstellt aber nicht, daß er hierzu auch imstande ist. Im Gegenteil, es fordert, daß Bund und Länder „sozial" sind und daß die Gesellschaft sich mit allen ihren Mitgliedern solidarisch fühlt. Sie trägt daher auch eine Mitverantwortung für jedes Verbrechen. Nur eine der Philosophie des 18. Jahrhunderts verhaftete Auslegung der Grundrechte kann ihnen eine Berechtigung oder gar Verpflichtung zu einem Vergeltungs- und Sühnestrafrecht entnehmen. Dies ist auch die herrschende Auffassung des Staatsrechts.

Die Würde des Menschen, deren Unantastbarkeit, Achtung und Schutz garantiert ist, umfaßt sicher auch die Gedanken-, Glaubens- und Meinungsfreiheit des geistigen Menschen, auch die Freiheit seines Willens, nach seinem Glauben oder nach seiner Weltanschauung hienieden zu leben. Dieses verfassungsmäßig gewährleistete Recht des Einzelnen auf freie Entfaltung seiner Persönlichkeit hat aber nichts mit der wissenschaftlichen Frage zu tun, ob der Wille des Menschen an sich frei oder unfrei sei. Wenn man schon dem Grundgesetz eine Entscheidung dieser Frage entnehmen will, so kann sie nur im Sinn des Determinismus gefallen sein. Das Menschenbild des Grundgesetzes ist kein Idealtypus, kein „genormter" Menschen-„Typ"; das Grundgesetz legt den Akzent auf „die einzelne Person in ihrer Eigenart". Es schützt jeden Menschen „mit dem Inhalt, der durch seine individuellen Anlagen und Eigenschaften konkret bestimmt wird, also nicht etwa eine abstrakt zu denkende, ‚allgemeine' Menschenwürde"[2]. „Die Würde des Menschen ist nicht durch den Sündenfall verlorengegangen, denn dann hätte sie kein Mensch. Daher hat sie auch der Unmündige, der Geisteskranke, der ‚entmenschte' Verbrecher, die ‚schamlose' Prostituierte, der völlig Asoziale, der Bewußtlose, erst recht der unheilbare Kranke, der in der Zeit der Gewaltherrschaft sogenannte ‚Lebensunwerte'."[3] Nicht zuletzt ihretwegen wurde – nach all dem, was in den Jahren 1933 bis 1945 geschah – die Menschenwürde als oberster Wert verankert; bei ihnen ist die freie Willensbestimmung in aller Regel ausgeschlossen.

Die Grundrechte der Verfassung beschränken die Strafgewalt des Staates in vielen Richtungen.

Jeder Beschuldigte ist immer zu befragen, ob er etwas auf eine Beschuldigung erwidern wolle. Er darf stets die Aussage im ganzen oder auf Einzelfragen verweigern. Deswegen ist es nicht gestattet, den Weg zu einer gewünschten Aussage abzuschneiden. Grundgesetz und Strafprozeßordnung verbieten daher, die Freiheit der Willensentschließung und der Willensbetätigung eines Beschuldigten zu beeinträchtigen, sei es durch Mißhandlung, Ermüdung, körperliche Eingriffe, Verabreichung von Mitteln, durch Quälerei, durch Täuschung, Hypnose oder unzulässigen Zwang. Maßnahmen, die das Erinnerungsvermögen oder die Einsichtsfähigkeit beeinträchtigen, sind nicht gestattet. Unzulässig ist daher die Herbeiführung eines Rauschzustands mittels Alkohols, Kokains, Mescalins, Haschischs oder mit Mutterkornstoffen, durch intravenöse Injektion von – populär als „Wahrheitsseren" bezeichneten – Barbitursäureabkömmlingen (Evipan, Eunarcon, Pentothal u. dgl.), kurz, die sogenannte Narkoanalyse. Verboten ist auch die Registrierung unwillkürlicher Ausdrucksbewegungen, z. B. der Atemfrequenz, des Atemvolumens, der Puls-

[2] *Hamann*, Das Grundgesetz, Berlin - Neuwied - Darmstadt 1956, S. 73.

[3] *Nipperdey*, Die Würde des Menschen, in *Neumann - Nipperdey - Scheuner*, Die Grundrechte, Berlin 1954, S. 3.

frequenz, des Blutdrucks und des elektrischen Hautwiderstands vor allem mittels eines Polygraphen, des sog. „Lügendetektors“[4].

Staatliche Sanktionen, die keinen Strafcharakter tragen, dürfen nicht wie Strafen vollstreckt werden. Die Persönlichkeitsrechte dürfen nicht mehr als unbedingt geboten beschränkt werden. Ein Etikettenschwindel ist gesetzliches Unrecht. Das gilt insbesondere für die Sicherungsverwahrung nach geltender Praxis. Sie ist keine Strafe, sondern eine sichernde und bessernde Maßnahme, die vollzogen wird, nachdem die Freiheitsstrafe vollstreckt ist. In der Praxis muß sie aber wie eine Zuchthausstrafe verbüßt werden. Rechtlich entscheidend ist jedoch nicht der Name, sondern der wahre Gehalt einer Maßnahme. „Sonst könnte ein totalitärer Staat die Konzentrationslager dadurch abschaffen, daß er sie in Sanatorien umbenennt.“[5] Was für die Sicherungsverwahrung gesagt wurde, gilt auch für die Einweisung in „Trinkerheilanstalten“, „Entziehungsanstalten“ oder ein „Arbeitshaus“, wenn – wie in der heutigen Praxis häufig – die „Behandlung“ lediglich in einem zusätzlichen Freiheitsentzug, aber nicht in medizinischen oder arbeitspädagogischen Maßnahmen, z. B. Schulung, Umschulung oder Arbeitsbeschaffung, besteht.

Maßnahmen zwecks Generalprävention verstoßen gegen das Grundgesetz. Wiedergutmachung des angerichteten Schadens, Resozialisierung des Täters oder im Notfall Sicherung der Gesellschaft vor ihm sind durch die soziale Notwehr der Gesellschaft gedeckt; sie entsprechen völlig seiner Täterpersönlichkeit und sind ihr genau angemessen. Eine Verschärfung der täterangemessenen Maßnahmen aus generalpräventiven Erwägungen trifft aber den Täter nicht um seiner Tat und seiner Person willen, sondern wegen des vermuteten Verhaltens anderer. Niemand wird die private Tötung eines Kirschendiebs für rechtmäßig halten, die erfolgt, um potentielle Kirschendiebe abzuschrecken. Eine soziale Verteidigung geht nicht weiter als die private Notwehr. Auch die gesellschaftliche Reaktion muß im Hinblick auf den individuellen Täter erforderlich sein; ihn zwecks Beeinflussung potentieller anderer Täter zusätzlich leiden zu lassen, hieße ihn zum Mittel, zur Sache herabwürdigen. Wie man auch immer das fundamentale Gebot des Grundgesetzes, die Würde des Menschen zu achten und zu schützen, auslegen will, sicher ist, daß damit der Satz *Kants* umfaßt wird, daß „in der Ordnung der Zwecke der Mensch

[4] Vgl. *Ehrhardt*, Chemische und psychische Aussagebeeinflussung, Karlsruhe 1954.

[5] *Mayer*, Strafrecht, Stuttgart - Köln 1953, S. 379.

Zweck an sich selbst sei, d. i. niemals bloß als Mittel von jemandem könne gebraucht werden".

Nach Artikel 103 des Grundgesetzes müssen die Sanktionen des Staats an tatbestandsmäßig scharf umrissene Voraussetzungen anknüpfen. Generalklauseln wie Sozialschädlichkeit und Gemeingefährlichkeit können keinesfalls staatliche Reaktionen kriminalrechtlichen Charakters auslösen. Dies entspricht auch der Forderung *Franz von Liszts*. „Die staatliche Strafgewalt ist nach Voraussetzung und Inhalt beschränkt, und sie soll es bleiben. Ihre Voraussetzung ist das mit begrifflicher Schärfe umgrenzte Verbrechen ... Wir wollen keine allmächtige Soziale Hygiene, die den gemeingefährlichen Menschen einfach unschädlich macht. Das Strafrecht ist uns die unüberschreitbare Schranke der Sozialpolitik." Das Grundgesetz hat davon Abstand genommen, nicht nur die gesetzliche Bestimmtheit der Strafbarkeit, sondern auch der Strafe zu fordern. Dies entspricht der Notwendigkeit, dem Strafrichter weite Strafrahmen und einen umfassenden Katalog von Sanktionsmöglichkeiten zur Verfügung zu stellen, wie es seither schon vor allem im Jugendstrafrecht geschehen ist. Da Richter Menschen sind, irren leider menschlich ist und die Bestimmung von Art und Ausmaß der staatlichen Reaktion beeinflußt wird von tausenderlei Subjektivitäten des Richters, seinem Charakter und seiner Umgebung, seinen Neigungen und Abneigungen, seiner Strenge und Milde, seinem Pessimismus oder Optimismus usw., ist es unvermeidlich, daß ein und derselbe Fall von verschiedenen Richtern auch dann verschieden beurteilt wird, wenn den Richtern eine bestimmte staatliche Funktion, z. B. Vergeltung oder Abschreckung oder Resozialisierung des Täters zugeteilt wird. In den USA hat man sich mit der Problematik dieser individuellen Abweichungen der Richtersprüche psychologisch und soziologisch auseinandergesetzt[6]. Was aber durch das Grundgesetz vorgeschrieben wird, ist eine einheitliche Zielsetzung für die Bestimmung der staatlichen Sanktionen. Es ist mit der Verfassung unvereinbar, daß den Richtern alle möglichen, auch sich widersprechende Strafzwecke zur freien Auswahl zur Verfügung gestellt werden. Bekennt sich die Gesellschaft – wie durch das Grundgesetz geboten – zu *einem* Strafzweck, sei es z. B. Vergeltung oder Resozialisierung des Täters (bzw. Schutz der Gesellschaft im Fall mangelnder Resozialisierungsfähigkeit), so folgt hieraus jeweils eine ganz bestimmte Sanktion, die richtig, gerecht oder zweck-

---

[6] Vgl. z. B. *Gaudet*, The Sentencing Behavior of the Judge, in *Branham - Kutash*, Encyclopedia of Criminology, New York 1949, S. 449 ff.

mäßig ist. Der Richter mag sie verfehlen, weil er ein Mensch mit allen seinen Unzulänglichkeiten ist, aber an sich steht die Sanktion sozusagen nach Mark und Pfennig, Jahr und Tag eindeutig fest. Läßt aber der Gesetzgeber Zweck und Ziel des Kriminalverfahrens unentschieden oder stellt er divergierende Zwecke zur Wahl, so ist schon theoretisch eine einheitliche Rechtsprechung nicht gewährleistet. Art und Ausmaß der Sanktion sind mangels einer bindenden Richtlinie dann selbst bei den idealsten Richtern nicht voraussehbar. Es wäre auch kein Weg, den Richter auf die „Gerechtigkeit“ zu verweisen, denn die „Gerechtigkeit“ hat vielerlei Aspekte und liefert gerade hier keine greifbaren Normen.

8. Die Todesstrafe

In den Protokollen des Parlamentarischen Rates, der das Grundgesetz für die Bundesrepublik schuf, lesen wir die Worte des Abgeordneten *Wagner:* „Ich beantrage, als nächsten Artikel zu bringen: Die Todesstrafe ist abgeschafft. Es scheint mir unerläßlich zu sein, daß in diesem neuen Grundgesetz, in welchem davon gesprochen wird, daß das Leben gesichert werden soll, auch die Todesstrafe abgeschafft wird. Wir haben eine Zeit der schwersten Barbarei und der tiefsten Erniedrigung des Menschentums hinter uns. Es scheint mir deshalb unerläßlich, hier einen Beweis dafür zu erbringen, daß das deutsche Volk sein Leben wirklich erneuern will, und ein Recht, das Recht auf das Leben, so hoch einschätzt, daß der Staat nicht das Recht haben soll, das Leben, das er nicht gegeben hat, zu nehmen. Der Staat soll kein Recht haben, zu töten. Ich muß eigentlich sagen, man sollte es im Jahr 1949 nicht mehr nötig haben, diesen Antrag ausführlich zu begründen.“ In der Diskussion meinte der Abgeordnete Professor Dr. *Carlo Schmid:* „Es hat einmal in einer Sitzung der französischen Kammer, als dort über die Abschaffung der Todesstrafe debattiert wurde, ein geistreicher Witzbold dem Redner zugerufen: Die Herren Mörder sollen anfangen! Ich sage umgekehrt: Der Staat soll anfangen! Denn er hat die größere Würde und die erste Veranlassung dazu. Man sollte – gerade nach dem, was wir erlebt haben – mit dem Töten von Amts wegen schlechthin ein Ende machen.“ Hiernach wurde der Artikel 102 des Grundgesetzes angenommen.

Die Todesstrafe ist dem Menschenopfer entwachsen. Viele Gebräuche, die sich teilweise bis zum heutigen Tag erhalten haben, erinnern deutlich daran, z. B. die Henkersmahlzeiten, die noch im

18. Jahrhundert ein festliches Gepränge aufwiesen. Richter und Geistlichkeit, Henker und Verurteilter waren an den üppigen und stundenlangen Schmausereien beteiligt, während alle Viertelstunden die Armsünderglocke tönte. Der Zug zum Richtplatz war häufig eine geistliche Prozession und immer ein mit Sadismus gemischtes Volksfest.

„Ohne Grausamkeit kein Fest, so lehrt es die älteste Geschichte der Menschheit, und auch am Strafen ist so viel Festliches", schrieb *Nietzsche* in der „Genealogie der Moral". Was bis an die Grenze des 19. Jahrhunderts, ja noch zu Anfang des 19. Jahrhunderts geschah, als die Hinrichtungen öffentlich vorgenommen wurden und selbst Schulkinder an ihr teilnahmen, sogar noch nach einer Preußischen Kriminalordnung von 1805 an ihr teilnehmen mußten, können wir Wissenschaft und Kunst entnehmen. *Beccaria* schrieb 1764 in seinem Buch „Dei delitti e delle pene" von dem „mit Menschenblut getränkten Europa" und den „Scheiterhaufen, auf denen die Leiber lebender Menschen den Flammen zur Nahrung dienten, während es der verblendeten Menge ein freudiges Schauspiel und ein angenehmer Wohlklang war, wenn sie beim Knistern der verkohlenden Gebeine und dem Braten der noch zuckenden Eingeweide das dumpfe, unverständliche Wimmern der Unglücklichen vernahm, das aus den schwarzen Wolken Rauchs – Rauches aus menschlichen Gliedern – hervordrang." Auch *Goethe* hat in einem Entwurf zu „Wilhelm Meisters theatralischer Sendung" die Wirklichkeit der Hinrichtungen und die Psychologie der Menschen geschildert: „Wieviele Tausende werden unwiderstehlich nach einer Exekution, die sie verabscheuen, hingerissen, wie ängstigt sich die Brust für den Übeltäter, und wie viele würden unbefriedigt nach Hause gehen, wenn er begnadigt würde und der Kopf ihm sitzen bliebe. Das sprudelnde Blut, das den bleichen Nacken des Schuldigen färbt, besprengt die Einbildungskraft des Zuschauers mit unauslöschlichen Flecken, schauderndlüstern blickt die Seele wieder nach Jahren zu dem Gerüst hinauf, läßt alle fürchterlichen Umstände wieder vor sich erscheinen und scheut es, sich selbst zu gestehen, daß sie sich an dem fürchterlichen Schauspiel weidet." Die Öffentlichkeit der Hinrichtungen wurde abgeschafft, worin sich deutlich das schlechte Gewissen der Anhänger der Todesstrafe spiegelt; der bewußte oder unbewußte Sadismus mindestens als gedankliche Perversion ist bei vielen Anhängern der Todesstrafe geblieben.

Die nazistische Theorie und Praxis[1], die mit zur Abschaffung der

[1] Vgl. *Düsing*, Abschaffung der Todesstrafe, Offenbach 1952, S. 160 ff, 208 ff.

Todesstrafe in Deutschland beigetragen hat, ist ein deutliches Beispiel hierfür. Nach *Hitlers* „Mein Kampf" „werden die wilden Schößlinge brutal und rücksichtslos herausgeschnitten", „das Unkraut ausgejätet" und die Verbrecher „bei ihren langen Ohren genommen und zu einem langen Pfahl hin – und an einem Strick aufgezogen", usw. *Rosenberg* erklärte Liebe und Humanität für eine „zersetzende Lehre", die zur „größten Verheerung unseres gesamten Lebens geführt" habe. Juden werden mit Trichinen verglichen, die man nicht erziehen, sondern so schnell als tunlich unschädlich machen müsse. Der „Gerichtspsychiater" *Hoche* meinte, die Todesstrafe sei überhaupt keine Strafe, denn weder das Getötetwerden noch das Totsein stelle ein Leiden dar. Der Zahnarzt sei schlimmer als die Guillotine. Nach dem „Rechtsphilosophen" *Nicolai* dient das Strafrecht dem Schutz vor lebensfeindlichen, rechtsschädigenden Entartungen, die sich in einer ungesunden Veranlagung offenbarten. Für den „Juristen" *Freisler* ist das Strafrecht „nicht Verbandsplatz", sondern eine „dauernd arbeitende Selbstreinigungsapparatur". Sogenannte Strafrechtslehrer predigten den „Mut zum Fehlschlag" (Justizirrtum, „Justizmord") und schrieben, der Vergeltungsgedanke sei „eine der tiefsten Weltweisheiten, ein unsterbliches, aus den elementaren Tiefen des unverkrüppelten deutschen Volksbewußtseins unmittelbar hervorquellendes Gerechtigkeitsprinzip". Entsprechend wurde auch gehandelt. Ein Landgerichtspräsident erklärte in einer Sitzungspause einem Richter, ohne daß er von dem Verhandlungsverlauf Kenntnis hatte: „Die Rübe muß 'runter, der Gauleiter erwartet das." Zu einem zweiten Richter sagte er, „er hoffe, daß etwa ein Vierteldutzend Rüben herunter gingen". Der Scharfrichter *Johann Reichhart* hat über die in den Jahren 1930—1945 von ihm durchgeführten Hinrichtungen ein Tagebuch geführt. Sie beliefen sich im Jahre 1930 auf 0, 1931 auf 1, 1932 auf 0, 1933 auf 5, 1934 auf 3, 1935 auf 9, 1936 auf 7, 1937 auf 9, 1938 auf 39, 1939 auf 71, 1940 auf 163, 1941 auf 221, 1942 auf 764, 1943 auf 876, 1944 auf 730 und 1945 auf 51. Ein einziger Scharfrichter führte demnach während des Krieges 2805 Hinrichtungen durch, wobei es sich ausschließlich um Todesurteile der ordentlichen Gerichte handelte. Der Scharfrichtergehilfe *Klein* hat von April 1944 bis März 1945 gegen Bezahlung von 26 433,— RM 931 Todesurteile vollstreckt. *Reichhart* und *Klein* waren zwei der drei aus alten Scharfrichterfamilien kommenden Henker, wozu „Parteihenker" hinzukamen, da – nach *Reichhart* – „die drei bisherigen den Anforderungen des Molochs Staat, der Ströme von Blut fließen ließ, nicht mehr gewachsen waren". Die Gesamtzahl der von ordentlichen Gerichten, Militär-, SS- und Polizeigerichten und Standgerichten gefällten und vollstreckten Urteile ist unbekannt; teilweise betreffen sie Bagatellen wie die Unterschlagung eines Löffels im Wert von 75 Pfennigen anläßlich einer Metallsammlung. Bei alldem sind die sog. „Sonderbehandlungen durch die Polizei", die „Vernichtungen durch Arbeit" und die anderen Millionenmorde in KZs nicht berücksichtigt. Kennzeichnend ist, daß der Unrechtsstaat die Todesursachen nicht mehr mitteilte, welche nach einem international vereinbarten Schema auch die Hinrichtungen umfaßten, und daß die Kriminalstatistik der späteren Kriegszeit nicht mehr veröffentlicht wurde. „Warum die Geheimnistuerei? Der Grund hierfür konnte nur die Furcht sein, daß die Bevölkerung die Wahrheit über den Umfang der verhängten Todesstrafen erführe; es sollte eine Beunruhigung vermieden werden, die bei Kenntnis der Tatsachen leicht hätte entstehen können."[2] Auf die angebliche Abschreckungswirkung der Todesstrafe hat man durch die offizielle Geheimniskrämerei weitgehend verzichtet; das Krankhafte der blutigen Praxis wird umso deutlicher.

Die nazistischen Hinrichtungen waren oft besonders grausam. Bei dem Massenbetrieb konnten die Exekutionen nicht mehr ordnungsgemäß durchgeführt werden, so daß bisweilen 18 Minuten vergingen, bis das Herz zu schlagen aufhörte. Andere wurden an Metzgerhaken aufgehängt, die wie in Schlachthäusern über Rollen an Eisenschienen hingen und eine Durchführung der Exekution sozusagen am Fließband ermöglichten. Aber auch die üblichen Hinrichtungen sind zwangsläufig barbarisch. Englands „Royal Commission on Capital Punishment 1949–1953" schildert die Einleitung nüchtern wie folgt: „Der Henker und sein Gehilfe betreten das Gefängnis am Nachmittag vor der Hinrichtung. Man macht sie mit Größe und Gewicht des Gefangenen vertraut und man gibt ihnen Gelegenheit, ihn von einem Punkte zu beobachten, wo der Delinquent sie nicht sehen kann. Sobald der Delinquent einmal seine Zelle verlassen hat, probieren sie den Apparat, um ganz sicher zu sein, daß er arbeitet. Sie verwenden dazu einen Sack, der etwa das gleiche Gewicht wie der Gefangene hat. Eine Tabelle sagt ihnen, wie das Verhältnis zwischen dem Gewicht des Mannes und der Länge des Strickes ist. Abweichungen von den Maßen der Tabelle können mit Rücksicht auf die körper-

---

[2] *Blau*, Die Kriminalität in Deutschland während des 2. Weltkrieges, Zeitschrift f. d. ges. Strafrechtswissenschaft, 1952, S. 79.

lichen Eigentümlichkeiten des Gefangenen erforderlich sein, also etwa Alter und Körperbau ....“ usw. usw. Vor der Hinrichtung durch den elektrischen Stuhl wird bisweilen ein bis zu 15 Pfund schweres Stück rohes Rindfleisch benötigt, um die Stärke des Stroms zu messen, usw. usw.

Die Todesstrafe wurde im Laufe des letzten Jahrhunderts in einer wachsenden Zahl von Ländern abgeschafft. Die Paulskirche und die Preußische Nationalversammlung bekannte sich 1848 zur Abschaffung der Todesstrafe, ihnen folgten u. a. Sachsen, Württemberg, Baden, Hessen, Oldenburg, Braunschweig und die Hansestädte. Im Reichstag des Norddeutschen Bundes ergab sich erst in der 3. Lesung infolge der Intervention Bismarcks eine knappe Mehrheit von 127 zu 119 Stimmen zugunsten der Todesstrafe. In Europa ist die Todesstrafe u. a. abgeschafft in Schweden, Norwegen, Finnland, Dänemark, Holland, Belgien, Italien, Österreich und der Schweiz; in England hat sich das Unterhaus 1956 für ihre Abschaffung ausgesprochen. In USA haben die Staaten Michigan, Minnesota, North Dakota, Wisconsin, Maine und Rhode Island die Todesstrafe abgeschafft, South Dakota hat sie 1939 wieder eingeführt, aber zunächst keine Haushaltsmittel für die Anschaffung eines elektrischen Stuhles bewilligt. Wo die Todestrafe noch besteht, wurde sie im allgemeinen auf Mord (in USA auf Mord und Notzucht) beschränkt; in aller Regel haben aber auch hier die Gerichte die Möglichkeit, statt auf die Todesstrafe auf eine Freiheitsstrafe zu erkennen.

Zur Verteidigung der Todesstrafe wird in erster Linie auf ihre abschreckende Wirkung verwiesen. Dieses Argument versagt psychologisch, da weder der im Affekt noch der mit Überlegung handelnde Täter im Tatzeitpunkt an das Gesetz denkt, der Affekttäter nicht, weil er überhaupt nichts denkt, der raffinierte Täter nicht, weil er seine Entdeckung ausgeschlossen zu haben glaubt. Dieses psychologische Faktum spiegelt sich auch in der statistischen Tatsache, daß die Abschaffung der Todesstrafe nirgends mit einer Zunahme der Verbrechen, häufig sogar mit ihrer Abnahme verbunden war. Der Anhänger der Todesstrafe kann allerdings, ohne imstande zu sein, Beweise hierfür zu erbringen, die Vermutung aussprechen, die Zahl der Verbrechen wäre bei Aufrechterhaltung der Todesstrafe noch weiter zurückgegangen.

Aus einzelnen Ländern der Bundesrepublik liegen folgende Zahlen einer Verurteilung wegen Mordes vor und nach Aufhebung der Todesstrafe (Grenze: 1949/1950) vor:

	Todesstrafe				Todesstrafe abgeschafft	
	1946	1947	1948	1949	1950	1951
Bayern	13	31	32	45	32	22
Bremen	5	9	5	10	5	2
Hamburg	5	11	6	10	11	5
Hessen	9	4	15	40	9	18
Niedersachsen	—	—	30	28	23	11
Nordrhein-Westf.	—	—	30	37	36	28
Rheinland-Pfalz	—	1	6	12	14	9
Württemberg-Baden	1	4	11	16	8	3

Die Entwicklung von Mord *und* Totschlag in der Bundesrepublik in den Jahren 1947 bis 1952 ergibt sich aus folgenden Zahlen:

1947:	521	1948:	427	1949:	410
1950:	361	1951:	379	1952:	309

Die rückläufige Bewegung ist im wesentlichen die Folge der Konsolidierung der sozialen Verhältnisse; sie ist durch die Abschaffung der Todesstrafe keinesfalls unterbrochen worden, wozu kommt, daß die Zahl der aufgeklärten Tötungsverbrechen kontinuierlich zugenommen hat.

Für die USA haben wir eine Zusammenstellung der Tötungsdelikte in Staaten mit und ohne Todesstrafe, wobei jeweils benachbarte Staaten zum Vergleich dienen[8]. Staaten ohne Todesstrafe sind kursiv gesetzt.

	Staat	1931—1935	1936—1940	1941—1946
A	*Rhode Island*	1,8	1,5	1,0
	Connecticut	2,4	2,0	1,9
B	*Michigan*	5,0	3,6	3,4
	Indiana	6,2	4,3	3,2
	Wisconsin	2,4	1,7	1,5
	Illinois	9,6	5,7	4,4
C	*Minnesota*	3,1	1,7	1,6
	Iowa	2,6	1,7	1,3

Der Vergleich ergibt, daß die Durchschnittsrate in Ländern ohne Todesstrafe in der Regel günstiger ist, so daß auch hier angenommen

[8] *Schuessler*, The Deterrent Influence of the Death Penalty, Annals of the American Academy of Political and Social Science, Nov. 1952.

werden kann, daß ihre Abschaffung ohne schädliche Folgen war. Vor allem ist die tendenzielle Bewegung der Tötungskriminalität in allen Staaten gleich, was erneut bestätigt, daß der Umfang der Kriminalität entscheidend von anderen Faktoren als Strafart und Strafhöhe bestimmt wird.

Ähnliche Erfahrungen hat auch die Schweiz gesammelt. Vor dem am 1. 1. 1942 in Kraft getretenen Schweizerischen Strafgesetzbuch kannten 10 Kantone die Todesstrafe, 15 Kantone nicht. Wesentliche Unterschiede in der Zahl der Tötungsdelikte konnten nicht festgestellt werden, namentlich ist auch kein Fall bekannt geworden, in dem ein Mörder seine Tätigkeit gerade deswegen in einen anderen Kanton verlegt hätte, weil dort die Todesstrafe abgeschafft war. Man lebte in Zürich (ohne Todesstrafe) so sicher wie in Luzern (mit Todesstrafe). Trotz der allgemeinen Abschaffung der Todesstrafe hat die Mordkriminalität seit 1942 abgenommen. Eine von *Düsing* (S. 233) zitierte Stellungnahme des Justizministeriums in Schweden lautet: „Die Erfahrungen, die Schweden mit der Abschaffung der Todesstrafe gemacht hat, sind die besten. Die Mordkriminalität ist zurückgegangen. Offensichtlich ist es ungewiß, ob man von einem direkten Einfluß der Abschaffung auf die Mordkriminalität sprechen kann. Wenn es einen solchen Einfluß gibt, scheint er derartig zu sein, daß er kriminalitätsverringernd wirkt. So ist die Abschaffung der Todesstrafe nicht nur eine Frage der Humanität, sondern auch eine solche der guten Politik."

Einige Fälle aus der Geschichte des Strafrechts mögen die „abschreckende" Wirkung der Todesstrafe illustrieren. In England wurden lange Zeit Taschendiebe gehängt. Die meisten Taschendiebstähle wurden aber bei Hinrichtungen vorgenommen. Dies war einer der Gründe, warum England die öffentlichen Hinrichtungen abschaffte. 1877 wurde in Pennsylvania eine Mörderbande von 10 Tätern gleichzeitig gehängt. New York Herald prophezeite den heilsamen Erfolg der exemplarischen Lektion. „Wir sind sicher", hieß es im Leitartikel, „daß die erbarmungslose Strenge die Verworfensten von einer Nachahmung solcher Verbrechen abschreckt." Am Tag nach der Hinrichtung wurden zwei Belastungszeugen und einige Tage später fünf der beteiligten Ankläger ermordet. 1894 nahm in Frankreich ein junger Mensch an einer Hinrichtung teil, indem er auf einen Baum kletterte, um sich nichts entgehen zu lassen. Ein Jahr später wurde er an derselben Stelle selbst hingerichtet.

Zur Verteidigung der Todesstrafe wird auf die geringen Kosten einer Exekution hingewiesen, wogegen der zu einer langen Freiheitsstrafe verurteilte Täter der Allgemeinheit und dem Steuerzahler zur Last falle. Hier wird zunächst vergessen, daß der Verurteilte 8 bis 9 Stunden täglich arbeitet, so daß mindestens der Aufwand für Essen und Kleidung gedeckt ist. Die Kosten der Gefängnisverwaltung verteilen sich weitestgehend auf die kleinere und mittlere Kriminalität; sie liefen zum allergrößten Teil auch auf, wenn die wenigen Mörder zum Tode verurteilt würden. Wollte man wirklich den Versuch machen, das betriebswirtschaftliche Soll und Haben eines zu langer Freiheitsstrafe verurteilten Mörders festzustellen, so ist das Resultat keineswegs von vornherein gewiß. Auf das finanzielle Abwägen kann und darf es aber nicht ankommen. Wer sich auf ein solches Rechnen einläßt, erinnere sich, daß vor nicht allzulanger Zeit aus gleichen Erwägungen Geisteskranke ermordet wurden und daß kaufmännische Kalkulation dann nicht vor unheilbaren Kranken, vor Invaliden, Arbeitslosen und Alten halt zu machen braucht. Sie kosten in aller Regel die Gesellschaft mehr, als sie einbringen. Die ganze Überlegung ist eines anständigen Menschen unwürdig und mit dem Prinzip von der Heiligkeit allen Lebens unvereinbar.

Letztlich wird ins Feld geführt, die Todesstrafe sichere die Gesellschaft endgültig. Die Gefahr eines Rückfalls ist aber gerade bei Mordtaten sehr gering; Morde werden im allgemeinen im Affekt oder zur Befreiung aus einer einmaligen Situation begangen. Das Bild, das sich eine breite Öffentlichkeit von „dem" Mörder macht, den sie wie Kain oder wie *Lombrosos* geborenen Verbrecher gezeichnet sieht, ist falsch. Mörder führen sich im allgemeinen in den Strafanstalten tadellos auf, was keineswegs nur Berechnung ist, sondern damit zusammenhängt, daß sie zwar eine furchtbare, aber doch nur eine „Gelegenheitstat" begingen. Nach dem Bericht der englischen Royal Commission on Capital Punishment, die der Rückfälligkeit entlassener Mörder nachging, bezog sich ein Rückfall, soweit er in einzelnen Fällen vorkam, fast immer auf Eigentumsdelikte ohne größere Bedeutung. Sicher besteht auch bei einzelnen Mördern die Gefahr einer Wiederholung von Morden. Dann aber handelt es sich um Menschen mit schweren geistigen und seelischen Schäden. Sie müssen während eines Strafvollzugs auffallen, so daß eine ungerechtfertigte Entlassung etwa im Gnadenwege nahezu undenkbar ist. Bei diesem Typus des wirklichen oder potentiellen Massenmörders ist es übrigens ganz vom

Zufall abhängig, ob er vor Begehung des ersten Verbrechens in einer Irrenanstalt landet oder nach ihm im Zuchthaus. Wird seine Abnormität rechtzeitig entdeckt, wird er in einer Heil- und Pflegeanstalt verwahrt, wo die Alternative einer Hinrichtung überhaupt nicht auftaucht. Konsequenterweise müßten daher diejenigen, die aus Furcht vor zukünftigen Morden anstelle eines Freiheitsentzugs für die Todesstrafe eintreten, aus Gründen eines effektiven Schutzes der Gesellschaft auch die Tötung aller gefährlichen Geisteskranken verlangen. Die Zahl der geisteskranken Mörder ist sehr hoch. Obwohl gerade die englischen Bestimmungen über die Zurechnungsfähigkeit sehr streng sind, wurden von 3130 Personen, die wegen Mordes angeklagt wurden, 49 vor der Verhandlung, 1638 während der Verhandlung und 48 nach der Verhandlung für geisteskrank erklärt. Bei diesen 50% schied die Todesstrafe aus, obwohl gerade bei ihnen eine wirkliche Rückfallsgefahr vorlag.

Die Endgültigkeit und Irreparabilität des Todesurteils ist ein Argument im Kampf gegen die Todesstrafe. Nach einem berühmten Wort von *Bentham* „urteilen wir als beschränkte Wesen; wir strafen aber, als wenn wir unfehlbar wären". Justizirrtümer („Justizmorde") liegen entsetzlicherweise immer im Bereich des Möglichen, und die Rechtsgeschichte kennt nicht wenige Beispiele bis in die allerjüngste Gegenwart[4]. Geständnisse sind falsch, teils weil Menschen qualvolle Vernehmungen nicht durchhalten, teils weil ihr Lebenstrieb geschwächt ist. Zeugenaussagen sind unzuverlässig – von Meineiden ganz abgesehen. Indizienbeweise können erheblich täuschen. Einige Beispiele, die Geschichte machten, seien genannt. Im Jahr 1762 wurde der hugenottische Kaufmann *Jean Calas* hingerichtet, weil er seinen Sohn ermordet haben sollte. Calas hatte seine Unschuld bis zum Tode beteuert. Das Gericht hatte die Beweismittel nicht erschöpft. Dem 70jährigen *Voltaire* war es zu danken, daß 1765 der Hingerichtete für unschuldig erklärt wurde. 1920 wurden in South Braintree, Massachusetts, zwei Kassenboten erschossen; die Täter entkamen mit 16 000 Dollars. Sie wurden von Augenzeugen als Italiener bezeichnet.

[4] *Sello*, Die Irrtümer der Strafjustiz, Berlin 1911; *Alsberg*, Justizirrtum und Wiederaufnahme, Berlin 1913; *Hellwig*, Justizirrtümer, Minden 1914; *Mönkemöller*, Psychologie und Psychopathologie der Aussage, Heidelberg 1931; *Graßberger*, Psychologie des Strafverfahrens, Wien 1950; *Hirschberg*, Das Fehlurteil in der Strafjustiz. Zur Pathologie der Rechtsprechung, Monatsschrift für Kriminologie, 1955, S. 129 ff; *Mostar*, Unschuldig verurteilt, Stuttgart 1956; *Borchard*, Convicting the Innocent, Yale 1932; *Glueck*, *Sheldon*, Crime and Justice, Boston 1936.

Sacco und *Vanzetti,* zwei Italiener, wurden verhaftet. Sie leugneten, wurden belastet und waren vor allem „Anarchisten“. Wie Calas, der Hugenotte, waren sie Außenseiter. Sie wurden, obwohl die USA und die Weltöffentlichkeit in zwei Lager des Für und Wider geteilt waren, verurteilt und nach siebenjähriger Leidenszeit im elektrischen Stuhl hingerichtet. Die Zweifel an der Richtigkeit des Urteils sind nie verstummt; vieles sprach und spricht für ihre Unschuld. Bestand aber auch nur der geringste Zweifel, so mußten sie freigesprochen werden. Der als Raubmörder verurteilte Vanzetti schrieb in der Zelle: „Wenn es nicht für diese Dinge gewesen wäre, hätte ich mein Leben an einer Straßenecke ausgelebt, mit Reden an Leute, die mich nur verspotteten. Ich wäre unbemerkt, unbekannt gestorben, ein Fehlschlag. Jetzt sind wir kein Fehlschlag mehr. Dies ist unsere große Gelegenheit und unser Triumph. Niemals in unserem ganzen Leben konnten wir hoffen, ein so großes Werk für die Toleranz, für die Gerechtigkeit, für das menschliche Verstehen unter den Menschen zu tun, wie wir es jetzt durch Zufall tun. Unsere Worte, unser Leben, unsere Schmerzen sind nichts! Unser Sterben – das Sterben eines guten Schuhmachers und eines armseligen Fischhändlers – ist alles! Der letzte Augenblick gehört uns – der Todeskampf ist unser Triumph.“

9. Die Freiheitsstrafe

Der Mensch von heute hält die Freiheitsstrafe und damit Gefängnis und Zuchthaus für Selbstverständlichkeiten; sie sind jedoch Früchte der Neuzeit. Mögen ihre Anfänge auch auf das 16. Jahrhundert zurückgeführt werden können, von praktischer Bedeutung sind sie erst seit 150 bis 200 Jahren.

Dem Altertum war die Freiheitsstrafe unbekannt; der *carcer* war für Untersuchungshaft gedacht. Ähnlich war es im Mittelalter. Die Kerker der mittelalterlichen Städte, vor allem in Italien, waren im wesentlichen Folterkammer und Haftlokal in der Nachbarschaft der Rathäuser. Freiheitsstrafen kannte nur die Kirche; in den Klöstern gab es Strafzellen für Klostergeistliche und Kleriker. Die mittelalterlichen Strafen wurden an Leib und Leben vollzogen. Die Wende begann in England und Holland, was schon deutlich auf die Quellen der Reform verweist. Es war „die protestantische Ethik und der Geist des Kapitalismus“, die merkantilistische Welle, die auch das Strafrecht und den Strafvollzug erfaßten. Die Kriminalität war allen barbarischen Strafmethoden zum Trotz lawinenartig gewachsen. Die durch

Krankheit, Kriege und Köpfungen geschwächte Bevölkerung ertrug keinen weiteren Aderlaß durch eine Fortsetzung blindwütender Vergeltungssucht gegenüber allen denen, die nach dem geltenden Recht den Galgen verdient hatten. Die moderne Welt, die es zu schaffen galt, forderte Menschen. Der Wert des Menschen wurde jedenfalls wirtschaftlich erkannt. 1552 wurde in England in einem Schloß in Bridewell ein Arbeitshaus geschaffen, 1595 in Amsterdam das erste „Tuchthuis" und 1597 das erste „Spinnhaus" für Frauen, wo staatliche Textilmanufaktur betrieben wurde. Die vorbildlich betriebenen holländischen Anstalten machten Schule in Deutschland, zuerst 1615 in Hamburg. Berlin und Süddeutschland folgten 100 Jahre später und mehr nach. Jedoch erst an der Wende vom 18. zum 19. Jahrhundert hat die Freiheitsstrafe die Todesstrafe in allen ihren mittelalterlichen Formen, dem Köpfen, Hängen, Rädern, Verbrennen und Vierteilen, die Verstümmelungen wie Handabhauen, Ohrenabschneiden und Brandmarken, sowie die körperlichen Züchtigungen, z. B. das Auspeitschen am Pranger, entscheidend verdrängt. Das Sensationelle des Umbruchs spüren wir, wenn wir z. B. noch in Wilhelm Meisters Wanderjahren von den Zielen der neuen Gemeinschaft Goethes lesen: „Unsere Strafen sind gelind . . . Wir haben läßliche Gesetze . . . Unsere Strafen bestehen . . . in Absonderung von der bürgerlichen Gesellschaft, gelinder, entschiedener, kürzer und länger nach Befund . . ."

Mittlerweile war der merkantile und arbeitstherapeutisch wertvolle Geist der Pionieranstalten, z. B. mit ihren Spinnereien, Webereien und ihrer Tuchfabrikation, unter dem Druck des liberalen Kapitalismus, der die billige Konkurrenz der staatlichen Anstalten fürchtete, verschwunden. *Henry Fielding* und *Charles Dickens* haben die entsetzlichen Verhältnisse beschrieben, die mehr und mehr einrissen und die Strafanstalten zu „Schulen des Lasters" und „Seminaren der Faulheit" machten. Der stärkste Kritiker wurde *John Howard* („The State of Prisons in England and Wales", 1777); mit ihm begann die bis zum heutigen Tag nicht mehr abbrechende „Gefängnisreform". *Howard* wünschte eine Renaissance wirklicher Arbeit in den Anstalten, die er wieder in Werkstätten umgewandelt sehen wollte. Die Reformbewegung wurde in Nordamerika von den Quäkern in verhängnisvoller Weise aufgegriffen. Sie schufen, um eine gegenseitige Ansteckung der Gefangenen auszuschließen und sie durch ununterbrochenes Bibelstudium zu seelischer Einkehr zu zwingen, das Zellengefängnis. Der „steingewordene Riesenirrtum“ (*Eberhard Schmidt*), der „absurde Gedanke“ (*Mittermaier*) ging unter dem Namen „Pennsylvania-Prinzip“ in die europäische Gefängniswirklichkeit ein, während sich in den nordamerikanischen Staaten selbst das in den lutherischen und calvinistischen Staaten New York und Massachusetts im Geist *Howards* entwickelte sog. Auburn-System großer Werkstätten für die Tagesarbeit und von Einzelzellen für die Nacht und Freizeit der Gefangenen durchsetzte. Das „Pennsylvania-System“, das allen Gefängnisbauten Europas im 19. und beginnenden 20. Jahrhundert sein Gepräge verlieh und einen Strafvollzug im Sinn unserer Zeit ungeheuer erschwert, kam nicht nur den Vergeltungs- und Rachetrieben einer breiten Öffentlichkeit und ihrer Ideologisierung durch *Kant* und *Hegel*, sondern auch der Konkurrenzangst der tonangebenden freien Unternehmer entgegen. Das Prinzip triumphierte in der Theorie in Europa, war aber in der Praxis von vornherein wegen seiner psychologischen Dürftigkeit und lebensfremden Behandlung des gefangenen Menschen zu einem völligen Fiasko verurteilt. Unabhängige Köpfe wie *Johann Hinrich Wichern*, *J. Fueßlin* und *G. M. Obermaier* in Deutschland oder *Elisabeth Fry* in England verfochten den richtigen Standpunkt, daß der Mensch ein soziales Wesen sei, daß bloße Architektur, insbesondere eine bloße Anhäufung von Steinen, und ein erzwungenes Mönchtum, zumal in Verbindung mit Arbeitslosigkeit, den Menschen nicht erschüttere, sondern verstocke, rebellisch und verrückt mache. Insgeheim und mit theoretischen Gewissensbissen gegenüber einer verständnislosen Justiz und Öffentlichkeit paßten denn auch die praktischen Männer des europäischen Strafvollzugs bald im Rahmen der bescheidenen Möglichkeiten, die ihnen blieben, ihre metaphysischen Zwingburgen dem Auburn-System an. Freilich konnten sie bestenfalls zu halben Maßnahmen schreiten. Die anglo-amerikanische Gefängnisreform war jedoch nicht stehengeblieben. Den von einer sog. idealistischen Philosophie geblendeten und zur Frigidität und Sterilität verurteilten Kontinentaleuropäern blieb es seitdem vorbehalten, mit erheblicher Verspätung zu kopieren, was jenseits des Kanals und Atlantischen Ozeans an Neuem geschah. Der englische Strafvollzug wurde von den Erfahrungen in den australischen Strafkolonien inspiriert, wo eine stufenweise Lockerung des Vollzugs der einzelnen Strafe sich aufdrängte. Eine Dreiteilung des Vollzugs in sukzessive Etappen Zellenhaft, Gemeinschaftshaft und bedingte Entlassung – das von *Sir Walter Crofton* ausgebaute sog. „irische System" – wurde vorgeschlagen, womit zum erstenmal vor allem der „Strafvollzug in Freiheit", der „ambulante Strafvollzug" seine Anerkennung fand. Das „irische System" hat zunächst vor allem die amerikanische Theorie und Praxis befruchtet. Ein Wendepunkt in der Geschichte der Gefängnisreform war der amerikanische Gefängniskongreß in Cincinnati im Jahr 1870. In seiner „Declaration of Principles" lehnte der Kongreß den Vergeltungsgedanken als Grundlage des Strafvollzugs ab und schlug statt dessen die Resozialisierungsidee vor. Er setzte sich für das unbestimmte Urteil und die Möglichkeit einer bedingten Strafaussetzung ein. Zu seinen weiteren Forderungen gehörte die Entwicklung einer neuen Gefängnisarchitektur mit lichten und sonnigen Anlagen sowie eine Beschränkung auf kleine und jeweils den Tätertypen angepaßte Institutionen. Als Erziehungsinhalt wurde u. a. „industrial training" und „social training" empfohlen; Aufgabe des Gefängnisses sei, betriebsame Vollbürger („freemen"), nicht ruhige und disziplinierte Sklavennaturen heranzubilden. Vieles hiervon ist noch heute – nach fast einem Jahrhundert – für uns richtungweisend.

Die Freiheitsstrafe, damit das Gefängnis und das sich in der Praxis nur dem Namen nach von ihm unterscheidende Zuchthaus, ist heute in hohem Maße umstritten. *Grünhut*[1] schließt sein Standardwerk über die Gefängnisreform mit den Worten: „Nach mehr als 150 Jahren Gefängnisreform ist der augenfälligste Zug der heutigen Bewegung ihre Skepsis gegenüber dem Freiheitsentzug schlechthin und ihr Bemühen um neue und angemessene Methoden einer Behandlung außerhalb der Mauern eines Gefängnisses." Auf internationalen Kriminologenkongressen steht das Thema auf der Tagesordnung: das Gefängnis als Verbrechensursache. Schon *Franz von Liszt* hat hierzu bemerkt: „Eine Strafe, die das Verbrechen fördert, das ist die letzte und reifste Frucht der ‚vergeltenden Gerechtigkeit'." Von ihm stammt auch das bittere Wort: „Wenn ein Jugendlicher oder auch ein Erwachsener ein Verbrechen begeht und wir lassen ihn laufen, so ist die Wahrscheinlichkeit, daß er wieder ein Verbrechen begeht, geringer, als wenn wir ihn bestrafen." Aus diesen Zweifeln heraus fragen die angelsächsischen Kriminologen heute: warum überhaupt Gefängnisse? und erhob *Schlyter*, der langjährige Leiter des schwedischen Strafvollzugs, den heute international bekanntgewordenen Ruf: Leert die Gefängnisse!

---

[1] Penal Reform, Oxford 1948, S. 449.

Zugunsten des Gefängnisses wird, wenn wir vom Vergeltungsgedanken absehen, angeführt, daß es die Gesellschaft für die Zeit der Einsperrung schützt.

Gegen das Gefängnis wird vor allem vorgebracht: Es garantiert den Schutz der Gesellschaft nur für die Zeit der Einsperrung, löst aber nicht die mit der Entlassung auftauchenden alten und neuen Probleme für Gesellschaft und Täter.

Die erwartete Abschreckung ist, wie die starke Rückfälligkeit der Gefangenen zeigt, problematisch, da die entscheidenden Ursachen der Kriminalität in den biologischen, psychologischen und sozialen wie wirtschaftlichen Verhältnissen liegen.

Das Gefängnis verschlechtert den Schutz der Gesellschaft, da es die Gemeinschaftsfähigkeit des Täters herabsetzt. Der Nachdruck wird hierbei weniger auf die Ansteckung im Gefängnis gelegt (um angesteckt zu werden, muß man schon vorher empfänglich sein), als auf die künstliche Atmosphäre des Gefängnisses. Der Täter muß, wenn Rückfall verhindert werden soll, an die soziale Wirklichkeit gewöhnt und ihr eingegliedert werden. Das Gefängnis ist jedoch kein Spiegelbild, sondern ein ausgesprochenes Zerrbild dieser Wirklichkeit.

Man kann folgende Beispiele anführen:

Obwohl das Leben in und mit der Familie im allgemeinen ein verbrechenverhütender Faktor von größter Bedeutung ist und die Fürsorge für die Familie das Muster aller sozialen Verpflichtungen darstellt, unterbricht das Gefängnis die Verbindung mit der Familie, ja, die Freiheitsstrafe kann sie zerstören. Ehen gehen entzwei, Eltern und Kinder werden einander entfremdet. Es wäre richtiger, die Familienbande zu stärken und auszuweiten. Der pädagogische Fehler kommt häufig schon äußerlich darin zum Ausdruck, daß das Aufhängen von Familienbildern in der Zelle, Korrespondenz mit der Familie und ihre Besuche als Vergünstigungen angesehen werden, während sie eher soziale Pflichten sind, deren Erfüllung Ausgangspunkt der gewünschten Wiedereinordnung in die Gesellschaft ist.

Obwohl das Verbrechen in der Regel Ausdruck für einen Mangel an Einsicht in Interessengegensätze und Mangel an Willen ist, sie in sozialer Weise zu schlichten, nimmt das Gefängnis seinen Insassen die Auseinandersetzung mit den Gemeinschaftsproblemen ab. Der Gefangene wird vielmehr einer autoritären, totalen und automatisierenden Disziplin unterworfen. Initiative, Selbstverwaltung, die Lektüre von Zeitungen usw. werden wiederum bestenfalls als Vergünstigung zugestanden.

Obwohl das Verbrechen asoziale oder antisoziale Instinkte erkennen läßt, bringt der Gefängnisstrafvollzug leicht die noch vorhandenen Interessen für die positiven Werte des Lebens und die noch vorhandenen Neigungen und Fähigkeiten, kriminelle Regungen durch Arbeit, Sport, Vereinsleben, Wanderungen, Sexualität, Vergnügungen usw. zu sublimieren, zum Erliegen und verstärkt die latenten asozialen und antisozialen Instinkte (Gleichgültigkeit, Vergeltungsdrang u. dgl.).

In aller Regel benötigt der Kriminelle Selbstvertrauen und Mut. Das Gefängnis mit Türmen, Mauern, Stacheldraht, Schlössern und vielem anderen bricht ihm das seelische Rückgrat. Eine Welt von Mißtrauen umgibt ihn schon architektonisch. Verließe sind nur bei der verhältnismäßig bescheidenen Zahl von Gefangenen notwendig, die fluchtverdächtig sind und deren Flucht eine ernsthafte Gefahr für die Gesellschaft darstellt. Die meisten Anstalten sind aber heute noch dem Grenzfall des gemeingefährlichen Ausbrechers angepaßt, und die ganz überwiegende Zahl der Gefangenen wird auf ihre Stufe herabgedrückt.

Die Freiheitsstrafe, ganz besonders die Zuchthausstrafe, stigmatisiert den Verurteilten; seine Eingliederung in die Gesellschaft wird dadurch ungeheuer erschwert. Schon die Befürchtung, er werde nach seinem seitherigen Aufenthalt oder seiner letzten Arbeit gefragt, kann manchen hindern, sich um einen Arbeitsplatz zu bemühen. Das Pharisäertum der Umwelt, auch der Arbeitskollegen und Unternehmer, kann ihn wieder auf die Bahn des Verbrechens zwingen.

Der erste Kongreß der Vereinten Nationen über die Behandlung der Straffälligen, der im Herbst 1955 unter der Verantwortung der UN-Sektion „Soziale Verteidigung" (Section of Social Defense) stattfand, hat einstimmig *Mindest*regeln für Strafgefangene aufgestellt.

Die wichtigsten Regeln sind:

Die Freiheitsstrafe und die anderen Maßregeln, die den Verurteilten von der Außenwelt abschließen, haben Übelscharakter schon durch die Tatsache, daß sie dem Betroffenen das Recht der Selbstbestimmung nehmen, indem sie ihm die Freiheit entziehen. Der Strafvollzug darf deshalb die damit verbundenen Leiden in keiner Weise verschärfen.

Zweck und Rechtfertigung der Freiheitsstrafen und freiheitsentziehenden Maßregeln ist letzten Endes der Schutz der Gesellschaft gegen das Verbrechen. Ein solches Ziel kann nur erreicht werden, wenn die Zeit der Freiheitsentziehung genutzt wird, um nach Möglichkeit zu erreichen, daß der Verurteilte nach seiner Entlassung nicht nur den Wunsch, sondern auch die Möglichkeit hat, ein gesetzmäßiges Leben zu führen und seinen Lebensunterhalt zu verdienen.

Hierzu muß der Strafvollzug alle heilenden, erzieherischen, moralischen, geistigen und sonstigen Mittel einsetzen und alle ihm zur Verfügung stehenden Formen der Fürsorge verwenden, um diese Methoden und Möglichkeiten entsprechend den Erfordernissen der individuellen Behandlung der Verurteilten zu gebrauchen.

Die Anstaltsordnung soll danach streben, die Unterschiede auszugleichen, die zwischen dem Leben im Gefängnis und dem Leben in der Freiheit bestehen, soweit diese Unterschiede bei dem Gefangenen den Sinn für Verantwortlichkeit und die Achtung vor der Würde seiner Person schwächen können.

Vor der Entlassung ist es wünschenswert, daß die notwendigen Maßregeln getroffen werden, um dem Gefangenen eine schrittweise Rückkehr in das Gemeinschaftsleben zu ermöglichen. Dieses Ziel kann je nach Lage des Falles erreicht werden durch ein System der Vorbereitung auf die Freiheit, das in der Anstalt selbst oder in einer anderen geeigneten Anstalt angewendet wird, oder durch eine bedingte Entlassung unter einer Kontrolle, die nicht der Polizei anvertraut werden, sondern mit einer wirksamen Sozialfürsorge verbunden sein soll.

Die Behandlung darf nicht den Ausschluß der Gefangenen aus der Gesellschaft betonen, sondern muß im Gegenteil Wert auf die Tatsache legen, daß sie weiterhin Teil der Gesellschaft bleiben. Hierzu muß nach Möglichkeit die Mitarbeit der Öffentlichkeit und ihrer Organismen gewonnen werden, um das Anstaltspersonal bei der Resozialisierungsarbeit an den Gefangenen zu unterstützen. Sozialfürsorger, die mit der einzelnen Anstalt zusammenarbeiten, müssen die Aufgabe haben, die Beziehungen des Gefangenen mit seiner Familie und mit anderen sozialen Gemeinschaften, die ihm nützlich sein können, aufrechtzuerhalten und zu verbessern.

Durch ärztliche Behandlung in der Anstalt soll versucht werden, alle körperlichen und geistigen Mängel und Krankheiten, die sich bei der Resozialisierung der Gefangenen als hinderlich erweisen können, festzustellen und zu behandeln. Jede medizinische, chirurgische und psychiatrische Behandlung, die notwendig ist, muß zu diesem Zwecke angewendet werden.

Die Durchführung dieser Grundsätze erfordert eine individuelle Behandlung der Gefangenen und zu diesem Zwecke ein lockeres

System der Gruppenbildung; jede Gruppe sollte deshalb in einer Anstalt untergebracht werden, wo sie die notwendige Behandlung erfahren kann.

Die Anstalten sollen nicht für jede Gruppe dasselbe Maß an Sicherheit vorschreiben. Es ist vielmehr zu wünschen, daß Abstufungen der Sicherheit je nach den Bedürfnissen der verschiedenen Gruppen vorgenommen werden. Die offenen Anstalten gewähren dadurch, daß sie auf äußere Sicherheitsmaßregeln verzichten und sich in diesem Punkte auf die Selbstzucht der Insassen verlassen, die günstigsten Resozialisierungsbedingungen für sorgfältig ausgewählte Gefangene.

In den geschlossenen Anstalten sollte die Individualisierung der Behandlung nicht durch eine zu große Belegungszahl behindert werden. In bestimmten Ländern ist man der Ansicht, daß die Gesamtbelegung derartiger Anstalten nicht über 500 Gefangene hinausgehen sollte. In den offenen Anstalten sollte die Belegungszahl so gering wie möglich sein.

Dagegen sollen Anstalten, die zu klein sind, als daß man dort ein sinnvolles Strafvollzugssystem einrichten könnte, nicht bestehen bleiben.

Die Pflichten der Gesellschaft gegenüber dem Gefangenen endigen nicht im Zeitpunkt der Entlassung. Deshalb müssen staatliche oder private Einrichtungen zur Verfügung stehen, die in der Lage sind, dem entlassenen Gefangenen eine wirksame nachträgliche Hilfe zu leisten, die darauf abzielt, die ihm gegenüber bestehenden Vorurteile zu überwinden und seine Wiedereingliederung in die Gemeinschaft zu erleichtern.

Die Gefangenenarbeit darf keinen Übelscharakter haben.

Die Arbeit muß nach Möglichkeit darauf angelegt sein, die Fähigkeit des Gefangenen, nach der Entlassung seinen Lebensunterhalt auf ehrliche Weise zu verdienen, zu erhalten und zu stärken.

Gefangene, die dazu in der Lage sind, und vor allem junge Gefangene müssen eine Berufsausbildung erhalten.

Einrichtung und Methoden der Gefangenenarbeit sollen so weit wie möglich den Bedingungen in entsprechenden freien Betrieben angeglichen werden, damit sich die Gefangenen auf die normalen Verhältnisse der freien Arbeit einstellen können.

Für das körperliche und seelische Wohl der Gefangenen sollen unterhaltende und kulturelle Veranstaltungen in allen Strafanstalten eingerichtet werden.

Besondere Aufmerksamkeit muß der Erhaltung und Förderung der

Beziehungen zwischen dem Gefangenen und seiner Familie gewidmet werden, sofern diese im Interesse beider Teile wünschenswert sind.

Vom Beginn der Strafvollstreckung an muß der Lebensweg des Gefangenen nach der Entlassung überlegt werden. Der Gefangene soll angehalten werden, Beziehungen mit Personen und Einrichtungen außerhalb der Anstalt zu pflegen oder anzuknüpfen, die für das Wohl seiner Familie und für seine eigene soziale Wiedereingliederung nützlich sein können.

Unabhängig von diesen *Mindest*regeln ist das Bestreben, den Freiheitsentzug dem Leben in der Freiheit anzunähern. Theorie und Praxis haben hier vielfältige Formen entwickelt.

Eine der wichtigsten Institutionen ist das sog. „Freigängertum". Der Verurteilte arbeitet am Tage im Gefängnis, kehrt aber abends zu seiner Familie zurück. Oder der Verurteilte arbeitet außerhalb des Gefängnisses als freier Arbeiter, um seine Freizeit im Gefängnis zu verbringen. Eine dritte Möglichkeit ist, daß er in der Regel außerhalb des Gefängnisses arbeitet und lebt, um zu bestimmten Zeiten sich wieder im Gefängnis zu melden. Eine Fülle individueller Varianten ist möglich.

Gefängnisse und Zuchthäuser werden durch halboffene und offene Institutionen ersetzt, wie sie mustergültig teilweise vom amerikanischen Bunde, z. B. in Seagoville (Texas), teilweise von einzelnen Staaten Nordamerikas, z. B. in Chino (Kalifornien) geschaffen wurden.

Der erste Kongreß der Vereinten Nationen über die Behandlung der Straffälligen hat sich zu den offenen Anstalten u. a. wie folgt geäußert:

Die offene Anstalt ist gekennzeichnet durch das Fehlen von Einrichtungen und Vorkehrungen gegen das Entweichen (wie Mauern, Riegel, Gitter, bewaffnete Wachtposten oder anderes Wachpersonal, das besonders für die Sicherheit der Anstalt eingesetzt ist) sowie durch eine Ordnung, die beruht auf freiwilliger Disziplin und auf einem Gefühl der Verantwortung des Gefangenen gegenüber der Gemeinschaft, in der er lebt.

Diese Ordnung ermutigt den Gefangenen, die ihm gewährten Freiheiten zu benutzen, ohne sie zu mißbrauchen.

Je nach dem Strafvollzugssystem eines jeden Landes können die Gefangenen dieser Art von Anstalt entweder vom Strafantritt an überwiesen werden, oder nachdem sie schon einen Teil der Strafe in Anstalten anderen Typs verbüßt haben.

Das Merkmal, das bei der Auswahl der Gefangenen für die offenen Anstalten anzuwenden ist, sollte weder die Zugehörigkeit zu einer bestimmten strafrechtlichen oder vollzugsmäßigen Gruppe noch die Dauer der Strafe sein, sondern die Fähigkeit, sich an die offene Unterbringung zu gewöhnen, sowie die Tatsache, daß diese Behandlung mehr Aussichten bietet, die Resozialisierung des Gefangenen zu fördern, als eine Behandlung nach anderen Formen der Freiheitsentziehung.

In den offenen Anstalten ist das Risiko der Entweichung und die Gefahr, daß der Gefangene seine Beziehungen zur Außenwelt mißbraucht, zweifellos größer als in anderen Arten von Strafanstalten; aber diese Nachteile werden weitaus aufgewogen durch folgende Vorteile, die den offenen Anstalten eine Überlegenheit über andere Anstaltstypen sichern:

a) Die offene Anstalt ist für die Resozialisierung der Gefangenen günstiger und gleichzeitig für ihre körperliche und geistige Gesundheit förderlicher.

b) Die größere Freiheit, die dem System der offenen Anstalt innewohnt, äußert sich in einer Lockerung der Anstaltsordnung; dadurch mildern sich die Spannungen des Anstaltslebens, und man gelangt so zu einer besseren Anstaltsdisziplin. Außerdem lassen die Tatsache, daß kein materieller oder physischer Zug ausgeübt wird, und die engeren Vertrauensbeziehungen zwischen den Gefangenen und dem Personal bei jenen den ehrlichen Wunsch nach sozialer Wiedereingliederung lebendig werden.

c) Die Lebensbedingungen in den offenen Anstalten sind denen des normalen Lebens angenähert. Auf diese Weise können erwünschte Beziehungen zur Außenwelt leichter hergestellt und es kann dem Gefangenen die Tatsache bewußt gemacht werden, daß nicht alle Brücken zur Umwelt abgebrochen sind. In diesem Zusammenhang kann man zum Beispiel Gruppenspaziergänge, Sportwettkämpfe mit Mannschaften von außen und sogar die Erlaubnis zum Einzelausgang ins Auge fassen, insbesondere wenn dieser dazu bestimmt ist, das Familienband zu erhalten.

d) Der Vollzug derselben Maßregel ist in einer offenen Anstalt weniger kostspielig als in einer Anstalt anderen Typs, besonders wegen der geringen Baukosten und, vor allem wenn es sich um einen landwirtschaftlichen Großbetrieb handelt, wegen der höheren Betriebseinkünfte, sofern die Wirtschaft rationell eingerichtet ist.

„Der Kongreß der Vereinten Nationen über die Verhütung von Verbrechen und die Behandlung der Straffälligen:

a) glaubt, daß die offene Anstalt eine wichtige Etappe in der Entwicklung der heutigen Strafvollzugssysteme bedeutet und eine glückliche Verwirklichung des Grundsatzes der Individualisierung der Strafe im Hinblick auf die soziale Wiedereingliederung darstellt;

b) ist der Auffassung, daß das System der offenen Anstalten dazu beitragen kann, die Nachteile der kurzen Freiheitsstrafe zu vermindern;

c) empfiehlt deswegen die Ausdehnung des offenen Systems auf eine möglichst große Zahl von Gefangenen unter den Voraussetzungen, die in den vorstehenden Empfehlungen vorgesehen sind."

Der Resozialisierungsgedanke verbietet weiter die Aufrechterhaltung der Zuchthausstrafe. Der entscheidende Grund für ihre Abschaffung liegt in ihrem entehrenden Charakter. *Radbruchs* Entwurf eines Allgemeinen Deutschen Strafgesetzbuchs (1922) „will die moralische Lynchjustiz, welche leider die Gesellschaft vielfach gegen Vorbestrafte übt und die das schwerste Hindernis ihrer Wiedereingliederung in die Gesellschaftsordnung bildet, nicht gerechtfertigt wissen durch Richtersprüche, welche den Verurteilten für verlustig der Ehre erklären. Nicht als ein Entehrter, sondern als ein Entsühnter soll der Bestrafte in die Gesellschaft zurückkehren ... Vor allem vermeidet es der Entwurf, eine Freiheitsstrafe anzudrohen, die, mit dem Verlust von Ehrenrechten kraft Gesetzes verbunden, den Makel einer ehrenrührigen Strafe so unauslöschlich trägt, daß er von ihrem Namen sich nicht mehr trennen läßt: die Zuchthausstrafe."[2]

Resozialisierungsrecht und -pflicht der Gesellschaft muß auch die Art des Freiheitsentzugs bestimmen, der – sofern er grundsätzlich oder im Einzelfall überhaupt für erforderlich gehalten wird – als nachdrückliche Verwarnung oder als Denkzettel zu dienen bestimmt ist. Er ist in Einzelhaft an Wochenenden oder während des Urlaubs zu vollstrecken und kann mit Rücksicht auf die Härte der Einzelhaft und die Person der hier in Frage stehenden Täter auf wenige Tage oder höchstens ein paar Wochen beschränkt werden.

Die Resozialisierungsaufgabe gebietet aber auch die Einführung der unbestimmten Verurteilung.[3] Zwei Prinzipien sind hierbei zu unterscheiden. Das Gesetz kann vorsehen, daß im Urteil weder eine

---

[2] „Gustavs Radbruchs Entwurf eines Allgemeinen Deutschen Strafgesetzbuchs", Tübingen 1952, S. 53; vgl. auch *Heinitz,* Materialien zur Strafrechtsreform, I, Bonn 1954, S. 64 f.

[3] *Würtenberger,* Die unbestimmte Verurteilung, Materialien zur Strafrechtsreform, I, Bonn 1954, S. 89 ff.

Höchst- noch eine Mindestdauer der Freiheitsentziehung festgelegt wird; möglich ist auch, daß das Gericht eine Rahmenstrafe bilden muß, die entweder nach oben oder nach unten oder nach beiden Richtungen begrenzt ist. Wird die individualisierende Behandlung des Täters ernst genommen, so kann auf unbestimmte Verurteilung nicht verzichtet werden. Sie findet sich heute schon im deutschen Jugendstrafrecht und im Erwachsenenstrafrecht bei den sichernden und bessernden Maßnahmen. Praktische Schwierigkeiten bestehen hiernach nicht. In theoretische Not geraten nur die moralisierenden, aber wenig selbstkritischen Anhänger eines Vergeltungs- und Sühnestrafrechts, das eine bestimmte Strafe verlangt. In aller Regel haben sie aber unter Verzicht auf Metaphysik, Logik und Moral die unbestimmte Verurteilung anstandslos gebilligt oder gar vorgeschlagen, wenn sie als Sicherungsverwahrung, Arbeitshaus, Heil- oder Pflegeanstalt, Trinkerheilanstalt, als Verbot der Berufsausübung oder Entziehung einer Fahrerlaubnis etikettiert werden konnte.

10. Pädagogische und ärztliche Maßnahmen

a) Die wichtigste pädagogische Maßnahme, die anstelle eines Freiheitsentzugs, z. B. einer Gefängnis- oder Zuchthausstrafe, einer Sicherungsverwahrung, eines Aufenthaltes in einer Heil- oder Pflegeanstalt oder in einem Arbeitshaus vorgeschlagen wurde und auch in der ganzen Welt heute verwirklicht wird, ist die ganze oder teilweise Aussetzung des Vollzugs der staatlichen Sanktion zur Bewährung. Sie soll in aller Regel mit einer Beaufsichtigung des Täters verbunden sein. Es handelt sich nach der Definition der Vereinten Nationen[1] „um eine Methode zur Behandlung besonders ausgewählter Rechtsbrecher in der Freiheit durch persönliche Überwachung und individuelle Lenkung". Die Definition legt bewußt das Gewicht auf die Bewährungsaufsicht.

Die juristischen Begriffe und die legislatorische Technik wechseln von Land zu Land. Auf dem europäischen Kontinent wird im allgemeinen die Strafe oder Maßnahme ausgesprochen und nur von ihrer Vollstreckung unter der Voraussetzung einer Bewährung des Täters Abstand genommen. In den anglo-amerikanischen Ländern trägt die Behandlungsmethode den Namen „probation" (vollständige Aussetzung der staatlichen Sanktion) und „parole" (Aussetzung nach

[1] Probation and Related Measures, United Nations, Department of Social Affairs, New York 1951.

teilweiser Vollstreckung). In den angelsächsischen Ländern sieht das Gericht, wenn es die Frage, ob der Täter schuldig ist, bejaht, aber auf probation erkennen will, von dem Ausspruch einer Strafe oder Maßnahme ab. Einzelheiten sind ohne größere Bedeutung; entscheidend ist allein die Idee der Bewährung in Freiheit.

Der Vater der Probations-Methode war der Schuhmacher *John Augustus* in Boston. Er begann 1841 für Angeklagte bei Gericht zwecks Abwendung der Haft zu bürgen und gewann dadurch das Vertrauen und die Freundschaft der Angeklagten. Er verhalf ihnen zu einem Arbeitsplatz und unterstützte ihre Familien. Kam die Strafsache zur Entscheidung, so berichtete *Augustus* über die Resozialisierungsfortschritte. Die Richter verzichteten dann üblicherweise auf eine Verurteilung zu einer Freiheitsstrafe und begnügten sich mit einer Geldstrafe von 1 cent nebst Kosten. Bis zum Jahr 1858 hat er auf diese Weise 1152 Männern und 794 Frauen und Mädchen geholfen. Die Erfolge des Schuhmachers waren so ausgezeichnet, daß ein erstes "probation"-Gesetz des Staates Massachusetts vom Jahr 1878 die Stadt Boston ermächtigte, einen kommunalen "probation officer" (Bewährungshelfer) zu ernennen. 1891 erhielten die Gerichte in Massachusetts die Befugnis, Helfer auszuwählen. Bis zur Jahrhundertwende folgten die Staaten Missouri, Rhode Island, New Jersey und Vermont. England schuf das erste Probationsgesetz für Ersttäter (Probation of First Offenders Act) im Jahr 1887, dem später mehrere Novellen folgten, die den Anwendungsbereich immer weiter ausdehnten. Deutschland folgte erst im Jahr 1953 in noch recht eingeschränktem Umfang dem Beispiel der übrigen Welt.

Das Parole-Prinzip geht auf den australischen Strafvollzug Englands zurück. Im Mutterland wurde es erstmals 1853 angewandt und wurde ein wesentlicher Bestandteil des sog. „irischen Systems" *Sir Walter Croftons.* Der Staat New York übernahm das Institut im Jahr 1877, von wo es – vor allem auch in Verbindung mit der Einführung der „unbestimmten Verurteilung" – seinen Weg über den amerikanischen Kontinent nahm.

Das deutsche Strafgesetzbuch von 1871 sah wie schon zuvor Sachsen und Braunschweig die Möglichkeit einer vorzeitigen Entlassung auf Wohlverhalten vor; die Bestimmung hat jedoch keine praktische Bedeutung erlangt. Die vorzeitige Entlassung eines Strafgefangenen wurde im Gnadenweg geregelt. Erst im Jahr 1953 wurden die gesetzlichen Bestimmungen wenigstens in einzelnen Richtungen der Praxis der meisten anderen Länder angepaßt.

Irgendwelche Begrenzungen der Bewährungsaussetzung auf bestimmte Verbrechen, auf bestimmte Strafarten oder Strafhöhen sind unerwünscht. Die Strafaussetzung ist eine Methode pädagogischer Behandlung, die anzuwenden möglich sein muß, wann immer eine solche Behandlung der Resozialisierung eines Täters und damit der Gesellschaft dient.

Probation und Parole sind kein – widerruflicher – völliger oder teilweiser Erlaß der Strafe, vorzugsweise einer Freiheitsstrafe, sondern der Ersatz einer zur Resozialisierung des Täters wenig oder gar nicht geeigneten Strafe durch eine pädagogisch effektivere Maßnahme. Der Nachdruck liegt nicht auf dem Unterlassen, sei es dem Verzicht auf eine Anklageerhebung, in der Abstandnahme von einer Hauptverhandlung, von einem Strafausspruch oder – wie in der Regel auf dem europäischen Kontinent – von einer Vollstreckung der erkannten Strafe oder Maßnahme, sondern auf den positiven und konstruktiven Veranstaltungen, die das Gericht zu treffen hat. Die Bewährungsaussetzung ist nicht eine mildere, sondern eine andere und wirksamere Maßnahme als die Strafe, nicht eine auf falsch verstandenem Humanismus beruhende Aufweichung, sondern eine durch soziale Notwendigkeiten gebotene Verfeinerung des staatlichen Sanktionssystems.

Das Gericht wird von der kärglichen Rolle einer bloßen Gesetzesanwendung befreit und zu wirklicher kriminalpolitischer Aktivität aufgerufen, was allerdings eine völlige Umstellung der kriminalistischen Ausbildung und der traditionellen Denkweise der Juristen voraussetzt. Der Richter muß, um mit *Radbruch* zu sprechen, „eine Art Sozialbeamter, sozialer Diagnostiker und sozialer Therapeut" sein; „auf ein Lot Jurisprudenz" muß „ein Zentner Menschen- und Lebenskenntnis" kommen. Der pädagogische Effekt der Strafaussetzung beruht nicht allein auf dem Damoklesschwert einer zukünftigen Straffestsetzung und Strafvollstreckung im Fall mangelnder Bewährung, sondern in den richtungweisenden Stützen, die das Gericht dem Täter mit auf den weiteren Lebensweg gibt, und den Auflagen, die es ihm macht. Der Phantasie des Gerichts sind hierbei keinerlei Grenzen gesetzt. Das deutsche Strafgesetz nennt einige Beispiele. Das Gericht kann dem Täter u. a. aufgeben, den durch die Tat angerichteten Schaden wiedergutzumachen, Weisungen zu befolgen, die sich auf Aufenthaltsort, Ausbildung, Arbeit oder Freizeit beziehen, sich einer ärztlichen Behandlung oder einer Entziehungskur zu unterwerfen, Unterhaltspflichten nachzukommen oder einen Geldbetrag zugunsten einer gemeinnützigen Einrichtung zu bezahlen. Das Gericht kann dem Täter aufgeben, sich zu entschuldigen. Es gibt viele Möglichkeiten einer symbolischen Wiedergutmachung. Die Täter können verpflichtet werden, in einem Waisenhaus oder Kinderheim während eines vom Gericht festzusetzenden Zeitraums mitzuhelfen. Andere mögen in einem Altersheim oder Hospital Dienste leisten, Alte und Kranke besuchen. Im Rahmen der religiösen und paritätischen Wohlfahrtsverbände, des Roten Kreuzes usw. ist reichlich Gelegenheit zu einem Einsatz. Ein Begüterter mag die Berufsausbildung eines jungen Menschen übernehmen; ein jeder, sei es, wer es wolle, kann von seinen beruflichen Kenntnissen und Fertigkeiten im Dienste anderer, die sie nötig haben und oft bitter entbehren müssen, Gebrauch machen; richterliche Aufgabe ist es, diese Fähigkeiten in den Dienst sozialer Bewährung zu stellen. Dieser „Strafvollzug in Freiheit“ vermeidet alle Nachteile des Gefängnisses. Ehegatten werden nicht auseinandergerissen und Ehen nicht gefährdet und zerstört; Mütter und Väter bleiben bei ihren Kindern. Arbeitsstellen gehen nicht verloren und Geschäfte werden nicht ruiniert. Die unerträgliche Sippenhaft, die in aller Regel mit der Freiheitsstrafe verbunden und oft viel nachteiliger und schmerzhafter als der Verlust der Freiheit ist, den der Täter erleidet, fällt weg. Der „ambulante Strafvollzug“ kostet den Steuerzahler zudem nichts oder wenig, wie überhaupt auch alle Rechtshygiene billiger ist als Rechtschirurgie. Es liegt allein bei den Gerichten, ob die Bewährung ein passives Verhalten des Verurteilten oder eine sinnfällige, auch den Verletzten und die Gesellschaft befriedigende Tat ist. Es ist ein Kinderspiel, auf drei, sechs oder zwölf Monate Gefängnis zu erkennen, dagegen die würdige und großartige Aufgabe eines Gerichts, die individuelle und soziale Problematik eines kriminellen Geschehens befriedigend zu lösen und die Verantwortung für die Zukunft zu tragen.

Die wichtigste, in vielen Fällen unumgängliche Bewährungsauflage ist die Unterstellung des Täters unter die Aufsicht und Leitung eines hauptamtlichen oder ehrenamtlichen Helfers. Die Mehrzahl aller Täter strauchelt, weil sie schwach und den Aufgaben des Alltags nicht gewachsen sind, weil ihnen die Schwierigkeiten über den Kopf wachsen und sie keinen Ausweg aus ihren Sorgen und Kümmernissen sehen. Oft fehlt es an der Möglichkeit einer vertrauensvollen Aussprache; oft gebricht es an einem kühlen und abgewogenen Rat eines nüchternen Dritten. Die Schaffung des probation officer im angelsächsischen Recht war nicht nur eine juristische Neuschöpfung, sie war eine kulturelle und soziale Tat, die herausgewachsen ist aus einer Zeit, in der Technik und Vermassung die menschlichen Bindungen gelöst haben und aus vielerlei Gründen die Nabelschnur des Menschen zu Seelsorger und Hausarzt durchschnitten ist. Bewährungshilfe verlangt keinen Routinier und keinen in Hunderten von Testen geschulten Psychologen, wenn auch der Helfer, so es erforderlich ist, den Rat von Psychiatern, Psychotherapeuten und Ärzten einholen soll. Seine Aufgabe ist, wie es im englischen Recht heißt, „to advise, assist and befriend", zu raten, zu helfen und Freund zu sein. Der Helfer oder die Helferin dürfen nicht Bürokrat, Schullehrer, Polizeibeamter, Staatsanwalt oder Moralist sein, sie sind als der große Bruder oder die große Schwester gedacht. Auf ihren Zeigefinger wird kein Wert gelegt, wohl aber auf ihr Herz und ihren Verstand. Sie sind dazu da, dazusein, wenn Schwierigkeiten in der Ehe oder Familie, bei der Arbeit, bei Arbeitslosigkeit oder in der Freizeit auftauchen; sie sollen Liebeskummer und Minderwertigkeitskomplexe kurieren und dafür sorgen, daß keine Schulden gemacht werden, kurz, sie sollen im Rahmen dessen, was menschenmöglich ist, die Ursachen weiterer Kriminalität ausräumen. Dabei wird der hauptamtliche Bewährungshelfer oft die freiwillige Mitarbeit Dritter nicht entbehren können.

Über die Anwendung der probation- und parole-Institution in den USA liegen keine erschöpfenden Statistiken vor.[1a] In dem Heimatstaat der probation, in Massachusetts, wuchs die Zahl der probation-Fälle von 15 518 im Jahr 1910 auf 18 215 im Jahr 1950, während die Zahl der nicht ausgesetzten Freiheitsstrafen von 31 081 auf 12 442 fiel. Ein ähnlicher Trend wird von New York berichtet. Im Jahr 1945 wurden in 25 Staaten in 32,6% der Fälle auf probation erkannt; die Gerichte des Bundes setzten die Strafe in 40% der Fälle aus. Zu beachten ist, daß in den übrigen Fällen teilweise auf Geldstrafe erkannt worden ist. Für die Parolierung melden die Staaten sehr variierende Zahlen. In Washington erfolgt in 99,5% der Fälle ein bedingter Teilerlaß, ähnliches gilt für die Neu-England-Staaten, die Staaten am mittleren Atlantik und Kalifornien, während in 10 Staaten weniger als 25% bedingt entlassen werden.

b) Schwererziehbare Täter, wozu vor allem auch Psychopathen gehören, sind ein besonderes Sorgenkind. Ihre Formbarkeit durch die Umwelt, besonders auch durch Erziehungsverhältnisse ist umgekehrt proportional zur Stärke ihrer Anlage. Ein pädagogischer Pessimismus

---

[1a] Vgl. *Sutherland-Cressey*, Principles of Criminology, Chicago-Philadelphia - New York 1955, S. 425, 568.

ist freilich in keinem Falle am Platze. Prognosen haben sich vielfach als falsch erwiesen. Bei den Nachbegutachtungen von Personen, die im Dritten Reich wegen angeblichen Schwachsinns sterilisiert worden waren, wurden mehr als zwei Drittel nunmehr positiv beurteilt.[2] Sicher lag eugenische Raserei im Zug der Nazizeit, aber medizinische und juristische Irrtümer sind auch heute keineswegs ausgeschlossen.

Die Unterbringung in einer Erziehungs-, Heil- und Verwahrungsanstalt[3] ist erforderlich, wobei ein Übergang in eine reine Heil- und Pflegeanstalt jederzeit möglich sein muß, wenn sie psychiatrisch, namentlich im Hinblick auf Pflege und bestimmte medizinische Methoden, indiziert ist. Umgekehrt werden Heil- und Pflegeanstalten entlastet, weil diejenigen kriminellen Geisteskranken, Geistesschwachen, Psychopathen, Arteriosklerotiker usw. in die Erziehungs-, Heil- und Verwahrungsanstalt übergeführt werden können, die einer spezifisch medizinischen Behandlung nicht zugänglich sind. Die Insassen einer solchen Anstalt stellen eine durchaus heterogene Masse dar; gemeinsam ist nur die in aller Regel anlagemäßig bestimmte kriminelle Dauerdisposition. Die überwiegende Zahl der Insassen ist nicht durch die besondere Schwere, sondern die Vielzahl ihrer kriminellen Taten, die über eine bloße Bagatellkriminalität zwar hinausgehen, aber doch verhältnismäßig geringfügiger Art sind, oder durch die – zuverlässige – Prognose einer erheblichen Rückfallsgefahr gekennzeichnet. Das Sicherungsbedürfnis wird daher nur bei einem kleinen Teil der Insassen dominieren. Eine elastische Aufteilung der Anstalt in verschiedene bauliche Gruppen ist möglich und geboten. Mauern, Zinnen und Gitter können auf einen bescheidenen Teil der Anstalt beschränkt bleiben, wie überhaupt Freiheit im Inneren Voraussetzung aller Erziehungsbemühungen ist. Die Verwahrung ist so human als möglich zu gestalten, sie darf weder an ein Zuchthaus und Gefängnis noch an die Sicherungsverwahrung der Gegenwart erinnern. Bei jüngeren Menschen ist eine Berufsausbildung anzustreben und bei der Mehrzahl auch psychopathisch Defekter erfahrungsgemäß erfolgreich. Im übrigen sind Arbeitsmöglichkeiten, evtl. auch Beschäftigungen für private Kunden der Insassen außerhalb der Anstalt zu schaffen. Der Insasse soll grundsätzlich in die Lage gesetzt werden,

---

[2] *Leferenz,* Psychopathentypen in kriminologischer Sicht, Kriminalbiologische Gegenwartsfragen, Heft 2, Stuttgart 1955, S. 19.

[3] Vgl. hierzu u. a. *Frey,* Reform des Maßnahmenrechts, Basel 1951, S. 55 ff, 72 ff.

seinen Lebensunterhalt zu verdienen und seine Versorgungskosten selbst zu tragen. Nach skandinavischen Erfahrungen werden dergleichen Anstalten am besten von Psychiatern geleitet.

Als Beispiel sei zunächst die durch den englischen Criminal Justice Act 1948 eingeführte Institution des „Corrective Training" genannt, die für Rückfallstäter vom 21. Lebensjahr an bestimmt ist. Sie erfolgt „with a view to reformation and the prevention of crime". Sie wird von der reinen Sicherungsverwahrung der nicht mehr resozialisierungsfähigen Rückfallstäter („preventive detention") unterschieden. „Corrective training" gibt den Gerichten die Möglichkeit, einen rückfälligen Täter zu einem „training" von 2–4 Jahren zu verurteilen, während dem er eine konstruktive Ausbildung erfahren soll, die ihn vor weiterer Rückfälligkeit bewahrt. Das Training umfaßt Tagesarbeit mit Ausbildungsmöglichkeiten in verschiedenen Berufen und einen effektiven Abendunterricht, eine gründliche Persönlichkeitsuntersuchung und individuelle Behandlung. Die Institution ist eine Übertragung der spezifisch englischen Jugendmaßnahmen der sog. Borstalerziehung auf das Erwachsenenrecht. Das „Training" unterscheidet sich von den üblichen Freiheitsstrafen; es werden größere Freiheiten, namentlich in der Freizeit, den Verurteilten eingeräumt. Offene Kolonien, in die die Insassen abschließend übergeführt werden, sind eine Brücke zwischen Anstaltsaufenthalt und Freiheit. Der Entlassene untersteht weiterhin der Kontrolle einer Fürsorgeorganisation.

Dänemark[4] verfügt über Anstalten zur Behandlung krimineller Psychopathen. Personen, die, ohne geisteskrank oder geistesschwach (psychotisch) zu sein, psychische Abnormitäten, in der Mehrzahl der Fälle „Psychopathien", daneben Neurosen aufweisen und von denen angenommen wird, daß sie durch Strafen nicht beeinflußbar sind, werden auf unbestimmte Zeit eingewiesen, um entsprechend ihrer seelischen Eigenart behandelt und resozialisiert zu werden. Die Länge der Verwahrungszeit variiert; sie ist von der Gefährlichkeit des Täters und dem Behandlungsresultat abhängig; sie beträgt durchschnittlich 3 Jahre. Die Freilassung geschieht auf Probe. Die Behandlung wird jedoch auch nach der Entlassung außerhalb der Anstalten fortgesetzt.

---

[4] *Sachs*, Zur Behandlung von kriminellen Psychopathen in Dänemark, Monatsschrift für Kriminologie, 1955, S. 69 ff; *Stürup*, Treatment of Psychopathic Criminals in Denmark, in „Danish Psychiatry", Kopenhagen 1948, S. 44 ff; Betänkning om oprettelse af et kriminalasyl for psykisk abnorme lovoverträdere", Kopenhagen 1949.

Die Anstalten sind nach *Stürup* „weder ein Hospital noch ein Gefängnis. Sie können für sich beanspruchen, von beiden völlig verschieden zu sein . . . Sie sind einzigartige sozial-psychiatrische Institutionen.“ Die Verwaltung besteht ausschließlich aus Psychiatern und psychiatrisch geschultem Personal. Auf 2 Insassen entfällt ein Wärter. Die Anstalten bestehen aus geschlossenen, halboffenen und offenen Abteilungen; sie verfügen u. a. über eine Tischlerei, über Papierwerkstätten mit Druckerei, eine Schneiderei, Gärtnerei und Landwirtschaft. Arbeitshypothese ist die auch in den USA[5] vertretene Auffassung, daß eine scharfe Grenzlinie zwischen ererbten und milieubedingten Zuständen nicht gezogen werden kann, daß die Persönlichkeit nicht statisch und unveränderlich ist, sondern sich in einer Entwicklung befindet, wobei die wesentlichsten Charakterzüge allerdings schon im Laufe der Kindheitsentwicklung festgelegt wurden. „Weitaus die meisten Verwahrten haben in ihrer Kindheitsentwicklung nicht die Bedingungen für eine ruhige und harmonische Entwicklung gefunden, sie sind zersplittert, unsicher, geladen mit Konflikten, voll von Minderwertigkeitsgefühlen und einem abnormen Drang, sich geltend zu machen. Sie können umgekehrt unselbständig, unschlüssig sein und ein allzugroßes Bedürfnis für Stützen haben, oder in ihnen lebt eine starke Angstbereitschaft mit der dazugehörigen Abwehrhaltung und leicht geweckten Aggressivität“, heißt es bei *Sachs*, dem Leiter einer der Anstalten. Hauptprinzip der Anstaltsbehandlung ist die Schaffung einer freundlich verstehenden Atmosphäre, die Nachahmung eines guten und verläßlichen Elternhauses. Es wird versucht, das Gefühl für eigene Verantwortung in einer freien Gesellschaft zu wecken, nicht aber Schuldgefühle auszulösen. Übertriebene Schuldgefühle werden als ein Hindernis für eine soziale Anpassung bekämpft. Psychotherapeutisch wird danach gestrebt, den Verwahrten von altem Konfliktstoff zu befreien und ein Abreagieren der damit verbundenen Affekte zu erreichen. Die Behandlung ist in der Hälfte der Fälle erfolgreich. „Wir ärgern uns darüber“, sagt *Sachs*, „daß ein trauriges Verhängnis über so vielen schwebt, weil wir zu ohnmächtig sind, ihnen zu einer sozialen Anpassung zu verhelfen.“

c) Alkoholmißbrauch, der eine wichtige Ursache der Kriminalität ist, bedarf einer pädagogisch-psychiatrischen Behandlung, die medi-

[5] Vgl. *Brancale*, Psychiatric, Psychological and Case-Work Services, in *Tappan*, Contemporary Correction, New York - Toronto - London 1951, S. 192.

kamentös unterstützt werden kann und soll[6]. Alkoholmißbrauch ist oft eine Flucht in eine mehr oder minder irreale Welt, veranlaßt durch charakterliche, neurotische, psychotische oder soziale Minderwertigkeitsgefühle. Eine definitive Heilung setzt eine Beseitigung des Ursachenkomplexes voraus. Zur wirksamen Nachhilfe bietet sich die Apomorphin- und besonders die Antabus-Behandlung an. Bei der Antabusbehandlung, die klinisch und ambulant erfolgen kann, erhält der Patient während einiger Tage Antabustabletten. Bei Genuß von Alkohol treten Hitzegefühle, Herzklopfen, Kopfschmerzen, manchmal Übelkeit und Erbrechen auf. Blutfrequenz und Blutdruck nehmen stark zu. Nach 1–2 Stunden fühlt sich der Patient in aller Regel wieder wohl. Den Erkrankungszustand erlebt der Patient stets mit der gleichen Intensität, solange er unter Antabuswirkung steht und Alkohol zu sich nimmt oder zu nehmen versucht. Eine einmalige Gabe von 2–3 Tabletten hält oft 5–6 Tage an. Alkoholsucht wird durch Antabus nicht beseitigt, da die Wurzel nicht ausgeräumt wird. Aber die Angst vor den Folgen alkoholischen Genusses überwiegt und verhindert das Trinken. Der Katzenjammer wird sozusagen vorverlegt. Bei willensschwachen Menschen muß das Medikament laufend genommen werden, weswegen die Einschaltung von Angehörigen, Freunden, Bekannten, auch eines Bewährungshelfers erforderlich sein kann. Die Anordnung einer Antabusbehandlung erfolgt im allgemeinen im Wege einer Auflage bei bedingter Aussetzung einer Strafe oder Maßnahme. Die medikamentöse Behandlung ist heute in vielen Ländern üblich, z. B. in allen skandinavischen Staaten, wo die Methodik entwickelt wurde.

In andere Richtung weisen die medizinischen Bemühungen, biochemisch an die Wurzel seelischer Störungen zu kommen. Als Beispiel kann die von dem australischen Psychiater *J. F. J. Cade*[7] eingeführte Methode der Behandlung manischer Zustände mittels Lithiumsalztabletten genannt werden. Die krankhaft gehobene Stimmung, die Überaktivität, Reizbarkeit und Heftigkeit des zyklothymen Form-

---

[6] *Teirich,* Die moderne Bekämpfung des Alkoholismus vom Standpunkt des Mediziners und Juristen, und *Seelig,* Die neuen Entwöhnungsmethoden in kriminologischer und strafrechtlicher Bedeutung, in „Juristische Blätter" (Wien), 1950, Heft 23; *Stürup - Teilmann,* Behandling af alkoholister, Kopenhagen 1950; *Stürup,* Ambulant behandling af alkoholister – Antabusbehandling, Nordisk Tidsskrift for Kriminalvidenskab, 1949, S. 135 ff; *Riemenschneider,* Einleitung einer Alkoholentziehungsbehandlung während des Strafvollzugs? Monatsschrift für Kriminologie, 1956, S. 24.

[7] *Cade,* Lithium Salts in the Treatment of Psychotic Excitement, Medical Journal of Australia, 1949, S. 349 ff.

kreises war durch Elektroschockbehandlung nur in bescheidenem Umfang beeinflußbar, während Lithiumsalz den manischen Symptomen in einer direkten und spezifischen Weise entgegenzuwirken scheint und möglicherweise bestimmte Stoffwechselstörungen als Ursache der nervösen Leiden angibt. Von besonderer Reichweite scheint besonders die Behandlung mit Serpasil und Largactil zu sein. Über sie liegen kriminalpolitisch wichtige Erfahrungsberichte aus Dänemark vor[8]. Das Land besitzt eine „Sicherungsanstalt“ für besonders gefährliche Geisteskranke, deren Zahl in früheren Jahren durchschnittlich 45 betrug. Mehr als drei Viertel von ihnen waren wegen Raubs, schwerer Gewalttaten, Mords oder Mordversuchs eingewiesen worden. Nach der ausgedehnten Anwendung insbesondere von Serpasil, daneben auch Largactil und Lithium, sind die Einweisungen in die Anstalt zurückgegangen und haben die Entlassungen – teilweise in gewöhnliche Heilanstalten – bedeutend zugenommen.

Entlassungen unter Angabe der mutmaßlich entscheidenden Behandlung

	1953—1956	1957 (voraussichtlich)
Lobotomie	3	3
Beschäftigungstherapie	3	3
Serpasil	8	11
Milieuverbesserung	4	4
Gesprächstherapie	2	1
Gesprächstherapie nebst Kastration	1	—
Antiepileptica	2	—

Zu nennen ist weiter die hormonale Behandlung von Sittlichkeitsverbrechern. Nach *Selling*[9] waren amerikanische Versuche mit männlichen Hormonen (Testosteron) bei der Behandlung bestimmter, sich an jungen Mädchen vergehender Täter nicht ohne Erfolg. *Friedemann*[10], der der chirurgischen Kastration kritisch gegenübersteht,

[8] *Kirkegaard*, De moderne behandlingsmetoder i psykiatrien og sikringsanstaltens fremtid, Nordisk Tidsskrift for Kriminalvidenskab, Kopenhagen 1956, S. 243 ff.

[9] The Extra-Institutional Treatment of Sex Offenders, in *Lindner - Seliger*, Handbook of Correctional Psychology, New York 1947, S. 229.

[10] Beitrag zur hormonalen Kastration, in „Methoden der Behandlung sexueller Störungen“, Stuttgart 1952, S. 65 ff.

behandelt die libido-dämpfende, libido-hemmende, ja bis zur hormonalen „Kastration“ gehende Wirkung der Ostrogene.

Es ist eine beunruhigende Vorstellung, daß wir vielleicht heute Verhaltensweisen kriminalisieren, die nach weiteren wissenschaftlichen Forschungen biochemisch abgestellt werden können.

d) Von chirurgischen Eingriffen, die aber eine aus freien Stücken erteilte Einwilligung des Betroffenen oder – bei Geschäftsunfähigkeit – seines gesetzlichen Vertreters voraussetzen, verdient zunächst die Leukotomie und Topektomie Beachtung. Die von dem Portugiesen *Moniz* entwickelte und mit dem Nobelpreis ausgezeichnete Methode besteht in einer operativen Faserdurchtrennung gewisser Gehirnbahnen. Auf Grund von tausendfältigen Erfahrungen in den USA, England und der Schweiz weiß man heute, daß mit der Faserdurchtrennung und Rindenabtragung eine Beruhigung chronisch erregter Kranker erzielt werden kann. Kranke, die mehr als zehn Jahre in Irrenhäusern dahinvegetierten, konnten entlassen werden. 33$^1/_3$ bis 50% der vorher als unheilbar geltenden Insassen konnten wieder ihren Lebensunterhalt verdienen. Die intellektuellen Fähigkeiten bleiben erhalten; die Operation hat freilich auch charakterliche Nachteile, z. B. pflegt sich eine gewisse Faulheit, Ungeschicklichkeit und Nachlässigkeit einzustellen, die aber durch eine Arbeitstherapie günstig beeinflußt werden kann. Es ist nicht auszuschließen, daß durch eine genaue Topographie des Gehirns, wie sie schon den Phrenologen vergangener Jahrhunderte vorschwebte, und durch genau gezielte Eingriffe in bestimmte Partien des Gehirns bestimmte Charakterveränderungen hervorgerufen werden können, so daß nicht ganz ohne Grund die Gefahr aufgezeigt wurde, ein totalitäres System der Zukunft werde durch die Leukotomie in die Lage versetzt, seine Bürger zu politischen Haustieren oder gar zu bereitwilligen Mitläufern zu machen. Die Operation wurde auch an kriminellen Psychopathen vorgenommen. „Wir haben im großen ganzen Glück mit dieser Behandlung gehabt, doch haben wir nur sehr wenige Fälle.“[11]

Der Vorschlag, Verbrecher zu kastrieren, wurde zuerst in den USA gemacht. Mehrere Gesetze, die in den ersten Jahrzehnten dieses Jahrhunderts ergingen, wurden jedoch für verfassungswidrig erklärt, andere erlangten keinerlei praktische Bedeutung. Die Frage wird heute nicht mehr erörtert, was teilweise auf den nazistischen Miß-

[11] *Sachs*, Zur Behandlung von kriminellen Psychopathen in Dänemark, Monatsschrift für Kriminologie, 1955, S. 81; *Lipton*, The Psychopath, Journal of Criminal Law and Criminology, 1950, S. 595.

brauch der Sterilisierung und Entmannung zurückzuführen ist. Ein schweizer Gesetz blieb ebenfalls ohne Einfluß auf die strafrechtliche Praxis. Dagegen gewann ein dänisches Gesetz vom Jahre 1929 Bedeutung. Es gestattete die freiwillige Kastration von Sittlichkeitsverbrechern. Später wurde auch eine zwangsweise Kastration zugelassen; Zwangskastrationen wurden jedoch nie vorgenommen, und die gesetzliche Bestimmung gilt heute als überholt. Norwegen schuf 1934 und Schweden 1944 ein Kastrationsgesetz. Sie stehen aber außerhalb des Strafrechts und betreffen auch nicht nur Sittlichkeitsverbrecher. Das nazistische Deutschland führte 1933 die Möglichkeit zwangsweiser Entmannungen gefährlicher Sittlichkeitsverbrecher ein. Diese Bestimmung wurde nach dem Zusammenbruch aufgehoben.

Nach *Langelüddecke*[12] sind in Deutschland 1934–1944 2800 Sittlichkeitsverbrecher kastriert worden. Die deutschen Erfahrungen sind, nachdem die gesetzlichen Bestimmungen aufgehoben worden waren, wissenschaftlich nicht mehr ausgewertet worden. Nach *Langelüddecke* genügen die bisherigen Untersuchungen nicht, ein sachliches Urteil über den Wert oder Unwert einer Kastration zu begründen, weil die Zeit bis 1945 „einfach zu kurz" war. Wichtiger scheint, daß Zwangskastrationen eine völlig andere Problematik enthalten als freiwillige. Zwang muß zu Unzufriedenheit, Verbitterung und psychischen Störungen führen, die ihrerseits wieder verbrechenfördernd sind. Dies ist auch der Grund, warum das Ausland Zwangskastrationen ablehnt.

Von Dänemark und Norwegen liegen zusammenfassende Darstellungen vor.[13] Sie umfassen in Dänemark den Zeitraum 1929–1939 und in Norwegen von 1935–1949. Das Zahlenmaterial ist recht geringfügig. In Dänemark wurden insgesamt 139 Sittlichkeitsverbrecher entmannt, dies entspricht 4,4% aller verurteilten Sittlichkeitsverbrecher. In Norwegen waren es 102 Sittlichkeitsverbrecher. Die Zahlen lassen die vorsichtige Anwendung der Maßnahme erkennen. Angestrebt wurde eine Asexualisierung und allgemeine Pazifizierung der Entmannten. Die Operation hat das Ziel im großen und ganzen

---

[12] *Langelüddecke*, Gerichtliche Psychiatrie, Berlin 1950, S. 81 ff; *derselbe*, Die Nachuntersuchung der Entmannten, in „Kriminalbiologische Gegenwartsfragen", Stuttgart 1953, S. 48 ff.

[13] *Le Maire*, Legal kastration i strafferetlig belysning, Kopenhagen 1946; *Bremer*, Etterundersökelser av legalt kastrerte personer i Norge, Nordisk Tidsskrift for Kriminalvidenskab, 1953, S. 201; *Sachs*, Behandlung von kriminellen Psychopathen in Dänemark, Monatsschrift für Kriminologie, 1955, S. 81 f.

erreicht. Obwohl in einigen Fällen Libido und Potenz nicht erloschen und sogar weitere Sittlichkeitsdelikte begangen wurden, ist in der Regel eine Beruhigung auf sexuellem Gebiet eingetreten. In geringerem Maße wurde die übrige Kriminalität berührt; in einigen Fällen haben Entmannte, deren Kriminalität sich vor der Kastration auf Sittlichkeitsdelikte beschränkte, nunmehr Bereicherungsdelikte begangen; in Dänemark haben sich zwei Kastrierte unabhängig voneinander sogar eines Totschlags schuldig gemacht. Die psychischen Störungen in nicht-sexuellen Bereichen, z. B. Psychopathien, scheinen hienach durch eine Kastration nicht beseitigt zu werden, es besteht sogar die Gefahr ihrer Verschärfung. Viel hängt davon ab, ob die Kastration als eine Befreiung von einer Krankheit und sozialen Schwierigkeiten empfunden und ehrlich gewünscht wird. Andernfalls entsteht eine Daseinsleere und kann ein deprimierendes Gefühl der Einsamkeit mit erheblichen und nicht ungefährlichen Ressentiments erwachsen. Es wird deutlich, wie wichtig auch bei Kastrationen die pädagogische und psychotherapeutische Betreuung des Menschen bleibt. *Le Maire* (S. 135) hält daher eine Ausweitung der gegenwärtigen dänischen Praxis für nicht angezeigt.

Nach *Baan*[14], der vor allem auch holländische Erfahrungen verwertet, ist die Operation ein ultimum refugium, wenn alle anderen Möglichkeiten einer Therapie erschöpft sind. Sie ist bei Über- und Untersexualität „die einzige medizinische und sozial verantwortbare Therapie". Der Erfolg sei bei gemütsarmen, schwachbegabten, oberflächlich lebenden Delinquenten am besten, dagegen könne eine differenzierte psychische Struktur gegen eine Operation sprechen. Bei Homosexualität scheide sie aus.

e) Die Kriminologie namentlich der angelsächsischen Länder erwartet viel von den Fortschritten der Psychotherapie, die psychoanalytisch im Sinne des delphischen Worts „Erkenne dich selbst" um eine Rückaufhellung des Lebens des Täters bis zur frühen Kindheit, seiner inneren und unbewußten Konflikte und Affekte bemüht ist. Die praktischen Schwierigkeiten einer analytischen Behandlung sind schon des Mangels an geeigneten Psychotherapeuten, des Zeit- und Kostenaufwands wegen recht beachtlich. Deswegen hat auch die Kriminologie den Gedanken der zwar seit 1905 bekannten, aber erst während des 2. Weltkriegs im amerikanischen Heer offiziell prakti-

---

[14] Zur Frage der Behandlung von Sittlichkeitsdelinquenten, in „Methoden der Behandlung sexueller Störungen", Stuttgart 1952, S. 34.

zierten und hier als erfolgreich erwiesenen Gruppentherapie[15] aufgegriffen. Wesentliche Züge dieser Therapie sind von Organisationen wie dem Blauen Kreuz und der Oxford-Bewegung bekannt. Die Nützlichkeit einer Gruppentherapie bejaht sowohl die soziologische als auch die individualpsychologische Schule der Kriminologie, die sich sonst oft genug in den Haaren liegen. Voraussetzung der Gruppentherapie ist die Erkenntnis, daß „das Individuum ein Gruppenwesen auf der Suche nach einem befriedigenden Platz im sozialen Organismus ist. Es ist ein soziales Produkt, dessen Verzichte durch die Gruppentraditionen veranlaßt werden. Sein Bemühen, die inneren Schwierigkeiten anderen verständlich zu machen, mißlingt. Es muß sein Denken unterdrücken; seine Anpassungsschwierigkeiten produzieren nervöse Störungen. Bringt man das Individuum in eine kleine und freundlich gesinnte Gruppe, die aus Menschen besteht, die an verwandten Störungen leiden, so wird es in die Lage versetzt sein, die Probleme der anderen zu verstehen, sich den Gruppenmitgliedern an- und aufzuschließen und aggressive Neigungen, Gehässigkeiten, Sehnsüchte und Wünsche aufzugeben. Durch Anpassung an die kleine Gruppe wird es fähig werden, der großen Gruppe (der Welt) ins Gesicht zu sehen und seine irrationalen Probleme, seine sozialen Fragen auf normaler Basis ins reine zu bringen."

[15] *Sutherland - Cressey,* Principles of Criminology, Chicago - Philadelphia - New York 1955, S. 600; *Barnes - Teeters,* New Horizons in Criminology, New York 1952, S. 649; *Curran,* Group Treatment in Rehabilitation of Offenders, in *Lindner - Seliger,* Handbook of Correctional Psychology, New York 1947, S. 572; *McCorkle,* Group Therapy, in *Tappan,* Contemporary Correction, New York - London 1951, S. 211 ff; *Lipton,* The Psychopath, Journal of Criminal Law and Criminology, 1950, S. 590 ff; *Hinckley - Hermann,* Gruppenbehandlung in der Therapie, Zürich 1954; *Feldmann,* Gruppe - og individualterapi overfor psykopater, Nordisk Tidsskrift for Kriminalvidenskab, Kopenhagen 1956, S. 114 ff; *Larsen,* Forsøg med gruppepsykoterapi på et mandligt forvaringsklientel, Nordisk Tidsskrift for Kriminalvidenskab, Kopenhagen 1956, S. 217 ff.

ZUR REFORM DES DEUTSCHEN STRAFGESETZBUCHS

Den Bösen strafen,
heilen und retten,
alles Irrende, Schweifende
nützlich verbinden.
Goethe

Es möchte so liegen, daß die Entwicklung des Strafrechts über das Strafrecht einstmals hinwegschreiten und die Verbesserung des Strafrechts nicht in ein b e s s e r e s Strafrecht ausmünden wird, sondern in ein Besserungs- und Bewahrungsrecht, das b e s s e r a l s Strafrecht, das sowohl klüger wie menschlicher als das Strafrecht wäre.
Gustav Radbruch

Es gibt kein Strafgesetz, keine Strafrechtslehre und -praxis, denen nicht bestimmte Vorstellungen vom Menschen und der Welt, in der er lebt, vorausgingen. Deswegen wandeln sich die Kriminalrechte mit Zeit und Ort. Der Glaube an eine Art wertneutraler Eigengesetzlichkeit des Strafrechts und die Möglichkeit einer Lösung seiner Probleme mit rein technisch-juristischen Mitteln wäre im besten Fall eine Selbsttäuschung. Keine Wissenschaft ist voraussetzungslos. Das Kriminalrecht ist viel zu weitschichtig, als daß für seine Fragen nur der Jurist zuständig wäre. Zu ihrer Beantwortung sind die Anthropologen, die Soziologen, Psycho- und Biologen, die Pädagogen und Ärzte aufgerufen, letztlich alle, die sich für das gesellschaftliche Geschehen ihrer Zeit verantwortlich fühlen. Kriminalrecht ist Kriminalpolitik, Sozialpolitik, Wirtschaftspolitik und Erziehungspolitik. Es steht der Bekämpfung der Seuchen oder der Regelung des Gas- und Wasserwesens näher als dem, was gemeinhin als Ethik und Moral bezeichnet wird. Strafrechtspflege heißt nicht, das Richtschwert Gottes auf Erden zu führen.

Das Verbrechen macht wie Krankheit oder Krieg die Kluft zwischen Sein und Sollen deutlich. Es ist die Aufgabe der Menschen, Sollen und Sein, Sollen und Haben zu versöhnen.

Zwei Wege bieten sich an. Man kann versuchen, das Sein und Haben zu idealisieren, man kann sich aber auch bemühen, das Sollen zu realisieren.

Es war von jeher der Trick der klassischen, der sog. „idealistischen" Lehren, den Widerspruch zwischen Sein und Sollen dadurch auszulöschen, daß – sofern empirische Analysen von Individuum und Welt nicht überhaupt unterblieben – psychologische und soziologische Feststellungen durch idealtypische Unterstellungen ersetzt wurden. „Utopia“ liegt dann nicht in einer fernen Zukunft und ist nicht Aufgabe menschlichen Strebens. „Utopia“ findet sich dann schon hier und heute. In der klassischen Philosophie, der klassischen Volkswirtschaft oder dem klassischen Strafrecht wurde der Mensch zum „Vernunftwesen“ erklärt, womit die irdische Wirklichkeit im Handumdrehen „vernünftig“ geworden war. Die Fragen der praktischen Vernunft, des Staats- und Strafrechts, der Nationalökonomie u. dgl. ließen sich in dieser Welt vernünftiger Menschen – der Prämisse entsprechend – unschwer vernünftig lösen. Es herrschte – jeder Erfahrung zum Trotz – allseits „prästabilierte Harmonie“. Man machte sich zum Sklaven seiner frommen Wünsche und steckte, um das Jammertal dieser Welt nicht zu sehen, den Kopf in den Sand. „Wir sehen doch nicht durch ein Rohr nach etwas, von dem wir wissen, daß es nicht existiert“, meinten die Gegner *Galileis,* und es hat doch existiert. Eppure si muove! Man wurde das Opfer seiner Angst vor der Bewegung und vor dem Bloß-Relativen. Man fürchtete das Medusenhaupt der Wahrheit und Wirklichkeit, den alogischen und irrationalen Gott, das Absurde, das den Glauben raubt. Man erschrak vor der „Tiefe“ wie schon *Platon,* als er die Astronomen davor warnte, den Realitäten in die Augen zu sehen. „Ich meinerseits kann nicht glauben, daß ein anderes Wissen die Seele nach oben blicken läßt als jenes, das dem wahren und unsichtbaren Sein gilt. Wer dagegen nach oben gaffend oder nach unten blinzelnd versucht, etwas sinnlich Wahrnehmbares wissenschaftlich zu erfassen, wird nie und nimmermehr, so behaupte ich, wissenschaftlich lernen, weil etwas derartiges mit Wissen überhaupt nichts zu tun hat. Auch seine Seele blickt nicht hinauf zur Höhe, nein, in die Tiefe hinab!“ Die kleinen Menschlein und die kleine Erde bangen um ihre Rolle, die Krone der Schöpfung zu sein, und stürzen sich in die Illusionen eines billigen „Idealismus“.

Der Realist sucht dagegen die Wahrheit des Diesseits zu finden. Er weiß, daß der Mensch noch immer das unbekannte Wesen und – nach Goethe – das eigentliche Studium der Menschheit ist. Er strebt nach einer Topographie der menschlichen und sozialen Landkarte. Inventur und Ausweitung unseres Wissens durch „field work“, nicht Theorie ist notwendig. Der Realist braucht Historiker und Soziologen und verschmäht nicht die psychologische Analyse, wie unbehaglich auch die Resultate empirischer Forschung sein mögen. Aber auch dem Realisten ist der Mensch, nicht etwa der Staat oder die Wirtschaft, der oberste Wert auf Erden. Er leugnet keineswegs das „Soll“, die

Menschenwürde, die Freiheit und das Recht, er nimmt sie bitter ernst. Sie fallen aber nicht vom Himmel, auch nicht von einem Begriffshimmel in unseren Schoß. Welt und Menschen werden nicht besser, indem wir sie am Schreibtisch idealistisch interpretieren, sondern indem wir sie im Schweiße unseres Angesichts verändern. Eine harmonische Gemeinschaft wird nicht durch die einem jeden Menschen eingeborene ratio spontan und automatisch geschaffen, sondern durch eine Politik, die einem jeden leiblich, seelisch und gesellschaftlich hilft, im Rahmen des Möglichen frei und zur Gemeinschaft fähig zu werden. Eine idealistische Gerechtigkeit gibt und nimmt einem jeden das Gleiche, weil ihr die Menschen von vornherein gleich sind. Sie ist „ausgleichend" („justitia commutativa" in der Lehre des *Aristoteles*), etwa nach dem Satz „Aug um Auge, Zahn um Zahn", während die realistische Gerechtigkeit („justitia distributiva") „verteilt", weil sie die Ungleichheit der Menschen kennt und die Quelle des Rechts nicht in der Vernunft, sondern in der Sorge für den Nächsten erblickt. „Die Urordnung der Freiheit ist die Liebe, und nur durch sie können Menschenrechte und Gemeinschaft praktisch vollzogen werden."[1]

Ein realistisches Kriminalrecht folgt deshalb der Devise *Goethes* in „Gott und Bajadere": „Soll er strafen, soll er schonen, muß er Menschen menschlich sehen". Mit „menschlich" versteht hier Goethe nicht das, was man üblich mit „human" umschreibt, obwohl er – beispielsweise in „Dichtung und Wahrheit" und in den „Wanderjahren" – der „großen Bewegung in der Jurisprudenz", besonders der „großen bevorstehenden Veränderung im Kriminalrecht" gedacht, sie mit dem Wort „Humanismus" zusammengefaßt und ihre Vorkämpfer „Männer von göttlicher Natur" genannt hat[2]. „Menschlich" meint in dem Gedicht das Gebot realistischer und „physischer", nicht idealistischer und metaphysischer Betrachtung und Behandlung. Am 12. März 1828 klagte *Goethe* gegenüber *Eckermann:* „Könnte man nur den Deutschen, nach dem Vorbild der Engländer, weniger Philosophie und mehr Tatkraft, weniger Theorie und mehr Praxis beibringen, so würde uns schon ein gutes Stück Erlösung zuteil werden, ohne daß wir auf das Erscheinen der persönlichen Hoheit eines zweiten Christus zu warten brauchten .... Wir wollen indes hoffen, wie es etwa in einem Jahrhundert mit uns Deutschen aussieht, und ob wir es sodann dahin

---

[1] *Hamel,* Die Bedeutung der Grundrechte im sozialen Rechtsstaat, Berlin 1957, S. 25.

[2] Vgl. *Radbruch,* Elegantiae Juris Criminalis, Basel 1950, S. 176 f.

werden gebracht haben, nicht mehr abstrakte Gelehrte und Philosophen, sondern Menschen zu sein."

Diese menschlich-realistische Nüchternheit Goethes sollte das A und O jeder zukünftigen Verbrechensbekämpfung sein.

1. Ein neues Kriminalrecht tut not. Dies ist in Deutschland anerkannt, schon seitdem das geltende Strafrecht im Jahre 1871 in Kraft trat. In seiner – allerdings durch Einzelreformen der vergangenen Jahrzehnte und Jahre modifizierten – Grundstruktur ist es ein später Ausläufer der Aufklärungsideen. Seine Grundlage war das preußische Strafgesetzbuch von 1851, das seinerseits wieder durch das französische Recht von 1810 stark beeinflußt war. Bereits ein Jahrzehnt nach dem Inkrafttreten des „Strafgesetzbuchs für das Deutsche Reich" entbrannte der Kampf um seine Reform, wesentlich verursacht durch „die jähe Verschiebung aller Lebensverhältnisse und das Vordringen des sozialen Gedankens" (Begründung zu dem Reformentwurf 1927). Seit der Jahrhundertwende wird an der Gesamterneuerung des Rechts gearbeitet, ohne daß es gelang, über Detailänderungen hinauszugelangen. Die breite Öffentlichkeit zeigte sich uninteressiert, aber die, die unser Jahrhundert entscheidend geprägt haben, äußerten oft ihr Unbehagen und ihren Unmut über das Unterbleiben einer wirklichen Reform. „Ich könnte", schrieb z. B. *Freud* einmal in einem Brief, „den Satz nicht unterschreiben, daß die Behandlung der Strafgefangenen eine Schande für unsere Kultur ist. Im Gegenteil würde mir eine Stimme sagen: sie ist ganz im Einklang mit unserer Kultur, notwendige Äußerung der Brutalität und des Unverstands, die die gegenwärtige Kulturmenschheit beherrschen." Wenn durch ein Wunder plötzlich die Überzeugung auftauchte, die Reform des Strafwesens sei die nächste und dringendste Aufgabe unserer Kultur, würde sich ergeben, meint er, daß die Gesellschaft nicht die Mittel zur Verfügung stellte, den für die Reform erforderlichen Aufwand zu bestreiten!

Ende 1956 hat eine vom Bundesjustizministerium in Bonn eingesetzte Strafrechtskommission den Entwurf eines „Allgemeinen Teils eines Strafgesetzbuchs" vorgelegt.

Kommission und Entwurf sind konservativ. In ihrer ersten Sitzung hat sich die Kommission mit dem Menschenbild eines kommenden Strafrechts befaßt. Statt die Ergebnisse moderner Kriminologie, Soziologie und Psychologie des In- und Auslands zu diskutieren, sich mit den – teilweise gewiß problematischen – Forderungen der Kriminalrechtsreformer z. B. in Nord- und Südamerika oder in den skandinavischen Staaten oder aus den Kreisen der Internationalen Bewegung für Soziale Verteidigung auseinanderzusetzen und damit den jahrzehntelang unterbrochenen Anschluß an die kriminalpolitischen Tendenzen des Westens zu gewinnen, die von den Erfahrungen und Erkenntnissen der modernen Natur- und Gesellschaftswissenschaften bestimmt werden, stürzte sich die überwiegende Mehrheit der Kommission, die das Strafrecht zu reformieren berufen worden war, umgehend selbstmörderisch in die seit 150 Jahren bekannte und vertraute Vorstellungswelt einer idealistischen Aufklärungsphilosophie. Sie zog der Induktion die Deduktion und der Erfahrung die Spekulation vor. „Die Strafe muß Rechtfertigung und Ziel aus einem tieferen Bereich gewinnen, aus dem Bereich des Ethos." Man griff „auf das Wort *Hegels* von der Strafe als der Negation der Negation des Rechts" zurück, das trotz seiner altmodischen Gestalt zum Tiefsten gehöre, was über das Wesen der Rechtsstrafe gesagt worden sei. „Dieser Gedanke bedeutet, mag man nun von Vergeltung oder Sühne sprechen, die Bewährung des Rechts als Recht und bezieht sich letzten Endes auf den metaphysischen Bestand der Rechtsordnung. Der Kern eines solchen Strafrechts ist das Schuldprinzip." Lediglich der Vertreter der sozialdemokratischen Bundestagsfraktion „äußerte Bedenken gegen eine metaphysische Rechtfertigung der Strafe und wünschte in nüchterner Beurteilung Eliminierung alles dessen, was aus den nicht zum weltlich-juristischen Bereich gehörenden Gebieten komme. Die Strafe sei darauf abzustellen, ob die Gemeinschaftsordnung gestört sei und welche Antwort der Richter im Auftrage des Staates auf eine solche Störung zu erteilen habe. Dabei scheide der Zweckgedanke ethische Momente keineswegs aus. Auch in der Idee der Resozialisierung liege ein solches Moment." Der Historiker der Kommission bemerkt hierzu, wenn ein Mitglied des Bundesgerichtshofs in Karlsruhe „darauf erwiderte, die metaphysische sei die allein nüchterne Beurteilung, so charakterisierte das besonders die neue Position des Menschen in einer neuen Zeit"[3]. Erstaunlich, daß sich „die neue Position des Menschen in einer neuen Zeit" so weitgehend mit der Position des Menschen im 18. Jahrhundert deckt!

Das Prinzip der Schuldvergeltung erfuhr die Formulierung: Die Strafe darf das Maß der Schuld nicht überschreiten.

Es ist zuzugeben, daß der Gedanke auch seine guten Seiten hat. Mit der vorgeschlagenen Formulierung wird z. B. jede Verschärfung

[3] *Dreher*, Zeitschr. für die gesamte Strafrechtswissenschaft, 1954, S. 569 ff.

einer Strafe verboten, die erfolgt, um zukünftige Taten Dritter zu verhüten. Der Gedanke der sog. Generalprävention ist mit dem allem Recht vorgelagerten und auch im deutschen Grundgesetz verankerten Postulat unvereinbar, daß die Würde des Menschen nicht angetastet und der Mensch deshalb auch nicht zum Mittel für irgendein staatliches Ziel degradiert werden darf. Gegen das Prinzip einer Vergeltung der Täterschuld spricht aber entscheidend, daß hier von einem irdischen Richter Unmögliches verlangt wird. „Die eigentliche Moralität der Handlungen (Verdienst und Schuld)“, heißt es bei *Kant* in der „Kritik der reinen Vernunft“, „bleibt uns gänzlich verborgen. Unsere Zurechnungen können nur auf den empirischen Charakter bezogen werden. Wieviel aber davon reine Wirkung der Freiheit, wieviel der bloßen Natur oder dem unverschuldeten Fehler des Temperaments oder dessen glücklicher Beschaffenheit (merito fortunae) zuzuschreiben sei, kann niemand ergründen.“ Man kann diesen Satz des von der Strafrechtskommission gründlich mißbrauchten Philosophen ihr nicht oft genug ins Stammbuch schreiben. Mit ihm ist der Stab über die Schuldlehre der Kommission gebrochen. Da das Maß der Schuld, wenn man ehrlich ist, schlechterdings nicht festgestellt werden kann, bleibt nach dem Entwurf kein Ansatzpunkt für eine moralisierende „Strafe“.

Wer das erste Knopfloch verfehlt, kommt mit dem Zuknöpfen nicht zu Rande. Die Mitglieder der Kommission haben das Problematische und Unzulängliche ihres metaphysischen Schuldbegriffs geahnt. Sie sind sich bewußt, daß eine „Schuld“ entweder überhaupt nicht festgestellt werden kann, oder doch die feststellbare „Schuld“ gering ist, daß aber trotzdem ein kriminalpolitisches Bedürfnis besteht, die Gesellschaft zu schützen. Deswegen hat die Kommission die Möglichkeit nicht-moralisierender, wertindifferenter „Maßregeln der Besserung und Sicherung“ vorgesehen. Wir finden die Formulierung: Reicht die der Schuld angemessene Strafe nicht aus, den gefährlichen Täter in die Gemeinschaft wieder einzugliedern oder die Allgemeinheit vor ihm zu schützen, oder ist der gefährliche Täter schuldunfähig, so ordnet das Gericht Maßregeln der Besserung und Sicherung an, z. B. Unterbringung in einer Heil- oder Pflegeanstalt, in einer Bewahrungsanstalt, in einer Entziehungsanstalt oder in einem Arbeitshaus, ferner Sicherungsverwahrung, vorbeugende Verwahrung, Sicherungsaufsicht, Berufsverbot oder Ausweisung. Diese Lösung ist, wie traditionell sie auch der deutschen Praxis ist, weltanschaulich schlechterdings nicht zu begründen. Sie ist eine Sphinx, halb Löwe, halb

Mensch, oder einer hermaphroditischen Mißgeburt vergleichbar. „Strafe“ und „sichernde oder bessernde Maßregel“ kommen aus verschiedenen, miteinander unvereinbaren Welten. Die schuldvergeltende Strafe ist Metaphysik und will es sein; sie setzt voraus, daß der Täter auf Grund seiner freien Selbstbestimmung das Unrecht meiden konnte. Die resozialisierende oder sichernde Maßnahme ist dagegen irdische Kriminalpolitik; ihr Ausgangspunkt ist, daß die Tat aus ungünstigen Anlage- und Umweltfaktoren erwuchs, die durch Resozialisierung des Täters korrigiert werden sollen, oder gegen die sich die Gesellschaft schützt, wenn die ungünstigen Faktoren leider nicht zu ändern sind. Die Kommission versucht das auch moralisch nicht eben einwandfreie Kunststück, zwei Herren zu dienen. These und Antithese werden aber nicht dadurch zur Synthese, daß man sie addiert. Ein Entweder-Oder darf redlicherweise nicht zu einem Sowohl-Als-auch verfälscht werden.

Wünscht man geistige Einheit und Ordnung im Kriminalrecht, so bestehen nur zwei Möglichkeiten. Entweder beschränkt man – unter Verzicht auf resozialisierende und sichernde Maßregeln – das Strafrecht auf die schuldvergeltende Strafe, oder man schafft ein Kriminalrecht, das – unter Verzicht auf Strafen – ausschließlich Maßnahmen resozialisierenden oder sichernden Charakters kennt. Ein reines Maßnahmenrecht folgt aus der Überforderung jeden irdischen Richters, dem aufgegeben ist, „das Maß der Schuld des Täters“ festzustellen.

Der Entwurf enthält auch sonst mancherlei Widersprüche. Die Kommission hat einstimmig Strafen abgelehnt, die den Verurteilten brandmarken oder als ehrlos bezeichnen. „Die Aberkennung der bürgerlichen Ehrenrechte ist zu beseitigen.“ Sie folgte dabei vor allem dem Strafrechtsentwurf *Radbruchs*[4]. „Er will die moralische Lynchjustiz, welche leider die Gesellschaft vielfach gegen Vorbestrafte übt und die das schwerste Hindernis ihrer Wiedereingliederung in die Gesellschaftsordnung bildet, nicht gerechtfertigt wissen durch Richtersprüche, welche den Verurteilten für verlustig der Ehre erklären.“ Trotzdem hat die Strafrechtskommission – wenn auch in recht eingeschränktem Umfang – die Zuchthausstrafe aufrechterhalten. Jeder, dem der Strafvollzug vertraut ist, weiß, daß der Vollzug der Zuchthausstrafe sich von dem Vollzug der Gefängnisstrafe kaum unterscheidet und auch gar nicht unterscheiden kann. Der Name „Zuchthaus“ wird nur mit Rücksicht auf angebliche Bedürfnisse breiter

[4] *Gustav Radbruchs* Entwurf eines Allgemeinen deutschen Strafgesetzbuchs (1922), Tübingen 1952, S. 53.

Volksschichten aufrechterhalten. Der Gesetzgeber darf sich aber nicht von einem „Volksempfinden" abhängig machen, das in diesen Fragen nicht „gesund", sondern krank ist. Mit einem Wort von *Moritz Liepmann* ist die sog. Volksüberzeugung seit 100 Jahren der schwerste Hemmschuh für die Wiedereinreihung der entgleisten Menschen in die Welt der Ordnung. Das Zuchthaus muß daher verschwinden, weil es den „Zuchthäusler" schafft, weil durch die Unterscheidung von Zuchthaus und anderen freiheitsentziehenden Veranstaltungen einer Klasse von Verurteilten in besonderem Maße das Stigma der Ehrlosigkeit aufgedrückt wird.

Zu den *positiven* Resultaten der Arbeit der Strafrechtskommission gehört der Vorschlag einer „Sicherungsaufsicht", die das Institut der Bewährungshilfe weiterentwickelt und die seitherige „Polizeiaufsicht" ablöst. Die Kommission hat einen weiten Anwendungsbereich der Sicherungsaufsicht im Auge. Sie kann z. B. an die Stelle der Sicherungsverwahrung treten; die Sicherungsaufsicht spielt dann die Rolle einer Sicherungsverwahrung in Freiheit; die Sicherungsverwahrung ist ambulant. Die wichtigste Gruppe umfaßt aber die Verurteilten, die nicht in den Genuß einer vorzeitigen Entlassung gelangen, weil ihre Prognose in jedem Fall schlecht ist. Praktisch bedeutet dies, daß in Zukunft jeder Verurteilte, der einer Lebenshilfe bedarf, unter Bewährungs- oder Sicherungsaufsicht gestellt werden kann, einmal derjenige, gegen den Strafe oder Maßnahme bedingt ausgesetzt wird, dann aber auch derjenige, der seine Strafe voll verbüßt hat. Gerade die rückfälligen, infolge Anlage oder Umwelt schwer gefährdeten Täter, die Verurteilten mit schlechter Prognose, bedürfen am allermeisten der Fürsorge, der Aufsicht und verstehenden Hilfe. Deswegen ist die vorgesehene Legalisierung einer für sie bestimmten Entlassenenfürsorge in der Form einer Sicherungsaufsicht durch Bewährungshelfer wärmstens zu begrüßen.

2. Ein realistisches Kriminalrecht fordert Menschen, die nicht nur logisch zu Werke gehen, sondern für die der kriminelle Fall ein individueller Ausschnitt aus dem weiten Bereich der sozialen Frage ist und die sich vor die Aufgabe gestellt sehen, diese soziale Frage durch Resozialisierung des Täters zu lösen. Das Schwergewicht der Entscheidung liegt auf den Maßnahmen, die zweckmäßigerweise zu treffen sind. Sie trägt den Charakter eines Verwaltungsaktes, es geht um Diagnose und Therapeutik, Menschenerforschung und Menschenbehandlung. Sie ist mit der Lösung mathematischer Aufgaben nicht vergleichbar, sie entzieht sich einer rein gedanklichen Nachprüfung,

sie ist irgendwie immer auch ein Experiment und Wagnis, wie es auch alle Pädagogik, Medizin, Kunst oder Politik ist.

Bestimmte Voraussetzungen, vor allem auch menschliche und sachliche Qualitäten sind nötig, um optimalrichtige Entscheidungen zu gewährleisten.

Die internationale Diskussion beschäftigt sich heute vorzugsweise mit dem Für und Wider einer Aufspaltung des Kriminalprozesses in zwei Akte. Man spricht gerne von einem prozessualen „Etappen- oder Zäsursystem“[5].

Der angelsächsische Prozeß ist seit jeher durch eine Zäsur gekennzeichnet, nämlich durch das Verfahren zur Feststellung der Täterschaft („conviction“) und zur Bestimmung der Folgen der Tat („sentence“). Im ersten Teil bleiben z. B. Vorstrafen und andere persönliche Verhältnisse des Angeklagten außer Betracht. Zwischen den beiden Etappen kann je nach den persönlichen Verhältnissen des Verurteilten, die es zu klären gilt, ein kürzerer oder längerer Zeitraum liegen. Varianten des angelsächsischen Prozesses finden sich in Finnland, Norwegen und Portugal.

Die beiden Akte eines solchen Prozesses sind nicht nur in ihrer Zielsetzung verschieden, weil der erste Teil sich mit dem beschäftigt, was geschehen ist, und der zweite mit dem, was geschehen soll. Sie erfordern auch verschiedene Menschen und Methoden. Im ersten Teil sind vorzugsweise Rechtskenntnisse und logische Fähigkeiten am Platze, daneben sicher auch Erfahrungen in der Psychologie der Aussagen des Angeklagten und der Zeugen, im zweiten Teil treten aber die juristischen Erwägungen ganz hinter Psychiatrie, Psychologie, Pädagogik und anderen Erfahrungswissenschaften zurück.

Eine Zweiteilung ermöglicht eine schnellere Entscheidung der Frage: Täter oder Nichttäter? Die Ermittlungen der physischen, psychischen und sozialen Verhältnisse des Angeklagten können aufge-

---

[5] Vgl. u. a. *Pfersich*, Die Strafzumessung im Lichte der modernen amerikanischen Schule, Bonn 1956 (mit umfassender Angabe amerikanischer Literatur); *Ancel*, Le procès pénal et l'examen scientifique des délinquents, Melun 1952; La défense sociale nouvelle, Paris 1954; *Strahl*, La division du procès en deux phases, Antwerpen 1954; Bör bestämmandet av brottspåföljden skiljas från avgörandet av skuldfragan och möjligen även anförtros åt särskilda organ? Nordisk Tidsskrift for Kriminalvidenskab 1957, S. 55 ff; *Cornil*, Revue de droit pénal et de criminologie 1946—47, S. 256 ff; Revue pénale suisse 1955, S. 225 ff; *Graven*, Revue pénale suisse 1955; S. 32 ff; *Schlyter;* Revue de science criminelle et de droit pénal comparé 1951, S. 407 ff; *Versele*, Revue de droit pénal et de criminologie 1947, S. 440 ff.

schoben werden. Sie fallen überhaupt weg, wenn der Angeklagte freigesprochen wird. Die Ermittlungen der persönlichen Verhältnisse erhalten weiter das Gewicht, das sie verdienen. Die Entscheidung über die zu treffenden Maßnahmen ist nicht länger ein bloßes Anhängsel des Schuldurteils; sie wird nicht „hastig und von einem müden Gericht" *(Strahl)* getroffen. Die Entscheidung beruht auch nicht – wie sonst häufig – nur auf dem mehr oder minder unglücklichen Auftreten des Angeklagten in der alles Menschliche verzerrenden Verhandlung über seine Täterschaft oder Nichttäterschaft und auf einigen beiläufigen Beiträgen zu seiner Person und Umgebung, die bestenfalls Blitzlichtaufnahmen sind. Eine zweite Verhandlung schafft die Möglichkeit, eine Art Film vom Leben des Verurteilten abrollen zu lassen. Die Verhandlung über die Täterschaft des Angeklagten wird aus rechtsstaatlichen Gründen in der Regel öffentlich sein, die über die Maßregeln wird grundsätzlich unter Ausschluß der Öffentlichkeit erfolgen können. Dann ist es auch möglich, Feierlichkeiten und formelle Beweisregeln, die hier fehl am Platze sind, durch eine wirkliche Aussprache zu ersetzen. Die Zweiteilung erleichtert auch eine nachträgliche Korrektur der getroffenen Maßnahme. Der Verurteilte kann sich wie jeder Mensch zum Guten oder zum Bösen verändern. Diese Wandlungen können sich z. B. in der Abkürzung der Maßnahme oder in Varianten der Auflagen oder Weisungen, die dem Verurteilten zunächst gegeben wurden, niederschlagen.

Ein Prozeß in Etappen gestattet eine verschiedenartige Zusammensetzung der entscheidenden Organe. Insbesondere ist es möglich, das Organ, das die staatlichen Maßregeln bestimmt, mit Spezialjuristen und Sachverständigen, etwa Pädagogen, Fürsorgern, Ärzten u. dgl. zu besetzen. Dies würde auch dazu beitragen, bei der Auswahl der Maßnahmen eine einheitliche Praxis zu gewährleisten.

Eine Zweiteilung macht das Verfahren im ganzen sicher umständlicher und langwieriger. Bei bloß polizeilichen Tatbeständen u. dgl. kann auf eine Zäsur verzichtet werden. Immerhin drängt sich der Etappenprozeß auch dann auf, wenn nach den Vorschlägen der deutschen Strafrechtskommission die seitherige Geldstrafe nach skandinavischem Vorbild durch sog. Tagesbußen ersetzt wird. Die „Tagesbuße" ist eine fiktive Valuta. Ihr realer Geldwert ergibt sich erst „unter Berücksichtigung der persönlichen und wirtschaftlichen Verhältnisse des Täters". Diese Faktoren bedürfen in aller Regel einer besonderen Feststellung. Sie wird zweckmäßigerweise von der Entscheidung über die Täterschaft des Angeklagten gelöst.

Bleibt die Entscheidung über die Maßnahmen gegen den Täter in der Hand traditioneller Gerichte, so muß die Ausbildung der mit der Bekämpfung der Kriminalität befaßten Juristen *reformiert* werden. Bisher überwog die logisch-begriffliche, die theoretisch-dogmatische, die technisch-formale Schulung. Die ganze Richtung hatte daher etwas Scholastisches, Doktrinäres, Lebensfremdes und Unwirkliches, sie ging am Wesen der Sache, nämlich dem Menschlichen, vorbei. Der werdende Jurist mag viel von den sich zu Bergen türmenden, scharfsinnigen Untersuchungen über die einzelnen Formen von Vorsatz und Fahrlässigkeit, Täterschaft und Teilnahme, über tauglichen oder untauglichen Versuch, Ideal- und Realkonkurrenz und tausend andere ähnliche Dinge erfahren; er braucht nichts zu hören und zu wissen von den Gefängnissen der Welt und seines eigenen Landes, von der Kriminalstatistik und den Einflüssen unglücklicher Familienverhältnisse auf das Schicksal der Kinder, nichts von der Vererbungslehre Gregor Mendels oder geistigen Erkrankungen. Seine Psychologie kann die Laienpsychologie des Mannes oder der Frau von der Straße sein und bleiben; er hat es nicht nötig, sich um die Wissenschaft einer Oberflächenpsychologie zu kümmern, und erst recht ist ihm häufig die Erkenntnis völlig fremd, daß ganz andere als die manifesten Motive zum Verbrechen führen mögen und daß die frühere Psychologie eines bloßen Oberbewußtseins weltfremd und lebensfern ist und der Wahrheit, der der Jurist dienen soll, kaum gerecht wird. Neuer Stoff kann freilich nur gelehrt werden, wenn gleichzeitig überflüssiger Ballast abgeworfen wird, wie auch die praktische Rechtspflege nur dann die Erfordernisse wissenschaftlicher Diagnose und Therapie zu beachten imstande ist, wenn die Zahl der Sachen vermindert wird, die vor den Kriminalrichter kommen. Immer ist zwischen dem, was kriminalpolitisch wesentlich und unwesentlich ist, zu unterscheiden. Für Hochschule und Praxis gilt der Satz *Luthers:* „Ein Jurist, der nicht mehr denn ein Jurist ist, ist ein arm Ding."

NAMENVERZEICHNIS

SACHVERZEICHNIS

Reprint 2024 durch Ernst Reinhardt GmbH & Co KG, München

ISBN: 978-3-497-03265-5 www.reinhardt-verlag.de